Datenvisualisierung – Grundlagen und Praxis

Datenvisualisierung – Grundlagen und Praxis

Wie Sie aussagekräftige Diagramme und Grafiken gestalten

Claus O. Wilke

Deutsche Übersetzung von Bilgehan Gür

Claus O. Wilke

Lektorat: Ariane Hesse
Übersetzung: Bilgehan Gür
Fachliche Unterstützung: Claus O. Wilke, Marcel Fiebelkorn (Analytics Endeavor), Joachim Zuckarelli, Kristian Rother
Korrektorat: Friederike Daenecke, Zülpich
Satz: III-satz, *www.drei-satz.de*
Herstellung: Stefanie Weidner
Umschlaggestaltung: Michael Oréal, *www.oreal.de*
Druck und Bindung: mediaprint solutions GmbH, 33100 Paderborn

Bibliografische Information der Deutschen Nationalbibliothek
Die Deutsche Nationalbibliothek verzeichnet diese Publikation in der Deutschen Nationalbibliografie; detaillierte bibliografische Daten sind im Internet über *http://dnb.d-nb.de* abrufbar.

ISBN:
Print 978-3-96009-121-9
PDF 978-3-96010-381-3
ePub 978-3-96010-382-0
mobi 978-3-96010-383-7

Dieses Buch erscheint in Kooperation mit O'Reilly Media, Inc. unter dem Imprint »O'REILLY«.
O'REILLY ist ein Markenzeichen und eine eingetragene Marke von O'Reilly Media, Inc. und wird mit Einwilligung des Eigentümers verwendet.

1. Auflage

Hinweis:
Dieses Buch wurde auf PEFC-zertifiziertem Papier aus nachhaltiger Waldwirtschaft gedruckt. Der Umwelt zuliebe verzichten wir zusätzlich auf die Einschweißfolie.

Schreiben Sie uns:
Falls Sie Anregungen, Wünsche und Kommentare haben, lassen Sie es uns wissen: kommentar@oreilly.de.

5 4 3 2 1 0

Inhalt

Vorwort

Wenn Sie Wissenschaftler, Analyst, Berater oder sonst jemand sind, der technische Dokumente oder Berichte erstellen muss, ist eine der wichtigsten Fähigkeiten, die Sie benötigen, die Fähigkeit, Daten überzeugend zu visualisieren, im Allgemeinen in Form von Abbildungen. Abbildungen tragen normalerweise das Gewicht Ihrer Argumente. Sie müssen klar, attraktiv und überzeugend sein. Der Unterschied zwischen guten und schlechten Abbildungen kann den Unterschied ausmachen zwischen einem einflussreichen oder einem unklaren Artikel, einem Zuschuss bzw. Vertrag, den Sie erhalten oder nicht, oder zwischen einem gut oder schlecht verlaufenen Vorstellungsgespräch. Und doch gibt es überraschend wenige Ressourcen, die Ihnen vermitteln, wie Sie überzeugende Datenvisualisierungen erstellen. Nur wenige Hochschulen bieten Kurse zu diesem Thema an, und es gibt auch nicht so viele Bücher zu diesem Thema. (Einige existieren natürlich.) Tutorials einer Visualisierungssoftware konzentrieren sich in der Regel darauf, wie bestimmte visuelle Effekte erzielt werden, anstatt zu erklären, warum bestimmte Optionen bevorzugt werden und andere nicht. In Ihrer täglichen Arbeit müssen Sie einfach wissen, wie man gute Abbildungen erstellt; und wenn Sie Glück haben, haben Sie einen geduldigen Mentor, der Ihnen ein paar Tricks beibringt, wenn Sie Ihre ersten wissenschaftlichen Arbeiten schreiben.

Erfahrene Textredakteure sprechen vom »Ohr«, der Fähigkeit, beim Lesen innerlich zu »hören«, ob ein Text gut geschrieben ist. Ich denke, wenn es um Abbildungen und andere Visualisierungen geht, brauchen wir in ähnlicher Weise ein »Auge«, also die Fähigkeit, eine Abbildung zu betrachten und festzustellen, ob sie ausgewogen, klar und überzeugend ist. Und ebenso wie beim Beurteilen von Text kann die Fähigkeit, zu sehen, ob eine Abbildung funktioniert oder nicht, erlernt werden. Ein »Auge« zu haben bedeutet in erster Linie, dass Sie sich einer größeren Sammlung einfacher Regeln und Prinzipien für eine gute Visualisierung bewusst sind und auf kleine Details achten, die anderen möglicherweise nicht auffallen.

Meiner Erfahrung nach entwickeln Sie – genau wie beim Beurteilen von Text – noch kein Auge, wenn Sie am Wochenende mal ein Buch lesen. Es ist ein lebenslanger Prozess, und Konzepte, die für Sie heute zu komplex oder zu subtil sind, können Ihnen in fünf Jahren viel sinnvoller erscheinen. Ich kann aus eigener Erfahrung sagen, dass sich mein Verständnis bezüglich der Gestaltung und Aufbereitung von Abbildungen weiterentwickelt. Ich versuche routinemäßig, mich mit neuen Ansätzen zu beschäftigen, und ich achte auf die visuellen und gestalterischen Entscheidungen, die andere in ihren Abbildungen treffen. Ich bin auch offen dafür, meine Meinung zu ändern. Ich mag heute eine bestimmte Abbildung für großartig halten, aber nächsten Monat könnte ich einen Grund dafür finden, sie zu kritisieren. Bitte verstehen Sie in diesem Sinne keine meiner Äußerungen als absolute Äußerung. Denken Sie kritisch über meine Argumentation für bestimmte Strategien nach, und entscheiden Sie selbst, ob Sie diese übernehmen wollen oder nicht.

Obwohl der Inhalt in diesem Buch in einem logischen Ablauf präsentiert wird, können die meisten Kapitel auch für sich studiert werden, und es ist nicht erforderlich, das Buch vollständig durchzulesen. Sie können jederzeit einen Abschnitt auswählen, an dem Sie gerade interessiert sind, oder einen Abschnitt, der sich mit einer bestimmten Designauswahl befasst, über die Sie nachdenken. Tatsächlich denke ich, dass Sie das Beste aus diesem Buch herausholen, wenn Sie nicht alles auf einmal lesen, sondern es über längere Zeiträume stückweise studieren. Versuchen Sie, einige Konzepte umzusetzen, und schlagen Sie es später erneut auf, um etwas über andere Konzepte zu lernen oder um Abschnitte über Konzepte, die Sie vor einiger Zeit kennengelernt haben, erneut zu lesen. Möglicherweise werden Sie feststellen, dass dasselbe Kapitel Ihnen andere Informationen bietet, wenn Sie es nach einigen Monaten erneut lesen.

Obwohl fast alle Abbildungen in diesem Buch mit *R* und *ggplot2* erstellt wurden, betrachte ich dies nicht als ein *R*-Buch. Ich stelle Ihnen allgemeine Prinzipien für das Erstellen von Abbildungen vor. Welche Software verwendet wurde, um die Abbildungen in diesem Buch anzufertigen, ist nebensächlich. Sie können jede beliebige Plot-Software verwenden, um die Arten von Abbildungen zu generieren, die ich hier zeige. Mit ggplot2 und ähnlichen Paketen sind jedoch viele der von mir verwendeten Techniken viel einfacher umzusetzen als mit anderen Bibliotheken. Dennoch sollten Sie wissen, dass dies kein *R*-Buch ist und ich daher an keiner Stelle in diesem Buch Code oder Programmiertechniken erläutere. Ich möchte, dass Sie sich auf die Konzepte und Abbildungen konzentrieren, nicht auf den Code. Wenn Sie neugierig sind, wie eine der Abbildungen entstanden ist, können Sie den Quellcode des Buches in seinem GitHub-Repository nachlesen.

Gedanken zu Grafiksoftware und Pipelines zur Vorbereitung und Generierung von Abbildungen

Ich habe über zwei Jahrzehnte Erfahrung in der Vorbereitung von Abbildungen für wissenschaftliche Veröffentlichungen und habe Tausende von Abbildungen erstellt. Wenn es in diesen zwei Jahrzehnten eine Konstante gegeben hat, dann war es die Änderung der Pipelines für die Vorbereitung und das Generieren von Abbildungen und Grafiken. Alle paar Jahre wird eine neue Grafik-Bibliothek entwickelt oder ein neues Paradigma entsteht, und große Gruppen von Wissenschaftlern wechseln zu dem brandneuen Toolkit. Ich habe Abbildungen erstellt mit Gnuplot, Xfig, Mathematica, Matlab, Matplotlib in Python, Basis R, ggplot2 in R und möglicherweise mit weiteren Tools, an die ich mich gerade nicht erinnere. Mein derzeit bevorzugter Ansatz ist ggplot2 in R, aber ich erwarte nicht, dass ich es bis zum Rentenalter weiter benutze.

Dieser ständige Wechsel der Softwareplattformen ist einer der Hauptgründe, warum dieses Buch kein Programmierbuch ist und warum ich alle Codebeispiele ausgelassen habe. Ich möchte, dass dieses Buch für Sie nützlich ist, unabhängig von der verwendeten Software, und ich möchte, dass es auch dann noch wertvoll ist, wenn ggplot2 durch die nächste neue Entwicklung ersetzt wird. Mir ist klar, dass diese Wahl manche Benutzer von ggplot2 frustrieren kann, die gern wissen möchten, wie ich eine Abbildung erstellt habe. Jeder, der sich für meine Codierungstechniken interessiert, kann dann den Quellcode des Buches nachlesen. Er ist verfügbar. Ferner werde ich in Zukunft möglicherweise eine ergänzende Veröffentlichung erstellen, die sich nur mit dem Code befasst.

Eine Sache, die ich im Laufe der Jahre gelernt habe, ist, dass Automatisierung Ihr Freund ist. Ich meine, Abbildungen sollten als Teil der Datenanalyse-Pipeline (die auch automatisiert werden sollte) automatisch generiert werden. Die Abbildungen sollten aus der Pipeline kommen und man sollte sie an den Drucker senden können, ohne dass eine manuelle Nachbearbeitung erforderlich ist. Ich sehe viele Nachwuchskräfte, die grobe Entwürfe ihrer Abbildungen erstellen und diese dann in Illustrator importieren, um sie dort aufzupolieren. Es gibt mehrere Gründe, warum dies keine gute Idee ist: Sobald Sie eine Abbildung manuell bearbeiten, kann die endgültige Version nicht mehr reproduziert werden. Ein Dritter kann nicht genau die gleiche Abbildung generieren wie Sie. Wenn Sie lediglich die Schriftart der Achsenbeschriftungen geändert haben, spielt dies möglicherweise keine Rolle. Die Grenzen sind jedoch verschwommen und es kann leicht passieren, in einen Bereich zu geraten, wo die Abgrenzungen weniger klar sind. Angenommen, Sie möchten kryptische Labels manuell durch besser lesbare Labels ersetzen. Möglicherweise kann ein Dritter nicht überprüfen, ob das Ersetzen der Labels angemessen war.

Wenn Sie zudem Ihrer Pipeline für die Abbildungen viel manuelle Nachbearbeitung hinzufügen, werden Sie zögern, Änderungen vorzunehmen oder Ihre Arbeit zu wiederholen. Auf diese Weise könnten Sie vernünftige Änderungsanforderungen von Mitarbeitern oder Kollegen ignorieren oder versucht sein, eine alte Version wiederzuverwenden, obwohl Sie tatsächlich alle Daten neu generiert haben. Drittens könnten Sie selbst vergessen, was Sie genau getan haben, um eine bestimmte Abbildung zu erstellen; oder Sie können möglicherweise nicht eine neue Abbildung mit neuen Daten generieren, die visuell genau mit Ihrer früheren Abbildung übereinstimmt. Dies sind keine erfundenen Beispiele. Ich habe gesehen, wie sie alle bei echten Menschen und echten Publikationen vorgekommen sind.

Aus all diesen Gründen sind interaktive Grafikprogramme eine schlechte Idee. Diese Programme zwingen Sie, Ihre Abbildungen manuell vorzubereiten. Tatsächlich ist es wahrscheinlich immer noch besser, einen Entwurf automatisch generieren zu lassen und ihn anschließend in Illustrator aufzupeppen, als die gesamte Abbildung in einer interaktiven Plot-Software von Hand zu erstellen. Bitte beachten Sie, dass Excel auch ein interaktives Plot-Software ist, allerdings nicht für die Erstellung von Abbildungen (oder für die Datenanalyse) empfohlen wird.

Eine wichtige Komponente in einem Buch zur Datenvisualisierung ist die Machbarkeit der vorgeschlagenen Darstellungen. Es ist schön, eine elegante neue Art der Visualisierung zu erfinden, aber wenn niemand mit dieser Visualisierungsform relativ leicht Abbildungen erzeugen kann, ist es nicht sinnvoll, sie zu verwenden. Als Tufte zum Beispiel zum ersten Mal Sparklines vorschlug, hatte niemand eine einfache Möglichkeit, sie herzustellen. Wir brauchen zwar Visionäre, die die Welt vorantreiben, indem sie die Grenzen des Möglichen ausreizen, aber ich möchte, dass dieses Buch praktisch und direkt anwendbar für Data Scientists ist, die geradedabei sind, Abbildungen für ihre Veröffentlichungen vorzubereiten. Daher können die Visualisierungen, die ich in den folgenden Kapiteln vorschlage, mit wenigen Zeilen R-Code über ggplot2 und leicht erhältliche Erweiterungspakete erstellt werden. Tatsächlich wurde fast jede Abbildung in diesem Buch – mit Ausnahme einiger weniger in den Kapiteln 26, 27 und 28 – genau wie gezeigt automatisch generiert.

In diesem Buch verwendete Konventionen

Die folgenden typografischen Konventionen werden in diesem Buch verwendet:

Kursiv
: Kennzeichnet neue Begriffe, URLs, E-Mail-Adressen, Dateinamen und Dateierweiterungen.

`Festbreitenschrift`
: Verweist auf Programmelemente wie Variablen- oder Funktionsnamen, Anweisungen und Schlüsselwörter.

Dieses Element kennzeichnet einen Tipp oder Vorschlag.

Dieses Element kennzeichnet einen allgemeinen Hinweis.

Dieses Element kennzeichnet eine Warnung oder weist auf Fallstricke hin.

Verwenden von Codebeispielen

Zusätzliches Material kann unter *https://github.com/clauswilke/dataviz* heruntergeladen werden.

Dieses Buch soll Ihnen dabei helfen, Ihre Arbeit zu erledigen. Wenn in diesem Buch Beispielcode angeboten wird, können Sie ihn im Allgemeinen in Ihren Programmen und in der Dokumentation verwenden. Sie müssen uns nicht um Erlaubnis bitten, es sei denn, Sie reproduzieren einen wesentlichen Teil des Codes. Schreiben Sie beispielsweise ein Programm, das mehrere Codestücke aus diesem Buch verwendet, ist hierfür keine Erlaubnis erforderlich. Der Verkauf oder Vertrieb von Beispielen aus O'Reilly-Büchern erfordert jedoch eine Genehmigung. Die Beantwortung einer Frage durch Zitieren dieses Buches und Zitieren des Beispielcodes erfordert keine Erlaubnis. Das Einfügen einer erheblichen Menge an Beispielcode aus diesem Buch in die Dokumentation Ihres Produkts erfordert hingegen wieder eine Genehmigung.

Wir wissen es zu schätzen, wenn Sie auf dieses Buch verweisen, verlangen es jedoch nicht ausdrücklich. Eine Nennung der Quelle enthält normalerweise den Titel, den Autor, den Verlag und die ISBN. Zum Beispiel: »Fundamentals of Data Visualization, Claus O. Wilke (O'Reilly). Copyright 2019 Claus O. Wilke, 978-1-492-03108-6«.

Möglicherweise werden Sie feststellen, dass weitere Formen der Nutzung als faire Verwendung einzustufen sind (z.B. die Wiederverwendung einiger Abbildungen aus dem Buch). Wenn Sie der Meinung sind, dass Ihre Verwendung von Codebeispielen oder anderen Inhalten nicht der fairen Verwendung oder der oben erteilten Erlaubnis entspricht, wenden Sie sich bitte an *permissions@oreilly.com*.

Danksagung

Dieses Projekt wäre ohne die fantastische Arbeit des RStudio-Teams, das R-Universum zu einer erstklassigen Publishing-Plattform zu machen, nicht möglich gewesen. Insbesondere muss ich mich bei Hadley Wickham für die Erstellung von ggplot2 bedanken, der Software, mit der alle Abbildungen in diesem Buch erstellt wurden. Ich möchte auch Yihui Xie für die Erstellung von R Markdown und für das Schreiben der `knitr`- und `bookdown`-Pakete danken. Ich glaube nicht, dass ich dieses Projekt ohne diese Tools gestartet hätte. Das Schreiben von R-Markdown-Dateien macht Spaß und es ist einfach, Material zu sammeln und an Schwung zu gewinnen. Besonderer Dank geht an Achim Zeileis und Reto Stauffer für `colorspace`, Thomas Lin Pedersen für `ggforce` und `gganimate`, Kamil Slowikowski für `ggrepel`, Edzer Pebesma für `sf` und Claire McWhite für ihre Arbeiten zu `colorspace` und `colorblindr`, um Farbsehschwächen in zusammengesetzten R-Abbildungen zu simulieren.

Mehrere Personen haben hilfreiche Rückmeldungen zu Entwürfen dieses Buches gegeben. Vor allem haben Mike Loukides, mein Lektor bei O'Reilly, und Steve Haroz jedes Kapitel gelesen und kommentiert. Ich erhielt auch hilfreiche Kommentare von Carl Bergstrom, Jessica Hullman, Matthew Kay, Tristan Mahr, Edzer Pebesma, Jon Schwabish und Hadley Wickham. Len Kiefers Blog und Kieran Healys Buch und Blogpostings haben zahlreiche Inspirationen für die Erstellung von Abbildungen und Datensätzen geliefert. Eine Reihe von Personen wies auf kleinere Probleme oder Tippfehler hin, darunter Thiago Arrais, Malcolm Barrett, Jessica Burnett, Jon Calder, Antônio Pedro Camargo, Daren Card, Kim Cressman, Akos Hajdu, Thomas Jochmann, Andrew Kinsman, Will Koehrsen, Alex Lalejini, John Leadley, Katrin Leinweber, Mikel Madina, Claire McWhite, S'busiso Mkhondwane, Jose Nazario, Steve Putman, Maëlle Salmon, Christian Schudoma, James Scott-Brown, Enrico Spinielli, Wouter van der Bijl und Ron Yurko.

Des Weiteren möchte ich auch allen anderen Mitwirkenden an der tidyverse- und der R-Community im Allgemeinen danken. Es gibt wirklich ein R-Paket für jede Visualisierungsherausforderung, der man begegnen kann. Alle diese Pakete wurden von einer weitreichenden Community von Tausenden von Datenwissenschaftlern und Statistikern entwickelt, und viele von ihnen haben in irgendeiner Form zur Erstellung dieses Buches beigetragen.

Abschließend möchte ich meiner Frau Stefania dafür danken, dass sie viele Abende und Wochenenden geduldig ausgeharrt hat, während ich Stunden vor dem Computer verbracht habe, um ggplot2-Code zu schreiben, winzige Details bestimmter Abbildungen zu überdenken und Kapiteldetails auszuarbeiten.

KAPITEL 1

Einleitung

Datenvisualisierung ist teils Kunst und teils Wissenschaft. Die Herausforderung besteht darin, die Kunst richtig zu machen, ohne die Wissenschaft falsch zu machen, und umgekehrt. Eine Datenvisualisierung muss in erster Linie die Daten präzise darstellen. Sie darf nicht irreführen oder verfälschen. Wenn eine Zahl doppelt so groß ist wie eine andere, beide Zahlen in der Abbildung aber ungefähr gleich aussehen, dann ist die Darstellung falsch. Gleichzeitig soll eine Datenvisualisierung ästhetisch ansprechend sein. Optisch gelungene Präsentationen unterstreichen die Aussagekraft der Datenvisualisierung. Wenn eine Abbildung störende Farben, unausgewogene visuelle Elemente oder andere ablenkende Merkmale enthält, fällt es dem Betrachter schwerer, das Diagramm richtig zu interpretieren.

Meiner Erfahrung nach wissen Wissenschaftler häufig (wenn auch nicht immer!), wie man Daten visualisiert, ohne dass die Darstellung grob irreführend ist. Möglicherweise haben sie jedoch keinen ausgeprägten Sinn für visuelle Ästhetik und treffen versehentlich Entscheidungen, die ihre gewünschte Botschaft beeinträchtigen. Designer hingegen können optisch ansprechende Darstellungen erstellen, gehen aber mit Daten zu leichtfertig um. Mein Ziel ist es, beiden Gruppen nützliche Informationen zur Verfügung zu stellen.

In diesem Buch versuche ich, die wichtigsten Prinzipien, Methoden und Konzepte abzudecken, die zur Visualisierung von Daten für Veröffentlichungen, Berichte oder Präsentationen erforderlich sind. Da die Datenvisualisierung ein weites Feld ist und in seiner weitesten Definition auch Themen wie schematische technische Zeichnungen, 3D-Animationen und Benutzeroberflächen umfassen kann, musste ich den Umfang notwendigerweise einschränken. Ich befasse mich speziell mit statischen Visualisierungen, sei es in gedruckter Form, online oder als Folien. Das Buch behandelt keine interaktiven Bilder oder Filme, außer in einem kurzen Abschnitt in Kapitel 16. Deshalb werde ich in diesem Buch die Wörter »Visualisierung« und »Abbildung« abwechselnd verwenden.

Auch enthält das Buch keine Anleitungen, wie Sie Abbildungen mit vorhandener Visualisierungssoftware oder Programmierbibliotheken erstellen. Die kommentierte Bibliografie am Ende des Buchs enthält Verweise auf geeignete Texte zu diesen Themen.

Das Buch ist in drei Teile gegliedert. Der erste Teil, »Von den Daten zur Visualisierung«, beschreibt verschiedene Arten von Plots und Diagrammen, z.B. Balkendiagramme, Streudiagramme und Kreisdiagramme. Der Schwerpunkt liegt hier auf dem wissenschaftlichen Teil der Visualisierung. In diesem Teil diskutiere ich einen Kernsatz von Darstellungen, auf die Sie wahrscheinlich in Veröffentlichungen stoßen werden und/oder die Sie in Ihrer eigenen Arbeit benötigen. Ich verzichte bewusst darauf, mit einem enzyklopädischen Ansatz jede Art von Visualisierung vorzustellen. Bei der Organisation dieses Teils habe ich versucht, Visualisierungen nach der Art der von ihnen übermittelten Botschaft zu gruppieren und nicht nach der Art der darzustellenden Daten. In statistischen Texten wird die Datenanalyse und -visualisierung häufig nach den vorliegenden Datentypen erörtert, wobei das Material nach Anzahl und Typ der Variablen (eine kontinuierliche Variable, eine diskrete Variable, zwei kontinuierliche Variablen, eine kontinuierliche und eine diskrete Variable usw.) organisiert wird. Ich glaube, dass nur Statistiker diese Form der Organisation hilfreich finden.

Die meisten anderen Menschen gehen von den Aussagen aus, die sie vermitteln wollen – wie groß etwas ist, aus welchen Teilen es sich zusammensetzt, wie es sich auf etwas anderes bezieht und so weiter.

Im zweiten Teil, »Prinzipien des Graphen-Designs«, werden verschiedene Entwurfsprobleme behandelt, die beim Zusammenstellen von Datenvisualisierungen auftreten. Der primäre, aber nicht ausschließliche Schwerpunkt liegt auf dem gestalterischen Aspekt der Datenvisualisierung. Sobald wir den geeigneten Diagrammtyp für unseren Datensatz ausgewählt haben, müssen wir Entscheidungen über die optischen Elemente wie Farben, Symbole und Schriftgrößen treffen. Diese Auswahlmöglichkeiten können sich sowohl auf die Klarheit als auch auf die Eleganz einer Visualisierung auswirken. Die Kapitel in diesem zweiten Teil befassen sich mit den häufigsten Problemen, die in der Praxis wiederholt auftreten.

Der dritte Teil, »Verschiedene Themen«, behandelt einige verbleibende Aspekte, die nicht in die ersten beiden Teile passten. Hier werden Dateiformate erläutert, die häufig zum Speichern von Bildern und Plots verwendet werden. Darüber hinaus werden Überlegungen zur Auswahl der Visualisierungssoftware und zum Platzieren einzelner Abbildungen im Kontext eines größeren Dokuments angestellt.

Hässliche, schlechte und falsche Abbildungen

In diesem Buch zeige ich häufig verschiedene Versionen derselben Abbildungen. Einige dienen als Beispiele für die Erstellung einer guten Visualisierung, andere als abschreckende Beispiele für das, was man vermeiden sollte.

Um Ihnen eine einfache optische Richtlinie zu geben, welche Beispiele vorzugsweise verwendet und welche vermieden werden sollten, bezeichne ich problematische Abbildungen als »hässlich«, »schlecht« oder »falsch« (Abbildung 1-1):

Hässlich
: Eine hässliche Abbildung weist gestalterische Probleme auf, ist aber ansonsten klar und informativ.

Schlecht
: Eine schlechte Abbildung ist problematisch im Hinblick darauf, wie sie wahrgenommen wird. Beispielsweise ist sie unklar, verwirrend, übermäßig kompliziert oder irreführend.

Falsch
: Bei einer falschen Abbildung stimmt etwas mit der Mathematik nicht. Sie ist damit objektiv und inhaltlich falsch.

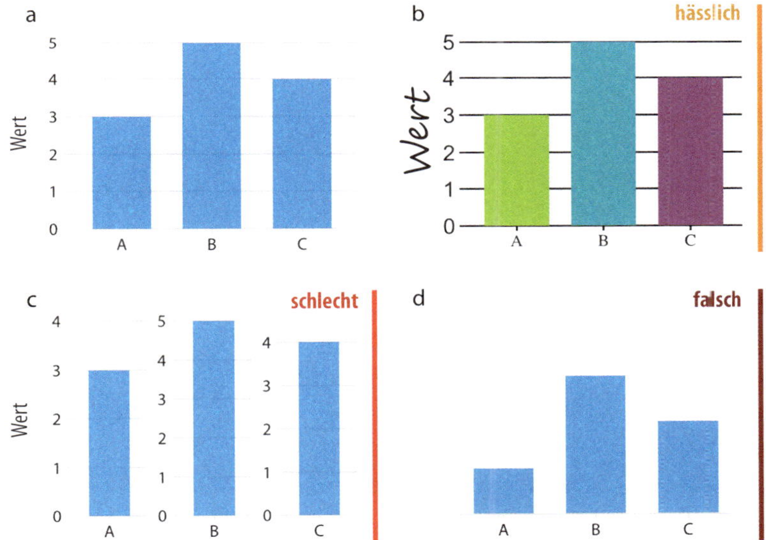

Abbildung 1-1: Beispiele für hässliche, schlechte und falsche Abbildungen. (a) Ein Balkendiagramm mit drei Werten (A = 3, B = 5 und C = 4). Dies ist eine vernünftige Visualisierung ohne größere Mängel. (b) Eine hässliche Version von Diagramm (a): Während die Abbildung technisch korrekt ist, ist sie nicht ästhetisch ansprechend. Die Farben sind zu hell und nicht brauchbar. Das Hintergrundraster ist zu stark ausgeprägt. Der Text wird mit drei verschiedenen Schriftarten in drei verschiedenen Größen angezeigt. (c) Eine schlechte Version von Diagramm (a): Jeder Balken wird mit einer eigenen Y-Achsenskala angezeigt. Da die Skalen nicht ausgerichtet sind, wirkt die Abbildung irreführend. Man kann leicht den Eindruck gewinnen, dass die drei Werte näher beieinanderliegen, als es tatsächlich der Fall ist. (d) Eine falsche Version von Diagramm (a): Ohne eine explizite y-Achsenskala können die durch die Balken dargestellten Zahlen nicht ermittelt werden. Die Balken scheinen die Längen 1, 3 und 2 zu haben, obwohl die angezeigten Werte 3, 5 und 4 sein sollen.

Gute Abbildungen kennzeichne ich nicht ausdrücklich. Jede Abbildung, die nicht als fehlerhaft gekennzeichnet ist, kann also zumindest als akzeptabel angesehen werden: als eine Abbildung, die informativ ist, ansprechend aussieht und so gedruckt werden kann, wie sie ist. Beachten Sie, dass es bei guten Abbildungen immer noch Qualitätsunterschiede gibt und einige besser sind als andere.

Ich gebe im Allgemeinen meine Gründe für bestimmte Bewertungen an, aber einige sind Geschmackssache. Generell ist die »hässliche« Bewertung subjektiver als die »schlechte« oder »falsche« Bewertung. Darüber hinaus ist die Grenze zwischen »hässlich« und »schlecht« fließend. Manchmal können schlechte Designentscheidungen die menschliche Wahrnehmung bis zu einem Punkt beeinträchtigen, an dem eine »schlechte« Bewertung angemessener ist als eine »hässliche« Bewertung. Auf alle Fälle ermutige ich Sie, Ihren eigenen Blickwinkel zu entwickeln und meine Entscheidungen kritisch zu bewerten.

TEIL I

Von den Daten zur Visualisierung

KAPITEL 2

Datenvisualisierung: die Darstellung von Daten gestalten (Aesthetics)

Wenn wir Daten visualisieren, nehmen wir Datenwerte und wandeln sie systematisch und logisch in visuelle Elemente um, aus denen die endgültige Abbildung besteht. Obwohl es viele verschiedene Arten von Datenvisualisierungen gibt und auf den ersten Blick ein Streudiagramm, ein Kreisdiagramm und eine Heatmap nicht viel gemeinsam zu haben scheinen, können all diese Visualisierungen mit einer gemeinsamen Sprache beschrieben werden, indem Datenwerte in Tintenkleckse auf Papier oder farbige Pixel auf einem Bildschirm umgewandelt werden. Die wichtigste Erkenntnis ist die folgende: Alle Datenvisualisierungen ordnen Datenwerte quantifizierbaren Merkmalen zu, die in der resultierenden Grafik dargestellt werden.

Diese Merkmale bezeichnen wir als *Aesthetics*, deren Bedeutung mit dem deutschen Begriff »Ästhetik« höchst unzureichend wiedergegeben wäre. Im Weiteren verwenden wir daher den englischen Fachbegriff, der letztlich jene Gestaltungsmerkmale meint, mit der die Datenwerte in der Grafik visualisiert werden.

Aesthetics (Gestaltungselemente) und Datenarten

Die Gestaltung beschreibt jeden Aspekt eines bestimmten grafischen Elements. Einige Beispiele finden Sie in Abbildung 2-1. Eine kritische Komponente jedes grafischen Elements ist natürlicherweise seine *Position*, die beschreibt, wo sich das Element befindet. In üblichen 2D-Grafiken beschreiben wir Positionen durch einen *x*- und einen *y*-Wert, aber andere Koordinatensysteme und ein- oder dreidimensionale Visualisierungen sind ebenfalls möglich. Als Nächstes haben alle grafischen Elemente eine *Form*, eine *Größe* und eine *Farbe*. Auch wenn wir eine Schwarzweiß-Zeichnung vorbereiten, müssen grafische Elemente eine Farbe haben, die sichtbar ist: zum Beispiel schwarz, wenn der Hintergrund weiß ist oder weiß, wenn der Hintergrund schwarz ist. Wenn wir Linien zur Visualisierung von Daten verwenden, können diese Linien unterschiedliche Breiten oder Strich-Punkt-Muster aufweisen. Über die in Abbildung 2-1 gezeigten Beispiele hinaus gibt es viele andere gestalterische Aspekte, die bei einer Datenvisualisierung auftreten können. Wenn wir beispielsweise Text anzeigen möchten, müssen wir möglicherweise Angaben zu Schriftart und Schriftgröße machen, und wenn sich grafische Objekte überlappen, müssen wir möglicherweise angeben, ob sie teilweise transparent sind.

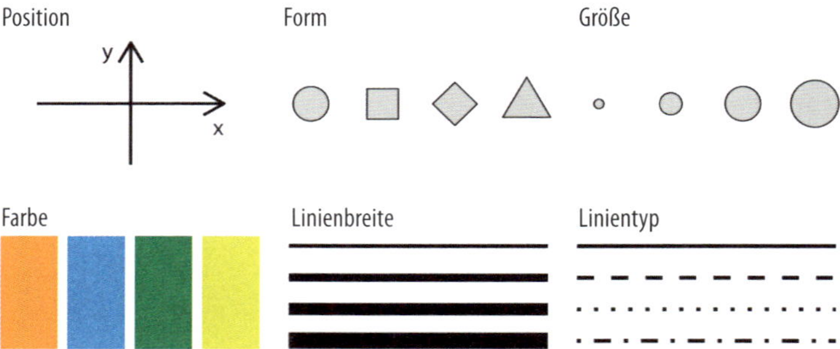

Abbildung 2-1: Häufig verwendete Gestaltungselemente in der Datenvisualisierung: Position, Form, Größe, Farbe, Linienbreite, Linientyp. Einige dieser Elemente können sowohl kontinuierliche als auch diskrete Daten (Position, Größe, Linienbreite, Farbe) darstellen, während andere normalerweise nur diskrete Daten (Form, Linientyp) darstellen können.

Alle Gestaltungselemente fallen in eine von zwei Gruppen: diejenigen, die kontinuierliche Daten darstellen können, und diejenigen, die dies nicht können. *Kontinuierliche Datenwerte* sind Werte, für die beliebig feine Zwischenprodukte existieren. Zum Beispiel ist die Zeitdauer ein kontinuierlicher Wert. Zwischen zwei beliebigen Zeitpunkten, beispielsweise 50 Sekunden und 51 Sekunden, gibt es beliebig viele Zwischenstufen, wie 50,5 Sekunden, 50,51 Sekunden, 50,50001 Sekunden und so weiter. Im Gegensatz dazu ist die Anzahl der Personen in einem Raum ein *diskreter Wert*. Ein Raum bietet Platz für 5 oder 6 Personen, nicht jedoch für 5,5 Personen. In den Beispielen von Abbildung 2-1 können Position, Größe, Farbe und Linienbreite kontinuierliche Daten darstellen, aber Form und Linientyp können normalerweise nur diskrete Daten darstellen.

Als Nächstes werden wir die Datentypen betrachten, die wir in unserer Visualisierung darstellen möchten. Sie können sich Daten als Zahlen vorstellen, aber numerische Werte sind nur zwei von verschiedenen Datentypen, auf die wir möglicherweise stoßen. Neben kontinuierlichen und diskreten numerischen Werten können Daten in Form von diskreten Kategorien, in Form von Datums- oder Uhrzeitangaben und als Text vorliegen (Tabelle 2-1). Wenn Daten numerisch sind, nennen wir sie auch *quantitativ*, und wenn sie kategorisierbar sind, nennen wir sie *qualitativ*. Variablen, die qualitative Daten enthalten, sind kategoriale *Merkmale*, und die verschiedenen Kategorien werden als *Ausprägungen* bezeichnet. Die Ausprägungen eines Merkmals sind meistens ohne Reihenfolge (wie im Beispiel von *Hund, Katze, Fisch* in Tabelle 2-1), aber es können auch geordnete Merkmale sein, falls es eine geordnete Reihenfolge zwischen den Ausprägungen des Merkmals gibt (wie im Beispiel von *gut, angemessen, schlecht* in Tabelle 2-1).

Tabelle 2-1: Arten von Variablen, die in typischen Szenarien zur Datenvisualisierung vorkommen

Variablentyp	Beispiel	Skala	Beschreibung
Quantitativ/ numerisch kontinuierlich	1,3; 5,7; 83; $1{,}5 \times 10^{-2}$	Kontinuierlich	Beliebige numerische Werte. Diese können ganze, rationale oder reelle Zahlen sein.
Quantitativ/ numerisch diskret	1, 2, 3, 4	Diskret	Zahlen in diskreten Einheiten. Diese sind meistens, aber nicht notwendigerweise ganze Zahlen. Zum Beispiel können die Werte 0,5 sowie 1,0 und 1,5 auch als diskrete Werte angesehen werden, wenn im gegebenen Datensatz keine dazwischen liegenden Werte existieren können.
Qualitativ/ kategorisch ungeordnet	Hund, Katze, Fisch	Diskret	Diskrete und eindeutige Kategorien ohne feste Reihenfolge. Diese Variablen werden auch als *Merkmale* bezeichnet.
Qualitativ/ kategorisch geordnet	gut, angemessen, schlecht	Diskret	Diskrete und eindeutige Kategorien mit fester Reihenfolge. Zum Beispiel liegt »angemessen« immer zwischen »gut« und »schlecht«. Diese Variablen werden auch als *geordnete Merkmale* bezeichnet.
Datum oder Zeit	5. Jan 2018, 08:03h	Kontinuierlich oder diskret	Spezifische Tage und/oder Zeiten. Hierzu zählen auch allgemeine Datumsangaben ohne Jahr wie »4. Juli« oder »25. Dezember«.
Text	Franz jagt im komplett verwahrlosten Taxi quer durch Bayern.	Keine oder diskret	Freiformtext. Kann bei Bedarf als kategorisierbar behandelt werden.

In Tabelle 2-2 finden Sie ein konkretes Beispiel für diese verschiedenen Datentypen. In ihr werden die ersten Zeilen eines Datensatzes mit den täglichen Temperaturnormalen (durchschnittliche Tagestemperaturen über ein 30-Jahres-Fenster) für vier US-amerikanische Standorte angezeigt. Diese Tabelle enthält fünf Variablen: *Monat*, *Tag*, *Ort*, *Stations-ID* und *Temperatur* (in Grad Fahrenheit). *Monat* ist ein geordneter Faktor, *Tag* ist ein diskreter numerischer Wert, *Position* ist ein ungeordneter Faktor, *Stations-ID* ist ebenfalls ein ungeordneter Faktor und *Temperatur* ist ein kontinuierlicher numerischer Wert.

Tabelle 2-2: Die ersten 8 Zeilen eines Datensatzes mit täglichen Temperaturnormalen für vier Wetterstationen.

Monat	Tag	Ort	Stations-ID	Temperatur (°F)
Jan	1	Chicago	USW00014819	25.6
Jan	1	San Diego	USW00093107	55.2
Jan	1	Houston	USW00012918	53.9
Jan	1	Death Valley	USC00042319	51.0
Jan	2	Chicago	USW00014819	25.5

Tabelle 2-2: Die ersten 8 Zeilen eines Datensatzes mit täglichen Temperaturnormalen für vier Wetterstationen. (Fortsetzung)

Monat	Tag	Ort	Stations-ID	Temperatur (°F)
Jan	2	San Diego	USW00093107	55.3
Jan	2	Houston	USW00012918	53.8
Jan	2	Death Valley	USC00042319	51.2

Skalen bilden Datenwerte auf Aesthetics ab

Um Datenwerte auf Aesthetics abzubilden, müssen wir angeben, welche Datenwerte welchen spezifischen Werten auf dieser Skala entsprechen. Wenn unsere Abbildung beispielsweise eine *x*-Achse hat, müssen wir angeben, welche Datenwerte auf bestimmte Positionen entlang dieser Achse fallen. In ähnlicher Form müssen wir möglicherweise angeben, welche Datenwerte durch bestimmte Formen oder Farben dargestellt werden sollen. Diese Zuordnung von Datenwerten und Gestaltungselementen erfolgt über *Skalen*. Eine Skala definiert eine eindeutige Zuordnung von Daten und Gestaltungselement (Abbildung 2-2).

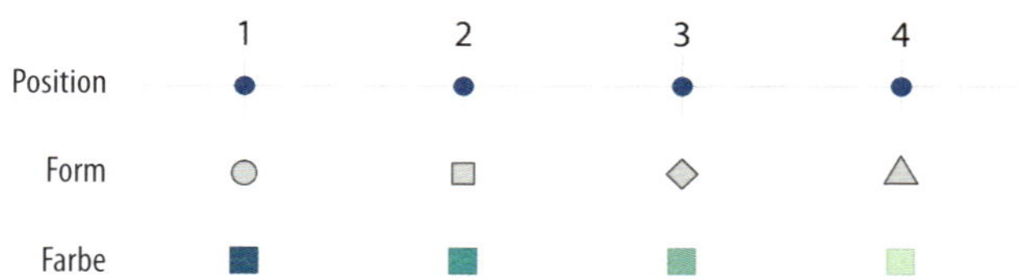

Abbildung 2-2: Skalen verknüpfen Datenwerte mit Gestaltungselementen. Hier wurden die Nummern 1 bis 4 auf eine Positionsskala, eine Formskala und eine Farbskala abgebildet. Für jede Skala entspricht jede Zahl einer eindeutigen Position, Form oder Farbe und umgekehrt.

Wichtig ist, dass eine Skala eins zu eins angelegt ist, sodass es für jeden spezifischen Datenwert genau ein Gestaltungselement gibt und umgekehrt. Wenn eine Skala nicht eins zu eins interpretierbar ist, wird die Datenvisualisierung mehrdeutig.

Lassen Sie uns das Besprochene in die Praxis umsetzen: Wir können den in Tabelle 2-2 gezeigten Datensatz nehmen, die Kartentemperatur auf die *y*-Achse, den Tag des Jahres auf die *x*-Achse und den Standort auf die Farbe übertragen und somit die Aesthetics mithilfe von durchgezogenen Linien visualisieren. Das Ergebnis ist ein Standardliniendiagramm, das die Temperaturnormalen und deren Änderung im Laufe des Jahres an den vier Standorten zeigt (Abbildung 2-3).

Abbildung 2-3 ist eine Standardvisualisierung für eine Temperaturkurve und wahrscheinlich die Visualisierung, die die meisten Datenwissenschaftler zuerst intuitiv auswählen würden. Es liegt jedoch an uns, welche Variablen auf welchen Skalen abgebildet werden. Zum Beispiel könnten wir, anstatt die Temperatur auf die y-Achse und den Standort farbig abzubilden, das Ganze auch umgekehrt gestalten.

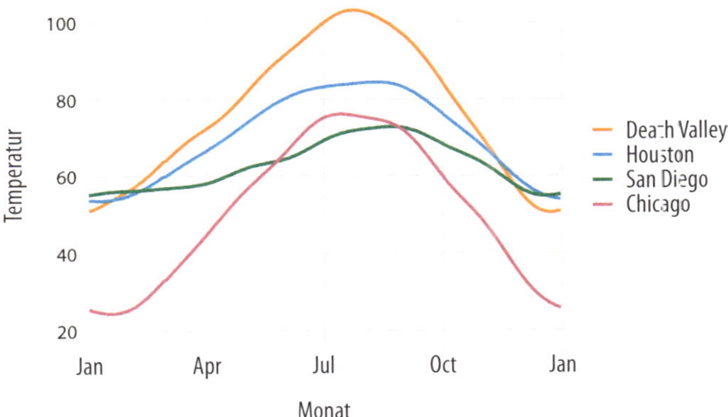

Abbildung 2-3: Tägliche Temperaturnormalen für vier ausgewählte Standorte in den USA. Die Temperatur wird auf die y-Achse, der Tag des Jahres auf die x-Achse und der Standort auf die Linienfarbe abgebildet. (Datenquelle: NOAA)

Da nun die entscheidende Schlüsselvariable (Temperatur) als Farbe angezeigt wird, müssen ausreichend große Farbflächen für die Farben angezeigt werden, um nützliche Informationen zu vermitteln [Stone, Albers Szafir und Setlur 2014]. Aus diesem Grund habe ich für diese Visualisierung in Abbildung 2-4 Quadrate anstelle von Linien ausgewählt: ein Quadrat für jeden Monat und Ort, und die Quadrate habe ich dann mit der durchschnittlichen Temperaturnormalen für jeden Monat gefärbt.

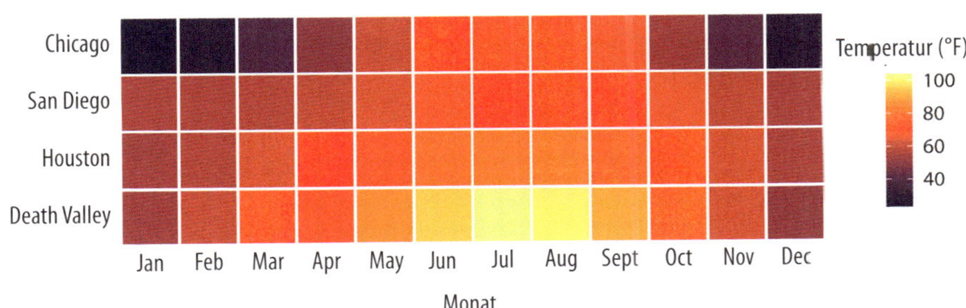

Abbildung 2-4: Monatliche normale Durchschnittstemperaturen für vier Standorte in den USA. (Datenquelle: NOAA)

Ich möchte betonen, dass in Abbildung 2-4 zwei Positionsskalen (Monat entlang der *x*-Achse und Standort entlang der *y*-Achse) verwendet werden, doch keine von ihnen ist eine kontinuierliche Skala. Der Monat hat zwölf Ausprägungen und ist ein geordnetes Merkmal (d.h., seine Ausprägungen lassen sich in eine natürliche Reihenfolge bringen); der Standort ist ein ungeordnetes Merkmal mit 4 Ebenen. Daher sind beide Positionsskalen diskret. Bei diskreten Positionsskalen platzieren wir die verschiedenen Ebenen des Merkmals im Allgemeinen in gleichem Abstand entlang der Achse. Wenn das Merkmal geordnet ist (wie hier für den Monat), müssen die Ebenen in der entsprechenden Reihenfolge platziert werden. Wenn das Merkmal ungeordnet ist (wie hier für den Standort), dann ist die Reihenfolge beliebig und wir können jede gewünschte Reihenfolge wählen. Ich habe die Orte vom insgesamt kältesten (Chicago) bis zum insgesamt heißesten Ort (Death Valley) gelistet, um eine angenehme Farbfolge zu generieren. Ich hätte jedoch auch eine andere Reihenfolge wählen können – die Abbildung wäre dennoch gleichermaßen gültig gewesen.

In den beiden Abbildungen 2-3 und 2-4 wurden insgesamt drei Skalen (zwei Positionsskalen und eine Farbskala) verwendet. Dies ist eine typische Anzahl von Skalen für eine grundlegende Visualisierung, aber wir können auch mehr als drei Skalen gleichzeitig verwenden. In Abbildung 2-5 werden fünf Skalen verwendet (zwei Positionsskalen und jeweils eine Farb-, Größen- und Formskala), und jede Skala repräsentiert eine andere Variable aus dem Datensatz.

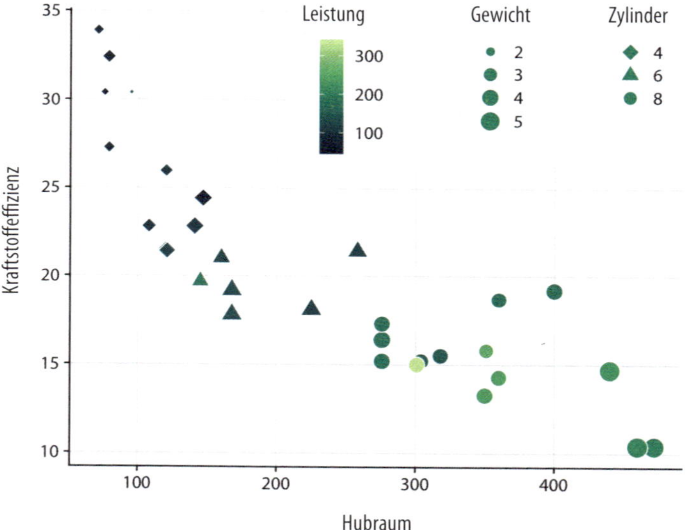

Abbildung 2-5: Kraftstoffeffizienz versus Hubraum für 32 Autos (Modelle 1973–74). Diese Abbildung verwendet fünf getrennte Skalen, um Daten darzustellen: (i) die x-Achse (Verschiebung), (ii) die y-Achse (Kraftstoffeffizienz), (iii) die Farbe der Datenpunkte (Leistung), (iv) die Größe der Datenpunkte (Gewicht) und (v) die Form der Datenpunkte (Anzahl der Zylinder). Vier der fünf angezeigten Variablen (Hubraum, Kraftstoffverbrauch, Leistung und Gewicht) sind numerisch kontinuierlich. Die verbleibende Variable (Anzahl der Zylinder) kann entweder als numerisch diskret oder qualitativ geordnet betrachtet werden. (Datenquelle: Motor Trend, 1974)

KAPITEL 3

Koordinatensysteme und Achsen

Für jede Art von Datenvisualisierung müssen Positionsskalen definiert werden, die bestimmen, wo sich in einer Grafik unterschiedliche Datenwerte befinden. Wir können Daten nicht visualisieren, ohne verschiedene Datenpunkte an verschiedenen Orten zu platzieren, auch wenn wir sie nur entlang einer Linie nebeneinander anordnen. Für normale 2D-Visualisierungen sind zwei Zahlen erforderlich, um einen Punkt eindeutig zu spezifizieren, und daher benötigen wir zwei Positionsskalen. Diese beiden Maßstäbe sind normalerweise, aber nicht unbedingt, die *x*- und die *y*-Achse des Diagramms. Wir müssen auch die relative geometrische Anordnung dieser Skalen angeben. Üblicherweise verläuft die *x*-Achse horizontal und die *y*-Achse vertikal, aber wir könnten auch andere Anordnungen wählen.

Beispielsweise könnte die *y*-Achse in einem spitzen Winkel zur *x*-Achse verlaufen, oder eine Achse könnte in einem Kreis und die andere in radialer Richtung verlaufen. Die Kombination eines Satzes von Positionsskalen und ihrer relativen geometrischen Anordnung wird als *Koordinatensystem* bezeichnet.

Kartesische Koordinaten

Das am häufigsten verwendete Koordinatensystem für die Datenvisualisierung ist das *kartesische 2D-Koordinatensystem*, bei dem jeder Ort durch einen *x*- und einen *y*-Wert eindeutig angegeben wird. Die *x*- und die *y*-Achse verlaufen orthogonal zueinander, und die Datenwerte werden in einem gleichmäßigen Abstand entlang beider Achsen platziert (Abbildung 3-1). Die beiden Achsen sind durchgehende Positionsskalen, und sie können sowohl positive als auch negative reelle Zahlen darstellen. Um das Koordinatensystem vollständig zu definieren, müssen wir den Zahlenbereich angeben, den jede Achse abdeckt. In Abbildung 3-1 verläuft die *x*-Achse von –2,2 bis 3,2 und die y-Achse von –2,2 bis 2,2. Alle Datenwerte zwischen diesen Achsengrenzen werden an der entsprechenden Stelle in der Abbildung platziert. Alle Datenwerte außerhalb der Achsengrenzen werden verworfen.

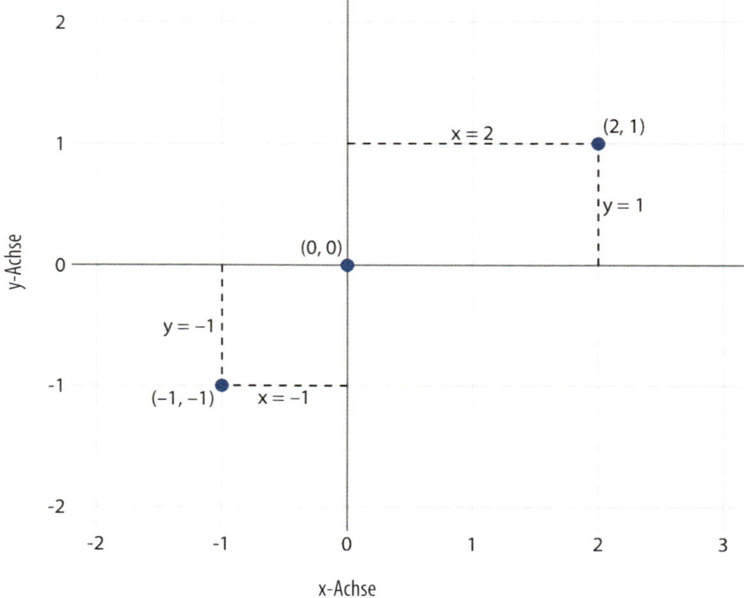

Abbildung 3-1: Kartesisches Standardkoordinatensystem. Die horizontale Achse wird herkömmlicherweise als x und die vertikale Achse als y bezeichnet. Die beiden Achsen bilden ein Gitter mit gleichem Abstand. Hierbei werden sowohl die x- als auch die y-Gitterlinie durch Einheiten von eins getrennt. Der Punkt (2, 1) befindet sich zwei x-Einheiten rechts und eine y-Einheit über dem Ursprung (0, 0). Der Punkt (–1, –1) befindet sich eine x-Einheit links und eine y-Einheit unterhalb des Ursprungs.

Datenwerte sind jedoch normalerweise nicht nur Zahlen. Sie beinhalten Einheiten. Wenn wir zum Beispiel die Temperatur messen, können die Werte in Grad Celsius oder Fahrenheit gemessen werden. In ähnlicher Weise können wir, wenn wir die Entfernung messen, die Werte in Kilometern oder Meilen angeben, oder, wenn wir die Dauer messen, die Werte in Minuten, Stunden oder Tagen messen.

In einem kartesischen Koordinatensystem entspricht der Abstand zwischen Gitterlinien entlang einer Achse diskreten Schritten in diesen Dateneinheiten. In einer Temperaturskala haben wir beispielsweise alle 10 Grad Fahrenheit eine Gitterlinie, und in einer Entfernungsskala gibt es möglicherweise alle 5 Kilometer eine Gitterlinie.

Ein kartesisches Koordinatensystem kann zwei Achsen haben, die zwei verschiedene Einheiten darstellen. Diese Situation tritt recht häufig auf, wenn wir zwei verschiedene Variablentypen auf *x* und *y* abbilden. In Abbildung 2-3 hatten wir beispielsweise die Temperatur gegen die Tage des Jahres aufgetragen. Die *y*-Achse in Abbildung 2-3 gibt die Temperatur in Grad Fahrenheit mit Gitterlinien in 20°-Abständen an, und die *x*-Achse zeigt Monate, mit Gitterlinien am Ersten jedes dritten Monats. Wenn die beiden Achsen in unterschiedlichen Einheiten gemessen werden, können wir eine Achse relativ zu der anderen strecken oder komprimieren und eine gültige Visualisierung der Daten beibehalten (Abbildung 3-2). Welche Version vorzuziehen ist, hängt unter Umständen von der Botschaft ab, die wir übermitteln wollen.

Ein hoher und schmaler Verlauf betont die Veränderung entlang der *y*-Achse, und ein kurzer und breiter Verlauf bewirkt das Gegenteil. Idealerweise sollten wir ein Seitenverhältnis wählen, das sicherstellt, dass alle wichtigen Positionsunterschiede erkennbar sind.

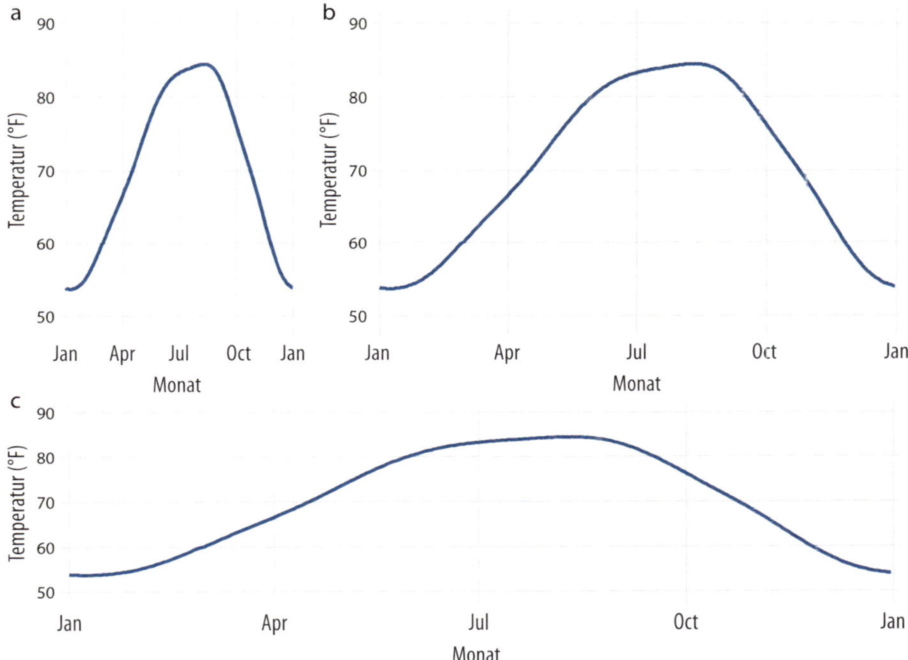

Abbildung 3-2: Tägliche Temperaturnormalen für Houston, TX. Die Temperatur wird auf der y-Achse und der Tag des Jahres auf der x-Achse abgebildet. Die Abbildungen (a), (b) und (c) zeigen den gleichen Verlauf in verschiedenen Seitenverhältnissen. Alle drei Grafiken sind gültige Darstellungen der Temperaturdaten. (Datenquelle: NOAA)

Wenn hingegen die *x*- und die *y*-Achse in den gleichen Einheiten dargestellt werden, sollten die Gitterabstände für die beiden Achsen gleich sein, sodass der gleiche Abstand entlang der *x*- oder *y*-Achse der gleichen Anzahl von Dateneinheiten entspricht. Als Beispiel können wir die Temperatur in Houston, TX, im Vergleich zur Temperatur in San Diego, CA, für jeden Tag des Jahres aufzeichnen (Abbildung 3-3a). Da auf beiden Achsen die gleiche Menge aufgetragen wird, müssen wir sicherstellen, dass die Gitterlinien perfekte Quadrate bilden, wie dies in Abbildung 3-3a der Fall ist.

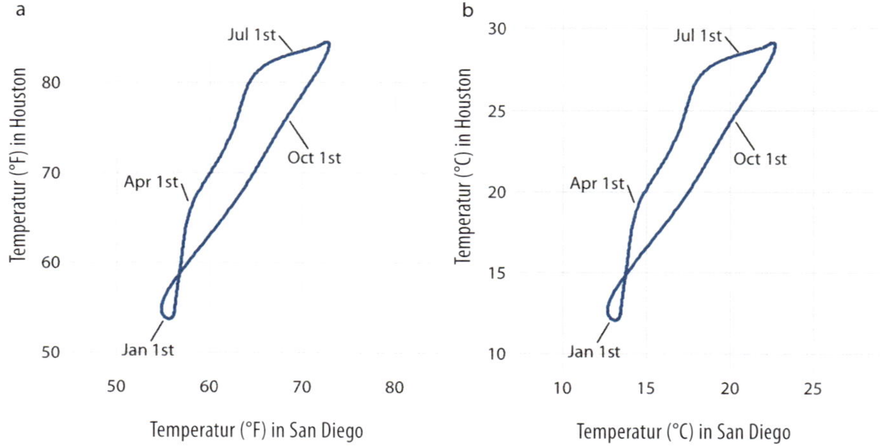

Abbildung 3-3: Tägliche Temperaturnormalen für Houston, TX, aufgetragen gegen die jeweiligen Temperaturnormalen von San Diego, CA. Die ersten Tage der Monate Januar, April, Juli und Oktober werden hervorgehoben, um einen zeitlichen Bezug herzustellen. (a) Die Temperaturen sind in Grad Fahrenheit angegeben. (b) Die Temperaturen sind in Grad Celsius angegeben. (Datenquelle: NOAA)

Sie fragen sich vielleicht, was passiert, wenn Sie die Einheiten Ihrer Daten ändern. Die Einheiten sind schließlich willkürlich und Ihre Präferenzen können sich von denen anderer unterscheiden. Eine Änderung der Einheiten ist eine lineare Transformation, bei der eine Zahl zu allen Datenwerten addiert oder von ihnen subtrahiert wird und/oder bei der alle Datenwerte mit einer anderen Zahl multipliziert werden. Glücklicherweise sind kartesische Koordinatensysteme unter solchen linearen Transformationen invariant. Daher können Sie die Einheiten Ihrer Daten ändern, ohne dass sich die resultierende Abbildung ändert, solange Sie die Achsen entsprechend ändern. Vergleichen Sie als Beispiel die Abbildungen 3-3a und 3-3b. Beide zeigen die gleichen Daten, aber in Teil (a) sind die Temperatureinheiten in Grad Fahrenheit und in Teil (b) in Grad Celsius angegeben. Obwohl sich die Rasterlinien an verschiedenen Stellen befinden und die Zahlen entlang der Achsen unterschiedlich sind, sehen beide Darstellungen genau gleich aus.

Nichtlineare Achsen

In einem kartesischen Koordinatensystem sind die Gitterlinien entlang einer Achse sowohl in Dateneinheiten als auch in der resultierenden Visualisierung gleichmäßig verteilt. Die Positionsskalen in diesen Koordinatensystemen bezeichnen wir als *linear*. Während lineare Skalen im Allgemeinen eine genaue Visualisierung der Daten liefern, gibt es Szenarien, in denen nichtlineare Maßstäbe bevorzugt werden. In einer nichtlinearen Skala entspricht ein gleichmäßiger Abstand in Dateneinheiten einem ungleichmäßigen Abstand in der Visualisierung oder umgekehrt.

Die am häufigsten verwendete nichtlineare Skala ist die *logarithmische Skala*. Logarithmische Skalen sind linear im multiplikativen Raum, sodass eine Einheit auf der Skala einer Multiplikation mit einem festen Wert entspricht. Um eine logarithmische Skala zu erstellen, müssen wir die Datenwerte logarithmieren und dabei die Zahlen, die entlang der Achsengitterlinien angezeigt werden, potenzieren. Dieser Vorgang wird in Abbildung 3-4 gezeigt, in der die Zahlen 1, 3.16, 10, 31.6 und 100 auf linearen und logarithmischen Skalen dargestellt sind. Die Zahlen 3.16 und 31.6 mögen seltsam erscheinen, aber sie wurden ausgewählt, weil sie auf einer logarithmischen Skala genau zwischen 1 und 10 und zwischen 10 und 100 liegen. Wir können dies daran beobachten, dass $10^{0.5} = \sqrt{10} \approx 3.16$ und äquivalent $3.16 \times 3.16 \approx 10$ ist. In ähnlicher Weise ist $10^{1.5} = 10 \times 10^{0.5}$ 31.6.

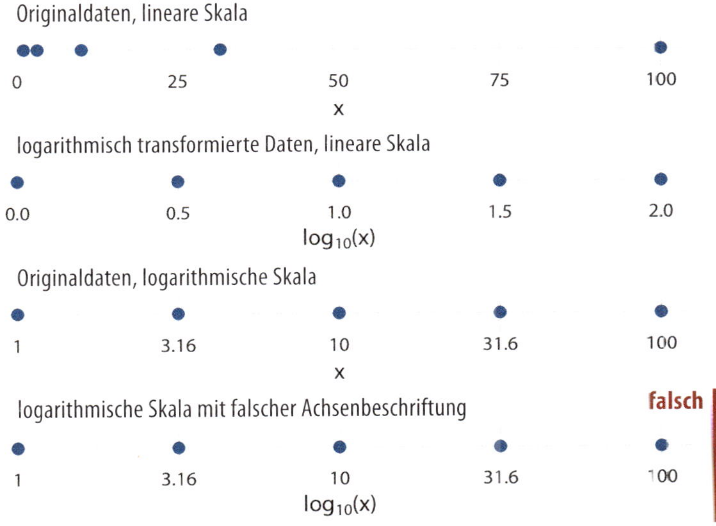

Abbildung 3-4: Beziehung zwischen linearen und logarithmischen Skalen. Die Punkte entsprechen den Datenwerten 1, 3.16, 10, 31.6 und 100, die auf einer logarithmischen Skala Zahlen mit gleichem Abstand darstellen. Wir können diese Datenpunkte auf einer linearen Skala anzeigen, wir können sie logarithmisch transformieren und sie dann auf einer linearen Skala zeigen oder wir können sie auf einer logarithmischen Skala zeigen. Wichtig ist, dass für eine korrekte Beschriftung einer logarithmischen Achse der Name der angezeigten Variablen verwendet wird und nicht der Logarithmus dieser Variablen.

Mathematisch gibt es keinen Unterschied zwischen dem Auftragen der logarithmisch transformierten Daten auf einer linearen Skala oder der Darstellung der Orginaldaten auf einer logarithmischen Skala (Abbildung 3-4). Der einzige Unterschied besteht in der Beschriftung der einzelnen Achsenabschnitte und der gesamten Achse. In den meisten Fällen ist eine logarithmische Skala vorzuziehen, da die entsprechende Beschriftung dem Leser die Interpretation der Zahlen anhand der Achsenmarkierungen erleichtert. Es besteht auch weniger Verwechslungsgefahr hinsichtlich der

Basis des Logarithmus. Wenn wir mit logarithmisch transformierten Daten arbeiten, könnten wir uns schnell fragen, ob die Daten jetzt mit dem natürlichen Logarithmus oder dem Logarithmus zur Basis 10 transformiert wurden. Und es ist nicht ungewöhnlich, dass Beschriftungen mehrdeutig sind – z. B. log(*x*), was gar keine Basis angibt. Ich empfehle Ihnen, immer die Basis zu überprüfen, wenn Sie mit logarithmischen Daten arbeiten. Geben Sie beim Erstellen einer Abbildung mit logarithmischen Daten immer die Basis an, wenn Sie die Achse beschriften!

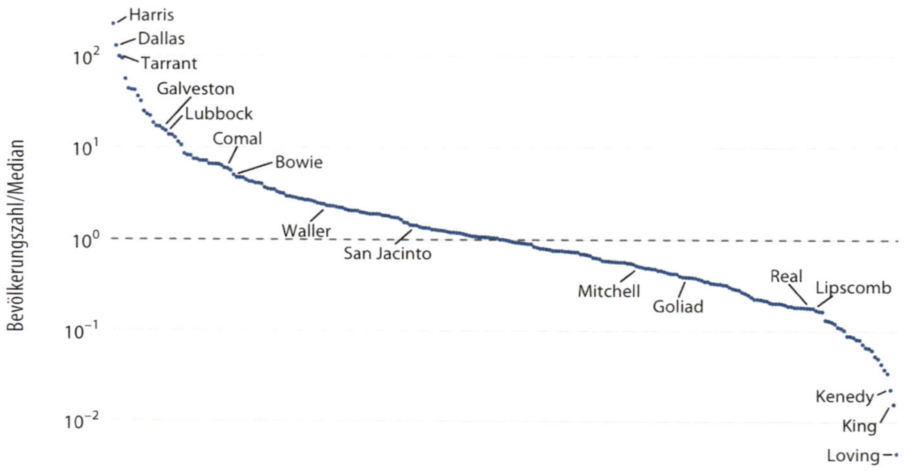

Abbildung 3-5: Bevölkerungszahl der Bezirke in Texas im Verhältnis zu ihrem Median. Ausgewählte Bezirke werden durch den Namen hervorgehoben. Die gestrichelte Linie gibt ein Verhältnis von 1 an, welches einem Bezirk mit einer Bevölkerungszahl des Medians entspricht. Die bevölkerungsreichsten Bezirke haben ungefähr 100-mal mehr, die bevölkerungsärmsten Bezirke ungefähr 100-mal weniger Einwohner als der Median-Bezirk. (Datenquelle: US Decennial Census 2010)

Da die Multiplikation auf einer logarithmischen Skala wie eine Addition auf einer linearen Skala aussieht, sind logarithmische Skalen die natürliche Wahl für alle Daten, die durch Multiplikation oder Division erstellt wurden. Insbesondere sollten das Verhältnis und die Proportionen (*engl. ratios*) mehrerer Größen im Allgemeinen auf einer logarithmischen Skala angezeigt werden. Als Beispiel habe ich die Einwohnerzahl in jedem Bezirk in Texas genommen und durch die mittlere Einwohnerzahl (der Median) in allen Bezirken in Texas geteilt. Das resultierende Verhältnis ist eine Zahl, die größer oder kleiner als 1 sein kann. Ein Verhältnis von genau 1 impliziert, dass der entsprechende Bezirk genau die mittlere Einwohnerzahl hat. Bei der Darstellung dieser Verhältnisse auf einer logarithmischen Skala können wir sehen, dass die Bevölkerungszahlen in texanischen Gemeinden symmetrisch um den Median verteilt sind, und dass die bevölkerungsreichsten Gemeinden über 100-mal mehr Einwohner haben als der Median, während die bevölkerungsärmsten Gemeinden mehr als 100-mal weniger Einwohner haben (Abbildung 3-5).

Im Gegensatz dazu verwischt eine lineare Skala für dieselben Daten die Unterschiede zwischen einem Bezirk mit einer dem Median entsprechenden Bevölkerungszahl und einem Bezirk mit einer im Vergleich dazu viel geringeren Bevölkerungszahl (Abbildung 3-6).

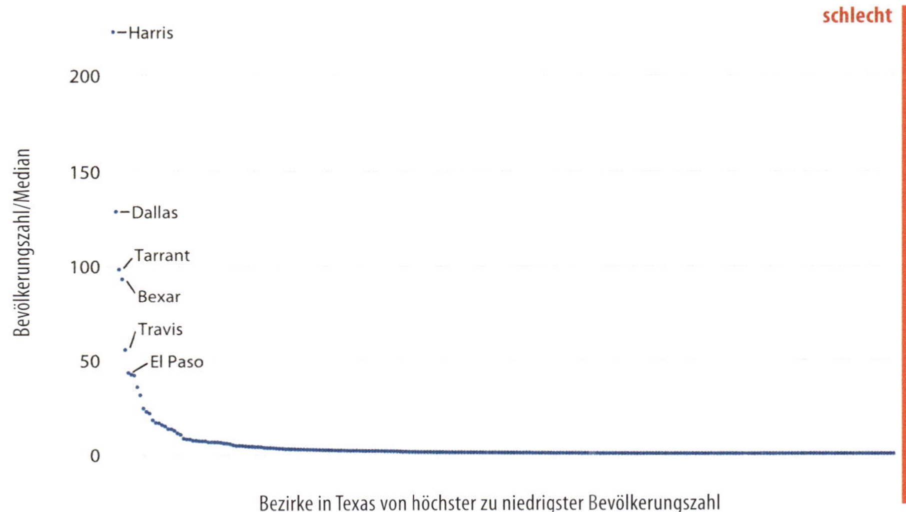

Abbildung 3-6: Bevölkerungsgrößen der Gemeinden von Texas im Verhältnis zu ihrem Median. Durch den Gebrauch einer linearen Skala zur Darstellung der relativen Anteile haben wir Werte > 1 überbetont und Verhältnisse < 1 undeutlich gemacht. In der Regel sollten solche »Ratios« nicht auf einer linearen Skala angezeigt werden. (Datenquelle: US Decennial Census 2010)

Auf einer logarithmischen Skala ist der Wert 1 der natürliche Mittelpunkt, ähnlich dem Wert 0 auf einer linearen Skala. Wir können uns Werte größer als 1 als Multiplikationen und Werte kleiner als 1 als Divisionen vorstellen. Zum Beispiel können wir 10 = 1 × 10 und 0.1 = 1/10 schreiben. Der Wert 0 hingegen kann niemals auf einer logarithmischen Skala erscheinen. Es liegt unendlich weit von 1 entfernt. Eine Möglichkeit, um sich das klarzumachen, ist, sich zu vergegenwärtigen, dass log(0) = -∞ ist. Alternativ können Sie auch annehmen, dass für den Übergang von 1 zu 0 eine unendliche Anzahl von Divisionen durch einen endlichen Wert (z. B. 1/10/10/10/10/10/10/10/10/10... = 0) oder eine Division durch »Unendlich« erforderlich ist (d. h. 1/∞ = 0).

Logarithmische Skalen werden häufig verwendet, wenn der Datensatz Werte mit sehr unterschiedlichen Größenordnungen enthält. Für die in den Abbildungen 3-5 und 3-6 gezeigten Bezirke in Texas hatte der bevölkerungsreichste Bezirk (Harris) 4.092.459 Einwohner bei der US-Volkszählung 2010, während der bevölkerungsärmste Bezirk (Loving) 82 Einwohner hatte. Eine logarithmische Skala wäre also auch dann angemessen gewesen, wenn wir die Bevölkerungszahl nicht durch den Median geteilt hätten, um diese in Größenverhältnisse umzuwandeln. Aber was würden wir tun, wenn es einen Bezirk mit 0 Einwohnern gäbe? Dieser Bezirk könnte nicht auf der logarithmischen Skala angezeigt werden, da sie bei minus unendlich liegen würde. In dieser Situation wird manchmal empfohlen, eine sogenannte *Quadratwurzel-Skala* zu verwenden, bei der anstelle einer logarithmischen Transformation eine Quadratwurzeltransformation verwendet wird (Abbildung 3-7). Diese komprimiert genau wie eine logarithmische Skala größere Zahlen in einen kleineren Bereich, erlaubt aber im Gegensatz zu einer logarithmischen Skala das Vorhandensein des Wertes 0.

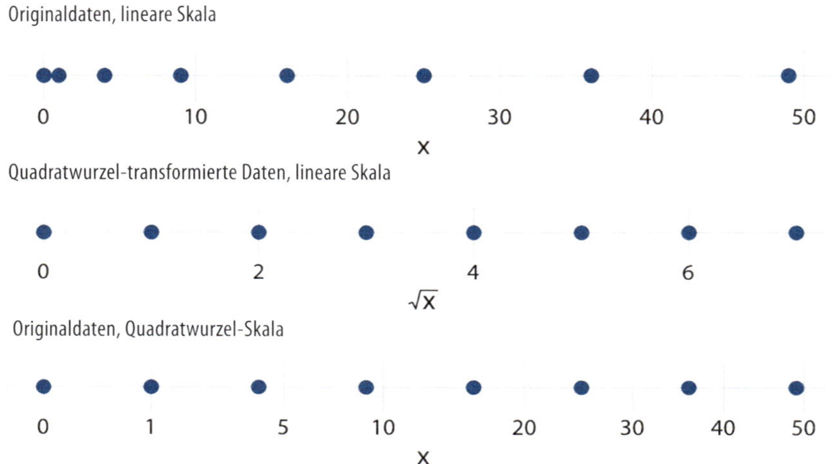

Abbildung 3-7: Beziehung zwischen linearen und Quadratwurzel-Skalen. Die Punkte entsprechen den Datenwerten 0, 1, 4, 9, 16, 25, 36 und 49, die auf einer Quadratwurzel-Skala Werte mit gleichem Abstand sind, da sie die Quadrate der ganzen Zahlen von 0 bis 7 sind. Wir können diese Datenpunkte auf einer linearen Skala anzeigen, wir können sie mit der Quadratwurzel transformieren und sie dann auf einer linearen Skala darstellen, oder wir können sie auf einer Quadratwurzel-Skala auftragen.

Ich sehe in Bezug auf Quadratwurzel-Skalen zwei Probleme:

Erstens: Während auf einer linearen Skala ein Einheitsschritt einer Addition oder Subtraktion eines konstanten Werts entspricht und er auf einer logarithmischen Skala einer Multiplikation mit einem konstanten Wert oder einer Division durch einen konstanten Wert entspricht, gibt es für eine Quadratwurzel-Skala keine solche Regel. Die Bedeutung eines Einheitsschritts auf einer Quadratwurzel-Skala hängt vom Skalenwert ab, bei dem wir beginnen.

Zweitens ist unklar, wie für gleichmäßige Intervalle Teilstriche (engl. ticks) am besten auf einer Quadratwurzel-Skala platziert werden können. Um gleichmäßig verteilte Abschnitte zu erhalten, müssten wir die Teilstriche bei den Werten der

Quadratzahlen platzieren, aber Teilstriche an beispielsweise den Positionen 0, 4, 25, 49 und 81 (jede zweite Quadratzahl) wären nicht intuitiv. Alternativ könnten wir sie in linearen Intervallen platzieren (10, 20, 30 usw.), aber dies würde entweder zu wenige Teilstriche nahe dem unteren Ende der Skala oder zu viele nahe dem oberen Ende ergeben. In Abbildung 3-7 habe ich die Achsenmarkierungen an den Positionen 0, 1, 5, 10, 20, 30, 40 und 50 auf der Quadratwurzel-Skala platziert. Diese Werte sind willkürlich, decken jedoch den Datenbereich angemessen ab.

Trotz dieser Probleme mit Quadratwurzel-Skalen sind sie gültige Positionsskalen, und ich schließe die Möglichkeit, dass sie geeignete Anwendungen haben, nicht aus. Genauso wie eine logarithmische Skala die natürliche Skala für Proportionen ist, könnte man argumentieren, dass die Quadratwurzel die natürliche Skala für Daten ist, die in Quadratzahlen angegeben werden. Ein Szenario, in dem Daten von Natur aus Quadratzahlen sind, finden wir bei der Darstellung geografischer Regionen. Wenn wir die Größe geografischer Regionen auf einer Quadratwurzel-Skala darstellen, heben wir die räumliche Ausdehnung der Regionen von Ost nach West oder von Nord nach Süd hervor. Diese Ausdehnung könnte z.B. relevant sein, wenn wir uns fragen, wie lange es dauern könnte, durch eine bestimmte Region zu fahren. Abbildung 3-8 zeigt die Gebiete der Bundesstaaten im Nordosten der USA auf einer linearen und auf einer Quadratwurzel-Skala. Obwohl die Flächen dieser Bundesstaaten sehr unterschiedlich sind (Abbildung 3-8a), wird die relative Zeit, die benötigt wird, um durch die jeweiligen Gebiete zu fahren, durch die Abbildung auf der Quadratwurzel-Skala (Abbildung 3-8b) genauer dargestellt als durch die Abbildung auf der linearen Skala (Abbildung 3-8a).

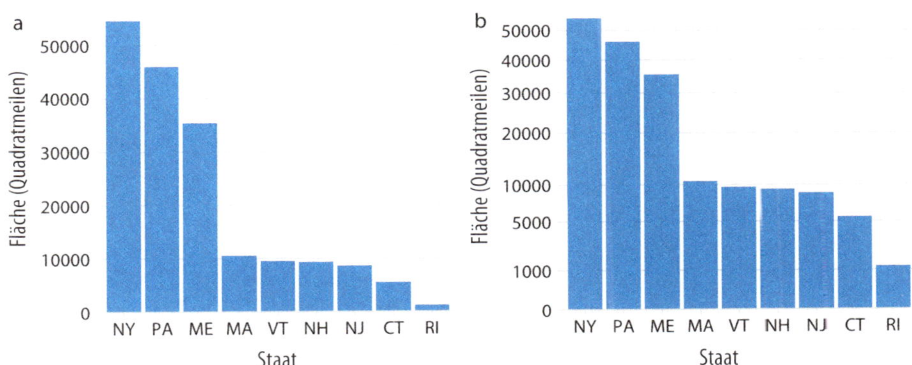

Abbildung 3-8: Gebiete in nordöstlichen US-Bundesstaaten. (a) Flächengröße auf einer linearen Skala. (b) Flächengröße auf einer Quadratwurzel-Skala. (Datenquelle: Google)

Koordinatensysteme mit gekrümmten Achsen

Alle Koordinatensysteme, auf die wir bisher gestoßen sind, haben zwei gerade Achsen verwendet, die im rechten Winkel zueinander stehen, auch wenn die Achsenwerte das Ergebnis einer (nichtlinearen) Abbildung waren. Es gibt jedoch auch andere Koordinatensysteme, bei denen die Achsen selbst gekrümmt sind. Insbesondere in einem *Polarkoordinatensystem* geben wir Positionen über einen Winkel und einen radialen Abstand zum Ursprung an. Daher ist die Winkelachse kreisförmig (Abbildung 3-9).

Polarkoordinaten können für periodische Daten nützlich sein, sodass Datenwerte an einem Ende der Skala logisch mit Datenwerten am anderen Ende verknüpft werden können. Betrachten Sie beispielsweise die Tage in einem Jahr. Der 31. Dezember ist der letzte Tag des Jahres, aber er ist auch ein Tag vor dem ersten Tag des Jahres. Wenn wir zeigen wollen, wie sich ein Wert im Laufe des Jahres ändert, kann es angebracht sein, Polarkoordinaten zu verwenden, wobei die Winkelkoordinate jeden Tag angibt. Wenden wir nun dieses Konzept auf die Temperaturnormalen in Abbildung 2-3 an. Da es sich bei den Temperaturnormalen um Durchschnittstemperaturen handelt, die nicht an ein bestimmtes Jahr gebunden sind, kann der 31. Dezember als 366 Tage später als der 1. Januar (Temperaturnormalen umfassen den 29. Februar) und auch als 1 Tag früher angesehen werden. Indem wir die Temperaturnormalen in ein Polarkoordinatensystem zeichnen, betonen wir ihre zyklische Eigenschaft (Abbildung 3-10). Im Vergleich zu Abbildung 2-3 zeigt die Polarversion, wie ähnlich die Temperaturen in Death Valley, Houston und San Diego vom späten Herbst bis zum frühen Frühling sind. Im kartesischen Koordinatensystem ist diese Aussage nicht so leicht erkennbar, weil die Temperaturwerte Ende Dezember und Anfang Januar in entgegengesetzten Teilen der Abbildung dargestellt sind und daher keine visuelle Einheit bilden.

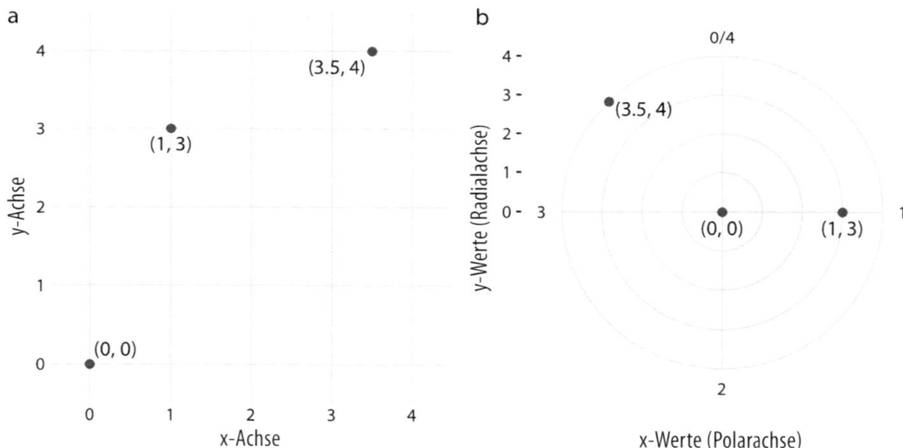

Abbildung 3-9: Beziehung zwischen kartesischen und Polarkoordinaten. (a) Drei Datenpunkte in einem kartesischen Koordinatensystem. (b) Dieselben drei Datenpunkte in einem Polar-Koordinatensystem. Wir haben die x-Koordinaten von Abbildung (a) als Winkelkoordinaten und die y-Koordinaten von Abbildung (a) als Radialkoordinaten verwendet. Die Kreisachse verläuft in diesem Beispiel von 0 bis 4, und daher sind $x = 0$ und $x = 4$ die gleichen Stellen in diesem Koordinatensystem.

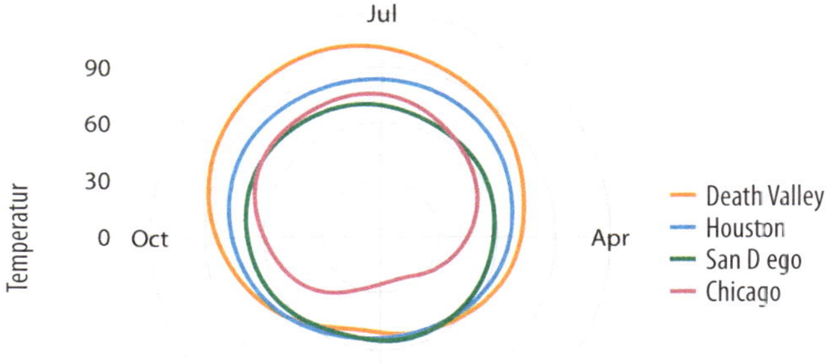

Abbildung 3-10: Tägliche Temperaturnormalen für vier ausgewählte Orte in den USA, angezeigt in Polarkoordinaten. Der radiale Abstand vom Mittelpunkt gibt die Tagestemperatur in Fahrenheit an, und die Tage des Jahres werden beginnend mit dem 1. Januar auf der 06:00-Position gegen den Uhrzeigersinn angeordnet. (Datenquelle: NOAA)

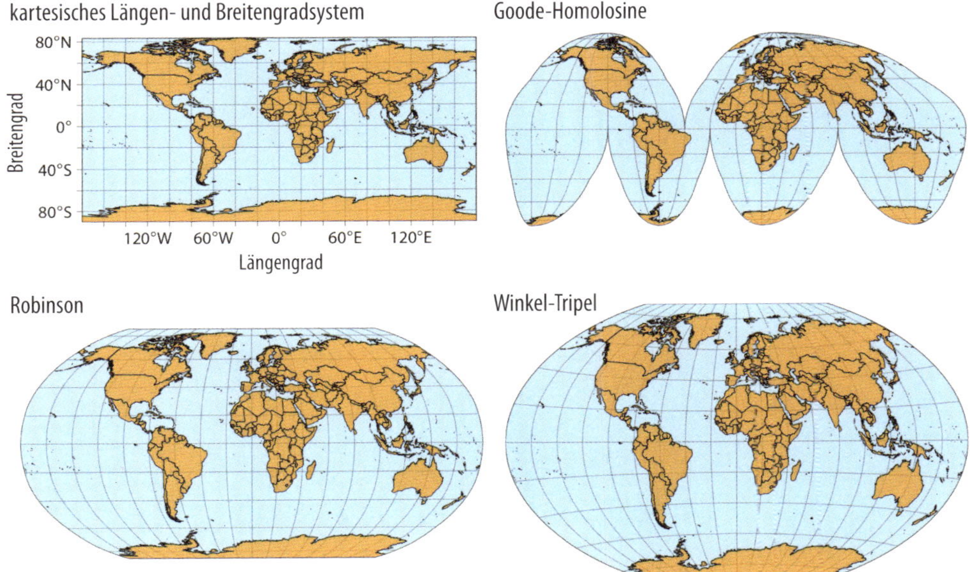

Abbildung 3-11: Die Weltkarte, dargestellt in vier verschiedenen Projektionen. Das kartesische Längen- und Breitengradsystem bildet die Längen- und Breitengrade jedes Ortes auf ein reguläres kartesisches Koordinatensystem ab. Diese Abbildung führt sowohl bei Flächen als auch bei Winkeln zu erheblichen Verzerrungen relativ zu ihren wahren Werten auf dem 3D-Globus. Die Goode-Homolosine-Projektion repräsentiert perfekt die wahren Oberflächenbereiche, wobei einige Landmassen, insbesondere Grönland und die Antarktis, in separate Teile geteilt werden müssen. Sowohl die Robinson-Projektion als auch die Winkel-Tripel-Projektion stellen ein Gleichgewicht zwischen Winkel- und Flächenverzerrungen her und werden üblicherweise für Karten des gesamten Globus verwendet.

Eine zweite Form, bei der wir auf gekrümmte Achsen stoßen, betrifft Geodaten, d. h. Karten. Standorte auf dem Globus werden durch ihren Längen- und Breitengrad angegeben. Da die Erde jedoch eine Kugel ist, ist es irreführend und nicht empfehlenswert, Breiten- und Längengrade als kartesische Achsen zu zeichnen (Abbildung 3-11). Stattdessen verwenden wir verschiedene Arten von nichtlinearen Projektionen, die versuchen, Artefakte zu minimieren, und auf unterschiedliche Weise ein Gleichgewicht herzustellen, und zwar zwischen Flächen oder Winkeln, die in Bezug auf die tatsächlichen Linien auf dem Globus ihre Form und Größe beibehalten (Abbildung 3-11).

KAPITEL 4

Farbskalen

Es gibt drei grundlegende Anwendungsfälle für Farben in Datenvisualisierungen: Wir können Farben verwenden, um Datengruppen voneinander zu unterscheiden, um Datenwerte darzustellen oder um sie hervorzuheben. Die Arten von Farben, die wir verwenden, und die Art und Weise, wie wir sie verwenden, sind für diese drei Fälle jedoch sehr unterschiedlich.

Farbe als Unterscheidungsmerkmal

Wir verwenden häufig Farben, um einzelne Punkte oder Gruppen voneinder zu unterscheiden, die keine bestimmte Reihenfolge haben, z.B. verschiedene Länder auf einer Karte oder verschiedene Hersteller eines bestimmten Produkts. In diesem Fall verwenden wir eine *qualitative* Farbskala. Eine solche Skala enthält eine endliche Menge spezifischer Farben, die so ausgewählt sind, dass sie sich einerseits deutlich voneinander unterscheiden, gleichzeitig aber auch gleichwertig zueinander sind. Die zweite Bedingung erfordert, dass sich keine Farbe von den anderen abhebt. Außerdem sollten die Farben nicht den Eindruck einer Reihenfolge erwecken, wie dies bei einer Folge von Farben der Fall wäre, die nach und nach heller werden. Solche Farben würden eine offensichtliche Ordnung unter den gefärbten Werten schaffen, die per Definition keine Ordnung haben.

Viele geeignete, qualitative Farbskalen sind bereits vollständig verfügbar. Abbildung 4-1 zeigt drei repräsentative Beispiele. Insbesondere bietet das »*ColorBrewer*«-Projekt eine schöne Auswahl an qualitativen Farbskalen, einschließlich ziemlich heller und ziemlich dunkler Farben [Brewer 2017].

Betrachten Sie als Beispiel für die Verwendung qualitativer Farbskalen Abbildung 4-2. Sie zeigt das prozentuale Bevölkerungswachstum von 2000 bis 2010 in US-Bundesstaaten. Ich habe die Staaten nach Bevölkerungswachstum und geografischen Regionen geordnet. Diese Färbung hebt hervor, dass Staaten in den gleichen Regionen ein ähnliches Bevölkerungswachstum aufwiesen.

Abbildung 4-1: Beispiel qualitativer Farbskalen. Die Okabe-Ito-Skala ist die Standardskala, die in diesem Buch verwendet wird [Okabe und Ito 2008]. Die ColorBrewer-Dark2-Skala wird vom ColorBrewer-Projekt [Brewer 2017] bereitgestellt. Die Farbtonskala ggplot2 ist die Standardeinstellung in der weit verbreiteten Plotsoftware ggplot2.

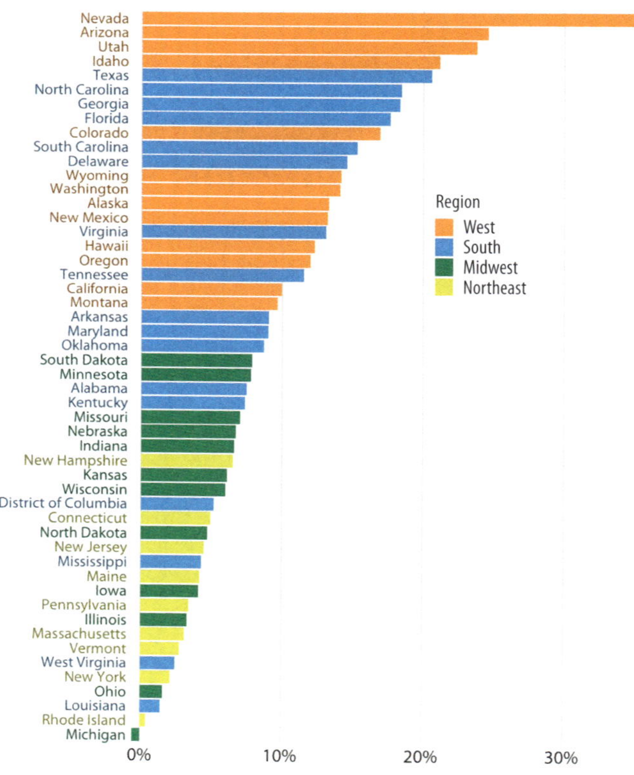

Abbildung 4-2: Das Bevölkerungswachstum in den USA von 2000 bis 2010. Bundesstaaten im Westen und Süden verzeichneten den stärksten Anstieg, während im mittleren Westen und Nordosten die Zunahme deutlich geringer ausfiel. (Im Fall von Michigan ist sogar eine Abnahme zu verzeichnen.) (Datenquelle: US Census Bureau)

Insbesondere in den Staaten des Westens und des Südens ist die Bevölkerungszahl am stärksten gestiegen, während die Staaten des Mittleren Westens und des Nordostens deutlich weniger gewachsen sind.

Farbe zur Darstellung von Datenwerten

Die Farbe kann auch zur Darstellung quantitativer Datenwerte wie Einkommen, Temperatur oder Geschwindigkeit verwendet werden. In diesem Fall verwenden wir eine *sequenzielle* Farbskala. Eine solche Skala enthält eine Folge von Farben, die deutlich anzeigt, welche Werte größer oder kleiner sind und wie weit zwei bestimmte Werte voneinander entfernt sind. Der zweite Punkt impliziert, dass die Farbskala so wahrgenommen werden muss, dass sie über ihren gesamten Bereich gleichmäßig variiert.

Sequenzielle Skalen können auf einem einzelnen Farbton basieren (z.B. reichen sie von Dunkelblau bis Hellblau) oder auf mehreren Farbtönen (z.B. von Dunkelrot bis Hellgelb; Abbildung 4-3). Skalen mit mehreren Farbtönen tendieren dazu, Farbverläufen zu folgen, die in der Natur zu beobachten sind, wie z.B. Dunkelrot, Grün oder Blau bis Hellgelb oder Dunkelviolett bis Hellgrün. Der umgekehrte Fall (z.B. Dunkelgelb bis Hellblau) sieht unnatürlich aus und ergibt keine sinnvolle sequenzielle Skala.

Abbildung 4-3: Beispiele sequenzieller Farbskalen. Die ColorBrewer-Blues-Skala ist eine einfarbige Skala, die von Dunkel- bis Hellblau variiert. Die Heat- und Viridis-Skalen sind mehrfarbige Skalen, die von Dunkelrot bis Hellgelb bzw. von Dunkelblau über Grün bis Hellgelb variieren.

Die Darstellung von Datenwerten als Farben ist besonders nützlich, wenn gezeigt werden soll, wie sich die Datenwerte in den verschiedenen geografischen Regionen unterscheiden. In diesem Fall können wir eine Karte der geografischen Regionen zeichnen und diese anhand der Datenwerte einfärben. Solche Karten werden *Choroplethen* (auch Flächenkartogramm oder Flächenwertstufenkarte) genannt. Abbildung 4-4 zeigt ein Beispiel, in dem ich das mittlere Jahreseinkommen (den Median) in jedem Bezirk in Texas auf eine Karte dieser Bezirke abgebildet habe.

In einigen Fällen müssen wir die Abweichung der Datenwerte in einer von zwei Richtungen relativ zu einem neutralen Mittelpunkt visualisieren. Ein einfaches Beispiel ist ein Datensatz, der sowohl positive als auch negative Zahlen enthält. Wir möchten vielleicht diese mit verschiedenen Farben darstellen, sodass sofort erkennbar ist, ob ein Wert positiv oder negativ ist und wie weit er in die jeweilige Richtung von null abweicht. Die geeignete Farbskala in dieser Situation ist eine sogenannte *divergente* Farbskala. Man kann sich eine divergente Skala als zwei sequenzielle Skalen vorstellen, die an einem gemeinsamen Mittelpunkt zusammengefügt sind und normalerweise durch eine helle Farbe dargestellt werden (Abbildung 4-5). Bei divergenten Skalen müssen die Helligkeitswerte der Farben ausbalanciert sein, sodass der Übergang von hellen Farben in der Mitte zu dunklen Farben auf der Außenseite eine ähnlich starke Progression aufweist. Ansonsten ist die wahrgenommene Größe eines Wertes davon abhängig, ob er über oder unter den Mittelwert fällt.

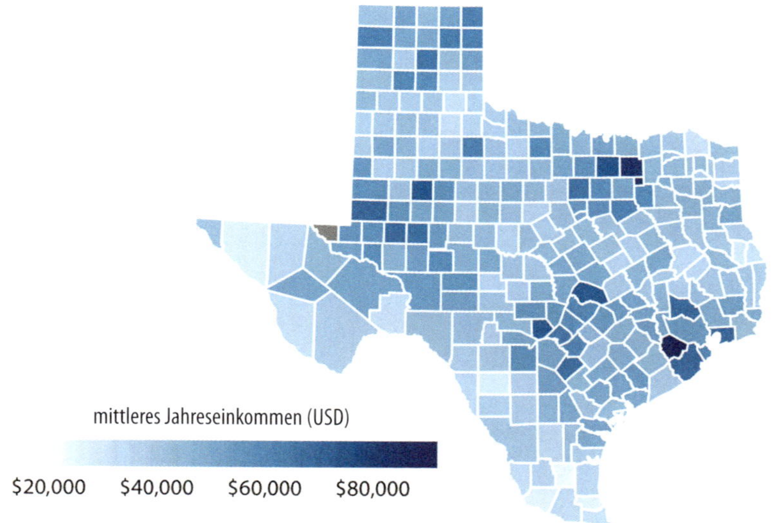

Abbildung 4-4: Mittleres Jahreseinkommen in texanischen Bezirken. Das höchste mittlere Einkommen wird in den großen Ballungsräumen von Texas, insbesondere in der Nähe von Houston und Dallas, verzeichnet. Für Loving County in West-Texas ist keine Schätzung des mittleren Einkommens verfügbar, dieser Bezirk ist daher in Grau dargestellt. (Datenquelle: Five-Year American Community Survey; 2015)

Abbildung 4-6 zeigt eine Beispielanwendung für eine divergente Farbskala. In ihr ist der Prozentsatz der weißen Bevölkerung in den jeweiligen Bezirken in Texas dargestellt. Obwohl der Prozentsatz immer eine positive Zahl ist, ist hier eine divergente Skala gerechtfertigt, da 50 % ein aussagekräftiger Mittelpunkt ist. Werte über 50 % zeigen an, dass Weiße in der Mehrheit sind, Werte unter 50 % bedeuten das Gegenteil. Die Visualisierung zeigt deutlich, in welchen Bezirken Weiße in der Mehrheit sind, in welchen in der Minderheit und in welchen Weiße und People of Color in etwa gleichen Anteilen vorkommen.

Abbildung 4-5: Beispiele divergenter Farbskalen. Divergente Skalen können als zwei aufeinanderfolgende Skalen betrachtet werden, die mithilfe einer gemeinsamen Mittelpunktfarbe zusammengefügt wurden. Zu den gebräuchlichen Farboptionen für divergierende Skalen gehören Braun bis Grünblau, Rosa bis Gelbgrün und Blau bis Rot.

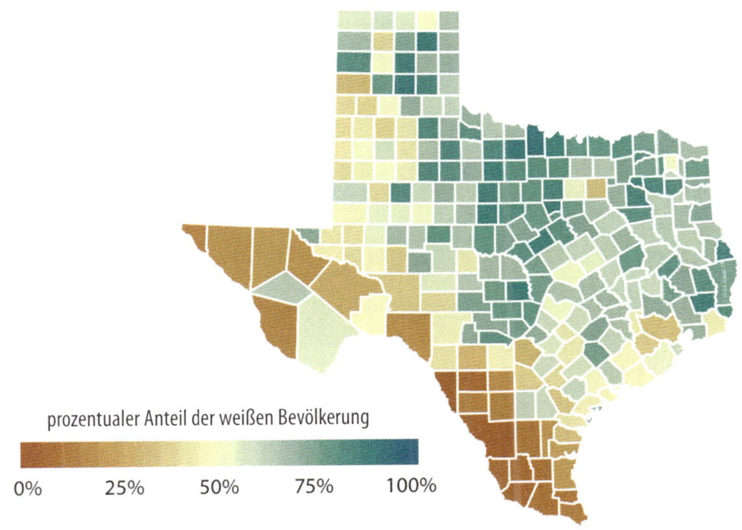

Abbildung 4-6: Prozentsatz der weißen Bevölkerung in den jeweiligen Bezirken von Texas. Weiße sind in Nord- und Osttexas in der Mehrheit, aber nicht in Süd- und Westtexas. (Datenquelle: US Decennial Census 2010)

Farbe als Werkzeug zur Hervorhebung

Farbe kann auch ein wirksames Werkzeug sein, um bestimmte Elemente in den Daten hervorzuheben. Möglicherweise enthält der Datensatz bestimmte Kategorien oder Werte, die wichtige Informationen zu der Geschichte enthalten, die wir erzählen möchten. Wir können die Botschaft verstärken, indem wir die relevanten Abbildungselemente für den Leser hervorheben. Eine einfache Möglichkeit, diese Betonung zu erzielen, besteht darin, diese Elemente in einer Farbe oder einer Reihe von Farben einzufärben, die sich deutlich vom Rest der Abbildung abhebt. Dieser Effekt kann mit *Akzentfarbskalen* erzielt werden. Hierbei handelt es sich um Farbskalen, die sowohl einen Satz gedämpfter Farben als auch einen dazu passenden Satz stärkerer, dunklerer und/oder stärker gesättigter Farben enthalten (Abbildung 4-7).

Abbildung 4-7: Beispiele von Akzentfarbskalen mit jeweils vier Grundfarben und drei Akzentfarben. Akzentfarbskalen können auf verschiedene Arten abgeleitet werden: (Oben) Wir können eine vorhandene Farbskala (z. B. die Okabe-Ito-Skala aus Abbildung 4-1) verwenden und einige Farben aufhellen und/oder teilweise entsättigen, während wir andere abdunkeln. (Mitte) Wir können Grauwerte nehmen und mit Farben koppeln. (Unten) Wir können eine vorhandene Akzentfarbskala (z. B. aus dem ColorBrewer-Projekt) verwenden.

Als Beispiel dafür, wie dieselben Daten unterschiedliche Botschaften mit unterschiedlichen Farbansätzen unterstützen können, habe ich eine Variante von Abbildung 4-2 erstellt, in der ich jetzt zwei bestimmte Bundesstaaten hervorhebe, Texas und Louisiana (Abbildung 4-8). Beide Staaten liegen im Süden, sind unmittelbare Nachbarn, und dennoch war ein Staat (Texas) von 2000 bis 2010 auf Platz 5 der US-Staaten mit dem schnellsten Bevölkerungswachstum, während Louisiana auf dem drittletzten Platz rangierte.

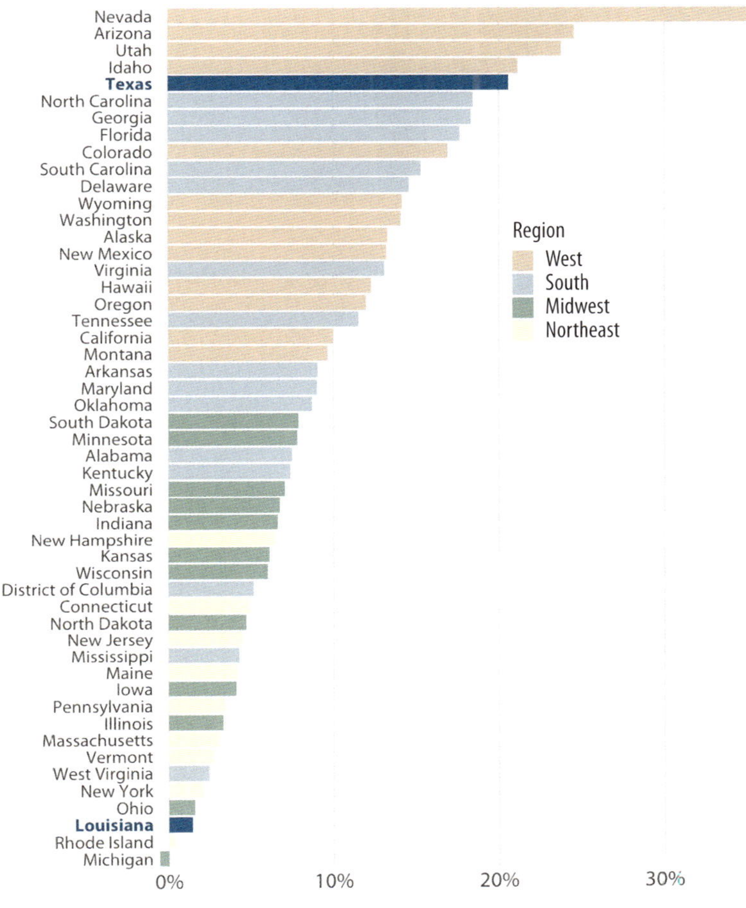

Abbildung 4-8: Von 2000 bis 2010 verzeichneten die beiden südlichen Nachbarstaaten Texas und Louisiana mit die höchsten bzw. niedrigsten Wachstumsraten bei der Bevölkerungsentwicklung in den USA. (Datenquelle: US Census Bureau)

Wenn Sie mit Akzentfarben arbeiten, ist es wichtig, dass die Grundfarben nicht um Aufmerksamkeit konkurrieren. Beachten Sie, wie langweilig die Grundfarben in Abbildung 4-8 sind; sie unterstützen jedoch die Akzentfarbe. Es ist leicht, den Fehler zu begehen, zu bunte Grundfarben zu verwenden, sodass diese mit den Akzentfarben um die Aufmerksamkeit des Lesers konkurrieren. Es gibt jedoch eine einfache Abhilfe: Entfernen Sie einfach die Farbigkeit aller Elemente in der Abbildung – mit Ausnahme der Datenkategorien oder Punkte, die Sie hervorheben wollen. Ein Beispiel für diese Strategie sehen Sie in Abbildung 4-9.

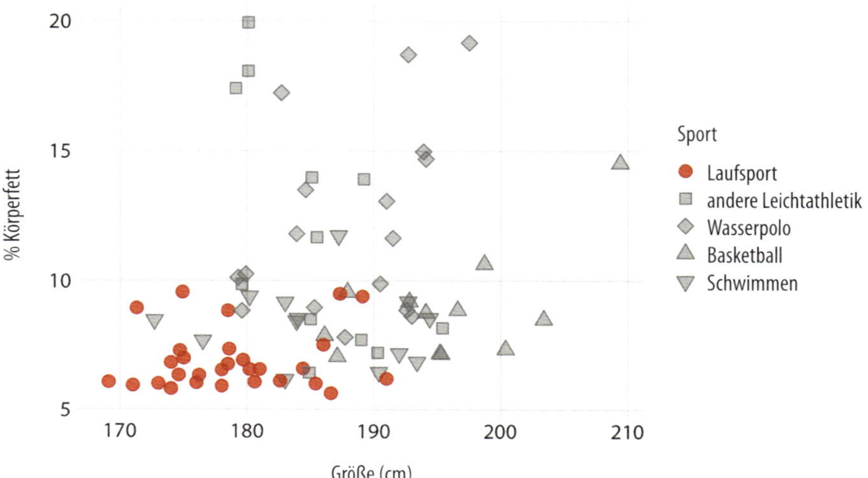

Abbildung 4-9: Leichtathleten gehören zu den kleinsten und schlanksten männlichen Profisportlern, die in populären Sportarten aktiv sind. (Datenquelle: [Telford und Cunningham 1991])

KAPITEL 5

Ausgewählte Visualisierungen

Dieses Kapitel bietet anhand von typischen Beispielen einen schnellen Überblick über die verschiedenen Diagramme und Darstellungen, die häufig zur Visualisierung diverser Datentypen verwendet werden. Es dient sowohl zum Nachschlagen, für den Fall, dass Sie nach einer bestimmten Visualisierung suchen, deren Namen Sie möglicherweise nicht kennen, wie auch als Inspirationsquelle, falls Sie Alternativen zu den routinemäßig erstellten Diagrammen brauchen.

Quantitative Werte

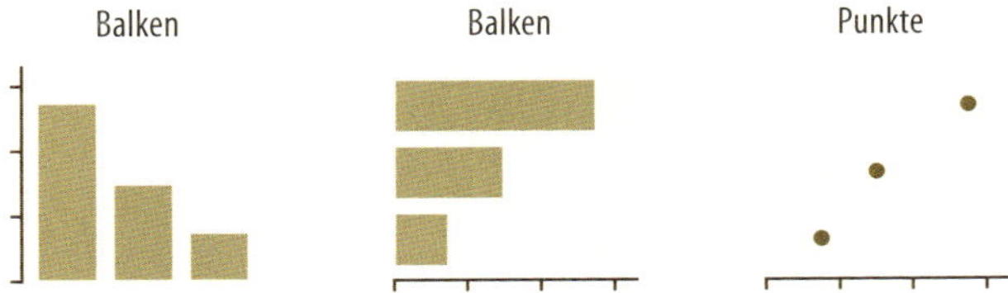

Der gebräuchlichste Ansatz zur Visualisierung von Mengen (d.h. von Zahlenwerten, die für bestimmte Kategorien angezeigt werden) ist die Verwendung von vertikal oder horizontal angeordneten Balken (Kapitel 6). Anstatt Balken zu verwenden, können wir jedoch auch Punkte an der Stelle platzieren, an der die entsprechenden Balken enden würden (Kapitel 6).

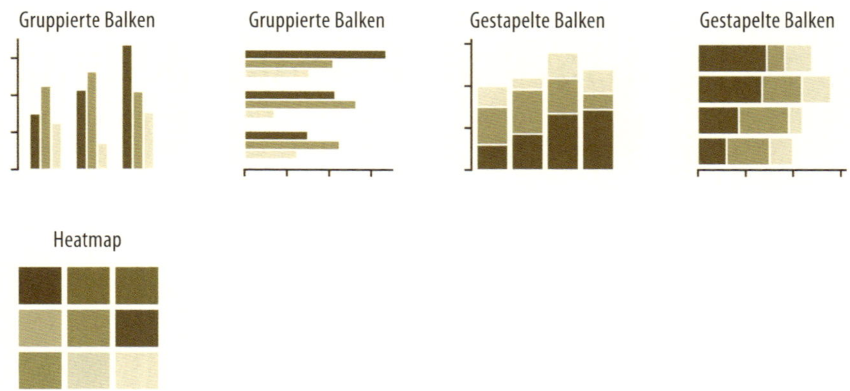

Wenn es zwei oder mehr Kategorien gibt, für die Mengen angezeigt werden sollen, können wir die Balken gruppieren oder stapeln (Kapitel 6). Wir können die Kategorien auch auf die *x*- und *y*-Achse abbilden und die Mengen über eine Heatmap nach Farben anzeigen (Kapitel 6).

Verteilungen

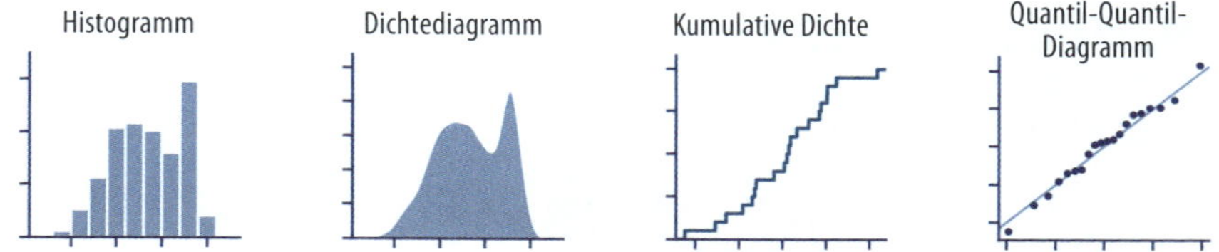

Histogramme und Dichtediagramme (Kapitel 7) bieten die intuitivsten Darstellungen einer Verteilung, jedoch erfordern beide eine bewußte, explizite Festlegung von Parameterwerten und können irreführend sein.

Kumulative Dichten und Quantil-Quantil-Diagramme (Q-Q-Diagramme) (Kapitel 8) geben die Daten immer originalgetreu wieder, sind jedoch möglicherweise schwieriger zu interpretieren.

Box-Plots (Kastengrafiken), Violin-Plots, Streifen- und Sina-Diagramme sind nützlich, wenn wir viele Verteilungen gleichzeitig visualisieren möchten und/oder hauptsächlich an Gesamtverschiebungen zwischen den Verteilungen interessiert sind (siehe »Visualisierung von Verteilungen entlang der vertikalen Achse« auf Seite 75). Gestapelte Histogramme und überlagernde Dichten ermöglichen einen detaillierteren Vergleich einer kleineren Anzahl von Verteilungen. Gestapelte Histogramme sind jedoch möglicherweise schwer zu interpretieren und sollten am besten vermieden werden (siehe »Gleichzeitige Visualisierung mehrerer Verteilungsgrößen« auf Seite 60). Ridgeline-Diagramme können eine nützliche Alternative zu Violin-Plots sein. Dies ist häufig hilfreich, wenn eine sehr große Anzahl von Verteilungen oder Änderungen der Verteilungen im Zeitverlauf angezeigt werden sollen (siehe »Visualisierung von Verteilungen entlang der horizontalen Achse« auf Seite 82).

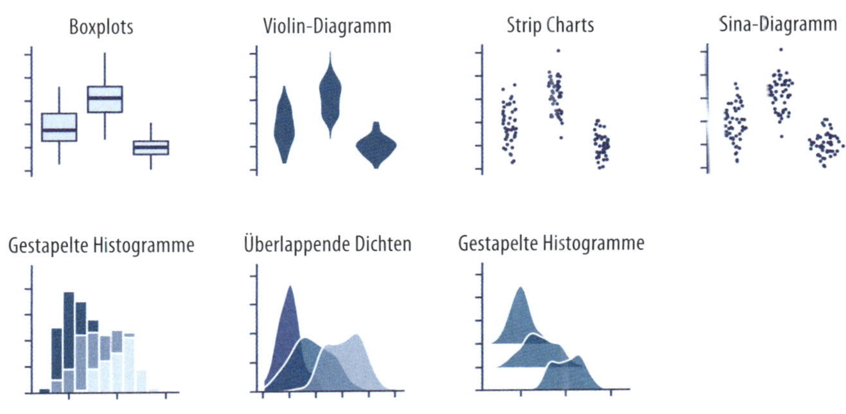

Proportionen

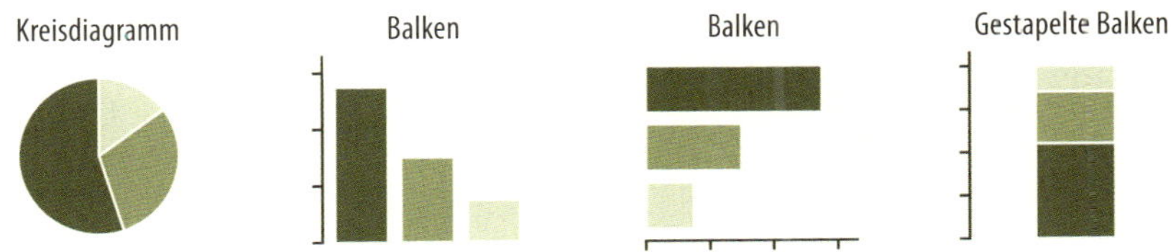

Proportionen können als Kreisdiagramme, nebeneinanderliegende Balken oder gestapelte Balken dargestellt werden (Kapitel 10). Genauso wie bei Mengen können wir, wenn wir Proportionen mit Balken visualisieren, die Balken entweder vertikal oder horizontal anordnen. Kreisdiagramme unterstreichen, dass die einzelnen Teile ein Ganzes ergeben und heben einfache Anteile hervor. Jedoch ist es leichter, die einzelnen Fragmente in nebeneinander angeordneten Balken zu vergleichen. Gestapelte Balken können schwieriger zu lesen sein, wenn nur eine Größe in ihre Anteile zerlegt wird; sie können jedoch beim Vergleich der jeweiligen Proportionen mehrerer Größen hilfreich sein.

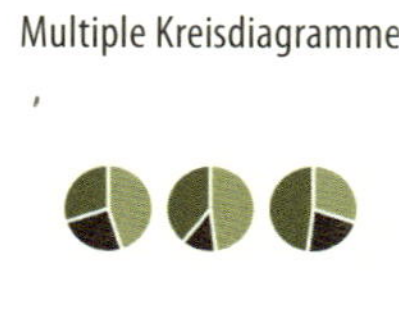

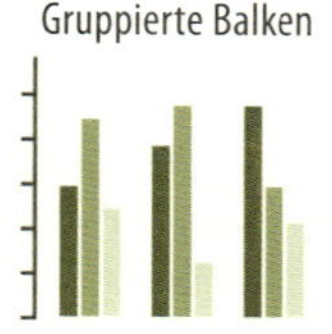

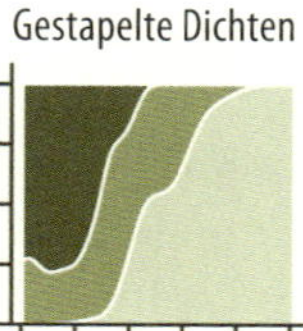

Wenn mehrere Proportionen oder Veränderungen der Proportionen über geänderte Bedingungen hinweg dargestellt werden sollen, sind Kreisdiagramme eher ineffizient. Häufig sind sie ungünstig oder ungeeignet, um Relationen deutlich erkennbar zu machen. Gruppierte Balken funktionieren gut, solange die Anzahl der verglichenen Bedingungen moderat ist, und gestapelte Balken können für eine große Anzahl von Bedingungen funktionieren. Gestapelte Dichten (Kapitel 10) sind geeignet, wenn sich die Anteile entlang einer kontinuierlichen Variablen ändern.

Wenn Proportionen anhand mehrerer Gruppierungsvariablen angegeben werden, sind Mosaikdiagramme, Treemaps oder Parallel Sets nützliche Visualisierungsansätze (Kapitel 11). In Mosaikdiagrammen wird davon ausgegangen, dass jede Ebene einer Gruppierungsvariablen mit jeder Ebene einer anderen Gruppierungsvariablen kombiniert werden kann, wohingegen Treemaps eine solche Annahme nicht treffen. Treemaps funktionieren auch dann gut, wenn sich die Unterteilungen einer Gruppe von den Unterteilungen einer anderen Gruppe unterscheiden. Parallel Sets funktionieren besser als jedes Mosaikdiagramm oder Treemaps, wenn mehr als zwei Gruppierungsvariablen vorhanden sind.

x-y-Relationen

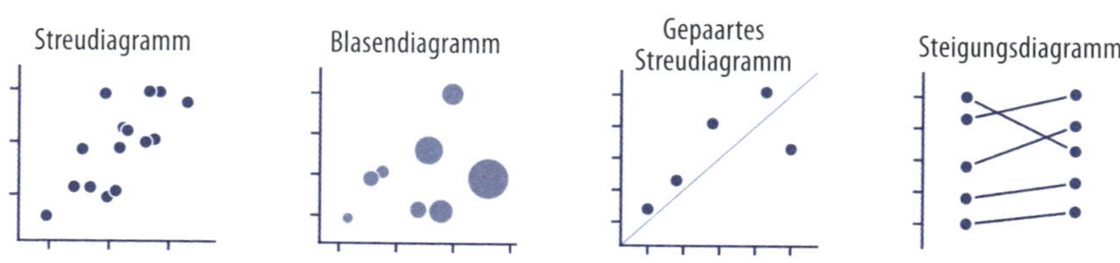

Streudiagramme (Kapitel 12) stellen den visuellen Prototyp dar, wenn eine quantitative Variable relativ zu einer anderen dargestellt werden soll. Wenn wir drei quantitative Variablen haben, können wir eine auf die Punktgröße abbilden und eine Variante des Streudiagramms erstellen, die als Blasendiagramm bezeichnet wird. Für gepaarte Daten, bei denen die Variablen entlang der *x*- und *y*-Achse gemessen werden, ist es prinzipiell hilfreich, eine Linie hinzuzufügen, die $x = y$ angibt (siehe »Gepaarte Daten« auf Seite 115). Gepaarte Daten können auch als Steigungsdiagramme (engl. *Slopegraphs*) gepaarter Punkte angezeigt werden, die durch gerade Linien verbunden sind.

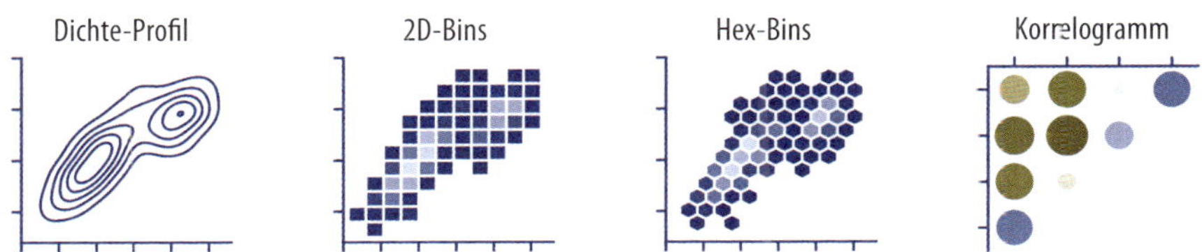

Bei einer großen Anzahl von Punkten kann es vorkommen, dass gewöhnliche Streudiagramme aufgrund der Überlagerung von Datenpunkten nicht mehr aussagekräftig sind. In diesem Fall können Konturlinien, 2D-Bins oder Hex-Bins eine Alternative darstellen (Kapitel 18). Wenn wir andererseits mehr als zwei Größen visualisieren möchten, können wir Korrelationskoeffizienten in Form eines Korrelogramms anstelle der zugrunde liegenden Rohdaten darstellen (siehe »Korrelogramme« auf Seite 109).

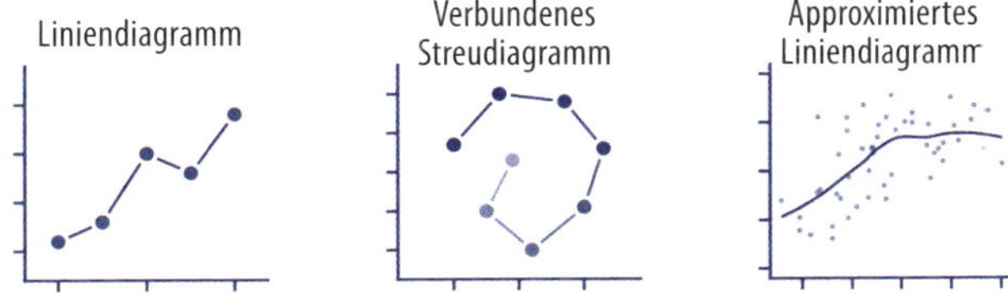

Wenn die *x*-Achse die Zeit oder eine kontinuierlich ansteigende Größe darstellt, wie z.B. eine Behandlungsdosis, zeichnen wir üblicherweise Liniendiagramme (Kapitel 13). Wenn wir eine zeitliche Folge von zwei Größen haben, können wir ein sogenanntes verbundenes Streudiagramm zeichnen, indem wir zuerst die Werte beider Größen in ein Streudiagramm zeichnen und dann die Punkte verbinden, die benachbarten Zeitpunkten entsprechen (siehe »Zeitreihe von zwei oder mehr Antwortvariablen« auf Seite 124). Und wir können durchgehende Linien verwenden, um Trends in einem größeren Datensatz darzustellen (Kapitel 14).

Geodaten

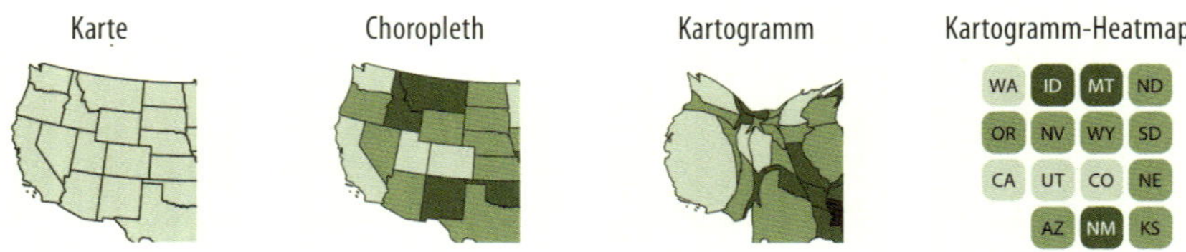

Geodaten werden hauptsächlich in Form einer Karte angezeigt (Kapitel 15). Eine Karte nimmt Koordinaten des Globus auf und projiziert sie auf eine flache Oberfläche, sodass Formen und Abstände auf dem Globus entsprechend in der 2D-Darstellung visualisiert werden. Zusätzlich können wir Datenwerte in verschiedenen Regionen anzeigen, indem wir gemäß der Daten diese Regionen in der Karte färben. Eine solche Karte wird als Choroplethenkarte (oder auch Flächenkartogramm) bezeichnet (siehe »Choroplethenkartierung« auf Seite 156). In einigen Fällen kann es hilfreich sein, die verschiedenen Regionen gemäß einer anderen Größe (z.B. der Bevölkerungszahl) zu verzerren oder jede Region in quadratischer Form zu vereinfachen. Solche Visualisierungen nennt man Kartogramme (Siehe »Kartogramme« auf Seite 160).

(Mathematische) Unsicherheit

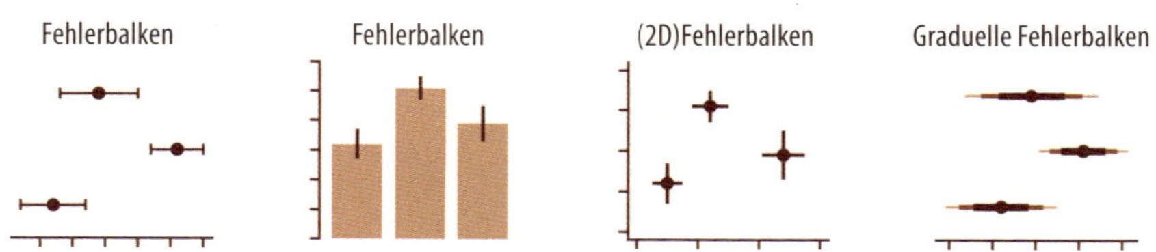

Fehlerbalken sollen den Bereich der wahrscheinlichen Werte für eine Schätzung oder Messung anzeigen. Sie erstrecken sich horizontal und/oder vertikal von einem Bezugspunkt, der die Schätzung oder Messung darstellt (Kapitel 16). Referenzpunkte können auf verschiedene Arten angezeigt werden, z.B. durch Punkte oder Balken. Abgestufte Fehlerbalken zeigen mehrere Bereiche gleichzeitig an, wobei jeder Bereich einem unterschiedlichen Konfidenzintervall entspricht. Es handelt sich im Grunde um mehrere Fehlerbalken mit unterschiedlichen Strichstärken, die übereinander aufgetragen sind.

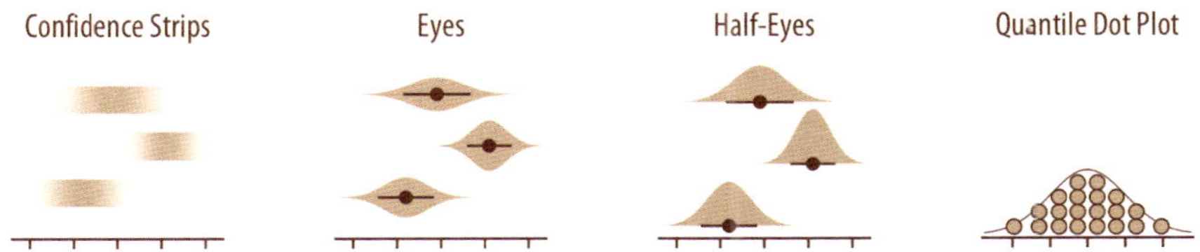

Um eine detailliertere Visualisierung zu erzielen, als dies mit Fehlerbalken oder abgestuften Fehlerbalken möglich wäre, können wir die tatsächlichen Konfidenzintervalle oder A-posteriori-Verteilungen visualisieren (Kapitel 16). Konfidenzintervalle vermitteln ein visuelles Gefühl der Ungenauigkeit, sind jedoch schwer präzise abzulesen. Sogenannte *Eye-* und *Half-Eye-*Darstellungen kombinieren Fehlerbalken mit Visualisierungsansätzen für Verteilungen (Violinen bzw. Ridgelines) und zeigen somit sowohl genaue Bereiche für einige Konfidenzintervalle als auch die Verteilung der Gesamtunsicherheit an. Ein sogenanntes Quantil-Punktdiagramm kann als alternative Visualisierung einer Unsicherheitsverteilung dienen (siehe »Wahrscheinlichkeiten als Häufigkeiten darstellen« auf Seite 163). Da diese Darstellungsform die Verteilung in diskreten Einheiten zeigt, ist das Quantil-Punktdiagramm nicht so genau, kann aber leichter abgelesen werden als die kontinuierliche Verteilung, die durch ein Violin- oder Ridgeline-Diagramm gezeigt wird.

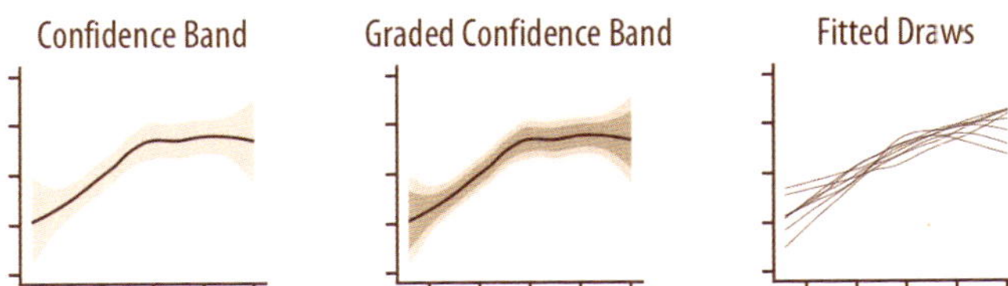

Bei kontinuierlichen Liniendiagrammen fungiert ein Konfidenzintervall als Äquivalent eines Fehlerbalkens (siehe »Visualisierung der Unsicherheit von Kurvenanpassungen« auf Seite 180). Es zeigt eine Reihe von Werten an, die die Linie bei einem bestimmten Konfidenzniveau durchlaufen könnte. Wie bei Fehlerbalken können wir graduelle Konfidenzintervalle zeichnen, die mehrere Konfidenzniveaus gleichzeitig anzeigen. Wir können auch anstelle oder zusätzlich zu den Konfidenzbändern einzelne approximierte Linien anzeigen.

KAPITEL 6

Visualisierung quantitativer Werte

In vielen Szenarien interessiert uns die Größe mehrerer Zahlen. Zum Beispiel möchten wir vielleicht den Gesamtabsatz verschiedener Automarken visualisieren oder die Gesamtzahl der in verschiedenen Städten lebenden Menschen oder das Alter der Olympioniken, die verschiedene Sportarten ausüben. In all diesen Fällen haben wir eine Reihe von Kategorien (z. B. Marken von Autos, Städten oder Sportarten) und einen quantitativen Wert für jede Kategorie. Ich bezeichne diese Fälle als Visualisierung quantitativer Mengen, da der Schwerpunkt in diesen Darstellungen auf der Größe der quantitativen Werte liegt. Die Standardvisualisierung in diesem Szenario ist das Balkendiagramm, das verschiedene Variationen bietet, einschließlich einfacher sowie gruppierter und gestapelter Balken. Alternativen zum Balkendiagramm sind Punktdiagramme und Heatmaps.

Balkendiagramme

Um das Konzept eines Balkendiagramms zu verdeutlichen, betrachten wir den gesamten Ticketverkauf für die beliebtesten Filme an einem bestimmten Wochenende. Tabelle 6-1 zeigt die fünf Filme mit den höchsten Besucherzahlen am Wochenende vor Weihnachten im Jahr 2017. *Star Wars: The Last Jedi* war an diesem Wochenende mit Abstand der beliebteste Film und verkaufte sich fast um den Faktor 10 besser als die Filme auf den Plätzen 4 und 5, *The Greatest Showman* und *Ferdinand*.

Tabelle 6-1: Die Filme mit den höchsten Einnahmen für das Wochenende vom 22. bis 24. Dezember 2017. (Datenquelle: https://www.boxofficemojo.com/. Verwendung mit Genehmigung.)

Rang	Filmtitel	Einnahmen am Wochenende
1	Star Wars: The Last Jedi	$ 71 565 498
2	Jumanji: Welcome to the Jungle	$ 36 169 328
3	Pitch Perfect	$ 19 928 525
4	The Greatest Showman	$ 8 805 843
5	Ferdinand	$ 7 316 746

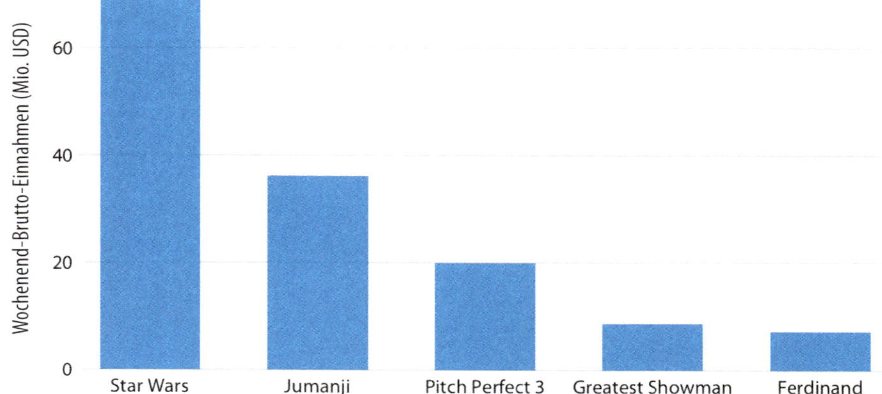

Abbildung 6-1: Filme mit den höchsten Einnahmen für das Wochenende vom 22. bis 24. Dezember 2017, dargestellt als Balkendiagramm. Datenquelle: Box Office Mojo (http://www.boxofficemojo.com). Verwendung mit Genehmigung.

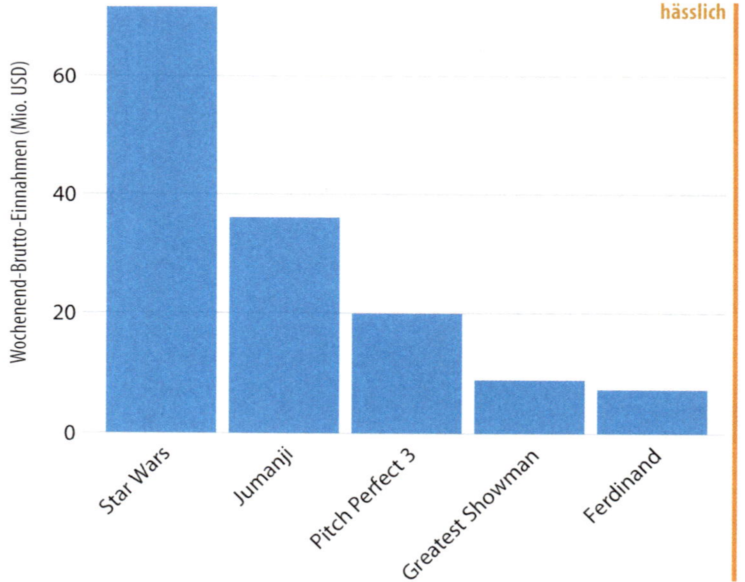

Abbildung 6-2: Die Filme mit den höchsten Einnahmen für das Wochenende vom 22. bis 24. Dezember 2017 werden als Balkendiagramm mit rotierten Achsenmarkierungen angezeigt. Schräg gesetzte Beschriftungen sind in der Regel schwer lesbar und erfordern eine ungünstige Raumaufteilung unterhalb des Diagramms. Aus diesen Gründen halte ich Diagramme mit gedrehten Beschriftungen im Allgemeinen für unschön. Datenquelle: Box Office Mojo (http://www.boxofficemojo.com). Verwendung mit Genehmigung.

Diese Art von Daten wird üblicherweise mit vertikalen Balken dargestellt. Für jeden Film zeichnen wir einen Balken, der bei null beginnt und sich bis zum Dollarwert des Wochenendumsatzes des jeweiligen Films erstreckt (Abbildung 6-1). Diese Visualisierung wird als *Balkendiagramm* (engl. *bar chart*) bezeichnet.

Ein häufig auftretendes Problem bei vertikalen Balken besteht darin, dass die Beschriftungen, mit denen die einzelnen Balken gekennzeichnet sind, viel Platz in der Horizontalen beanspruchen. Tatsächlich musste ich Abbildung 6-1 ziemlich breit anlegen und die Balkenabstände vergrößern, um die Filmtitel darunter platzieren zu können. Um in der Horizontalen Platz zu sparen, können Sie die Balken näher beieinander platzieren und die Beschriftungen drehen (Abbildung 6-2). Ich bin jedoch kein großer Befürworter von rotierten Beschriftungen. Ich finde die resultierenden Darstellungen umständlich und schwer zu lesen. Und meiner Erfahrung nach sehen die Beschriftungen, wenn sie zu lang sind, um horizontal platziert zu werden, auch in rotierter Form nicht gut aus.

Die bessere Lösung für lange Beschriftungen besteht normalerweise darin, die *x*- und *y*-Achse so zu vertauschen, dass die Balken horizontal verlaufen (Abbildung 6-3). Nach dem Vertauschen der Achsen erhalten wir einen kompakten Graphen, in dem alle visuellen Elemente, einschließlich des gesamten Textes, horizontal ausgerichtet sind. Infolgedessen ist diese Abbildung viel einfacher zu lesen als Abbildung 6-2 oder gar Abbildung 6-1.

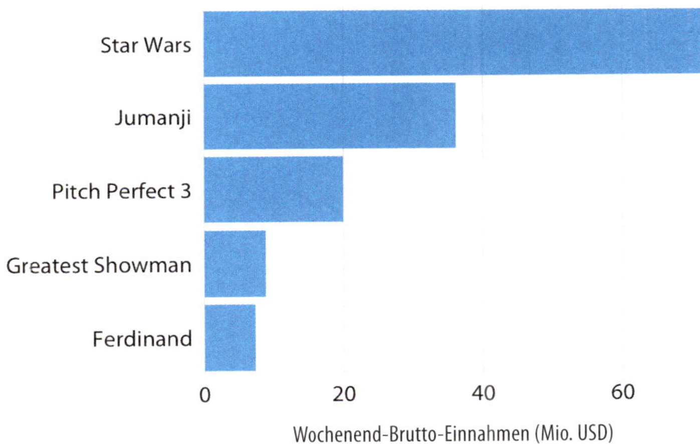

Abbildung 6-3: Die Filme mit den höchsten Einnahmen für das Wochenende vom 22. bis 24. Dezember 2017, dargestellt als horizontales Balkendiagramm. Datenquelle: Box Office Mojo (http://www.boxofficemojo.com). Verwendung mit Genehmigung.

Unabhängig davon, ob wir Balken vertikal oder horizontal platzieren, müssen wir auf die Reihenfolge achten, in der die Balken angeordnet sind. Ich sehe oft Balkendiagramme, in denen die Balken willkürlich oder nach einem Kriterium angeordnet sind, das im Kontext der Abbildung nicht aussagekräftig ist. Einige Softwareprogramme ordnen Balken standardmäßig in alphabetischer Reihenfolge der Beschriftungen an, und auch andere, ähnlich willkürliche Anordnungen sind möglich (Abbildung 6-4). Im Allgemeinen sind die resultierenden Abbildungen verwirrender und weniger intuitiv als Abbildungen, bei denen die Balken in der Reihenfolge ihrer Größe angeordnet sind.

Wir sollten Balken jedoch nur dann neu anordnen, wenn es keine natürliche Reihenfolge für die Kategorien gibt, die die Balken darstellen. Immer wenn es eine natürliche Reihenfolge gibt (d.h., wenn unser Merkmal, das einer Kategorie zugeordnet ist, ein geordneter und somit sequenziell festgelegter Faktor ist), sollten wir diese Reihenfolge in der Visualisierung beibehalten.

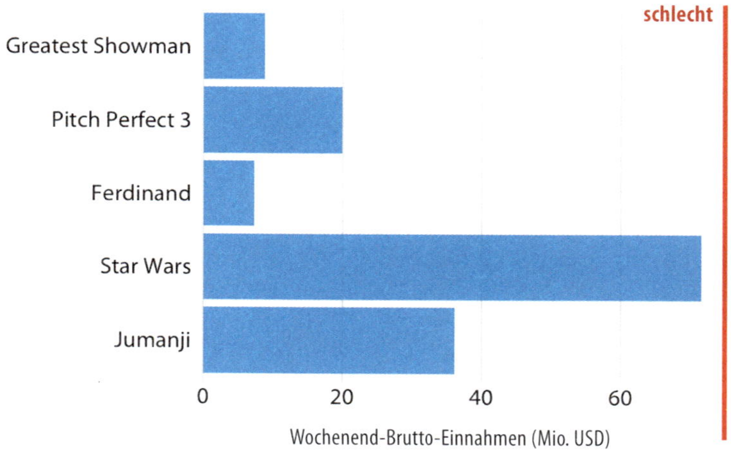

Abbildung 6-4: Die Filme mit den höchsten Einnahmen für das Wochenende vom 22. bis 24. Dezember 2017, als horizontales Balkendiagramm angezeigt. Hier wurden die Balken jedoch nach der Länge der Filmtitel in absteigender Reihenfolge angeordnet. Diese Anordnung der Balken ist willkürlich und nicht sinnvoll; die daraus resultierende Abbildung ist deutlich weniger intuitiv als in Abbildung 6-3. Datenquelle: Box Office Mojo (http://www.boxofficemojo.com). Verwendung mit Genehmigung.

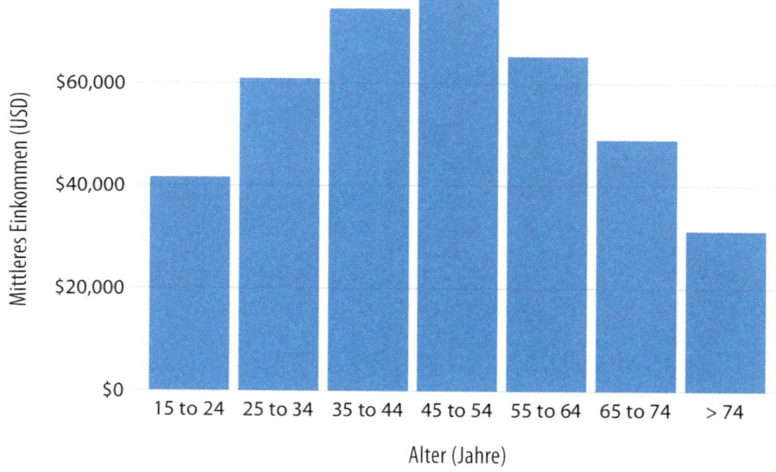

Abbildung 6-5: Mittleres Jahreseinkommen (der Median) in den USA 2016 pro Haushalt in Abhängigkeit von der Altersgruppe. Die Altersgruppe der 45- bis 54-Jährigen hat das höchste mittlere Einkommen. (Datenquelle: US Census Bureau)

Abbildung 6-5 zeigt beispielsweise den Median des Jahreseinkommens in den USA an, geordnet nach Altersgruppen. In diesem Fall sollten die Balken in der Reihenfolge des zunehmenden Alters angeordnet werden. Eine Sortierung nach Balkenhöhe würde die Altersgruppen willkürlich vermischt auflisten und daher keinen Sinn ergeben (Abbildung 6-6).

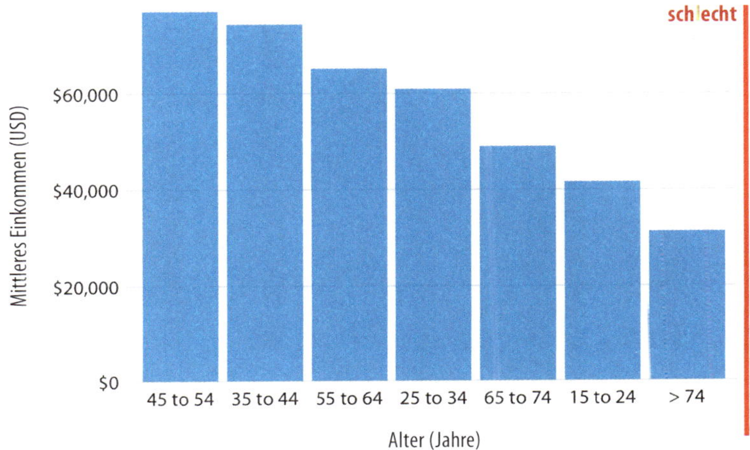

Abbildung 6-6: Mittleres Jahreseinkommen in den USA 2016 pro Haushalt in Abhängigkeit von der Altersgruppe – hier angeordnet nach Einkommen. Während die Reihenfolge der Balken optisch ansprechend aussieht, ist die Reihenfolge der Altersgruppen jetzt verwirrend. (Datenquelle: US Census Bureau)

Achten Sie auf die Reihenfolge der Balken. Wenn die Balken ungeordnete Merkmale darstellen, sortieren Sie sie nach aufsteigenden oder absteigenden Datenwerten.

Gruppierte und gestapelte Balken

Alle Beispiele aus dem vorherigen Abschnitt haben gezeigt, wie sich eine quantitative Menge in Bezug auf eine kategorisierbare Größe verändert. Häufig sind wir jedoch gleichzeitig an zwei solcher Größen interessiert. Zum Beispiel veröffentlicht das statistische Bundesamt der USA (US Census Bureau) mittlere Einkommensniveaus aufgeschlüsselt nach Alter und ethnischer Zugehörigkeit (engl. *race*). Wir können diesen Datensatz mit einem *gruppierten Balkendiagramm* visualisieren (Abbildung 6-7). In einem gruppierten Balkendiagramm zeichnen wir an jeder Position entlang der x-Achse eine Gruppe von Balken, die durch eine kategorisierbare Größe bestimmt wird, und zeichnen dann innerhalb jeder Gruppe Balken gemäß der anderen kategorisierten Größe.

In gruppierten Balkendiagrammen werden viele Informationen gleichzeitig angezeigt, sie können daher verwirrend sein. Obwohl ich Abbildung 6-7 nicht als schlecht oder hässlich eingestuft habe, fällt es mir schwer, diese Grafik zu lesen. Insbesondere ist es schwierig, das mittlere Einkommen (den Median) zwischen den Altersgruppen für eine bestimmte Gruppe ethnischer Abstammung zu vergleichen.

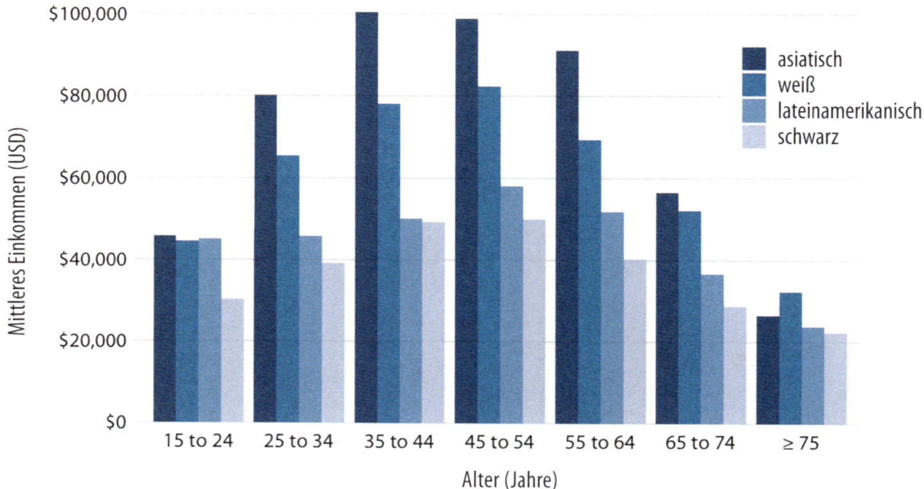

Abbildung 6-7: Mittleres Jahreseinkommen in den USA 2016 pro Haushalt in Abhängigkeit von Altersgruppe und ethnischer Gruppe. Die Altersgruppen sind auf der x-Achse dargestellt, und für jede Altersgruppe gibt es vier Balken, die dem mittleren Einkommen der Menschen unterschiedlicher Ethnien entspricht. (Datenquelle: US Census Bureau)

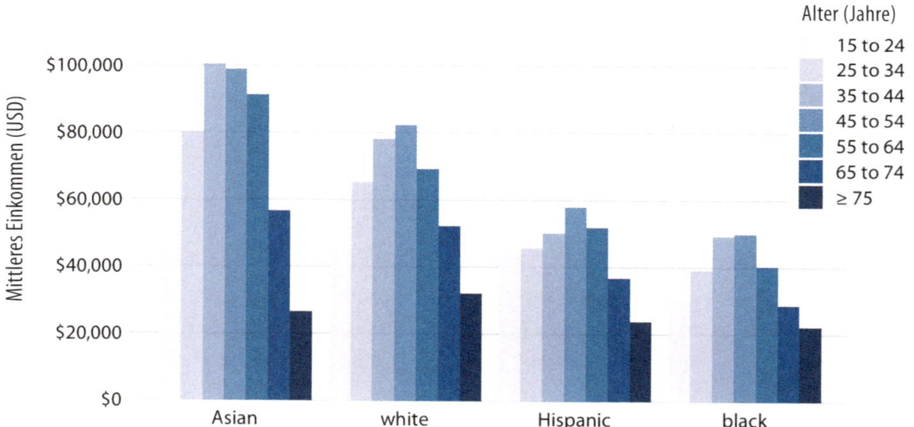

Abbildung 6-8: Mittleres Jahreseinkommen in den USA 2016 pro Haushalt in Abhängigkeit von Altersgruppe und ethnischer Gruppe. Im Gegensatz zu Abbildung 6-7 ist die Ethnie jetzt entlang der x-Achse dargestellt, und für jede Gruppe werden sieben Balken entsprechend der sieben Altersgruppen angezeigt. (Datenquelle: US Census Bureau)

Diese Abbildung ist also nur angemessen, wenn wir uns hauptsächlich für die Einkommensunterschiede zwischen Angehörigen unterschiedlicher ethnischer Gruppen interessieren, die nach bestimmten Altersgruppen aufgeteilt sind. Wenn wir uns mehr um das allgemeine Einkommensniveau der unterschiedlichen Ethnien kümmern, könnte es vorteilhaft sein, die Zugehörigkeit entlang der *x*-Achse und das Alter als unterschiedliche Balken innerhalb jeder Herkunftsgruppe anzuzeigen (Abbildung 6-8).Die beiden Abbildungen 6-7 und 6-8 differenzieren eine kategorisierte Größe durch ihre Position entlang der *x*-Achse und die andere durch die Balkenfarbe. In beiden Fällen ist die Unterscheidung nach Position einfach zu lesen, während die Erkennung nach Balkenfarbe mehr Mühe erfordert, da die Farben der Balken erst mit den Farben in der Legende abgeglichen werden müssen. Wir können diese zusätzliche mentale Anstrengung vermeiden, indem wir anstelle eines gruppierten Balkendiagramms vier separate, reguläre Balkendiagramme anzeigen (Abbildung 6-9). Welche dieser verschiedenen Optionen wir wählen, ist letztendlich Geschmackssache. Ich würde wahrscheinlich Abbildung 6-9 wählen: Bei dieser Form der Darstellung ist es nicht nötig, unterschiedliche Balkenfarben einzusetzen.

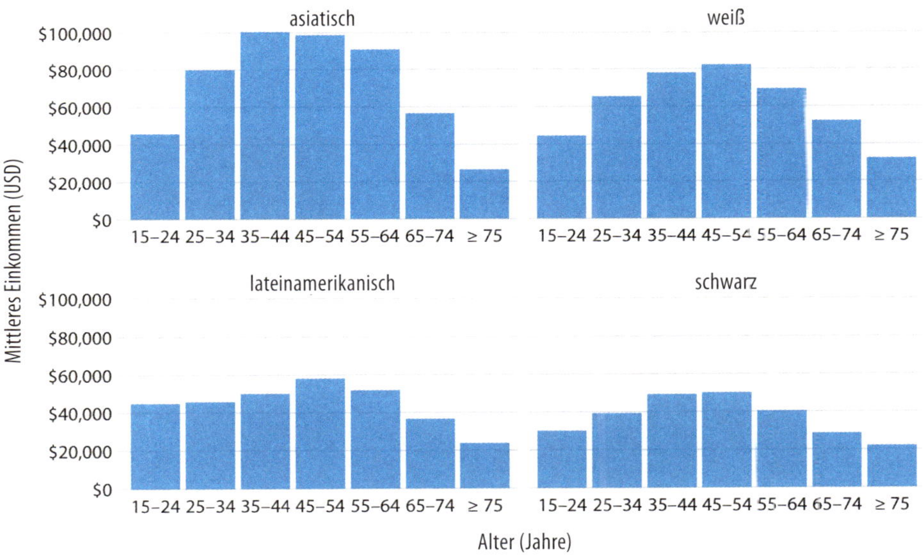

Abbildung 6-9: Mittleres Jahreseinkommen in den USA 2016 pro Haushalt in Abhängigkeit von Altersgruppe und ethnischer Gruppe. Anstatt diese Daten wie in den Abbildungen 6-7 und 6-8 als gruppiertes Balkendiagramm anzuzeigen, werden sie nun als vier separate, reguläre Balkendiagramme angezeigt. Diese Version hat den Vorteil, dass keine der kategorisierten Größen nach Balkenfarbe differenziert werden muss. (Datenquelle: US Census Bureau)

Anstatt Balkengruppen nebeneinander zu zeichnen, ist es manchmal vorzuziehen, Balken übereinander zu stapeln. Das Stapeln ist nützlich, wenn die Summe der Beträge, die durch die einzelnen gestapelten Balken dargestellt werden, für sich genommen einen sinnvollen Betrag darstellt. Während es also nicht sinnvoll wäre, den Median der Einkommenswerte von Abbildung 6-7 zu stapeln (die Summe von zwei mittleren Einkommenswerten ist kein aussagekräftiger Wert), kann es hilfreich sein, die Wochenendumsätze aus Abbildung 6-1 zu stapeln (die Summe der Wochenendumsätze von zwei Filmen ergibt den Gesamtumsatz für die beiden Filme zusammen). Stapeln ist auch angebracht, wenn die individuellen Balken Mengen repräsentieren. So können wir beispielsweise in einem Datensatz von Personen Männer und Frauen separat oder gemeinsam aufzählen. Wenn wir einen Balken, der eine Anzahl von Frauen darstellt, über einen Balken stapeln, der eine Anzahl von Männern darstellt, dann gibt die kombinierte Balkenhöhe die Gesamtanzahl von Personen unabhängig vom Geschlecht an.

Ich werde dieses Prinzip anhand eines Datensatzes zu den Passagieren des Ozeandampfers *Titanic* demonstrieren, der am 15. April 1912 unterging. An Bord befanden sich, ohne Besatzung, ungefähr 1300 Passagiere. Die Passagiere reisten in einer von drei Kategorien (erste, zweite oder dritte Klasse) und es befanden sich fast doppelt so viele männliche wie weibliche Passagiere auf dem Schiff. Um die Aufteilung der Passagiere nach Klasse und Geschlecht zu veranschaulichen, können wir für jede Klasse und jedes Geschlecht separate Balken zeichnen und die Balken für Frauen auf die Balken für Männer stapeln (Abbildung 6-10). Die kombinierten Balken geben die Gesamtzahl der Passagiere in der jeweiligen Klasse an.

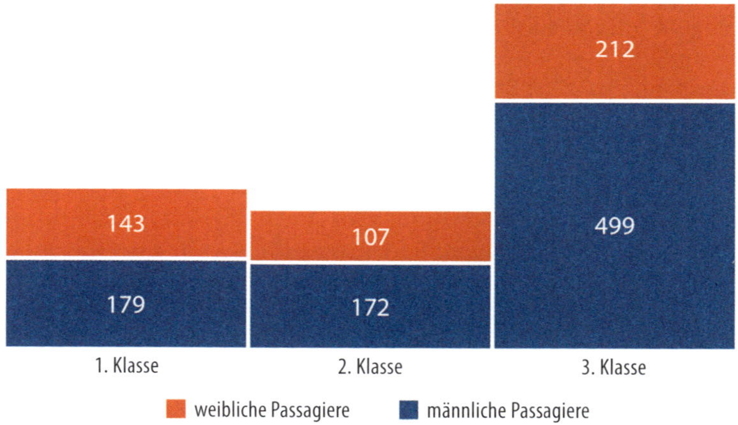

Abbildung 6-10: Anzahl der weiblichen und männlichen Passagiere der Titanic in der 1., 2. und 3. Klasse. (Datenquelle: Encyclopedia Titanica)

Abbildung 6-10 unterscheidet sich von den vorherigen Balkendiagrammen darin, dass es keine explizite *y*-Achse gibt. Ich habe stattdessen die tatsächlichen numerischen Werte gezeigt, die jeder Balken darstellt. Wenn ein Diagramm nur eine kleine Anzahl verschiedener Werte anzeigen soll, ist es sinnvoll, die tatsächlichen Zahlen zur Abbildung hinzuzufügen. Dies erhöht die Menge an Informationen, die durch das Diagramm vermittelt werden, ohne viel optische Unordnung hinzuzufügen, und macht eine explizite *y*-Achse überflüssig.

Punktdiagramme und Heatmaps

Balken sind nicht die einzige Möglichkeit, Mengen anzuzeigen. Eine wichtige Einschränkung von Balken besteht darin, dass sie bei null beginnen müssen, damit die Balkenlänge proportional zum angezeigten Betrag ist. Bei einigen Datensätzen kann dies unpraktisch sein oder Schlüsselmerkmale verdecken. In diesem Fall können wir Mengen angeben, indem wir Punkte an den entsprechenden Stellen entlang der *x*- oder *y*-Achse platzieren.

Abbildung 6-11 zeigt diesen Visualisierungsansatz für einen Datensatz zur Lebenserwartung in 25 Ländern auf dem amerikanischen Kontinent. Die Bürger dieser Länder haben eine Lebenserwartung zwischen 60 und 81 Jahren, und jeder einzelne Lebenserwartungswert wird mit einem blauen Punkt an der entsprechenden Stelle entlang der *x*-Achse angezeigt. Durch die numerische Begrenzung der Achse auf ein Intervall von 60 bis 81 Jahren zeigt die Abbildung die wichtigsten Merkmale dieses Datensatzes auf: Kanada hat die höchste Lebenserwartung unter allen aufgelisteten Ländern und Bolivien und Haiti haben eine viel niedrigere Lebenserwartung als alle anderen Länder. Wenn wir Balken anstelle von Punkten verwendet hätten (Abbildung 6-12), hätten wir eine deutlich weniger überzeugende Abbildung erstellt. Da die Balken in dieser Abbildung so lang sind und sie alle fast die gleiche Länge haben, orientiert sich das Auge eher zur Mitte der Balken als zu ihren Endpunkten, wodurch die eigentliche Botschaft der Abbildung untergeht.

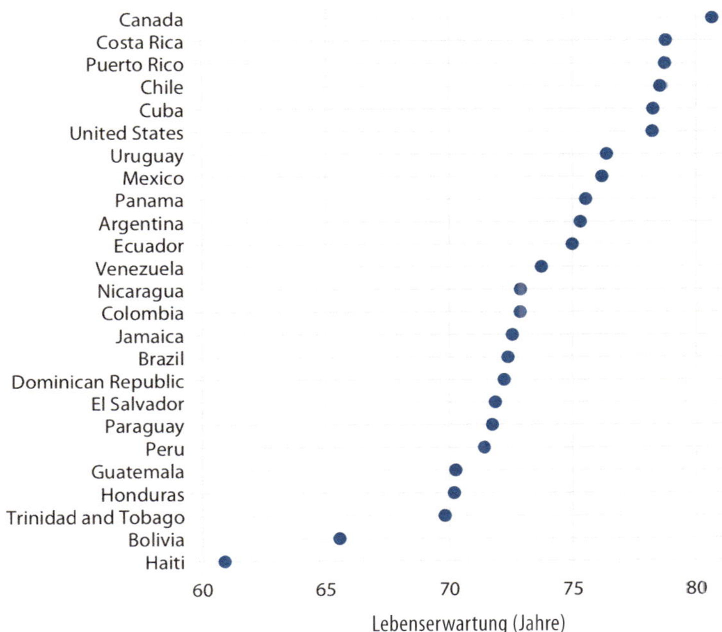

Abbildung 6-11: Die Lebenserwartung in den Ländern des amerikanischen Kontinents für das Jahr 2007. (Datenquelle: Gapminder)

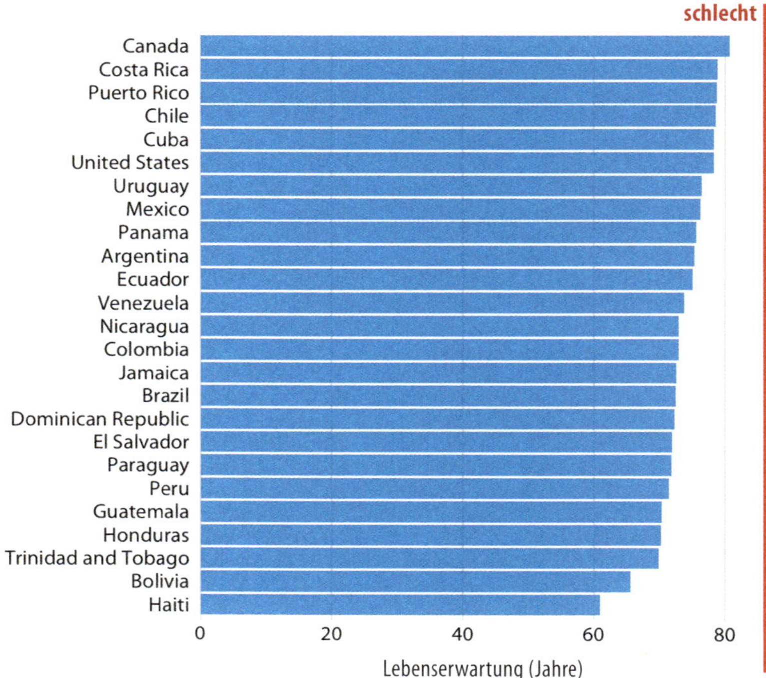

Abbildung 6-12: Die Lebenserwartung in den Ländern des amerikanischen Kontinents für das Jahr 2007, dargestellt als Balken. Dieser Datensatz ist nicht zur Darstellung mit Balken geeignet: Die Balken sind zu lang und lenken die Aufmerksamkeit von den Hauptmerkmalen der Daten ab, nämlich von den Unterschieden bei der Lebenserwartung je nach Land. (Datenquelle: Gapminder)

Unabhängig davon, ob wir Balken oder Punkte verwenden, müssen wir jedoch auf die Reihenfolge der Datenwerte achten. In den Abbildungen 6-11 und 6-12 sind die Länder in absteigender Reihenfolge der Lebenserwartung angeordnet. Wenn wir sie stattdessen alphabetisch sortieren, erhalten wir eine ungeordnete Punktewolke, die verwirrend ist und keine eindeutigen Ergebnisse liefert (Abbildung 6-13).

Alle bisherigen Beispiele haben Mengen nach ihrer Position entlang einer Positionsskala dargestellt, entweder durch den Endpunkt eines Balkens oder durch die Platzierung eines Punkts. Bei sehr großen Datenmengen ist möglicherweise keine dieser Optionen geeignet, da die resultierende Abbildung zu unübersichtlich wäre. In Abbildung 6-7 haben wir bereits gesehen, dass nur sieben Gruppen von je vier Datenwerten zu einer Abbildung führen können, die komplex und nicht so einfach zu lesen ist. Wenn wir 20 Gruppen mit 20 Datenwerten hätten, wäre eine ähnliche Zahl wahrscheinlich ziemlich verwirrend.

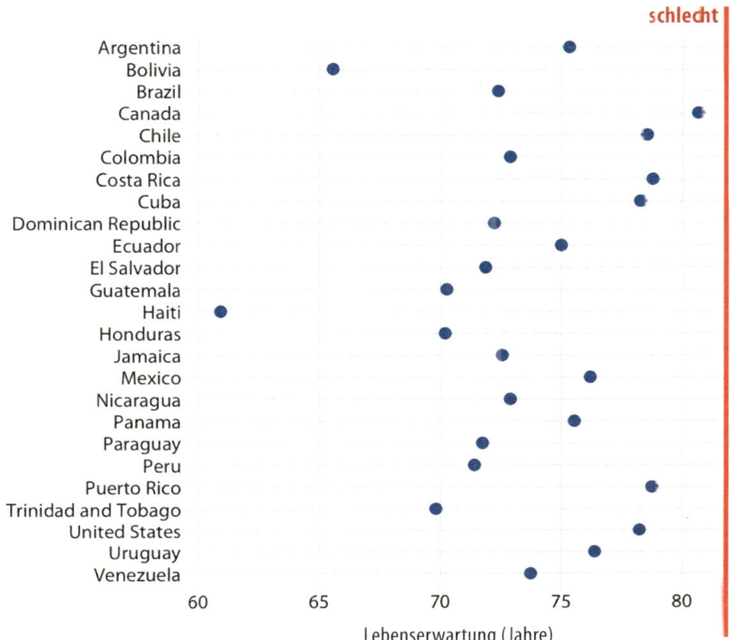

Abbildung 6-13: Die Lebenserwartung in den Ländern des amerikanischen Kontinents für das Jahr 2007. Hier sind die Länder alphabetisch aufgelistet, wodurch die Werte eine ungeordnete Punktewolke bilden. Das erschwert die Interpretation der Abbildung und verdient daher die Bezeichnung »schlecht«. (Datenquelle: Gapminder)

Anstatt Datenwerte auf Positionsskalen mithilfe von Balken oder Punkten darzustellen, können wir alternativ Datenwerte farbig abbilden. Eine solche Abbildung nennt man *Heatmap*. In Abbildung 6-14 wird dieser Ansatz verwendet, um den Prozentsatz der Internetnutzer in 20 Ländern über einen Zeitraum von 23 Jahren (von 1994 bis 2016) anzuzeigen. Zwar ist es mit dieser Visualisierung schwieriger, die genauen angezeigten Datenwerte zu ermitteln (z.B. »Wie hoch ist der exakte prozentuale Anteil der Internetnutzer in den Vereinigten Staaten im Jahr 2015?«); jedoch gelingt es hervorragend, breitere Trends hervorzuheben. Wir können sehen, in welchen Ländern die Internetnutzung früh begann und in welchen nicht, und wir können auch erkennen, welche Länder im letzten Jahr der Datenaufzeichnung den höchsten Wert haben.

Wie bei allen anderen in diesem Kapitel behandelten Visualisierungsansätzen müssen wir bei der Erstellung von Heatmaps auf die Reihenfolge der kategorisierten Datenwerte achten. In Abbildung 6-14 sind die Länder nach dem Prozentsatz der Internetnutzer im Jahr 2016 geordnet. Bei dieser Reihenfolge liegen Großbritannien, Japan, Kanada und Deutschland über den USA, da alle diese Länder im Jahr 2016 eine höhere Internetnutzung aufwiesen als die USA , obwohl die Vereinigten Staaten eine signifikante Internetnutzung zu einer früheren Zeit hatten. Alternativ könnten wir die Länder nach dem Zeitpunkt ordnen, zu dem sie eine signifikante Internetnutzung aufweisen. In Abbildung 6-15 sind die Länder nach dem Jahr geordnet, in dem die Internetnutzung erstmals auf über 20 % gestiegen ist. In dieser Abbildung stehen die Vereinigten Staaten auf dem dritten Platz, und es ist auffällig, dass sie im Vergleich zu den Anfängen der Internetnutzung eine relativ geringe Internetnutzung im Jahr 2016 aufweisen. Ein ähnliches Muster ist für Italien zu erkennen. In Israel und Frankreich begann die Internetnutzung dagegen relativ spät, gewann jedoch rasch an Boden.

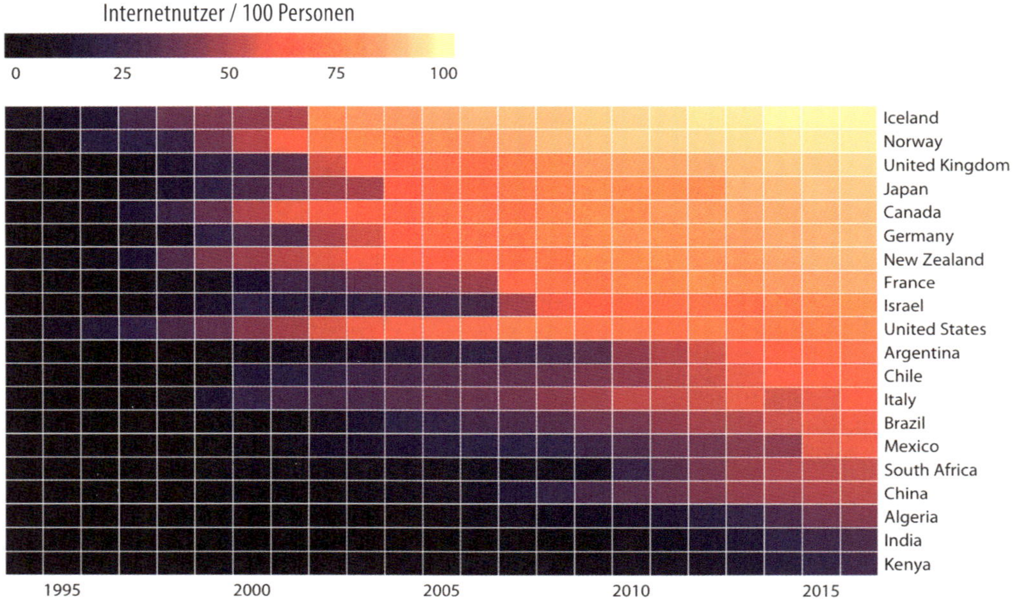

Abbildung 6-14: Zeitliche Entwicklung der Internetnutzung für ausgewählte Länder. Die Farbe gibt den Prozentsatz der Internetnutzer für das jeweilige Land und Jahr an. Die Länder wurden nach dem prozentualen Anteil der Internetnutzer im Jahr 2016 sortiert. (Datenquelle: Weltbank)

Die beiden Abbildungen 6-14 und 6-15 sind gültige Darstellungen der Daten. Welche davon bevorzugt wird, hängt von der Botschaft ab, die wir vermitteln möchten. Wenn es um die Internetnutzung im Jahr 2016 geht, ist Abbildung 6-14 wahrscheinlich die bessere Wahl. Wenn es jedoch darum geht, wie der Zeitpunkt der Einführung des Internets mit der heutigen Nutzung zusammenhängt, ist Abbildung 6-15 vorzuziehen.

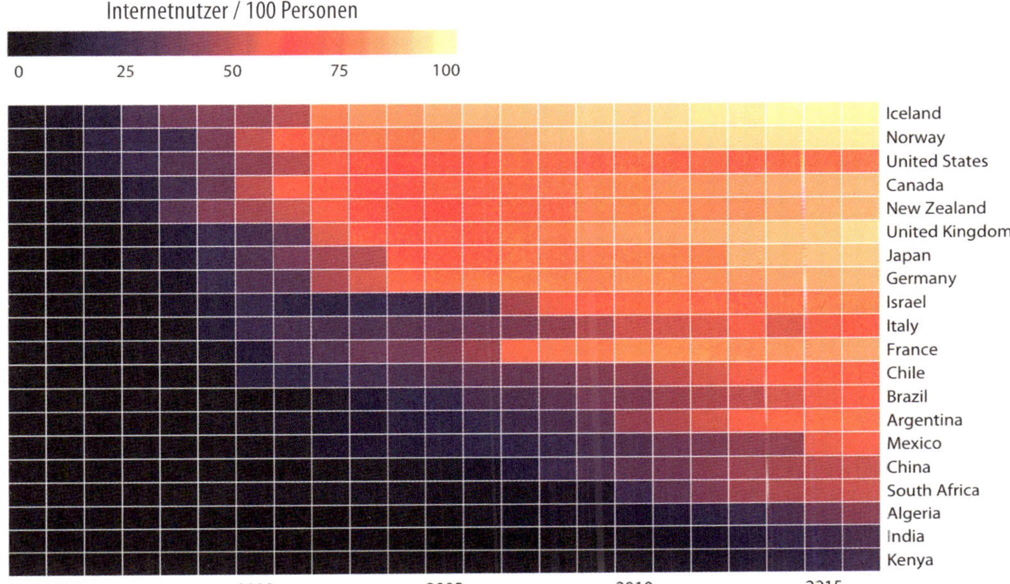

Abbildung 6-15: Zeitliche Entwicklung der Internetnutzung für ausgewählte Länder. In diesem Diagramm wurden die Länder nach dem Jahr geordnet, in dem ihre Internetnutzung zum ersten Mal 20 % überstieg. (Datenquelle: Weltbank)

## KAPITEL 7

Visualisierung von Verteilungen: Histogramme und Dichtediagramme

Wir stoßen häufig auf die Situation, dass wir verstehen möchten, wie eine bestimmte Variable in einem Datensatz verteilt ist. Als konkretes Beispiel betrachten wir die Passagiere der *Titanic*, ein Datensatz, den wir in Kapitel 6 kennengelernt haben. Es waren (ohne Besatzung) ungefähr 1300 Passagiere auf der *Titanic*, von 756 wurde das Alter dokumentiert. Wir möchten vielleicht wissen, wie viele Passagiere in welchem Alter auf der Titanic waren, d.h. wie viele Kinder, junge Erwachsene, Menschen mittleren Alters, Senioren und so weiter. Wir nennen die relativen Anteile unterschiedlichen Alters unter den Fahrgästen die *Altersverteilung* der Fahrgäste.

Visualisierung einer einzelnen Verteilungsgröße

Wir können ein Gefühl für die Altersverteilung unter den Passagieren gewinnen, indem wir alle Passagiere in Kategorien (engl. *bins*) vergleichbaren Alters gruppieren und dann die Anzahl der Passagiere in jeder Kategorie zählen. Diese Vorgehensweise führt zu einer Übersicht wie Tabelle 7-1.

Tabelle 7-1: Anzahl der Passagiere mit bekanntem Alter auf der Titanic

Alter	Anzahl	Alter	Anzahl	Alter	Anzahl
0–5	36	26–30	121	51–55	26
6–10	19	31–35	76	56–60	22
11–15	18	36–40	74	61–65	16
16–20	99	41–45	54	66–70	3
21–25	139	46–50	50	71–75	3

Wir können diese Tabelle grafisch darstellen, indem wir gefüllte Rechtecke zeichnen, deren Höhe der Anzahl der Passagiere und deren Breite dem numerischen Bereich der Alterskategorien entsprechen, hier 5 Jahren (Abbildung 7-1).

Eine solche Darstellung wird als *Histogramm* bezeichnet. (Beachten Sie, dass für ein gültiges Histogramm alle Kategorien die gleiche Breite haben müssen).

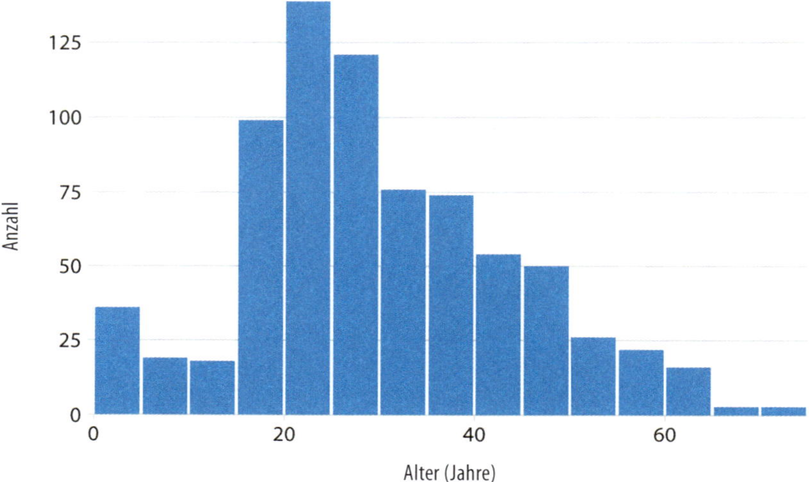

Abbildung 7-1: Histogramm der Altersverteilung der Passagiere auf der Titanic. (Datenquelle: Encyclopedia Titanica)

Da Histogramme durch Kategorisierung (engl. *binning*) der Daten erstellt werden, hängt ihre genaue visuelle Darstellung von der Wahl der Breite der Kategorie ab. Die meisten Visualisierungsprogramme, die Histogramme erstellen, wählen eine standardmäßige Bin-Breite, aber es besteht die Möglichkeit, dass diese Breite für ein eventuell gewünschtes Histogramm nicht die am besten geeignete ist. Es ist daher wichtig, immer verschiedene Bin-Breiten zu erproben, um sicherzustellen, dass das resultierende Histogramm die zugrunde liegenden Daten genau wiedergibt. Wenn die Bin-Breite zu klein ist, wird das Histogramm im Allgemeinen zu spitz und optisch überfüllt, und die Haupttrends in den Daten werden möglicherweise verdeckt. Wenn andererseits die Bin-Breite zu groß ist, verschwinden möglicherweise kleinere Merkmale bei der Verteilung der Daten, wie z. B. die Delle um das Alter von 10.

Bei der Altersverteilung der Titanic-Passagiere können wir feststellen, dass eine Bin-Breite von 1 Jahr zu klein und eine von 15 Jahren zu groß ist, während die Bin-Breiten zwischen 3 und 5 Jahren gut funktionieren (Abbildung 7-2).

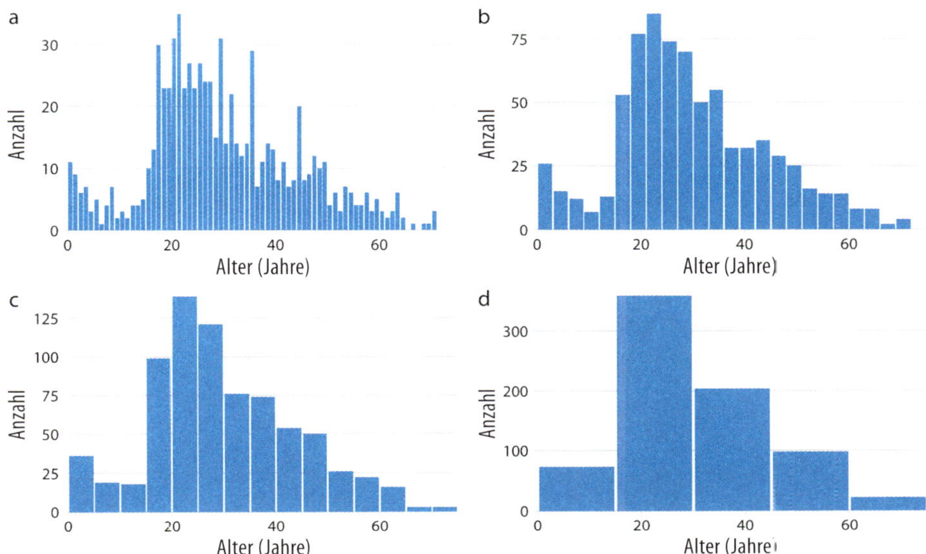

Abbildung 7-2: Histogramme hängen von der gewählten Bin-Breite ab. Hier wird die gleiche Altersverteilung der Titanic-Passagiere mit vier verschiedenen Bin-Breiten gezeigt: (a) 1 Jahr; (b) 3 Jahre; (c) 5 Jahre; (d) 15 Jahre. (Datenquelle: Encyclopedia Titanica)

Untersuchen Sie beim Erstellen eines Histogramms immer mehrere Bin-Breiten.

Histogramme sind seit mindestens dem 18. Jahrhundert eine beliebte Darstellungsform – wohl deswegen, weil sie leicht von Hand erzeugt werden können. In jüngerer Zeit, da in alltäglichen Geräten wie Laptops und Mobiltelefonen umfangreiche Rechenleistung verfügbar wurde, werden Histogramme zunehmend durch *Dichtediagramme* ersetzt. In einem Dichtediagramm versuchen wir, die zugrunde liegende Wahrscheinlichkeitsverteilung der Daten zu visualisieren, indem wir eine entsprechende kontinuierliche Kurve zeichnen (Abbildung 7-3). Diese Kurve muss aus den Daten geschätzt werden, und die am häufigsten verwendete Methode für dieses Schätzverfahren wird als *Kerndichteschätzung* (engl. *kernel density estimation*) bezeichnet. Bei der Schätzung der Kerndichte zeichnen wir eine kontinuierliche Kurve (den Kernel) mit einer kleinen Breite (gesteuert durch den Parameter *Bandbreite*) am Ort jedes Datenpunkts, und dann addieren wir alle diese Kurven, um die endgültige Dichteschätzung zu erhalten. Der am weitesten verbreitete Kernel ist ein Gaußscher Kernel (d.h. eine Gaußsche Glockenkurve), aber es gibt viele andere Möglichkeiten.

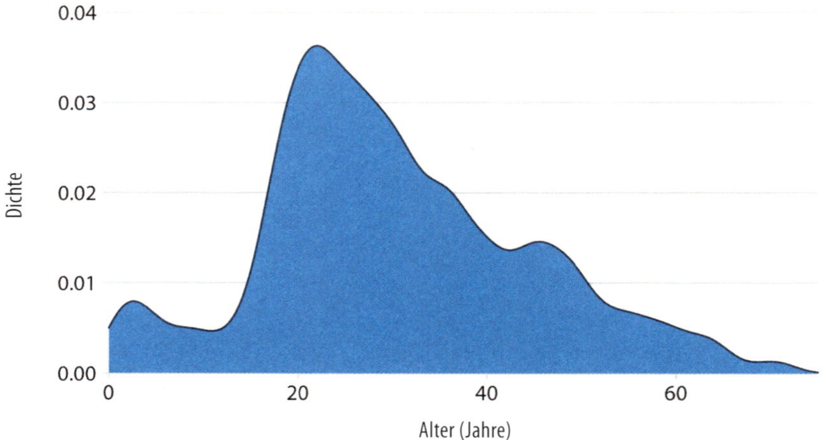

Abbildung 7-3: Kerndichteschätzung zur Altersverteilung der Passagiere auf der Titanic. Die Höhe der Kurve ist so skaliert, dass die Fläche unter der Kurve gleich 1 ist. Die Dichteschätzung wurde mit einem Gaußschen Kernel und einer Bandbreite von 2 durchgeführt. (Datenquelle: Encyclopedia Titanica)

Wie bei Histogrammen hängt das genaue Erscheinungsbild eines Dichtediagramms von der Auswahl des Kernels und der Bandbreite ab (Abbildung 7-4). Der Parameter für die Bandbreite verhält sich ähnlich wie die Bin-Breite in Histogrammen. Wenn die Bandbreite zu klein ist, kann die Dichteschätzung zu hoch und optisch überlastet werden und die Haupttrends in den Daten können verdeckt werden. Wenn andererseits die Bandbreite zu groß ist, verschwinden möglicherweise kleinere Merkmale bei der Verteilung der Daten. Darüber hinaus beeinflusst die Wahl des Kernels die Form der Dichtekurve. Zum Beispiel wird ein Gauß-Kernel dazu neigen, Dichteschätzungen zu erzeugen, die wie eine Gauß-Form aussehen, mit eher weichen Merkmalen und Ausläufern. Im Gegensatz dazu kann ein rechteckiger Kernel das Auftreten von Sprüngen in der Dichtekurve erzeugen (Abbildung 7-4d). Im Allgemeinen gilt: Je mehr Datenpunkte sich im Datensatz befinden, umso weniger ist die Auswahl des Kernels von Bedeutung. Daher sind Dichtediagramme für große Datensätze in der Regel recht zuverlässig und informativ, können jedoch für Datensätze mit nur wenigen Punkten irreführend sein.

Dichtekurven werden normalerweise so skaliert, dass der Bereich unter der Kurve gleich 1 ist. Diese Konvention kann die Skalierung der y-Achse verwirrend machen, da sie von den Einheiten der x-Achse abhängt. Im Fall der Altersverteilung reicht der Datenbereich auf der x-Achse beispielsweise von 0 bis ungefähr 75. Daher erwarten wir, dass die mittlere Höhe der Dichtekurve 1/75 = 0,013 beträgt. Tatsächlich sehen wir bei Betrachtung der Altersdichtekurven (z. B. in Abbildung 7-4), dass die y-Werte im Bereich von 0 bis ungefähr 0,04 liegen, mit einem Durchschnitt von ungefähr 0,01.

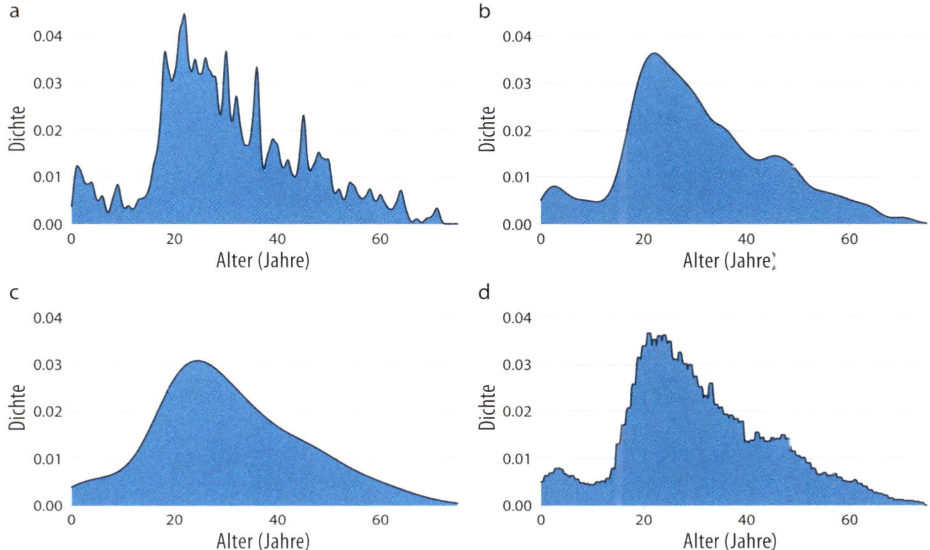

Abbildung 7-4: Schätzungen der Kerndichte hängen vom gewählten Kernel und von der Bandbreite ab. Hier wird die gleiche Altersverteilung der Titanic-Passagiere für vier verschiedene Kombinationen dieser Parameter gezeigt: (a) Gaußscher Kernel, Bandbreite = 0,5; (b) Gaußscher Kernel, Bandbreite = 2; (c) Gaußscher Kernel, Bandbreite = 5; (d) Rechteck-Kernel, Bandbreite = 2. (Datenquelle: Encyclopedia Titanica)

Kerndichteschätzungen weisen eine Tücke auf, derer wir uns bewusst sein müssen: Sie tendieren dazu, Daten anzuzeigen, wo eigentlich keine vorhanden sind, insbesondere in den Ausläufern. Infolgedessen kann die unachtsame Verwendung von Dichteschätzungen leicht zu Abbildungen führen, die unsinnige Aussagen machen. Wenn wir beispielsweise nicht darauf achten, können wir eine Abbildung einer Altersverteilung erzeugen, die negative Altersangaben enthält (Abbildung 7-5).

Stellen Sie immer sicher, dass Ihre Dichteschätzung keine unsinnigen Datenwerte vorhersagt.

Sollten Sie also ein Histogramm oder ein Dichtediagramm auswählen, um eine Verteilung zu visualisieren? Zu diesem Thema gibt es heftige Diskussionen. Einige sind vehement gegen Dichtediagramme und glauben, dass sie willkürlich und irreführend sind. Andere sehen ein, dass Histogramme ebenso willkürlich und irreführend sein können. Ich denke, die Wahl ist größtenteils eine Frage des Geschmacks, aber manchmal kann die eine oder andere Option die spezifischen Merkmale, an denen man bei einem vorliegenden Datensatz interessiert ist, genauer widerspiegeln. Es besteht auch die Möglichkeit, keine der beiden Funktionen zu verwenden und stattdessen sogenannte *Empirische kumulative Dichtefunktionen* oder Q-Q-Diagramme auszuwählen (Kapitel 8).

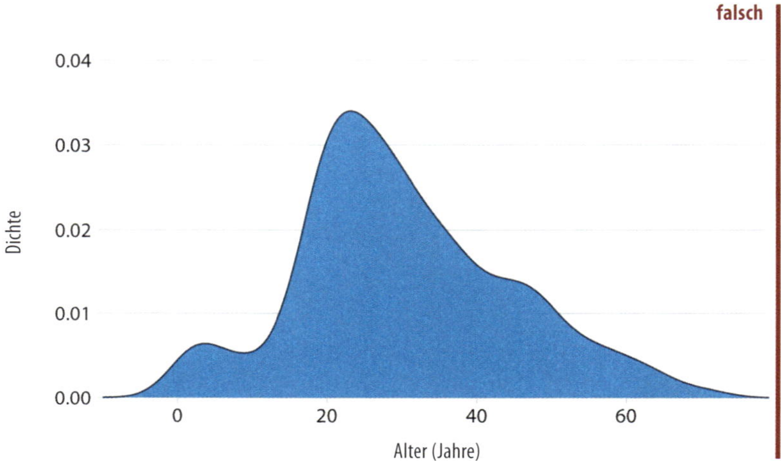

Abbildung 7-5: Kerndichteschätzungen können die Ausläufer der Verteilung in Bereiche erweitern, in denen keine Daten existieren oder gar nicht möglich sind. In dieser Abbildung ragt die Dichteschätzung für das Alter der Titanic-Passagiere bis in den negativen Altersbereich hinein. Das macht offensichtlich keinen Sinn und sollte vermieden werden. (Datenquelle: Encyclopedia Titanica)

Dennoch glaube ich, dass Dichteschätzungen in ihrer prinzipiellen Eigenschaft einen Vorteil gegenüber Histogrammen haben, sobald mehrere Verteilungen gleichzeitig sichtbar gemacht werden sollen.

Gleichzeitige Visualisierung mehrerer Verteilungsgrößen

In vielen Szenarien haben wir mehrere Verteilungen, die wir gleichzeitig visualisieren möchten. Angenommen, wir möchten sehen, wie das Alter der *Titanic*-Passagiere zwischen Männern und Frauen verteilt ist. Waren männliche und weibliche Passagiere im Allgemeinen gleich alt oder gab es einen Altersunterschied zwischen den Geschlechtern? Eine häufig verwendete Visualisierungsstrategie ist in diesem Fall ein gestapeltes Histogramm, bei dem die Histogramm-Balken für Frauen in einer anderen Farbe über die Balken für Männer gezeichnet werden (Abbildung 7-6).

Meiner Meinung nach sollte diese Form der Darstellung vermieden werden. Bei ihr gibt es zwei Hauptprobleme: Erstens ist beim Betrachten der Abbildung nie ganz klar, wo genau die Balken beginnen. Fangen sie dort an, wo sich die Farbe ändert, oder sollen sie bei null beginnen? Mit anderen Worten, gibt es etwa 25 Frauen im Alter von 18 bis 20 Jahren oder fast 80? (Ersteres ist der Fall.) Zweitens können die Balkenhöhen für die Angaben zur Zahl der weiblichen Passagiere nicht direkt miteinander verglichen werden, da die Balken alle auf einer unterschiedlichen Höhe beginnen. Zum Beispiel waren die Männer im Durchschnitt älter als die Frauen, und diese Tatsache ist in Abbildung 7-6 überhaupt nicht sichtbar.

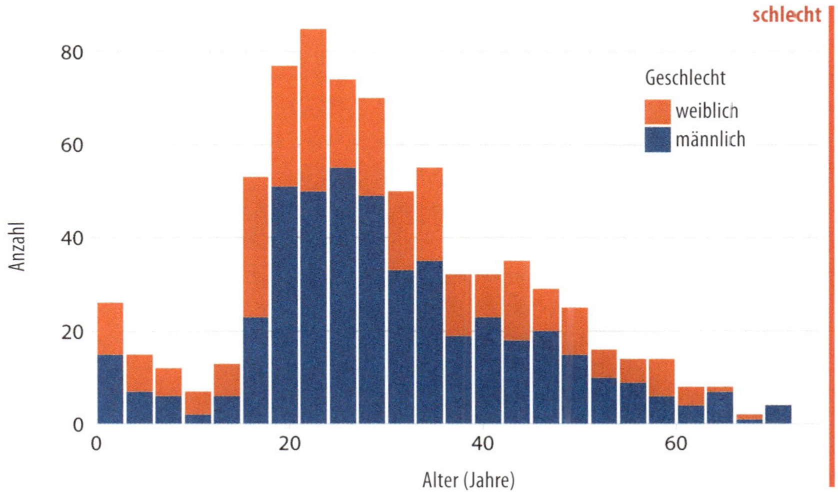

Abbildung 7-6: Histogramm der Altersverteilung der Passagiere auf der Titanic nach Geschlecht. Diese Abbildung wurde als »schlecht« gekennzeichnet, da gestapelte Histogramme leicht mit überlappenden Histogrammen verwechselt werden können (siehe Abbildung 7-7). Darüber hinaus können die Höhen der Balken für weibliche Passagiere nur schwierig miteinander verglichen werden. (Datenquelle: Encyclopedia Titanica)

Wir könnten versuchen, diese Probleme zu lösen, indem wir alle Balken bei null beginnen lassen und die Balken teilweise transparent machen (Abbildung 7-7).

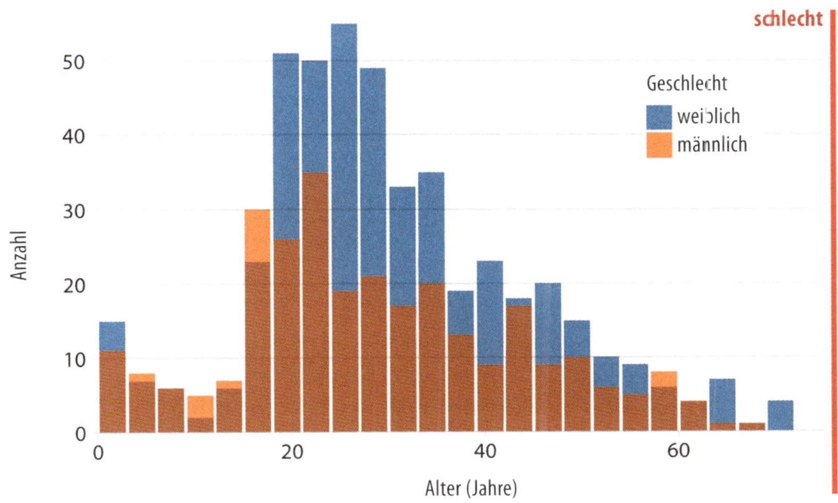

Abbildung 7-7: Altersverteilung der männlichen und weiblichen Passagiere der Titanic, dargestellt als zwei überlappende Histogramme. Diese Abbildung wurde als »schlecht« eingestuft, da keine eindeutige optische Anzeige dafür vorliegt, dass alle blauen Balken bei 0 beginnen. (Datenquelle: Encyclopedia Titanica)

Dieser Ansatz erzeugt jedoch neue Probleme. Nun scheint es tatsächlich drei verschiedene Gruppen zu geben, nicht nur zwei, und wir sind uns immer noch nicht ganz sicher, wo jeder Balken beginnt und endet. Überlappende Histogramme funktionieren nicht gut, da ein semitransparenter Balken, der über einen anderen Balken gezeichnet wird, nicht wie ein semitransparenter Balken aussieht, sondern wie ein separater Balken, der in einer anderen Farbe gezeichnet wird.

Überlappende Dichtediagramme haben normalerweise dieses Problem der überlappenden Histogramme nicht, da die durchgehenden Dichtelinien visuell helfen, die Verteilungen getrennt zu halten. Dennoch sind für diesen speziellen Datensatz die Altersverteilungen für männliche und weibliche Passagiere bis zu einem Alter von etwa 17 Jahren nahezu identisch und weichen erst danach voneinander ab, sodass die resultierende Darstellung immer noch nicht ideal ist (Abbildung 7-8).

Eine gute Lösung für diesen Datensatz ist die getrennte Darstellung der Altersverteilung von männlichen und weiblichen Passagieren als Anteil an der gesamten Altersverteilung (Abbildung 7-9). Diese Darstellung zeigt intuitiv und deutlich, dass es viel weniger Frauen im Altersbereich von 20 bis 50 Jahren auf der *Titanic* gab als Männer.

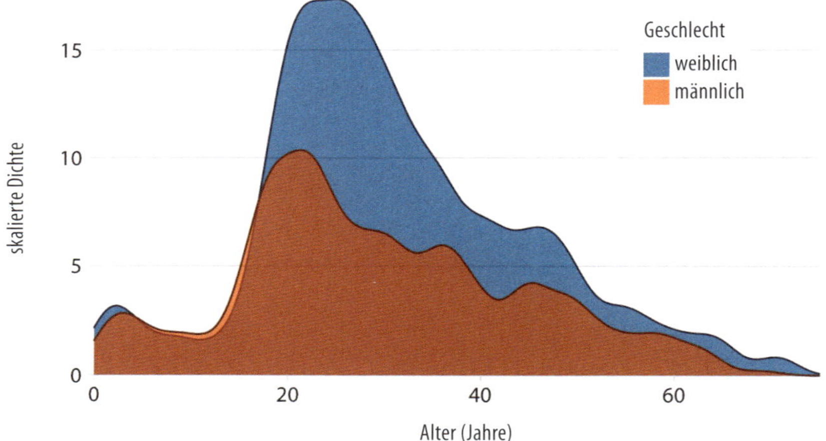

Abbildung 7-8: Dichteschätzung des Alters männlicher und weiblicher Passagiere auf der Titanic. Um hervorzuheben, dass es mehr männliche als weibliche Passagiere gab, wurden die Dichtekurven so skaliert, dass die Fläche unter jeder Kurve der Gesamtzahl der männlichen und weiblichen Passagiere mit bekanntem Alter entspricht (468 bzw. 288). (Datenquelle: Encyclopedia Titanica)

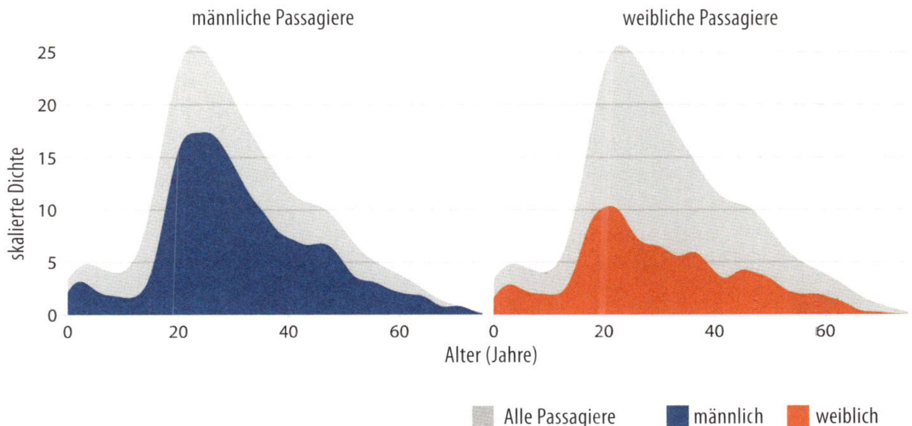

Abbildung 7-9: Altersverteilung der männlichen und weiblichen Passagiere der Titanic, angegeben als Anteil an der Gesamtzahl der Passagiere. Die farbigen Bereiche zeigen die Dichteschätzungen des Alters der männlichen bzw. weiblichen Passagiere an, die grauen Bereiche zeigen die gesamte Altersverteilung aller Passagiere an. (Datenquelle: Encyclopedia Titanica)

Zu guter Letzt, wenn wir genau zwei Verteilungen visualisieren möchten, können wir auch zwei separate Histogramme erstellen, diese um 90 Grad drehen und die Balken im jeweiligen Histogramm in entgegengesetzte Richtung verlaufen lassen. Dieser Trick wird häufig bei der Visualisierung von Altersverteilungen verwendet, und die resultierende Darstellung wird normalerweise als *Alterspyramide* bezeichnet (Abbildung 7-10).

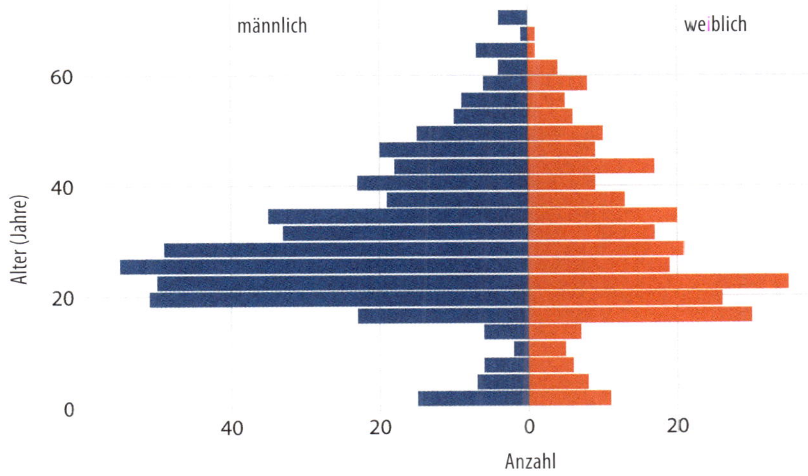

Abbildung 7-10: Die Altersverteilung der männlichen und weiblichen Passagiere auf der Titanic, dargestellt als Alterspyramide. (Datenquelle: Encyclopedia Titanica)

Wichtig ist, dass dieser Trick nicht funktioniert, wenn mehr als zwei Verteilungen gleichzeitig angezeigt werden sollen. Bei Mehrfachverteilungen können Histogramme verwirrend werden, wohingegen Dichtediagramme gut funktionieren, solange die Verteilungen etwas unterschiedlich und zusammenhängend sind. Zum Beispiel sind Dichtediagramme angebracht, um den Butterfettanteil in der Milch von Kühen aus vier verschiedenen Rinderrassen zu visualisieren (Abbildung 7-11).

Um mehrere Verteilungen gleichzeitig zu visualisieren, sind in der Regel Kerndichtediagramme besser geeignet als Histogramme.

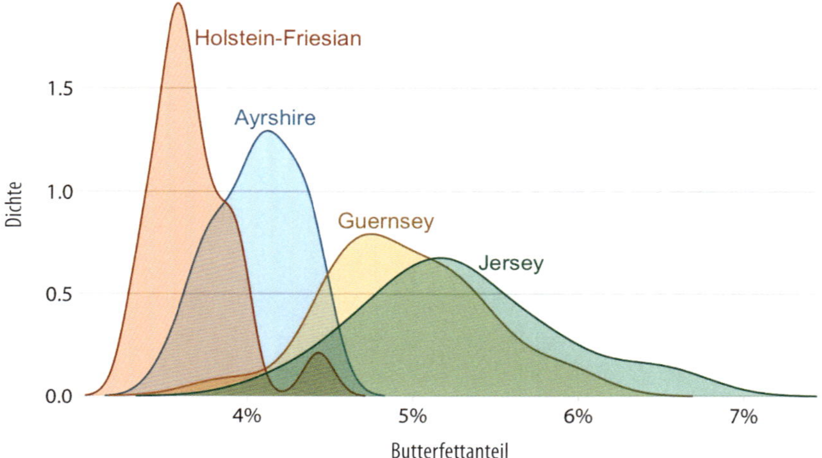

Abbildung 7-11: Dichtediagramme des Butterfettanteils in der Milch von vier Rinderrassen. (Datenquelle: Canadian Record of Performance for Purebred Dairy Cattle)

KAPITEL 8

Visualisierung von Verteilungen: Empirisch kumulative Häufigkeitsverteilung und Q-Q-Plots

In Kapitel 7 habe ich beschrieben, wie wir Verteilungen mit Histogrammen oder Dichtediagrammen visualisieren können. Beide Ansätze sind intuitiv und optisch ansprechend. Jedoch haben beide, wie in jenem Kapitel erörtert, die Einschränkung, dass der resultierende Graph in hohem Maße von den Parametern abhängt, die der Benutzer auswählen muss, z. B. von der Breite der Kategorien (engl. *bins*) für Histogramme und von der Bandbreite für Dichtediagramme. Daher müssen beide als Interpretation der Daten betrachtet werden – und nicht als direkte Visualisierung der Daten selbst.

Als Alternative zu Histogrammen oder Dichtediagrammen könnten wir einfach alle Datenpunkte einzeln als Punktwolke anzeigen. Dieser Ansatz wird jedoch für sehr große Datensätze unhandlich; ferner sind zusammenfassende Methoden, welche die Eigenschaften der Verteilung selbst und nicht die der einzelnen Punkte hervorheben, in jedem Fall nützlich. Um dieses Problem zu lösen, haben Statistiker sogenannte *Empirische kumulative Häufigkeitsverteilung* (ECDFs) und *Quantil-Quantil-Diagramme* (Q-Q) erfunden. Diese Darstellungsarten erfordern keine willkürliche Auswahl von Parametern und zeigen alle Daten auf einmal an. Leider sind sie etwas weniger intuitiv als ein Histogramm oder ein Dichtediagramm, und ich sehe sie außerhalb hochtechnischer Veröffentlichungen nicht häufig. Bei Statistikern sind sie jedoch sehr populär, und ich meine, dass jeder, der sich für Datenvisualisierung interessiert, mit diesen Techniken vertraut sein sollte.

Empirisch kumulative Häufigkeitsverteilung

Zur Veranschaulichung der ECDFs beginne ich mit einem hypothetischen Beispiel, das eng an etwas angelehnt ist, mit dem ich als Professor in meinen Seminaren viel zu tun habe: einem Datensatz mit Noten meiner Studenten. Angenommen, unser hypothetisches Seminar hat 50 Studierende und diese haben gerade eine Prüfung abgeschlossen, bei der sie zwischen 0 und 100 Punkte erzielen konnten. Wie können wir am besten die Leistung des Seminars visualisieren, um beispielsweise die entsprechenden Notengrenzen zu bestimmen?

Mithilfe einer Abbildung können wir die Gesamtzahl der Studenten, die höchstens eine bestimmte Anzahl von Punkten erhalten haben, mit allen möglichen Punktzahlen vergleichen. Diese Darstellung ist eine aufsteigende Funktion, die bei 0 für 0 Punkte beginnt und bei 50 für 100 Punkte endet. Eine andere Art, über diese Darstellung nachzudenken, ist die folgende: Wir können alle Studierenden in aufsteigender Reihenfolge nach der Anzahl der erreichten Punkte anordnen (d.h., der Student oder die Studentin mit den wenigsten Punkten erhält die niedrigste Platzierung und der Student oder die Studentin mit den meisten Punkten die höchste), dann zeichnen wir die Platzierung anhand der tatsächlich erzielten Punkte. Das Ergebnis ist eine empirisch kumulative Häufigkeitsverteilung oder einfach eine *kumulative Verteilung*. Jeder Punkt repräsentiert einen Studenten, und die Linien veranschaulichen die höchste beobachtete Platzierung eines Studenten für einen möglichen Punktewert (Abbildung 8-1).

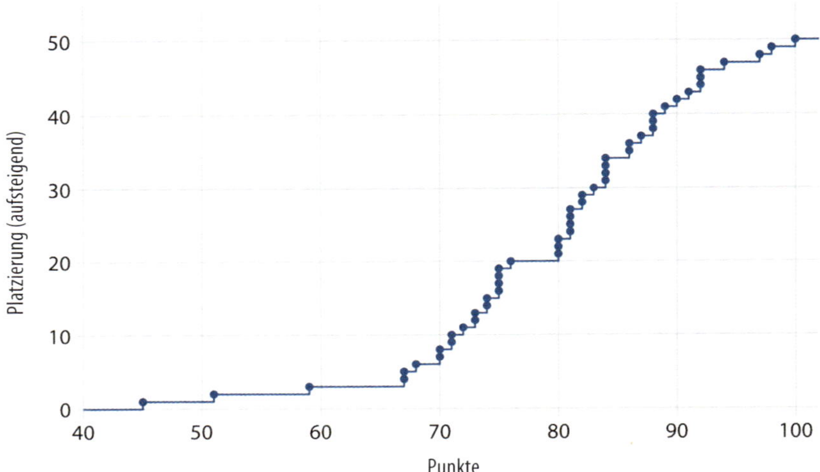

Abbildung 8-1: Empirisch kumulative Häufigkeitsverteilung von Punkten für ein hypothetisches Seminar mit 50 Studierenden.

Sie fragen sich vielleicht, was passiert, wenn wir die Studenten in umgekehrter, absteigender Reihenfolge darstellen. Dieses Ranking dreht die Funktion einfach auf den Kopf. Das Ergebnis ist immer noch eine empirisch kumulative Häufigkeitsverteilung, aber die Linien stellen jetzt das niedrigste beobachtete Ergebnis für einen möglichen Punktwert dar (Abbildung 8-2).

Steigende kumulative Häufigkeitsverteilungen sind bekannter und werden häufiger verwendet als fallende, aber beide haben wichtige Anwendungen. Funktionen für fallende kumulative Verteilungen sind wichtig, wenn stark verzerrte Verteilungen dargestellt werden sollen, wie im nächsten Abschnitt erläutert.

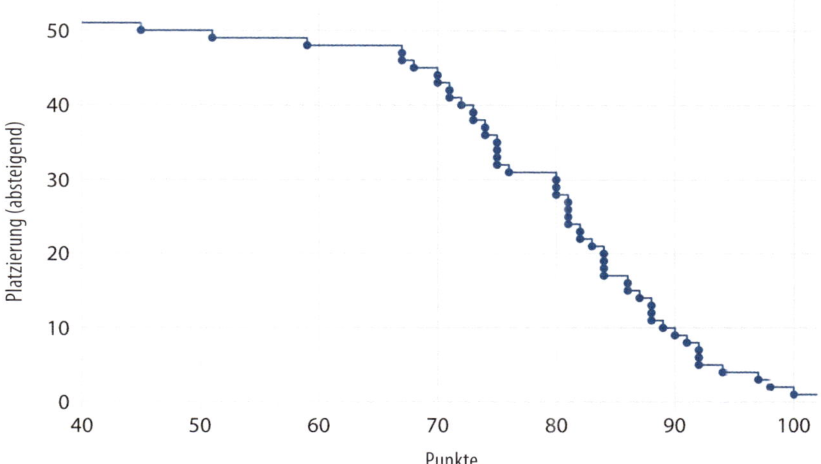

Abbildung 8-2: Verteilung der erreichten Punkte als absteigende ECDF.

In der Praxis ist es durchaus üblich, die ECDF zu zeichnen, ohne die einzelnen Punkte hervorzuheben, und die Ränge anhand des maximalen Ranges zu normalisieren, sodass die *y*-Achse die kumulative Häufigkeit darstellt (Abbildung 8-3).

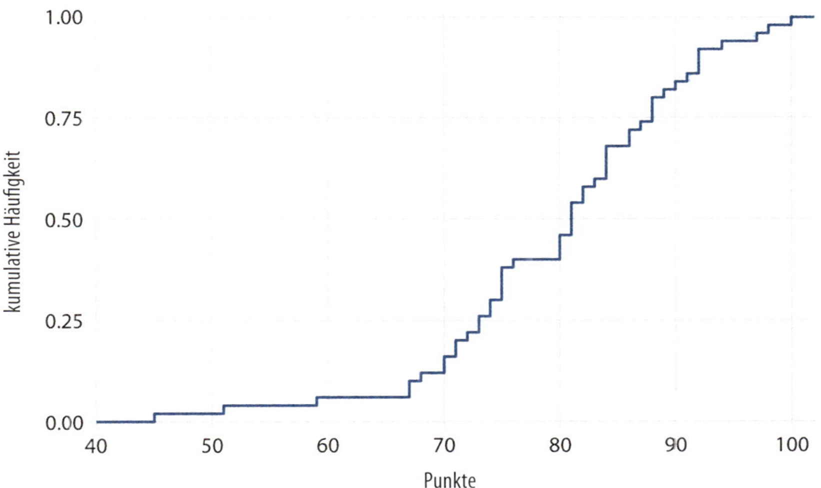

Abbildung 8-3: ECDF der erreichten Punktzahlen. Die Ränge wurden auf die Gesamtzahl der Studierenden normalisiert, sodass die dargestellten y-Werte dem Anteil der Studierenden im Seminar mit höchstens so vielen Punkten entsprechen.

Aus diesem Diagramm können wir die wichtigsten Eigenschaften der Verteilung der Prüfungsergebnisse direkt ablesen. Beispielsweise erhielt ungefähr ein Viertel der Studierenden (25 %) weniger als 75 Punkte. Der Medianwert (entspricht einer kumulativen Häufigkeit von 0,5) beträgt 81. Ungefähr 20% der Studierenden erhielten 90 Punkte oder mehr.

Ich finde ECDFs praktisch, um Notengrenzen zuzuweisen, da sie mir helfen, die genauen Grenzwerte zu finden, und so die Sorgen der Studierenden zu minimieren. In diesem Beispiel gibt es eine ziemlich lange horizontale Linie direkt unter 80 Punkten, gefolgt von einem steilen Anstieg direkt bei 80. Diese Funktion wird dadurch verursacht, dass drei Studierende 80 Punkte für ihre Prüfung erhalten, während der Student mit der nächstschlechteren Note nur 76 Punkte erhielt. In diesem Szenario könnte ich entscheiden, dass jeder mit einer Punktzahl von 80 oder mehr eine 2, und jeder mit 79 oder weniger bestenfalls eine 3 erhält. Die drei Studierenden mit 80 Punkten sind froh, dass sie gerade so eine 2 erhalten, und der Student mit 76 Punkten erkennt, dass er viel bessere Leistungen hätte erbringen müssen, um mehr als seine 3 zu erhalten. Wenn ich diese Grenze auf 77 gesetzt hätte, wäre die Verteilung der besseren Noten genau die gleiche, aber möglicherweise würde der Student mit den 76 Punkten in meinem Büro erscheinen, um seine Note zu diskutieren. Ebenso hätten, wenn ich die Grenze auf 81 gesetzt hätte, wahrscheinlich drei Studierende versucht, ihre Note zu verhandeln.

Stark verzerrte Verteilungen

Viele empirische Datensätze weisen stark verzerrte Verteilungen auf, insbesondere mit schweren Ausläufern rechts, und können daher schwierig zu visualisieren sein. Beispiele für solche Verteilungen sind Bevölkerungszahlen in verschiedenen Städten oder Landkreisen, die Anzahl der Kontakte in einem sozialen Netzwerk, die Häufigkeit eines Wortes in einem Buch, die Anzahl der von verschiedenen Autoren verfassten wissenschaftlichen Arbeiten, das Vermögen von Individuen und die Anzahl der Interaktionspartner einzelner Proteine in Protein-Protein-Interaktionsnetzwerken [Clauset, Shalizi und Newman 2009].

Allen diesen Verteilungen ist gemeinsam, dass ihr rechter Ausläufer langsamer zerfällt als eine Exponentialfunktion. In der Praxis bedeutet dies, dass sehr große Werte nicht so selten sind, auch wenn der Mittelwert der Verteilung klein ist. Eine wichtige Klasse solcher Distributionen sind Potenzgesetzverteilungen, bei denen die Wahrscheinlichkeit, einen Wert zu beobachten, der x-mal größer als ein Referenzpunkt ist, als Potenz von x abnimmt.

Um ein konkretes Beispiel zu nennen: Betrachten Sie das Nettovermögen in den USA, das gemäß einem Potenzgesetz mit dem Exponenten 2 verteilt ist. Bei jedem gegebenen Nettovermögen (z.B. 1 Million US-Dollar) ist die Anzahl der Menschen mit der Hälfte dieses Nettovermögens viermal so groß, und die mit doppelt so viel Vermögen viermal so klein. Wichtig ist, dass dieselbe Beziehung gilt, wenn wir 10.000 US-Dollar als Referenzwert verwenden oder wenn wir 100 Millionen US-Dollar verwenden. Potenzgesetzverteilungen werden daher auch als *skalierungsfreie Verteilung* bezeichnet.

Hier werde ich die Anzahl der Menschen darstellen, die nach der US-Volkszählung 2010 in verschiedenen US-Bundesstaaten leben. Diese Verteilung hat einen sehr langen Ausläufer rechts. Obwohl die meisten Bezirke eine relativ geringe Einwohnerzahl haben (der Median ist 25.857), haben andere eine extrem hohe Einwohnerzahl (z.B. Los Angeles County mit 9.818.605 Einwohnern). Wenn wir versuchen, die Verteilung der Bevölkerungszahlen entweder als Dichtediagramm oder als ECDF darzustellen, erhalten wir Abbildungen, die im Wesentlichen unbrauchbar sind (Abbildung 8-4).

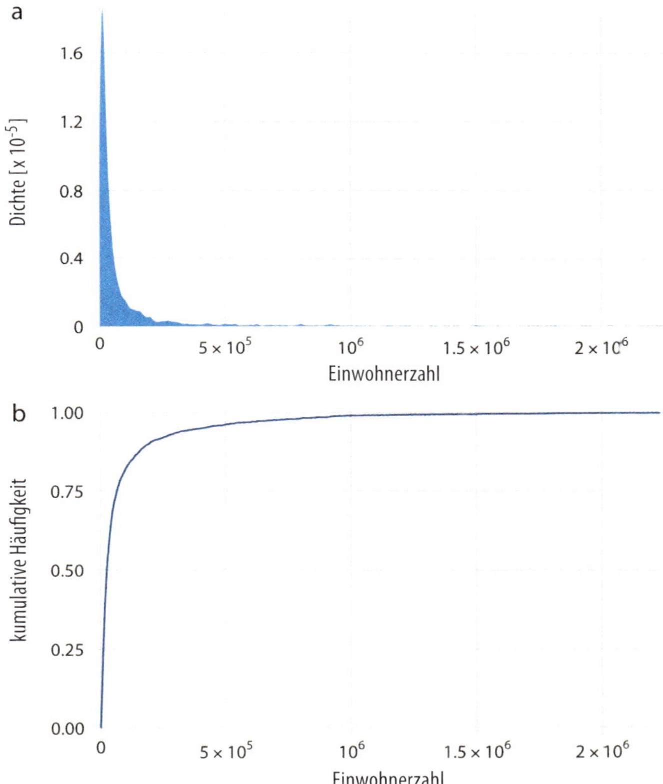

Abbildung 8-4: Verteilung der Einwohnerzahl in US-Bundesstaaten: (a) Dichtediagramm; (b) empirisch kumulative Häufigkeitsverteilung. (Datenquelle: US Decennial Census 2010)

Das Dichtediagramm (Abbildung 8-4a) zeigt einen scharfen Peak direkt bei 0, und praktisch keine Details der Verteilung sind sichtbar. In ähnlicher Weise zeigt die ECDF (Abbildung 8.4b) einen raschen Anstieg in der Nähe von 0, und auch hier sind keine Details der Verteilung sichtbar. Für diesen bestimmten Datensatz können wir die Daten protokollieren und die Verteilung der protokollierten Werte visualisieren. Diese Transformation funktioniert hier, weil die Verteilung der Bevölkerungszahlen in Bezirken eigentlich keinem Potenzgesetz folgt, sondern einer nahezu perfekten logarithmischen Normalverteilung (siehe »Quantil-Quantil-Diagramme« auf Seite 71). In der Tat zeigt die Dichtekurve der logarithmisch transformierten Werte eine schöne Glockenkurve und die entsprechende ECDF zeigt eine schöne Sigmoid-Form (Abbildung 8-5).

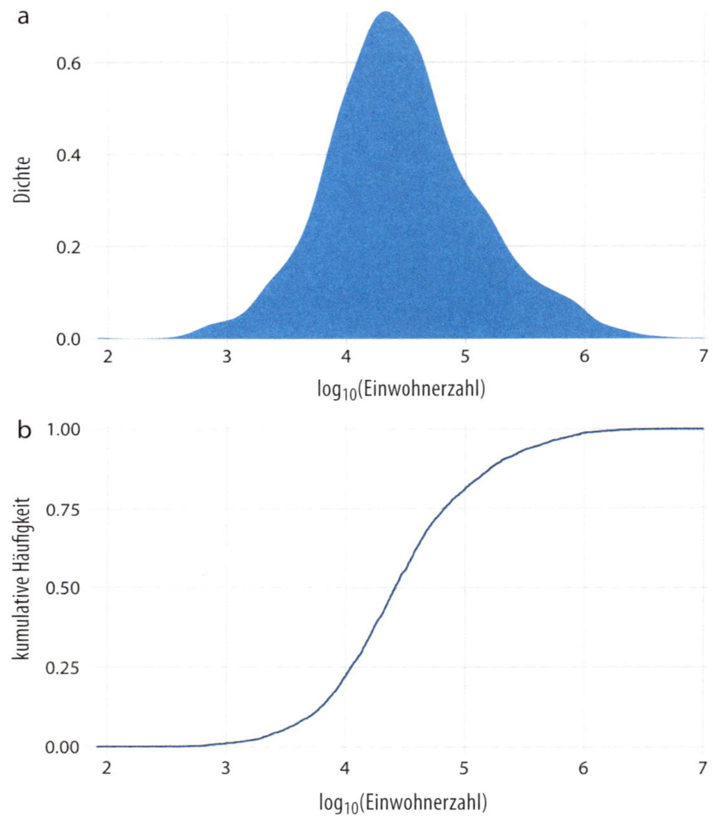

Abbildung 8-5: Verteilung der logarithmischen Einwohnerzahl in US-Bezirken: (a) Dichtediagramm; (b) empirisch kumulative Häufigkeitsverteilung. (Datenquelle: US Decennial Census 2010)

Um zu erkennen, dass diese Verteilung keinem Potenzgesetz folgt, zeichnen wir sie als absteigende ECDF mit logarithmischen *x*- und *y*-Achsen auf. In dieser Darstellung erscheint ein Potenzgesetz als perfekte Gerade. Für die Bevölkerungszahl in den Bezirken bildet der rechte Ausläufer auf dem Diagramm der absteigenden Log-Log-ECDF eine beinahe gerade Linie (Abbildung 8-6).

Als zweites Beispiel verwende ich die Verteilung der Häufigkeiten für alle Wörter, die im Roman *Moby Dick* vorkommen. Diese Verteilung folgt einem perfekten Potenzgesetz. Bei der Darstellung als absteigende ECDF mit logarithmischen Achsen sehen wir eine nahezu perfekte gerade Linie (Abbildung 8-7).

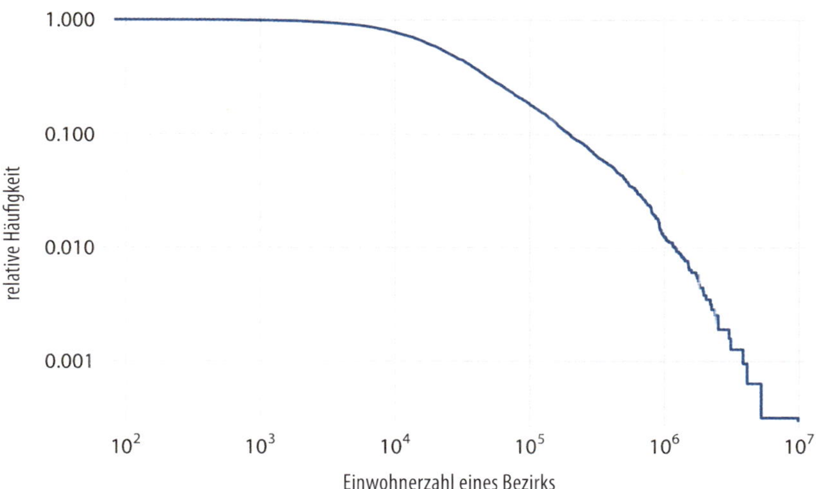

Abbildung 8-6: Relative Häufigkeit von Bezirken mit bestimmter Einwohnerzahl im Verhältnis zur Einwohnerzahl des jeweiligen Bezirks. (Datenquelle: US Decennial Census 2010)

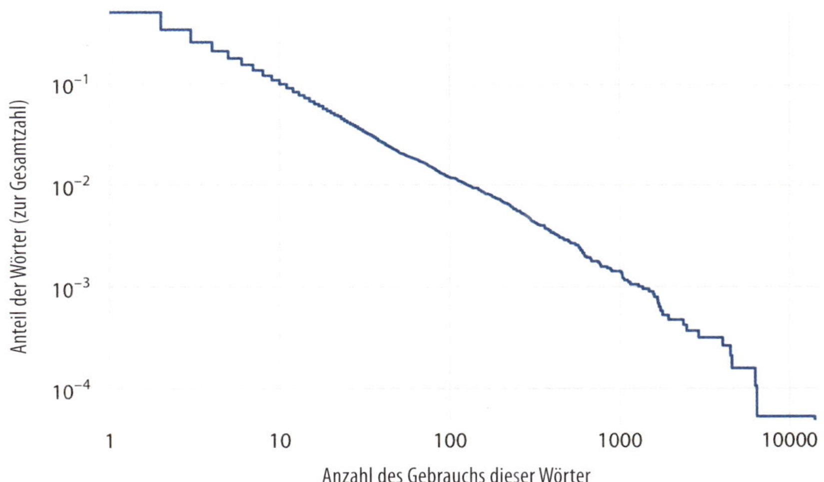

Abbildung 8-7: Verteilung der Häufigkeit von Wörtern im Roman Moby Dick. Dargestellt ist die relative Häufigkeit von Wörtern, die im Roman mindestens so oft vorkommen wie auf der horizontalen Achse aufgetragen, verglichen mit der Häufigkeit, mit der diese Wörter x-mal verwendet werden. (Datenquelle: [Clauset, Shalizi und Newman 2009])

Quantil-Quantil-Diagramme

Quantil-Quantil- oder Q-Q-Diagramme sind eine nützliche Darstellungsweise, wenn wir bestimmen wollen, inwieweit die beobachteten Datenpunkte einer bestimmten Verteilung folgen oder nicht. Genau wie ECDFs basieren auch Q-Q-Diagramme auf der Rangfolge der Daten und der Visualisierung der Beziehung zwischen Rängen und tatsächlichen Werten. In Q-Q-Diagrammen werden die Ränge jedoch nicht direkt gezeichnet. Wir verwenden sie vielmehr, um vorherzusagen, wohin ein bestimmter Datenpunkt fallen würde, wenn die Daten gemäß einer bestimmten Referenzverteilung verteilt würden. Am häufigsten werden Q-Q-Diagramme unter Verwendung einer Normalverteilung als Referenz erstellt.

Als konkretes Beispiel sei angenommen, dass die tatsächlichen Datenwerte einen Mittelwert von 10 und eine Standardabweichung von 3 haben. Unter der Annahme einer Normalverteilung würden wir dann erwarten, dass ein auf dem 50. Perzentil platzierter Datenpunkt auf Position 10 (dem Mittelwert) liegt. Ein Datenpunkt am 84. Perzentil läge auf Position 13 (eine Standardabweichung über dem Mittelwert) und ein Datenpunkt am 2,3. Perzentil auf Position 4 (zwei Standardabweichungen unter dem Mittelwert). Wir können diese Berechnung für alle Punkte im Datensatz durchführen und dann die beobachteten Werte (d.h. Werte im Datensatz) gegen die theoretischen Werte (d.h. erwarteten Werte bei gegebenem Rang jedes Datenpunkts und angenommener Referenzverteilung) aufzeichnen. Wenn wir dieses Verfahren für die Notenverteilung der Studierenden vom Beginn dieses Kapitels ausführen, erhalten wir Abbildung 8-8.

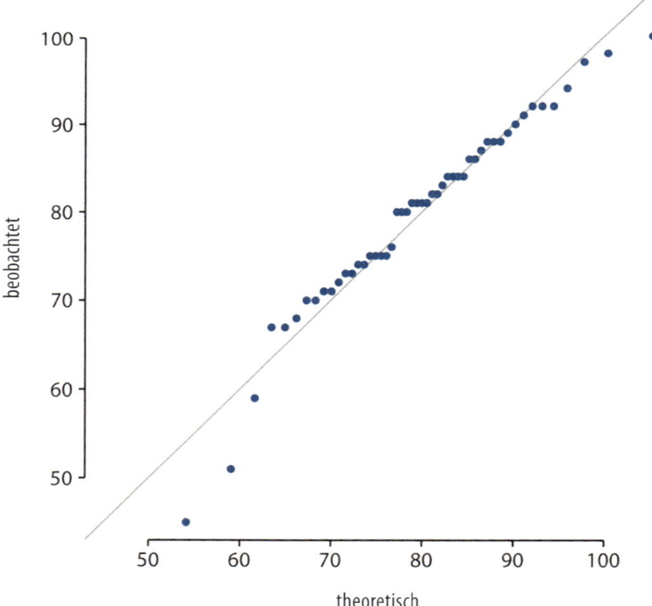

Abbildung 8-8: Q-Q-Plot hypothetischer Noten von Studierenden.

Die durchgezogene Linie ist hier keine Regressionslinie, sondern gibt die Punkte an, an denen *x* gleich *y* ist, d.h., an denen die beobachteten Werte den theoretischen entsprechen. In dem Maße, in dem Punkte auf diese Linie fallen, folgen die Daten der angenommenen Verteilung (hier Normalverteilung). Wir sehen, dass die Noten meist einer Normalverteilung folgen, mit ein paar Abweichungen im unteren und oberen Teil (einige Studierende an beiden Enden der Skala schnitten schlechter ab als erwartet). Die Abweichungen von der Verteilung am oberen Ende werden durch den Maximalpunktwert von 100 in der hypothetischen Prüfung verursacht; unabhängig davon, wie gut der beste Student ist, kann er höchstens 100 Punkte erreichen.

Wir können auch einen Q-Q-Plot verwenden, um meine Behauptung weiter oben in diesem Kapitel zu testen, nämlich dass die Bevölkerungszahl in US-Bundesstaaten einer logarithmischen Normalverteilung folgt. Wenn diese Zählungen logarithmisch normalverteilt sind, sind ihre logarithmisch transformierten Werte normalverteilt und sollten daher direkt auf die $x = y$-Linie fallen. Wenn wir diese Abbildung erstellen, sehen wir, dass die Übereinstimmung zwischen den beobachteten und den theoretischen Werten außergewöhnlich gut ist (Abbildung 8-9). Dies zeigt, dass die Verteilung der Bevölkerungszahlen auf die Bezirke in der Tat logarithmisch normal ist.

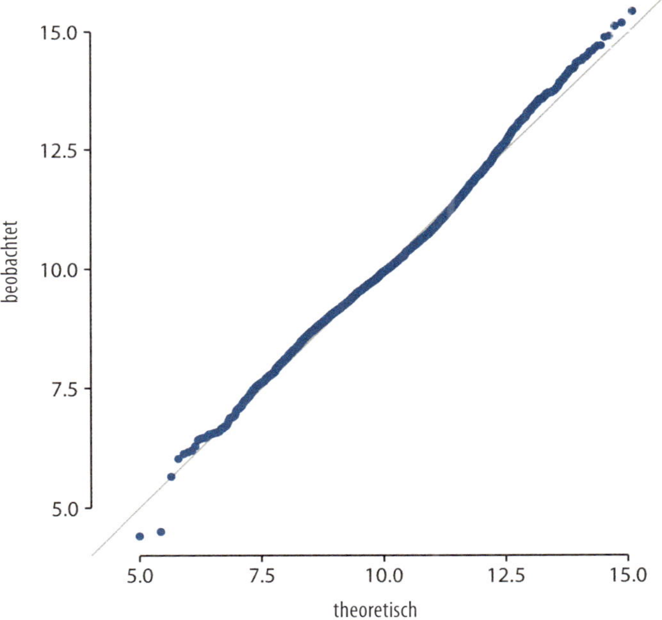

Abbildung 8-9: Q-Q-Diagramm der logarithmierten Einwohnerzahl in US-Bezirken. (Datenquelle: US Decennial Census 2010)

KAPITEL 9

Gleichzeitige Visualisierung mehrerer Verteilungen

Es gibt viele Szenarien, in denen wir mehrere Verteilungen gleichzeitig visualisieren möchten. Betrachten Sie beispielsweise Wetterdaten. Wir möchten vielleicht die Temperaturänderung über mehrere Monate visualisieren und gleichzeitig die Verteilung der beobachteten Temperaturen innerhalb eines jeden Monats anzeigen. In diesem Szenario müssen Dutzende Temperaturverteilungen auf einmal angezeigt werden, eine für jeden Monat. In diesem Fall funktioniert keine der in Kapitel 7 oder 8 beschriebenen Visualisierungen. Stattdessen sind Box-Plots, Violin-Plots und Ridgeline-Diagramme gangbare Ansätze.

Immer wenn wir uns mit mehreren Verteilungen beschäftigen müssen, ist es hilfreich, mit einer Antwortvariablen und einer oder mehreren Gruppierungsvariablen zu arbeiten. Die *Antwortvariable* (abhängige Variable) ist die Variable, deren Verteilungen wir anzeigen möchten. Die *Gruppierungsvariablen* definieren Teilmengen der Daten mit unterschiedlichen Verteilungen der Antwortvariablen. Wollen wir zum Beispiel die Temperaturänderung über mehrere Monate darstellen, dann ist die Temperatur die Antwortvariable und der Monat die Gruppierungsvariable. Alle in diesem Kapitel beschriebenen Techniken zeichnen die Antwortvariable entlang einer Achse und die Gruppierungsvariable(n) entlang der anderen Achse.

In den folgenden Abschnitten beschreibe ich zunächst Ansätze, bei denen die Antwortvariable entlang der vertikalen Achse angezeigt wird, und anschließend Ansätze, bei denen die Antwortvariable entlang der horizontalen Achse angezeigt wird. In allen besprochenen Fällen könnten wir die Achsen vertauschen und zu einer alternativen und praktikablen Darstellung gelangen. Ich zeige hier die kanonischen Formen der verschiedenen Visualisierungen.

Visualisierung von Verteilungen entlang der vertikalen Achse

Die einfachste Methode, um viele Verteilungen gleichzeitig anzuzeigen, besteht darin, ihren Mittelwert oder Median als Punkte anzuzeigen, wobei die Abweichung um den Mittelwert oder Median durch Fehlerbalken angegeben wird. Abbildung

9-1 zeigt diesen Ansatz für die Verteilung der monatlichen Temperaturen in Lincoln, Nebraska, im Jahr 2016. Diese Abbildung wurde von mir als »schlecht« bewertet, weil es mit diesem Ansatz mehrere Probleme gibt:

Erstens verlieren wir durch die Darstellung jeder Verteilung durch nur einen Punkt und zwei Fehlerbalken viele Informationen über die Daten. Zweitens ist es nicht sofort offensichtlich, was die Punkte darstellen, obwohl die meisten Leser wahrscheinlich annehmen würden, dass sie entweder den Mittelwert oder den Median darstellen. Drittens ist es definitiv nicht offensichtlich, was die Fehlerbalken darstellen. Stellen sie die Standardabweichung der Daten dar, den Standardfehler des Mittelwerts, ein 95%-Konfidenzintervall oder etwas anderes? Es gibt keinen allgemein akzeptierten Standard. Wenn Sie die Bildunterschrift zu Abbildung 9-1 lesen, sehen Sie, dass hier die doppelte Standardabweichung der täglichen Durchschnittstemperatur dargestellt ist, was den Bereich angibt, der ungefähr 95% der Daten enthält. Fehlerbalken werden jedoch häufiger zur Visualisierung des Standardfehlers (oder des doppelten Standardfehlers für ein 95%-Konfidenzintervall) verwendet, und es kann dem Leser leicht passieren, dass er den Standardfehler mit der Standardabweichung verwechselt. (Der *Standardfehler* gibt an, wie genau unsere Schätzung des Mittelwerts ist, während die *Standardabweichung* die Streuung der Daten um den Mittelwert abschätzt. Es ist möglich, dass ein Datensatz sowohl einen sehr kleinen Standardfehler des Mittelwerts als auch eine sehr große Standardabweichung aufweist.)

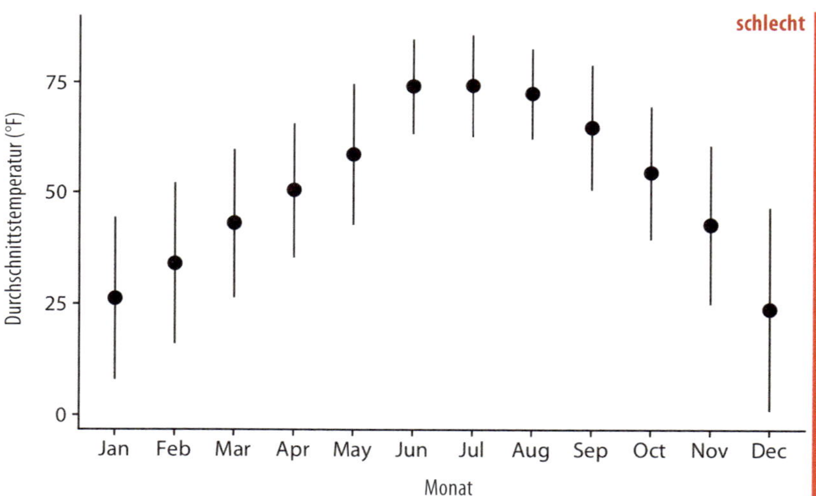

Abbildung 9-1: Tägliche Durchschnittstemperaturen in Lincoln, NE, im Jahr 2016. Die Punkte stellen den Mittelwert der täglichen Durchschnittstemperaturen für jeden Monat dar, gemittelt über alle Tage des Monats. Die Fehlerbalken stellen die doppelte Standardabweichung der täglichen Durchschnittstemperaturen innerhalb jedes Monats dar. Diese Abbildung wurde als »schlecht« eingestuft, da Fehlerbalken herkömmlicherweise verwendet werden, um die Unsicherheit einer Schätzung und nicht die Variabilität einer Grundgesamtheit darzustellen. (Datenquelle: Weather Underground)

Viertens sind symmetrische Fehlerbalken irreführend, wenn die Daten asymmetrisch verteilt sind, was hier und fast immer bei realen Datensätze der Fall ist.

Wir können alle vier Mängel von Abbildung 9-1 beheben, indem wir eine herkömmliche und häufig verwendete Methode zur Visualisierung von Verteilungen verwenden, den sogenannten *Box-Plot*. Ein Box-Plot unterteilt die Daten in Quartile (vier gleiche Teile) und visualisiert sie auf standardisierte Weise (Abbildung 9-2).

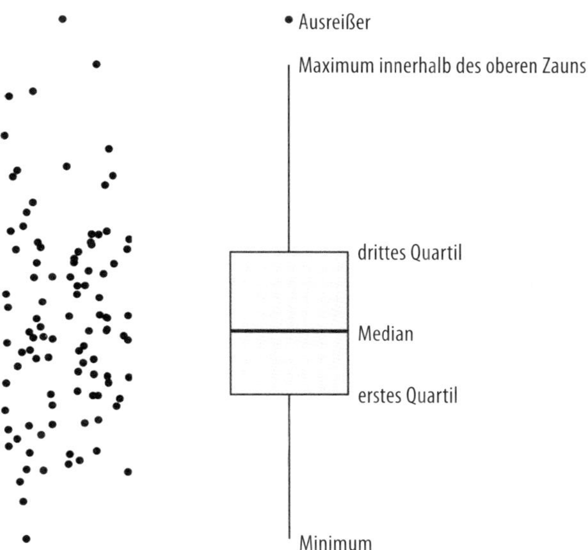

Abbildung 9-2: Anatomie eines Box-Plots. Dargestellt ist eine Punktewolke (links) und der zugehörige Box-Plot (rechts).

Im Box-Plot aus Abbildung 9-2 werden nur die *y*-Werte der Punkte angezeigt. Die Linie in der Mitte des Box-Plots stellt den Median dar und die Box umschließt die mittleren 50% der Daten. Die vertikalen Linien, die sich von der Box nach oben und unten erstrecken, werden als *Whisker* bezeichnet. Der obere und untere Whisker erstreckt sich entweder bis zum Maximal- und Minimalwert der Daten oder bis zum Maximal- oder Minimalwert, der innerhalb des 1,5-Fachen der Höhe der Box liegt – je nachdem, welcher Wert den kürzeren Whisker ergibt. Die Abstände von 1,5-facher Höhe der Box in beiden Richtungen werden als oberer und unterer *Zaun* bezeichnet. Einzelne Datenpunkte, die über die Zäune hinausgehen, werden als *Ausreißer* bezeichnet und in der Regel als Einzelpunkte angezeigt.

Box-Plots sind einfach, gleichzeitig aber informativ, und funktionieren gut, wenn sie nebeneinander gezeichnet werden, um viele Verteilungen gleichzeitig zu visualisieren. Für die Lincoln-Temperaturdaten führt die Verwendung von Boxplots zu Abbildung 9-3. In dieser Abbildung können wir nun sehen, dass die Temperatur im Dezember stark schwankt (die meisten Tage sind mäßig kalt und einige sind extrem kalt) und dass sie in einigen anderen Monaten, wie beispielsweise im Juli, kaum variiert.

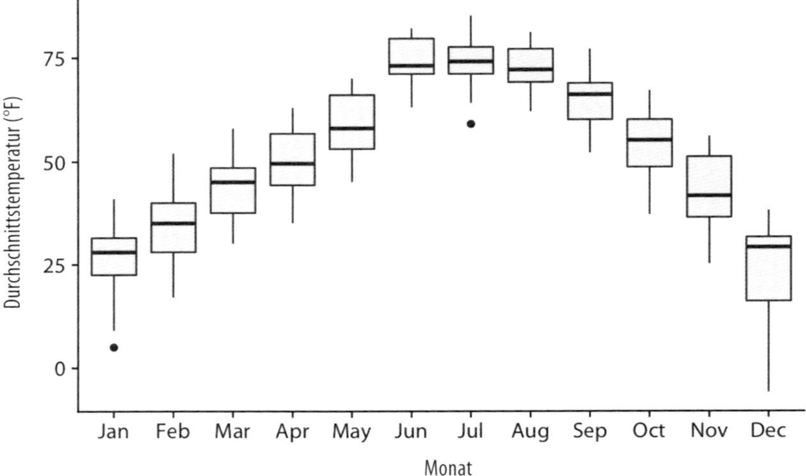

Abbildung 9-3: Durchschnittliche Tagestemperaturen in Lincoln, NE, dargestellt als Box-Plots. (Datenquelle: Weather Underground)

Box-Plots wurden in den frühen 1970er-Jahren von dem Statistiker John Tukey erfunden und wurden schnell populär, da sie sehr informativ waren und sich leicht von Hand zeichnen ließen. So wurden damals die meisten Datenvisualisierungen gezeichnet. Mit modernen Rechen- und Visualisierungsfunktionen sind wir jedoch nicht auf das beschränkt, was leicht von Hand zu zeichnen ist. Daher sehen wir in jüngerer Zeit, dass Box-Plots durch sogenannte *Violin-Plots* ersetzt werden (Abbildung 9-4). Violin-Plots können immer dann verwendet werden, wenn auch ein Box-Plot verwendet werden würde, und sie liefern ein viel differenzierteres Bild der Daten. Insbesondere werden bei Violin-Plots bimodale Daten genau wiedergegeben, während dies bei Box-Plots nicht der Fall ist.

Im Violin-Plot werden nur die *y*-Werte der Punkte angezeigt. Die Breite der Violine bei einem gegebenen *y*-Wert repräsentiert die Punktdichte bei diesem *y*-Wert. Technisch gesehen ist ein Violin-Plot eine um 90 Grad gedrehte, und dann gespiegelte Dichteschätzung (Kapitel 7). Violin-Plots sind daher symmetrisch und beginnen und enden am minimalen bzw. maximalen Datenwert. Der breiteste Teil der Violine entspricht der höchsten Punktdichte im Datensatz.

Wenn Sie Violin-Plots zur Visualisierung von Verteilungen verwenden wollen, vergewissern Sie sich, dass Sie ausreichend viele Datenpunkte in jeder Gruppe haben, um so die Punktdichten als kontinuierliche Linien anzeigen zu können.

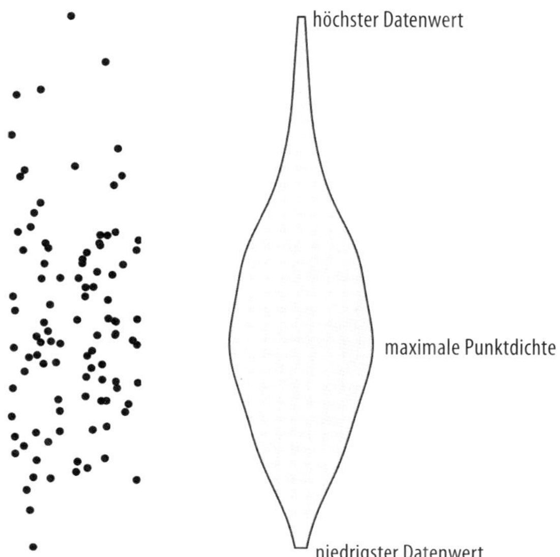

Abbildung 9-4: Anatomie eines Violin-Plots. Dargestellt sind eine Punktwolke (links) und der dazugehörige Violin-Plot (rechts).

Wenn wir die Temperaturdaten aus Lincoln mit Violin-Plots visualisieren, erhalten wir Abbildung 9-5. Wir können jetzt sehen, dass einige Monate mäßig bimodale Daten haben. Zum Beispiel scheint der Monat November zwei größere Temperaturdichten gehabt zu haben: eine um die 50 Grad Fahrenheit und eine um die 35 Grad Fahrenheit.

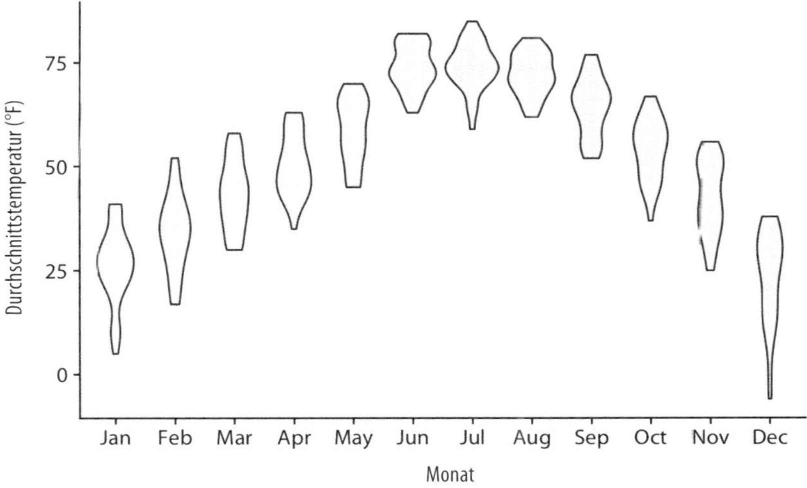

Abbildung 9-5: Durchschnittliche Tagestemperaturen in Lincoln, NE, dargestellt als Violin-Plot. (Datenquelle: Weather Underground)

Da Violin-Plots aus Dichteschätzungen abgeleitet werden, weisen sie ähnliche Mängel auf. Insbesondere können sie den Eindruck erwecken, dass es Daten an Stellen gibt, an denen keine vorhanden sind, oder dass der Datensatz sehr dicht ist, während er tatsächlich ziemlich dünn ist. Wir können versuchen, diese Probleme zu umgehen, indem wir einfach alle einzelnen Datenpunkte direkt als Punkte darstellen (Abbildung 9-6). Eine solche Abbildung wird als *Strip-Chart* bezeichnet. Solche Diagramme sind im Prinzip in Ordnung, solange sichergestellt ist, dass nicht zu viele Punkte übereinander gezeichnet werden. Eine einfache Lösung dieses Problems besteht darin, die Punkte etwas entlang der *x*-Achse zu verteilen und damit ein zufälliges Rauschen in der *x*-Dimension hinzuzufügen (Abbildung 9-7). Diese Technik nennt man *Jittering* (*Zittern*).

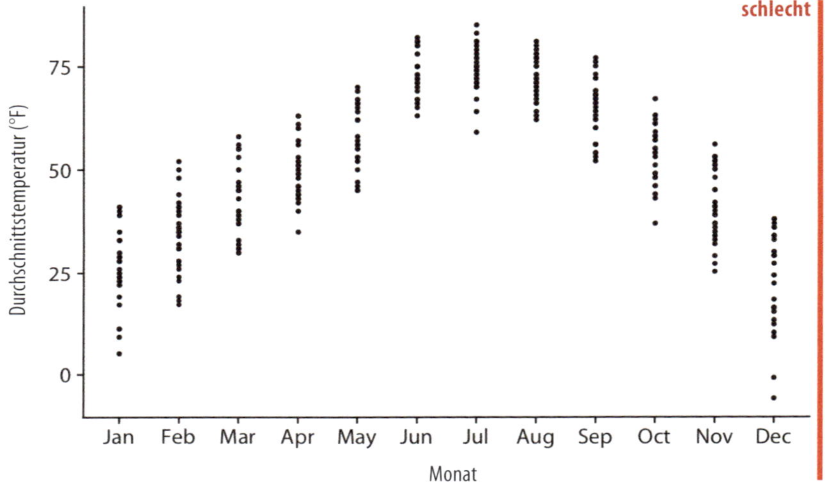

Abbildung 9-6: Durchschnittliche Tagestemperaturen in Lincoln, NE, dargestellt als Strip-Chart. Jeder Punkt repräsentiert die Durchschnittstemperatur für einen Tag. Diese Abbildung habe ich als »schlecht« bezeichnet, da so viele Punkte übereinander aufgetragen sind, dass nicht festgestellt werden kann, welche Temperaturen in jedem Monat am häufigsten auftraten. (Datenquelle: Weather Underground)

Immer wenn der Datensatz zu dünn ist, um ein Violin-Plot zu rechtfertigen, ist ein Zeichnen der Rohdaten als einzelne Punkte möglich.

Schließlich können wir das Beste aus beiden Welten kombinieren, indem wir die Punkte proportional zur Punktdichte bei einer gegebenen *y*-Koordinate verteilen. Diese als *Sina-Diagramm* bezeichnete Methode [Sidiropoulos et al. 2018][1] kann

1 Der Name »Sina-Diagramm« soll Sina Hadi Sohi ehren, ein Student der Universität Kopenhagen (Dänemark), der die erste Version des Codes geschrieben hat, mit dem Forscher der Universität solche Plots erstellt haben (Frederik O. Bagger, persönliche Mitteilung).

man sich als eine Mischung aus Violin-Plot und Strip-Chart mit Rauschen vorstellen. Sie zeigt jeden einzelnen Punkt und visualisiert gleichzeitig die Verteilungen. In Abbildung 9.8 habe ich die Sina-Diagramme über die Violin-Plots gezeichnet, um die Beziehung zwischen diesen beiden Ansätzen hervorzuheben.

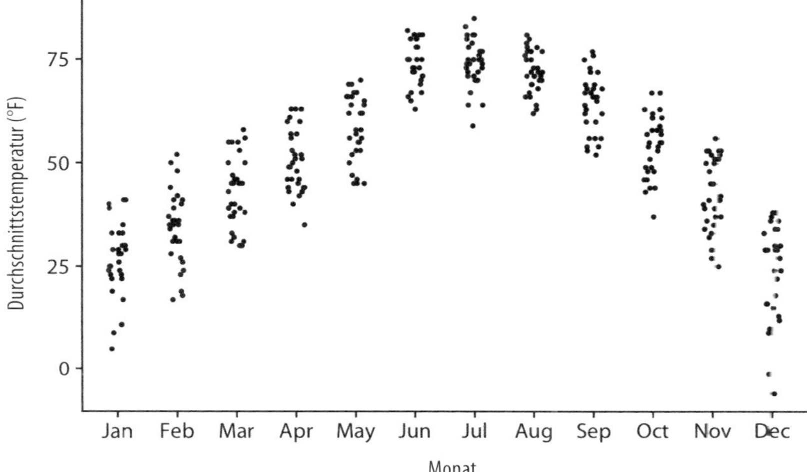

Abbildung 9-7: Durchschnittliche Tagestemperaturen in Lincoln, NE, dargestellt als Strip-Chart mit einem Rauschen entlang der x-Achse (Jittering), um die Punktdichte bei jedem Temperaturwert besser darzustellen. (Datenquelle: Weather Underground)

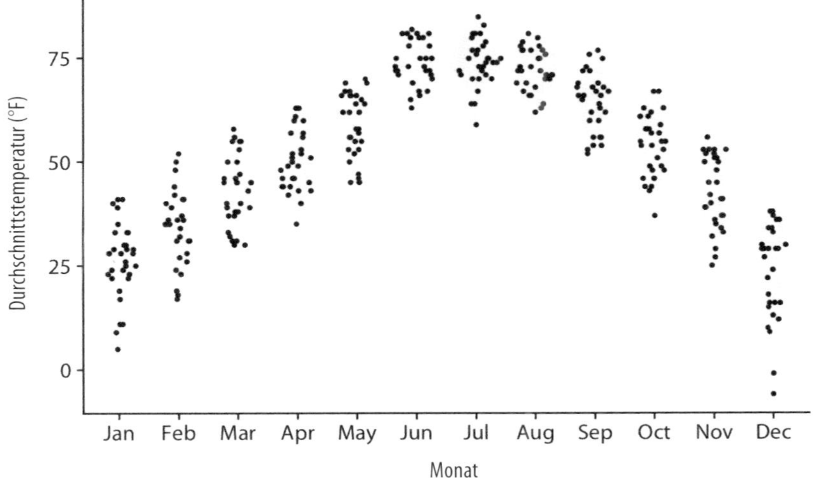

Abbildung 9-8: Durchschnittliche Tagestemperaturen in Lincoln, NE, dargestellt als Sina-Diagramme (eine Kombination aus einzelnen Punkten und Violin-Plots). Die Punkte sind entlang der x-Achse proportional zur Punktdichte bei der jeweiligen Temperatur gestreut. Hier werden die Sina-Diagramme überlappend mit Violin-Plots dargestellt. (Datenquelle: Weather Underground)

Visualisierung von Verteilungen entlang der horizontalen Achse

In Kapitel 7 haben wir Verteilungen entlang der horizontalen Achse mithilfe von Histogrammen und Dichtediagrammen visualisiert. Nun werden wir diese Idee erweitern, indem wir die Verteilungsdiagramme in vertikaler Richtung versetzen. Die resultierende Visualisierung wird als *Ridgeline-Diagramm* bezeichnet, da diese Abbildungen wie Silhouetten von Bergrücken (engl. ridges) aussehen. Ridgeline-Diagramme eignen sich besonders gut, wenn Sie Verteilungstrends im Zeitverlauf anzeigen möchten.

Das Standarddiagramm verwendet Dichteschätzungen (Abbildung 9.9). Es ist ziemlich eng mit Violin-Plots verwandt, führt jedoch häufig zu einem intuitiveren Verständnis der Daten. Zum Beispiel sind die beiden Temperaturcluster um 35 Grad Fahrenheit und 50 Grad Fahrenheit im November in Abbildung 9.9 deutlicher zu erkennen als in Abbildung 9.5.

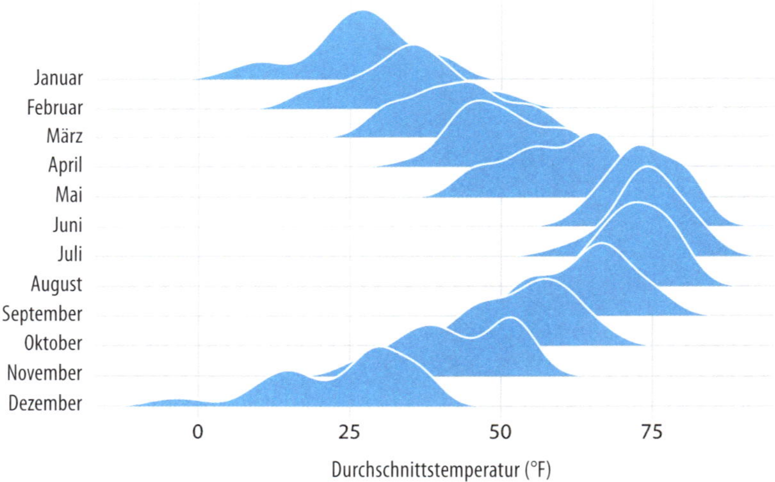

Abbildung 9-9: Die Temperaturen in Lincoln, NE, im Jahr 2016, dargestellt als Ridgeline-Diagramm. Für jeden Monat zeigen wir die Verteilung der täglichen Durchschnittstemperaturen in Fahrenheit. (Originales Abbildungskonzept: [Wehrwein 2017]; Datenquelle: Weather Underground)

Da die *x*-Achse die Antwortvariable und die *y*-Achse die Gruppierungsvariable zeigt, gibt es keine separate Achse für die Dichteschätzungen in einem Ridgeline-Diagramm. Dichteschätzungen werden neben der Gruppierungsvariablen angezeigt. Dies unterscheidet sich nicht von dem Violin-Plot, bei dem neben der Gruppierungsvariablen auch die Dichten ohne eine separate, explizite Skala angezeigt werden. In beiden Fällen besteht der Zweck des Diagramms nicht darin, bestimmte

Dichtewerte anzuzeigen. Stattdessen soll es einen einfachen Vergleich von Dichteformen und relativen Höhen über Gruppen hinweg ermöglichen.

Im Prinzip können wir Histogramme anstelle von Dichtediagrammen in einer Ridgeline-Darstellung verwenden. Die resultierenden Abbildungen sehen jedoch oft nicht sehr gut aus (Abbildung 9-10). Die Probleme ähneln denen von gestapelten oder überlappenden Histogrammen (siehe »Gleichzeitige Visualisierung mehrerer Verteilungsgrößen« auf Seite 60). Da die vertikalen Linien in diesen Ridgeline-Histogrammen immer mit exakt den gleichen x-Werten angezeigt werden, richten sich die Histogramme auf verwirrende Weise gegeneinander aus. Meiner Meinung nach ist es besser, solche überlappenden Histogramme nicht zu zeichnen.

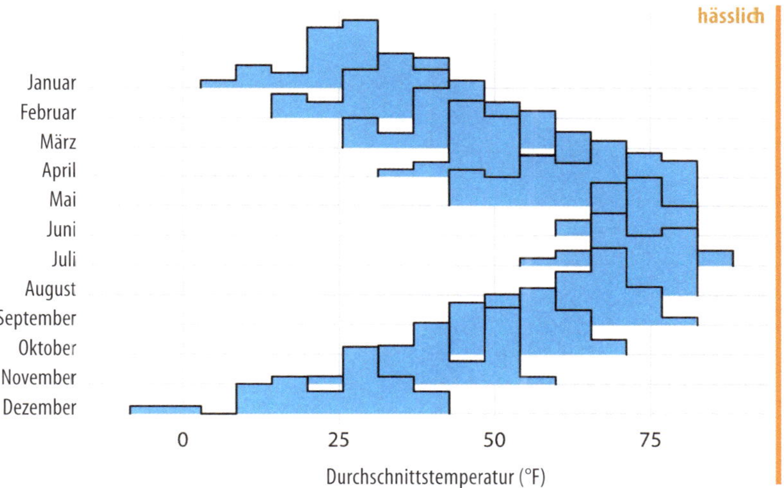

Abbildung 9-10: Die Temperaturen in Lincoln, NE, im Jahr 2016, dargestellt als Ridgeline-Diagramm mit Histogrammen. Die einzelnen Histogramme lassen sich optisch nicht gut trennen, und die gesamte Abbildung ist überladen und verwirrend. (Datenquelle: Weather Underground)

Ridgeline-Diagramme lassen sich auf eine sehr große Anzahl von Verteilungen skalieren. Abbildung 9-11 zeigt zum Beispiel die Verteilung der Filmlängen von 1913 bis 2005. Diese Abbildung enthält fast 100 verschiedene Verteilungen und ist dennoch sehr einfach zu lesen. Wir erkennen, dass in den 1920er-Jahren Filme in vielen verschiedenen Längen anliefen, aber seit etwa 1960 hat sich die Filmlänge auf ungefähr 90 Minuten standardisiert.

Ridgeline-Diagramme funktionieren auch gut, wenn zwei Trends im Zeitverlauf verglichen werden sollen. Dies ist ein Szenario, das häufig auftritt, wenn wir die Abstimmungsmuster der Mitglieder zweier verschiedener Parteien analysieren möchten. Wir können diesen Vergleich durchführen, indem wir die Verteilungen vertikal nach der Zeit versetzen und an jedem Zeitpunkt jeweils zwei verschiedenfarbige Verteilungen zeichnen, die beide Parteien repräsentieren (Abbildung 9-12).

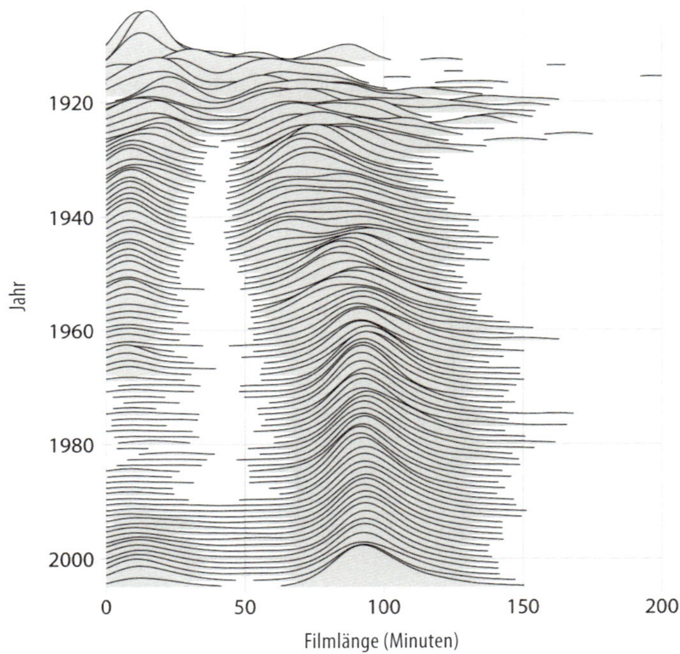

Abbildung 9-11: Entwicklung der Filmdauer über mehrere Jahrzehnte. Seit den 1960er-Jahren dauert der Großteil aller Filme ungefähr 90 Minuten. (Datenquelle: Internet Movie Database [IMDB])

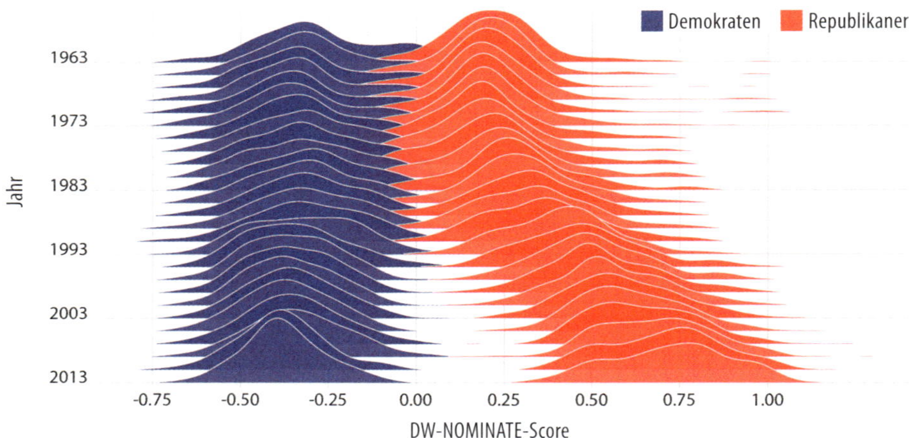

Abbildung 9-12: Die Abstimmungsmuster im US-Repräsentantenhaus sind zunehmend polarisiert. DW-NOMINATE-Scores werden häufig verwendet, um die Abstimmungsmuster von Vertretern unterschiedlicher Parteien und im Zeitverlauf zu vergleichen. Hier werden die Punkteverteilungen für jeden Kongress von 1963 bis 2013 separat für Demokraten und Republikaner angezeigt. Jeder Kongress wird durch sein erstes Jahr vertreten. (Originales Abbildungskonzept: [McDonald 2017]; Datenquelle: Keith Poole)

KAPITEL 10
Visualisierung von Proportionen

Wir möchten oft zeigen, wie eine Gruppe, eine Menge, ein Wert oder ein Betrag in einzelne Teile zerfällt, die jeweils einen Teil des Ganzen darstellen. Häufige Beispiele sind das Verhältnis von Männern und Frauen in einer Personengruppe, der Prozentsatz der Personen, die bei einer Wahl für verschiedene politische Parteien stimmten, oder die Marktanteile von Unternehmen. Die prototypische Visualisierung hierfür ist das Kreisdiagramm (engl. *pie chart*), das in jeder geschäftlichen Präsentation allgegenwärtig ist und unter Data Scientists häufig schlecht beleumdet ist. Wie wir sehen werden, kann es eine Herausforderung sein, Proportionen zu visualisieren, insbesondere wenn das Ganze in viele unterschiedliche Anteile aufgespalten ist oder wenn wir Änderungen der jeweiligen Anteile im zeitlichen Verlauf oder über bestimmte Kategorien hinweg sehen wollen. Es gibt nicht die einzige ideale Darstellungsform, die immer funktioniert. Um dieses Problem zu veranschaulichen, werden im Folgenden einige unterschiedliche Szenarien besprochen, für die jeweils ein anderer Typ von Visualisierung erforderlich ist.

Denken Sie daran, dass Sie immer die Visualisierung auswählen müssen, die am besten zu Ihrem spezifischen Datensatz passt und die Hauptmerkmale hervorhebt, die Sie zeigen möchten.

Ein Fall für Kreisdiagramme

Von 1961 bis 1983 setzte sich der Deutsche Bundestag aus Mitgliedern der drei Parteien CDU/CSU, SPD und FDP zusammen. Während des größten Teils dieser Zeit hatten CDU/CSU und SPD ungefähr eine vergleichbare Anzahl von Sitzen, während die FDP typischerweise nur einen kleinen Bruchteil der Sitze innehatte. Zum Beispiel hatte die CDU/CSU im achten Bundestag von 1976 bis 1980 243 Sitze, die SPD 214 und die FDP 39 von insgesamt 496 Sitzen. Solche parlamentarischen Daten werden am häufigsten als Kreisdiagramm dargestellt (Abbildung 10-1).

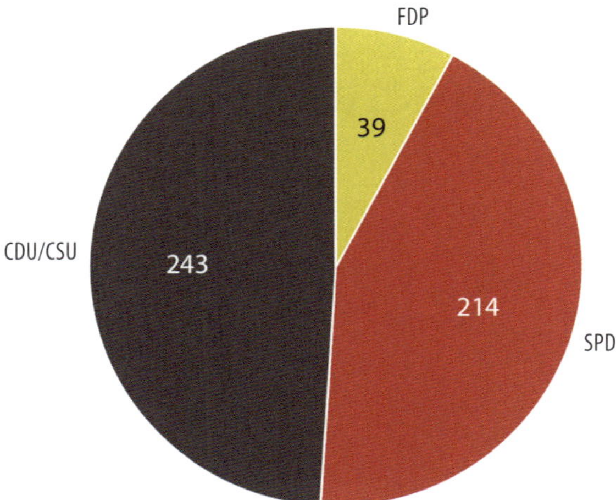

Abbildung 10-1: Parteizusammensetzung des 8. Deutschen Bundestages 1976–1980, dargestellt als Kreisdiagramm. Diese Visualisierung verdeutlicht, dass die Regierungskoalition von SPD und FDP eine geringe Mehrheit gegenüber der Opposition von CDU/CSU hatte. (Datenquelle: Wikipedia)

Ein Kreisdiagramm zerlegt einen Kreis in Segmente, sodass die Fläche jedes Segments proportional zum Bruchteil der Summe ist, die es darstellt. Das gleiche Verfahren kann für ein Rechteck durchgeführt werden. Das Ergebnis ist ein gestapeltes Balkendiagramm (Abbildung 10-2). Je nachdem, ob wir den Balken vertikal oder horizontal differenzieren, erhalten Sie vertikal (Abbildung 10-2a) oder horizontal gestapelte Balken (Abbildung 10-2b).

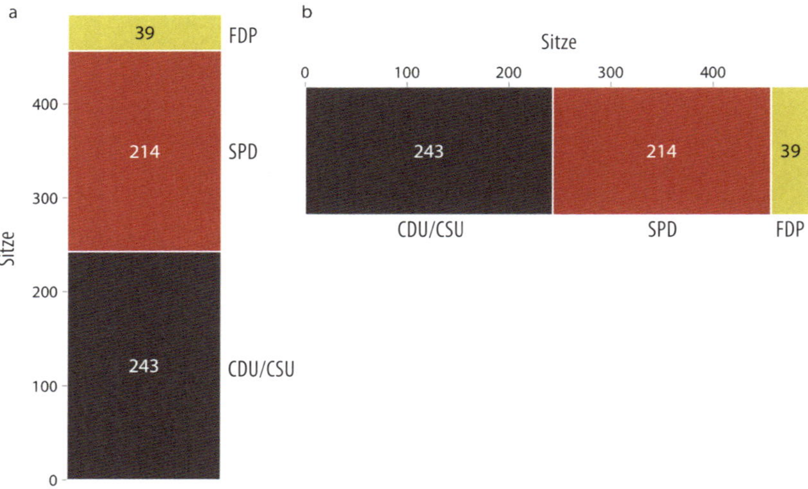

Abbildung 10-2: Parteienzusammensetzung des achten Deutschen Bundestages 1976–1980, dargestellt als gestapelte Balken: (a) vertikale Ausrichtung (b); horizontale Ausrichtung. In dieser Darstellung ist nicht sofort ersichtlich, dass SPD und FDP gemeinsam mehr Sitze hatten als CDU/CSU. (Datenquelle: Wikipedia)

Wir können die Balken auch aus Abbildung 10-2a entnehmen und nebeneinander platzieren, anstatt sie übereinander zu stapeln. Diese Visualisierung erleichtert den direkten Vergleich der drei Gruppen, verdeckt jedoch andere Aspekte der Daten (Abbildung 10-3). Insbesondere ist in einem solchen Balkendiagramm (mit nebeneinander gezeichneten Balken) die Beziehung der einzelnen Balken zum Ganzen optisch nicht ersichtlich.

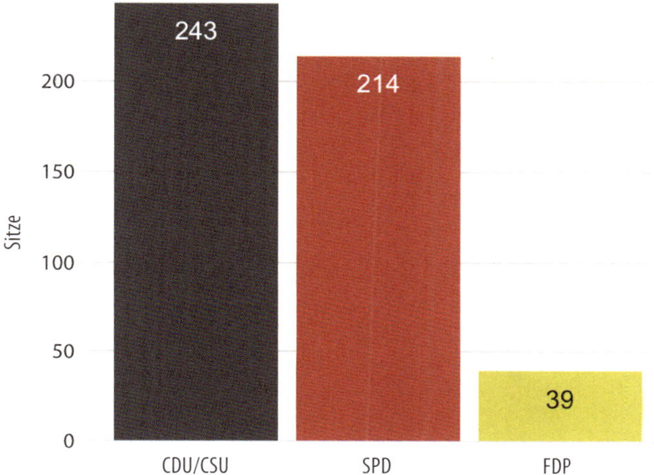

Abbildung 10-3: Parteienzusammensetzung des 8. Deutschen Bundestages 1976–1980, dargestellt als seitlich nebeneinander angeordnete Balken. Wie in Abbildung 10.2 ist nicht sofort ersichtlich, dass SPD und FDP gemeinsam mehr Sitze hatten als CDU/CSU. (Datenquelle: Wikipedia)

Viele Autoren lehnen Kreisdiagramme kategorisch ab und plädieren für nebeneinander angeordnete oder gestapelte Balken. Andere verteidigen die Verwendung von Kreisdiagrammen in einigen Anwendungsfällen. Meine Meinung ist, dass keine dieser Darstellungen anderen durchgehend überlegen ist. Abhängig von den Merkmalen des Datensatzes und der spezifischen Botschaft, die Sie übermitteln möchten, können Sie möglicherweise den einen oder anderen Ansatz bevorzugen. Im Falle des achten Deutschen Bundestages denke ich, dass ein Kreisdiagramm die beste Option ist: Es wird deutlich, dass die Regierungskoalition aus SPD und FDP gemeinsam eine geringe Mehrheit gegenüber der CDU/CSU hatte (Abbildung 10-1). Diese Tatsache ist in keinem der anderen Diagramme sichtbar (Abbildungen 10-2 und 10-3).

Im Allgemeinen funktionieren Kreisdiagramme gut, wenn einfache Anteile wie die Hälfte, ein Drittel oder ein Viertel hervorgehoben werden sollen. Sie funktionieren auch gut, wenn wir sehr kleine Datensätze haben. Ein einzelnes Kreisdiagramm, wie in Abbildung 10.1, sieht ansprechend aus, während eine einzelne Spalte mit gestapelten Balken, wie in Abbildung 10.2a, eher unbeholfen aussieht. Nebeneinander gestapelte Balken hingegen können mehrere Kategorien oder eine Zeitreihe miteinander vergleichen; sie werden bevorzugt, wenn die einzelnen Anteile direkt miteinander verglichen werden sollen. Eine Zusammenfassung der verschiedenen Vor- und Nachteile von Kreisdiagrammen, gestapelten Balken und nebeneinander angeordneten Balken finden Sie in Tabelle 10-1.

Tabelle 10-1: Vor- und Nachteile der gängigen Ansätze zur Darstellung von Proportionen: Kreisdiagramme, gestapelte Balken und nebeneinander angeordnete Balken.

	Kreisdiagramme	Gestapelte Balken	Nebeneinander angeordnete Balken
Visualisiert die Daten klar als Anteile eines Ganzen.	✓	✓	×
Ermöglicht einen einfachen optischen Vergleich der relativen Anteile.	×	×	✓
Hebt einfache Anteile wie 1/2, 1/3, 1/4 optisch hervor.	✓	×	×
Sieht auch für sehr kleine Datensätze optisch ansprechend aus.	✓	×	✓
Gut geeignet, wenn ein Ganzes in viele Anteile gegliedert ist.	×	×	✓
Gut geeignet für die Darstellung mehrerer Proportionen oder für Zeitreihen von Proportionen.	×	✓	×

Ein Fall für nebeneinander angeordnete Balken (engl. Side-by-side bars)

Ich werde nun einen Fall demonstrieren, für den Kreisdiagramme nicht geeignet sind. Dieses Beispiel ist einer Kritik an Kreisdiagrammen nachempfunden, die ursprünglich auf Wikipedia [Wikipedia 2007] veröffentlicht wurden. Betrachten Sie das hypothetische Szenario von fünf Unternehmen, A, B, C, D und E, die alle einen vergleichbaren Marktanteil von ca. 20% haben. Unser hypothetischer Datensatz listet den Marktanteil jedes Unternehmens für drei aufeinanderfolgende Jahre auf. Wenn wir diesen Datensatz mit Kreisdiagrammen visualisieren, ist es schwierig, bestimmte Trends zu erkennen (Abbildung 10.4). Es scheint, dass der Marktanteil von Unternehmen A wächst und der von Unternehmen E schrumpft, aber über diese Beobachtung hinaus können wir keine weiteren Aussagen treffen. Insbesondere ist unklar, wie sich die Marktanteile der verschiedenen Unternehmen innerhalb eines Jahres genau unterscheiden.

Das Bild wird etwas klarer, wenn wir zu gestapelten Balken wechseln (Abbildung 10-5). Nun sind die Trends eines wachsenden Marktanteils für Unternehmen A und eines schrumpfenden Marktanteils für Unternehmen E deutlich zu erkennen. Die relativen Marktanteile der fünf Unternehmen innerhalb eines Jahres sind jedoch noch immer schwer zu vergleichen. Und es ist schwierig, die Marktanteile der Unternehmen B, C und D über die Jahre hinweg zu vergleichen, da die Balkensegmente dieser Unternehmen in den Jahren gegeneinander verschoben sind. Dies ist ein allgemeines Problem von Abbildungen mit gestapelten Balken und der Hauptgrund, warum ich diese Art der Visualisierung normalerweise nicht empfehle.

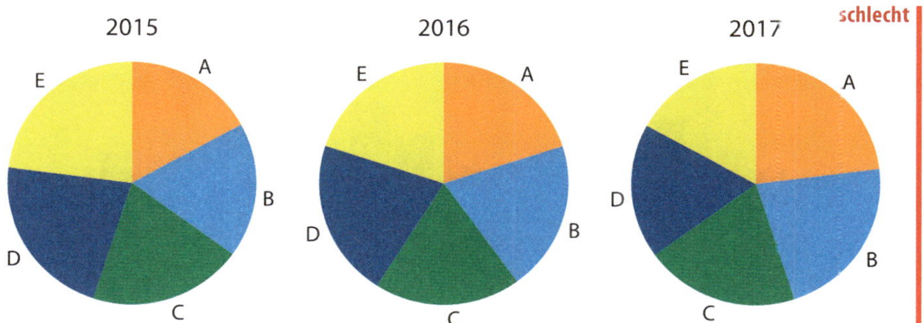

Abbildung 10-4: Marktanteil von fünf hypothetischen Unternehmen, A bis E, für die Jahre 2015–2017, dargestellt als Kreisdiagramme. Diese Darstellung weist zwei Hauptprobleme auf: (i) Ein Vergleich des relativen Marktanteils in den verschiedenen Jahren ist nahezu unmöglich und (ii) die Veränderungen des Marktanteils im zeitlichen Verlauf über mehrere Jahre sind schwer erkennbar.

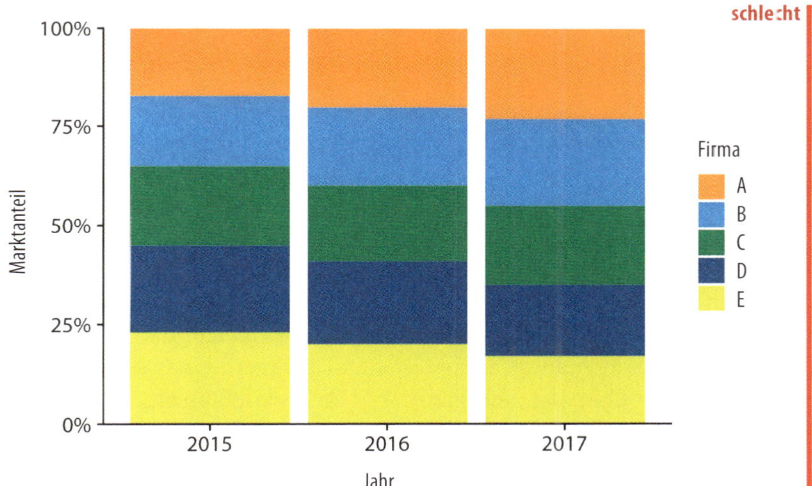

Abbildung 10-5: Marktanteil von fünf hypothetischen Unternehmen für die Jahre 2015–2017, dargestellt als gestapelte Balken. Diese Darstellung weist zwei Hauptprobleme auf: (i) Ein Vergleich der relativen Marktanteile in den verschiedenen Jahren ist schwierig, und (ii) Veränderungen der Marktanteile im zeitlichen Verlauf über mehrere Jahre für die mittleren Unternehmen (B, C und D) sind schwierig zu erkennen, da die Balkensegmente in den Jahren gegeneinander verschoben sind.

Für diesen hypothetischen Datensatz sind nebeneinander angeordnete Balken die beste Wahl (Abbildung 10.6). Diese Visualisierung zeigt, dass die Unternehmen A und B ihren Marktanteil von 2015 bis 2017 gesteigert haben, während die Unternehmen D und E Anteile verloren haben. Es zeigt sich auch, dass die Marktanteile der Unternehmen von A nach E im Jahr 2015 sequenziell zunehmen und in ähnlicher Form in 2017 abnehmen.

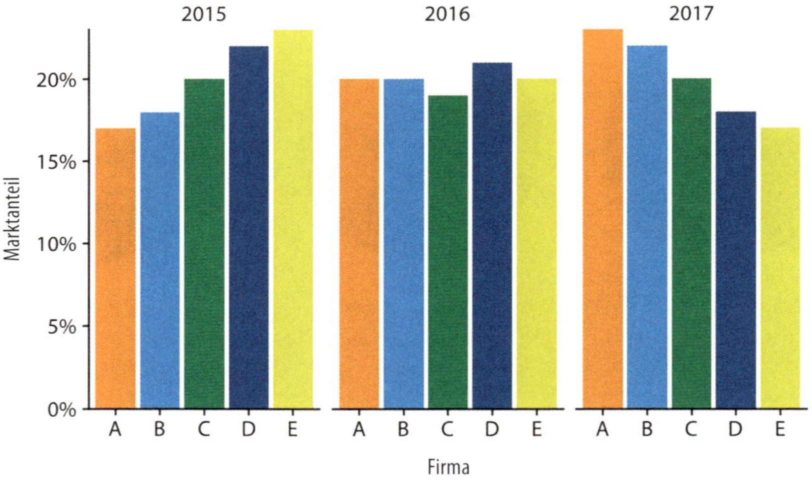

Abbildung 10-6: Marktanteil von fünf hypothetischen Unternehmen für die Jahre 2015–2017, dargestellt als nebeneinander angeordnete Balken.

Ein Fall für gestapelte Balken und gestapelte Dichten

Im vorigen Abschnitt habe ich geschrieben, dass ich normalerweise keine Sequenzen gestapelter Balken empfehle, da sich die Positionen der internen Balken entlang der Sequenz verschieben. Das Problem des Verschiebens mittlerer Balken verschwindet jedoch, wenn nur zwei Balken in jedem Stapel vorhanden sind, und in diesen Fällen kann die resultierende Visualisierung ziemlich klar sein. Betrachten Sie als Beispiel den Frauenanteil im nationalen Parlament eines Landes. Wir werden uns speziell mit dem afrikanischen Land Ruanda befassen, das ab 2016 die Liste der Länder mit dem höchsten Anteil weiblicher Abgeordneter anführt. Ruanda hat seit 2008 ein mehrheitlich weibliches Parlament und seit 2013 waren fast zwei Drittel seiner Abgeordneten weiblich. Um zu veranschaulichen, wie sich der Frauenanteil im ruandischen Parlament im Laufe der Zeit verändert hat, können wir eine Reihe gestapelter Balkendiagramme zeichnen (Abbildung 10-7). Diese Abbildung bietet eine klare visuelle Darstellung der Proportionen im zeitlichen Verlauf. Damit der Leser genau sieht, wann der Frauenanteil in der Mehrheit war, habe ich eine gestrichelte, horizontale Linie bei 50 % hinzugefügt. Ohne diese Linie wäre es nahezu unmöglich festzustellen, ob von 2003 bis 2007 die Mehrheit der Abgeordneten männlich oder weiblich war. Ich habe keine ähnlichen Linien bei 25 % und 75 % hinzugefügt, um zu vermeiden, dass die Grafik unübersichtlich wird.

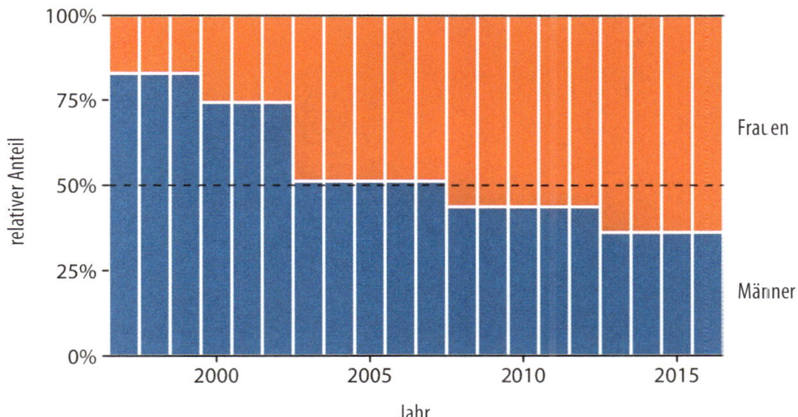

Abbildung 10-7: Veränderung der Zusammensetzung des ruandischen Parlaments nach Geschlecht im Zeitverlauf von 1997 bis 2016. Datenquelle: Interparlamentarische Union (IPU) (https://ipu.org).

Wenn wir visualisieren möchten, wie sich die Anteile als Reaktion auf eine kontinuierliche Variable ändern, können wir von gestapelten Balken zu gestapelten Dichten wechseln. Gestapelte Dichten können als der Grenzfall von unendlich vielen, unendlich kleinen nebeneinander angeordneten gestapelten Balken angesehen werden. Die Dichten in gestapelten Dichtediagrammen werden wir typischerweise, wie in Kapitel 7 beschrieben, durch Kerndichteschätzungen erhalten. In diesem Kapitel werden die Stärken und Schwächen dieser Methode grundsätzlich beleuchtet

Als ein gutes Beispiel dafür, wann gestapelte Dichtediagramme angebracht sein können, betrachten wir hier den Gesundheitszustand von Menschen in Abhängigkeit ihres Alters. Das Alter kann als kontinuierliche Variable betrachtet werden, und die Darstellung der Daten funktioniert auf diese Weise recht gut (Abbildung 10.8). Obwohl wir an dieser Stelle vier Gesundheitskategorien haben und ich, wie schon erwähnt, kein Fan vom Stapeln mehrerer Bedingungen bin, ist diese Darstellung hier jedoch akzeptabel. Wir können sehen, dass der allgemeine Gesundheitszustand mit zunehmendem Alter abnimmt, und wir erkennen auch, dass trotz dieses Trends die Bevölkerung mehrheitlich bis zum hohen Alter bei guter oder ausgezeichneter Gesundheit bleibt.

Diese Abbildung hat jedoch ein großes Manko: Dadurch, dass die Anteile der vier Gesundheitszustände als Prozentsätze der Gesamtzahl dargestellt werden, wird verdeckt, dass der Datensatz viel mehr jüngere Menschen als ältere Menschen enthält. Somit bleibt der *Prozentsatz* der Personen, die angeben, bei guter Gesundheit zu sein, über eine angezeigte Spanne von sieben Jahrzehnten hinweg in etwa unverändert – allerdings sinkt de facto die Gesamtzahl der Menschen, deren Gesundheitszustand gut ist, da die *tatsächliche Anzahl* der Menschen in den höheren Altersgruppen abnimmt. Ich werde im nächsten Abschnitt eine mögliche Lösung für dieses Problem vorstellen.

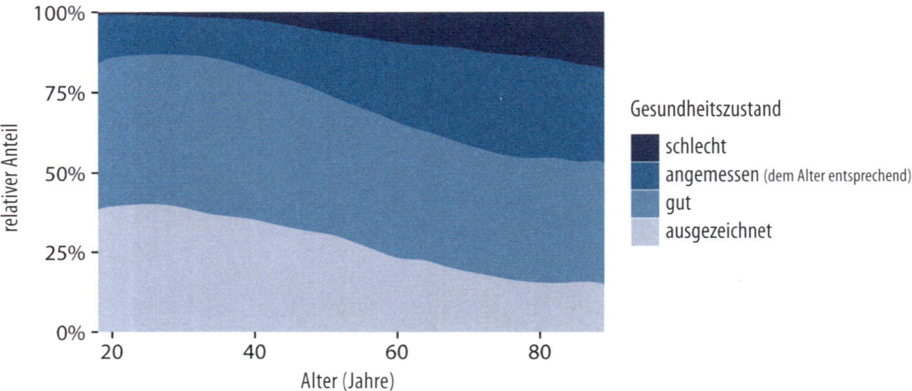

Abbildung 10-8: Gesundheitszustand nach Alter. (Datenquelle: General Social Survey [GSS])

Proportionen separat als Teile der Summe visualisieren

Nebeneinander angeordnete Balken haben das Problem, dass sie die Größe der einzelnen Teile im Verhältnis zum Ganzen nicht darstellen, und gestapelte Balken haben das Problem, dass die verschiedenen Balken nicht einfach verglichen werden können, weil sie unterschiedliche Basislinien aufweisen. Wir können diese beiden Probleme lösen, indem wir für jeden Anteil ein separates Diagramm anfertigen und in diesem den jeweiligen Anteil am Ganzen darstellen.

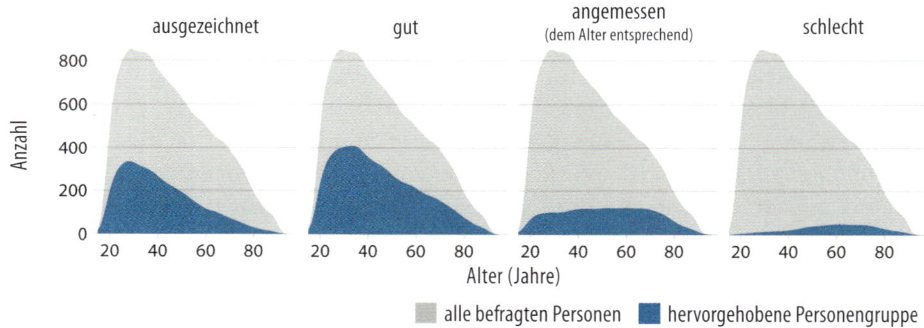

Abbildung 10-9: Gesundheitszustand nach Alter, dargestellt als Anteil an der Gesamtzahl der befragten Personen. Die farbigen Bereiche zeigen die Dichteschätzungen des Alters von Personen mit dem jeweiligen Gesundheitszustand an, der graue Bereich die Gesamtverteilung. (Datenquelle: GSS)

Für den Datensatz aus Abbildung 10-8 führt dieses Vorgehen zu Abbildung 10-9. Die gesamte Altersverteilung im Datensatz wird als grau getönter Bereich angezeigt, und die Altersverteilungen für jeden Gesundheitszustand erscheinen in Blau. Diese Abbildung zeigt, dass in absoluten Zahlen die Anzahl der Menschen mit ausgezeichneter oder guter Gesundheit ab einem Alter von 30 bis 40 Jahren abnimmt, während die Anzahl der Menschen, die ihre Gesundheit als gut einstuft, über alle Altersgruppen hinweg ungefähr konstant ist.

Als zweites Beispiel betrachten wir eine andere Variable aus derselben Umfrage: den Familienstand. Der Familienstand ändert sich mit dem Alter viel drastischer als der Gesundheitszustand, und eine gestapelte Dichtedarstellung des Familienstands im Vergleich zum Alter ist nicht sehr aufschlussreich (Abbildung 10-10).

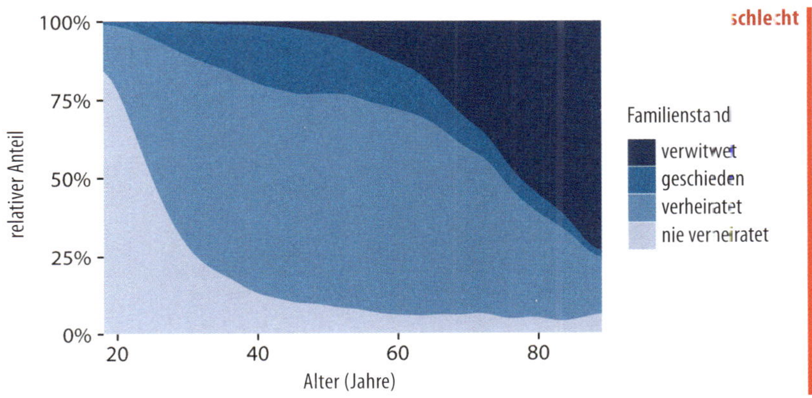

Abbildung 10-10: Familienstand nach Alter. Um die Abbildung zu vereinfachen, habe ich eine kleine Anzahl von Fällen entfernt, die sich als »getrennt lebend« definieren. Ich habe diese Abbildung als »schlecht« eingestuft, weil sich die Häufigkeit des Auftretens von Menschen, die noch nie verheiratet waren oder verwitwet sind, mit dem Alter so drastisch ändert, dass die Altersverteilung von verheirateten und geschiedenen Menschen stark verzerrt und schwer zu interpretieren ist. (Datenquelle: GSS)

Derselbe Datensatz ist, als Teildichte dargestellt, deutlich aussagekräftiger (Abbildung 10-11). Insbesondere sehen wir, dass der Anteil der Verheirateten mit Ende 30, der Anteil der Geschiedenen mit Anfang 40 und der Anteil der Verwitweten mit Mitte 70 am höchsten ist.

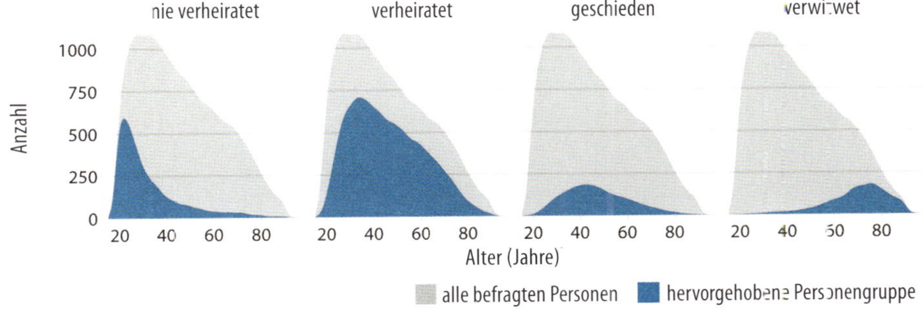

Abbildung 10-11: Familienstand nach Alter, dargestellt als Anteil an der Gesamtzahl der befragten Personen. Die farbigen Bereiche zeigen die Dichteschätzungen des Alters von Personen mit dem jeweiligen Familienstand, der graue Bereich die Gesamtverteilung. (Datenquelle: GSS)

Ein Nachteil von Abbildung 10-11 ist jedoch, dass es mit dieser Darstellung nicht einfach ist, die relativen Anteile zu einem bestimmten Zeitpunkt zu bestimmen. Wenn wir beispielsweise wissen möchten, in welchem Alter mehr als 50% aller befragten Personen verheiratet sind, können wir dies nicht einfach aus Abbildung 10-11 ableiten. Um diese Frage zu beantworten, können wir dieselbe Darstellungsform verwenden, aber entlang der *y*-Achse relative Proportionen anstelle von absoluten Zählwerten anzeigen (Abbildung 10-12). Jetzt sehen wir, dass die Mehrheit der Verheirateten ab Ende der 20er Jahre und die Mehrheit der Verwitweten ab Mitte der 70er Jahre besteht.

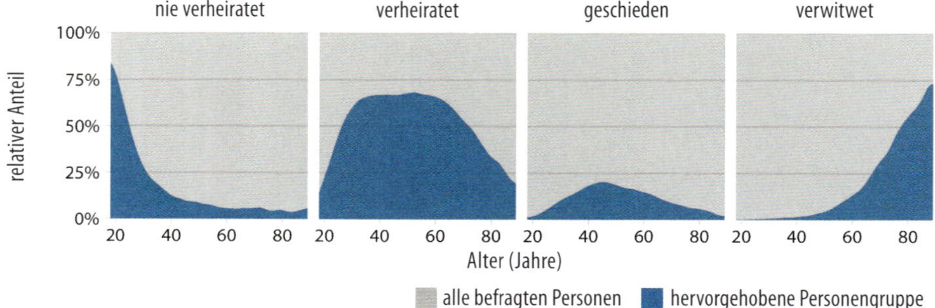

Abbildung 10-12: Familienstand nach Alter, angegeben als Anteil an der Gesamtzahl der befragten Personen. Die blau gefärbten Bereiche zeigen den Prozentsatz der Personen im gegebenen Alter mit dem jeweiligen Familienstand an, im Verhältnis zu den grau gefärbten Bereiche, welche den Prozentsatz der Personen mit allen anderen Familienständen zeigen. (Datenquelle: GSS)

KAPITEL 11

Visualisierung verschachtelter Proportionen

In Kapitel 10, »Visualisierung von Proportionen«, habe ich Szenarien besprochen, in denen ein Datensatz in Teile zerlegt wird, die durch eine kategorisierbare Variable definiert sind, z. B. eine politische Partei, ein Unternehmen oder einen Gesundheitszustand.

Es ist jedoch nicht ungewöhnlich, dass wir tiefer gehen und einen Datensatz nach mehreren kategorisierbaren Variablen gleichzeitig aufteilen möchten. Im Fall von Parlamentssitzen könnten uns beispielsweise der prozentuale Anteil der Sitze nach Partei und Genderzugehörigkeit der Abgeordneten interessieren. In ähnlicher Weise könnten wir im Fall des Gesundheitszustands der Menschen fragen, wie sich der Gesundheitszustand im jeweiligen Familienstand differenziert. Ich bezeichne diese Szenarien als *verschachtelte Proportionen*, da jede zusätzliche kategoriale Variable, die wir hinzufügen, eine feinere Unterteilung der Daten erzeugt, die in den vorherigen Proportionen verschachtelt sind. Es gibt einige geeignete Ansätze zur Visualisierung solcher verschachtelten Proportionen. Zu ihnen zählen Mosaikdiagramme, Treemaps und Parallel Sets.

Fehlerhaft verschachtelte Proportionen

Ich werde zunächst zwei fehlerhafte Ansätze zur Visualisierung verschachtelter Proportionen demonstrieren. Obwohl diese Ansätze jedem erfahrenen Datenwissenschaftler unsinnig erscheinen mögen, habe ich sie in der »freien Wildbahn« gesehen und denke daher, dass sie eine Diskussion rechtfertigen. In diesem Kapitel werde ich mit einem Datensatz von 106 Brücken in Pittsburgh arbeiten. Dieser Datensatz enthält verschiedene Informationen zu den Brücken, z. B. das Material, aus dem sie bestehen (Stahl, Eisen oder Holz), und das Jahr, in dem sie errichtet wurden. Je nach Baujahr wurden Brücken in verschiedene Kategorien eingeteilt, wie historische Brücken, die vor 1870 errichtet wurden, und moderne Brücken, die ab 1940 errichtet wurden.

Nehmen wir an, wir möchten sowohl den Anteil der Brücken aus Stahl, Eisen oder Holz als auch den Anteil der historischen oder modernen Brücken visualisieren.

Wir könnten versucht sein, dies zu tun, indem wir ein kombiniertes Kreisdiagramm zeichnen (Abbildung 11-1). Diese Visualisierung ist jedoch nicht richtig: Die Summe aller Anteile in einem Kreisdiagramm muss 100 % sein, hier summieren sich die Anteile jedoch auf 135 %.

Wir erreichen einen Gesamtprozentsatz von mehr als 100 %, weil wir Brücken doppelt zählen. Jede Brücke im Datensatz besteht aus Stahl, Eisen oder Holz, sodass diese drei Anteile des Kreisdiagramms bereits 100 % der Brücken darstellen. Jede historische oder moderne Brücke ist auch eine Stahl-, Eisen- oder Holzbrücke und wird daher im Kreisdiagramm doppelt gezählt.

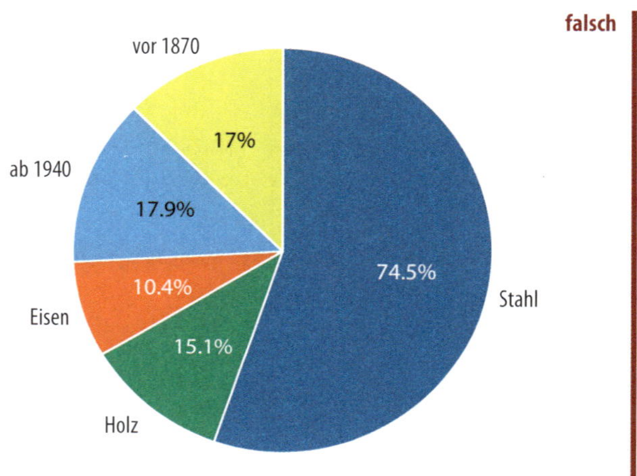

Abbildung 11-1: Aufschlüsselung der Brücken in Pittsburgh nach Baumaterial (Stahl, Holz, Eisen) und Epoche (»vor 1870« und »ab 1940«), dargestellt als Kreisdiagramm. Die Zahlen geben den prozentualen Anteil der Brücken eines bestimmten Typs im Verhältnis zur Gesamtzahl an. Diese Abbildung ist falsch, da die Summe der Prozentsätze mehr als 100 % ergibt. Es besteht eine Überschneidung zwischen Baumaterial und Baujahr. So bestehen beispielsweise alle Brücken aus der Epoche ab 1940 aus Stahl und die meisten alten Brücken aus Holz. (Datenquelle: Yoram Reich und Steven J. Fenves, über das UCI Machine Learning Repository [Dua und Karra Taniskidou 2017]).

Doppelzählungen sind nicht unbedingt ein Problem, wenn wir eine Visualisierung wählen, bei der die Anteile nicht zu 100 % addiert werden müssen. Wie im vorigen Kapitel erläutert, erfüllen nebeneinander angeordnete Balken dieses Kriterium. Wir können die verschiedenen Anteile der Bauformen als Balken in einem einzigen Diagramm darstellen, und dieses Diagramm ist technisch nicht falsch (Abbildung 11-2). Trotzdem habe ich es als »schlecht« bezeichnet, da es nicht sofort zeigt, dass es Überschneidungen zwischen einigen der gezeigten Kategorien gibt. Ein unaufmerksamer Beobachter könnte aus Abbildung 11-2 schließen, dass es fünf verschiedene Kategorien von Brücken gibt und dass beispielsweise moderne Brücken weder aus Stahl noch aus Holz oder Eisen bestehen.

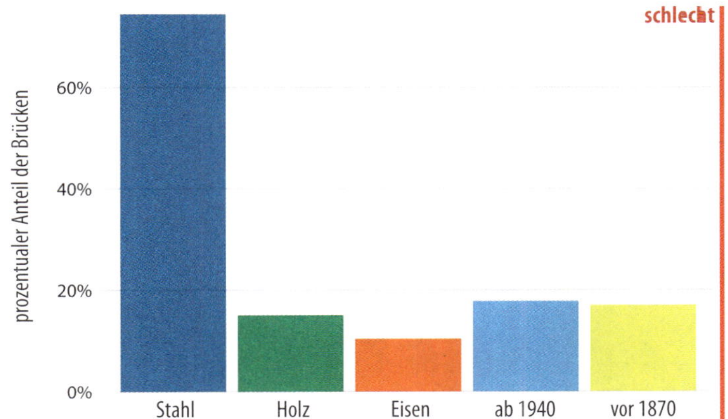

Abbildung 11-2: Aufschlüsselung der Brücken in Pittsburgh nach Baumaterial (Stahl, Holz, Eisen) und Epoche (»vor 1870« und »ab 1940«), dargestellt als Balkendiagramm. Im Gegensatz zu Abbildung 11-1 ist diese Visualisierung technisch nicht falsch, da die Balkenhöhen nicht 100% betragen müssen. Sie macht aber auch die Überlappung zwischen verschiedenen Gruppen nicht deutlich. Daher habe ich sie als »schlecht« eingeordnet. (Datenquelle: Yoram Reich und Steven J. Fenves)

Mosaikdiagramme und Treemaps

Wenn Kategorien sich überlappen, ist es immer am besten, explizit zu zeigen, wie sie sich zueinander verhalten. Dies kann mit einem *Mosaikdiagramm* erfolgen (Abbildung 11-3). Auf den ersten Blick ähnelt ein Mosaikdiagramm einem gestapelten Balkendiagramm (z.B. Abbildung 10-5). Im Gegensatz zu einem gestapelten Balkendiagramm variieren in einem Mosaikdiagramm jedoch sowohl die Höhen als auch die Breiten der jeweiligen Anteile. Beachten Sie, dass in Abbildung 11-3 zwei zusätzliche Konstruktionsepochen zu sehen sind: »1870–1889« und »1890–1939«. In Kombination mit »vor 1870« und »ab 1940« decken diese Bauepochen alle Brücken im Datensatz ab, ebenso wie die drei Baustoffe. Dies ist eine kritische Bedingung für ein Mosaikdiagramm: Jede dargestellte kategorisierbare Variable muss alle Beobachtungen im Datensatz abdecken.

Um ein Mosaikdiagramm zu zeichnen, platzieren wir zunächst eine kategoriale Variable entlang der x-Achse (hier: Epoche bzw. Ära der Brückenkonstruktion) und unterteilen die x-Achse anhand der relativen Proportionen, aus denen die Kategorien bestehen. Anschließend platzieren wir die andere kategoriale Variable entlang der y-Achse (hier: Baumaterial) und unterteilen die y-Achse innerhalb jeder Kategorie entlang der x-Achse anhand der relativen Anteile, aus denen die Kategorien der y-Variablen bestehen. Das Ergebnis ist eine Menge von Rechtecken, deren Flächen proportional zur Anzahl der Fälle sind, die jede mögliche Kombination der beiden kategorialen Variablen darstellen.

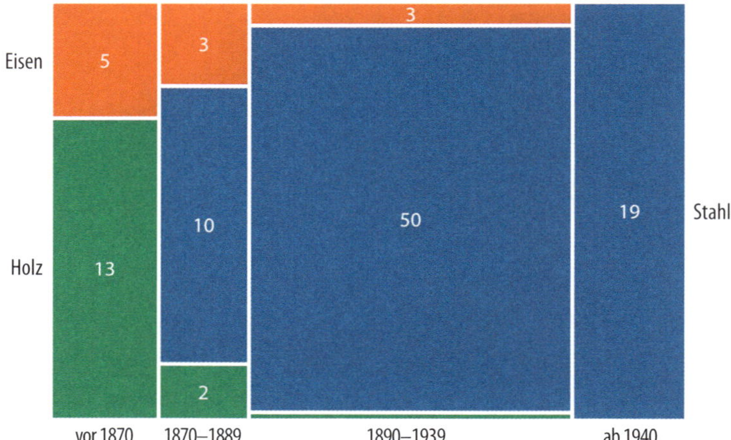

Abbildung 11-3: Einteilung von Brücken in Pittsburgh nach Baumaterial (Stahl, Holz, Eisen) und Epoche (»vor 1870«, »1870–1889«, »1890–1939«, »ab 1940«), dargestellt als Mosaikdiagramm. Die Breite jedes Rechtecks ist proportional zur Anzahl der in dieser Ära gebauten Brücken, und die Höhe ist proportional zur Anzahl der aus diesem Material gebauten Brücken. Die Zahlen geben die Anzahl der Brücken in jeder Kategorie an. (Datenquelle: Yoram Reich und Steven J. Fenves)

Dieser Datensatz kann auch in einem verwandten, aber unterschiedlichen Format dargestellt werden, das als *Treemap* bezeichnet wird. In einer Treemap nehmen wir wie in einem Mosaikdiagramm ein umschließendes Rechteck und unterteilen es in kleinere Rechtecke, deren Flächen die Proportionen darstellen. Die Methode zum Platzieren der kleineren Rechtecke in den größeren ist jedoch anders als in der Mosaikdarstellung. In einer Treemap verschachteln wir Rechtecke rekursiv ineinander. Zum Beispiel können wir im Fall der Pittsburgher Brücken zunächst die Gesamtfläche in drei Teile unterteilen, die die drei Baumaterialien Holz, Eisen und Stahl repräsentieren sollen. Anschließend können wir jeden dieser Bereiche weiter unterteilen, um zu zeigen, in welchen Epochen das Baumaterial wie intensiv genutzt wurde (Abbildung 11-4). Im Prinzip könnten wir weitermachen und immer kleinere Unterteilungen ineinander verschachteln. Allerdings würde das Ergebnis relativ schnell unhandlich oder verwirrend werden.

Obwohl Mosaikdiagramme und Treemaps eng miteinander verwandt sind, weisen sie unterschiedliche Schwerpunkte und Anwendungsbereiche auf. In diesem Fall wird in der Mosaikdarstellung (Abbildung 11-3) die zeitliche Entwicklung des genutzten Materials von den ältesten Brücken bis zur Moderne hervorgehoben, während in einer Treemap (Abbildung 11-4) vorrangig die Gesamtzahl der Stahl-, Eisen- und Holzbrücken angezeigt wird.

Generell wird in Mosaikdiagrammen davon ausgegangen, dass alle gezeigten Proportionen über Kombinationen von zwei oder mehr orthogonalen kategorialen Variablen identifiziert werden können. Zum Beispiel kann in Abbildung 11-3 jede

Brücke durch eine Auswahl des Baumaterials (Holz, Eisen, Stahl) und eine Auswahl der Epoche (»vor 1870«, »1870–1889«, »1890–1939«, »ab 1940«) beschrieben werden. Außerdem ist im Prinzip jede Kombination dieser beiden Variablen möglich, auch wenn dies in der Praxis nicht der Fall sein muss. (In diesem Fall gibt es z.B. keine Stahlbrücken aus der Ära vor 1870 und keine modernen Holz- oder Eisenbrücken.)

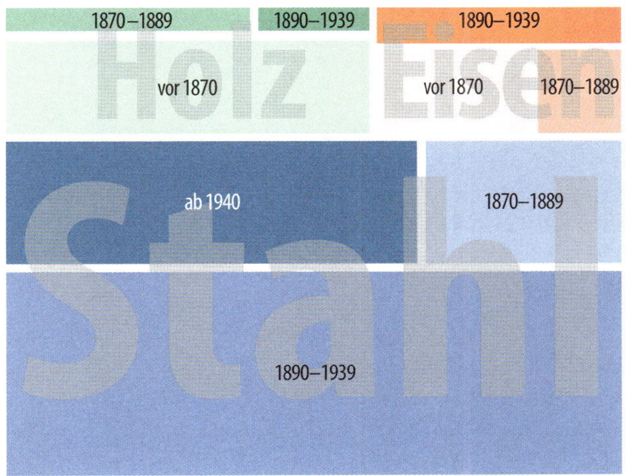

Abbildung 11-4: Einteilung der Brücken in Pittsburgh nach Baumaterial (Stahl, Holz, Eisen) und Epoche (»vor 1870«, »1870–1889«, »1890–1939«, »ab 1940«), dargestellt als Treemap. Die Fläche jedes Rechtecks ist proportional zur Anzahl der Brücken dieses Typs. (Datenquelle: Yoram Reich und Steven J. Fenves)

Im Gegensatz dazu gibt es eine solche Anforderung für Treemaps nicht. Tatsächlich funktionieren Treemaps in der Regel gut, wenn die Proportionen nicht sinnvoll durch die Kombination mehrerer kategorialer Variablen beschrieben werden können. Beispielsweise können wir die USA in vier Regionen (Westen, Nordosten, Mittlerer Westen und Süden) und jede Region in einzelne Staaten unterteilen, ohne dass die Staaten einer Region eine Beziehung zu anderen Staaten einer anderen Region haben (Abbildung 11-5).

Sowohl Mosaikdiagramme als auch Treemaps werden häufig verwendet und können sehr informativ sein, haben jedoch ähnliche Einschränkungen wie gestapelte Balkendiagramme (Tabelle 10-1). Ein direkter Vergleich zwischen Bedingungen kann schwierig sein, da verschiedene Rechtecke nicht unbedingt eine gemeinsame Basislinie haben, die einen visuellen Vergleich ermöglichen. In Mosaikdiagrammen oder Treemaps wird dieses Problem dadurch verschärft, dass die Formen der verschiedenen Rechtecke variieren können. Zum Beispiel gibt es die gleiche Anzahl von Eisenbrücken (drei) unter den Brücken aus den Epochen 1870–1889 und 1890–1939, aber dies ist in der Mosaikdarstellung (Abbildung 11-3) schwer zu erkennen, da die beiden Rechtecke, die diese beiden Gruppen (von drei Brücken) darstellen, völlig andere

Formen haben. Es gibt nicht unbedingt eine Lösung für dieses Problem: Die Darstellung verschachtelter Proportionen kann schwierig sein. Nach Möglichkeit empfehle ich, Prozentsätze auf der Darstellung anzuzeigen, damit die Leser ihre intuitive Interpretation der getönten Bereiche überprüfen können.

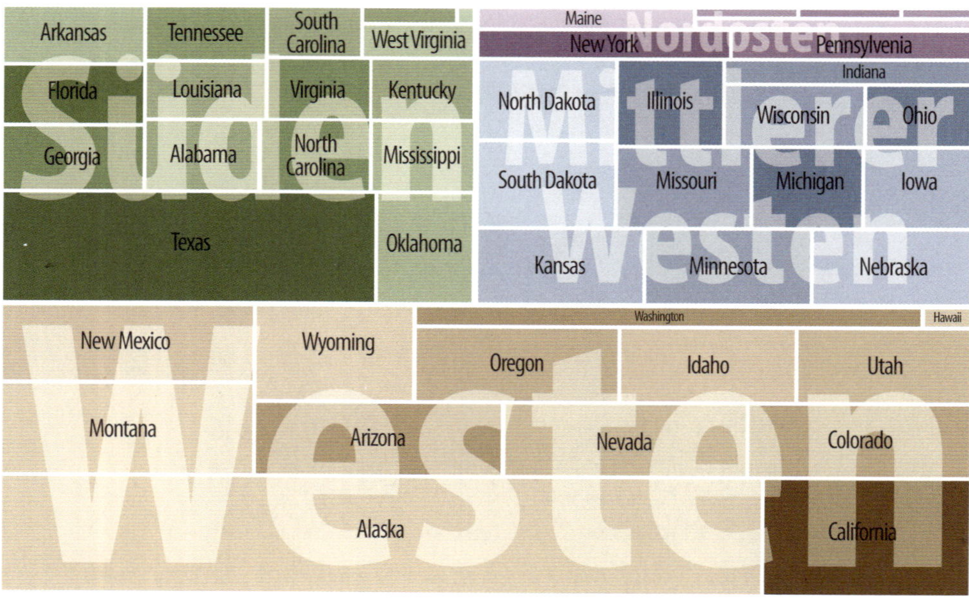

Abbildung 11-5: US-Staaten, dargestellt als Treemap. Jedes Rechteck repräsentiert einen Staat und die Fläche des Rechtecks ist proportional zur Landesfläche des Staates. Die Bundesstaaten sind in vier Regionen unterteilt: Westen, Nordosten, Mittlerer Westen und Süden. Die Färbung ist proportional zur Einwohnerzahl der einzelnen Bundesstaaten, wobei dunklere Farben für eine größere Einwohnerzahl stehen. (Datenquelle: US Decennial Census 2010)

Verschachtelte Kreisdiagramme

Zu Beginn dieses Kapitels habe ich den Brücken-Datensatz mit einem fehlerhaften Kreisdiagramm visualisiert (Abbildung 11-1) und dann argumentiert, dass ein Mosaikdiagramm oder eine Treemap geeigneter ist. Die beiden letzten Diagrammtypen sind jedoch eng mit Kreisdiagrammen verwandt, da sie Flächen verwenden, um Datenwerte darzustellen. Der Hauptunterschied ist die Art des Koordinatensystems: Polarkoordinaten im Fall eines Kreisdiagramms im Gegensatz zu kartesischen Koordinaten im Fall eines Mosaikdiagramms oder einer Treemap. Diese enge Beziehung zwischen diesen verschiedenen Abbildungsformen wirft die Frage auf, ob eine Variante eines Kreisdiagramms zur Visualisierung dieses Datensatzes verwendet werden kann

Es gibt zwei Möglichkeiten. Zuerst können wir ein Kreisdiagramm zeichnen, das aus einem inneren und einem äußeren Kreis besteht (Abbildung 11-6). Der innere

Kreis zeigt die Aufteilung der Daten nach einer Variablen (in diesem Fall: Baumaterial) und der äußere Kreis zeigt die Aufteilung jedes Anteils des inneren Kreises durch die zweite Variable (in diesem Fall: Epoche). Diese Visualisierung ist zwar angemessen, aber ich habe ihr gegenüber Vorbehalte und deshalb habe ich diese Darstellung als »hässlich« eingestuft. Vor allem verschleiern die beiden getrennten Kreise die Tatsache, dass jede Brücke im Datensatz Informationen sowohl nach Baumaterial als auch nach Epoche enthält. In der Tat zählen wir in Abbildung 11-6 jede Brücke doppelt. Wenn wir die Zahlen beider Kreise aufsummieren, erhalten wir 212, was die doppelte Anzahl der Brücken im Datensatz ist.

Alternativ können wir den Kreis zuerst in Segmente unterteilen, die die Proportionen nach einer Variablen (z.B. Material) darstellen, und diese Segmente jeweils entsprechend der anderen Variablen (Epoche) subkategorisieren (Abbildung 11-7). Auf diese Weise erstellen wir ein normales Kreisdiagramm mit einer großen Anzahl kleinerer Segmente. Nun können wir jedoch durch eine farbige Anwendung die verschachtelte Natur des Diagramms anzeigen. In Abbildung 11-7 repräsentieren grüne Farben Holzbrücken, orangene Eisenbrücken und blaue Farben Stahlbrücken. Der Farbton jeder Farbe repräsentiert die Epoche, wobei die dunkleren Farben neueren Brücken entsprechen. Durch die Nutzung einer verschachtelten Farbskala können wir auf diese Weise die Aufteilung der Daten sowohl über die primäre Variable (Baumaterial) als auch die sekundäre Variable (Epoche) visualisieren.

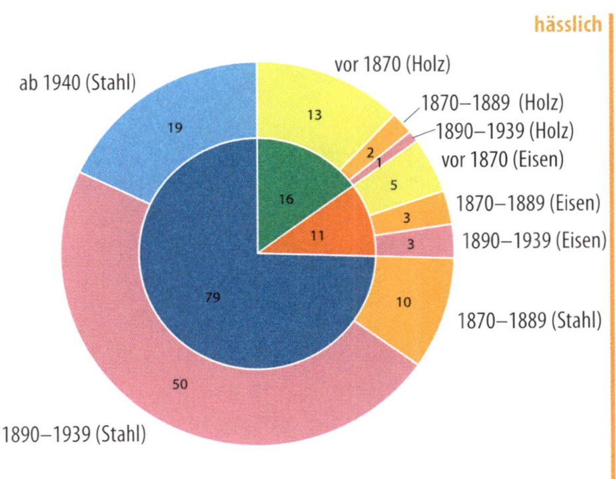

Abbildung 11-6: Einteilung der Brücken in Pittsburgh nach Baumaterial (Stahl, Holz, Eisen; innerer Kreis) und Epoche (»vor 1870«, »1870–1889«, »1890–1939«, »ab 1940«; äußerer Kreis). Die Zahlen geben die Anzahl der Brücken in jeder Kategorie an. (Datenquelle: Yoram Reich und Steven J. Fenves)

Das Kreisdiagramm in Abbildung 11-7 stellt eine sinnvolle Visualisierung des Brücken-Datensatzes dar, aber im direkten Vergleich zur äquivalenten Treemap (Abbildung 11-4) denke ich, dass die Treemap aus zwei Gründen vorzuziehen ist:

Erstens ermöglicht die rechteckige Form der Kacheln in der Treemap den verfügbaren Raum besser zu nutzen. Die Abbildungen 11-4 und 11-7 haben exakt die gleiche Größe, aber in Abbildung 11-7 wird ein Großteil der Abbildung als Leerraum verschwendet. Die Treemap in Abbildung 11-4 enthält praktisch keinen überflüssigen Leerraum. Dies ist wichtig, weil es mir ermöglicht, die Beschriftungen in den getönten Bereichen der Karte zu platzieren. Innenbeschriftungen sorgen immer für eine stärkere visuelle Einheit mit den Daten als Außenbeschriftungen und werden daher bevorzugt. Zweitens sind einige der Segmente in Abbildung 11-7 sehr dünn und daher schwer zu erkennen. Im Gegensatz dazu hat jedes Rechteck in Abbildung 11-4 eine angemessene Größe.

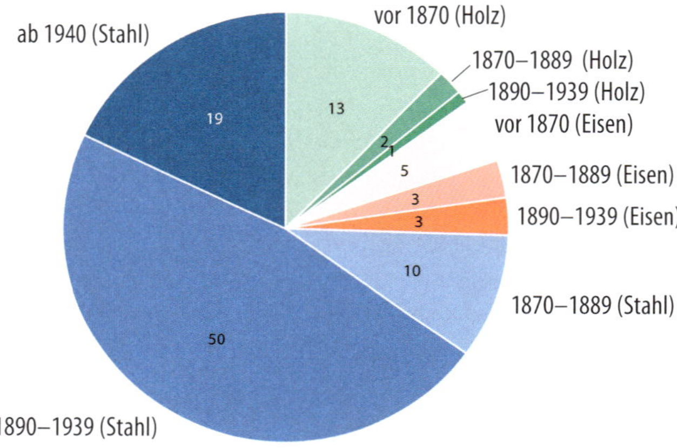

Abbildung 11-7: Aufschlüsselung der Brücken in Pittsburgh nach Baumaterial (Stahl, Holz, Eisen) und nach Epoche (»vor 1870«, »1870–1889«, »1890–1939«, »ab 1940«). Zahlen repräsentieren die Anzahl der Brücken in jeder Kategorie. (Datenquelle: Yoram Reich und Steven J. Fenves)

Parallel Sets

Wenn wir Proportionen visualisieren wollen, die von mehr als zwei kategorialen Variablen beschrieben werden, können Treemaps, Mosaik- oder Kreisdiagramme schnell unhandlich werden. Eine sinnvolle Alternative kann in diesem Fall auch ein sogenanntes *Parallel-Sets-Diagramm* sein. In einem solchen Diagramm zeigen wir, wie sich der Gesamtdatensatz nach den einzelnen kategorialen Variablen aufteilt, und zeichnen dann getönte Bänder, die die Relation der Untergruppen zueinander anzeigen. Abbildung 11-8 zeigt ein solches Beispiel. In dieser Abbildung habe ich den Brücken-Datensatz aufgeschlüsselt nach dem Baumaterial (Eisen, Stahl, Holz), der Länge jeder Brücke (lang, mittel, kurz), der Bauepoche, in der jede Brücke errichtet wurde (»vor 1870«, »1870–1889«, »1890–1939«, »ab 1940«) und nach dem Fluss, den jede Brücke überspannt (Allegheny, Monongahela, Ohio). Die Bänder, die die Parallel Sets verbinden, sind gemäß dem verwendeten Baumaterial eingefärbt. Das zeigt zum Beispiel, dass Holzbrücken meistens von mittlerer Länge sind (wobei es auch ein paar kurze Brücken gibt), vorwiegend in der Epoche vor 1870 errichtet wurden (mit wenigen Brücken von mittlerer Länge, die in den Jahren 1870–1889 bzw. 1890–1939 errichtet wurden) und dass sie sich hauptsächlich über den Allegheny-Fluss erstrecken (wobei es einige Brücken aus der Zeit vor 1870 gibt, die den Monongahela-Fluss überspannen). Im Gegensatz dazu sind die Eisenbrücken alle von mittlerer Länge, wurden vorwiegend vor 1870 errichtet und überspannen die Flüsse Allegheny und Monongahela in etwa gleichen Anteilen.

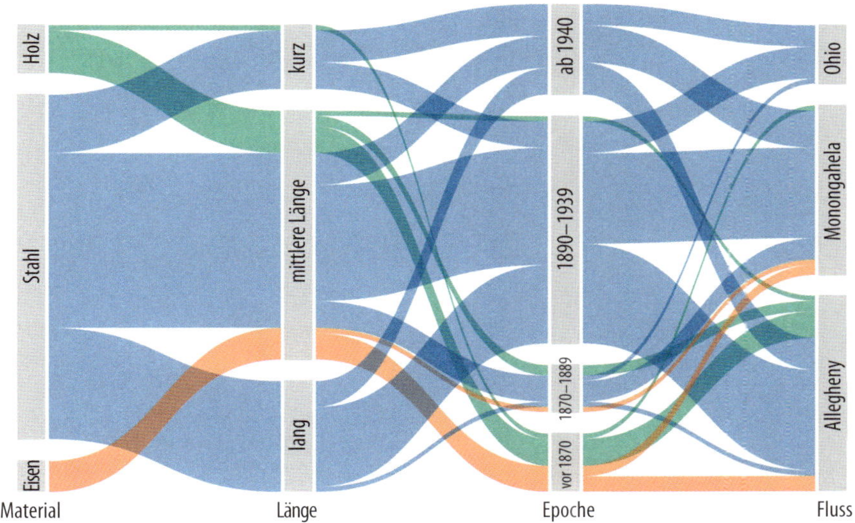

Abbildung 11-8: Einteilung der Brücken in Pittsburgh nach Baumaterial, Länge, Epoche und dem Fluss, den sie überspannen, dargestellt als Parallel-Sets-Diagramm. Die Färbung der Bänder hebt das Baumaterial der verschiedenen Brücken hervor. (Datenquelle: Yoram Reich und Steven J. Fenves)

Die gleiche Visualisierung sieht ganz anders aus, wenn wir sie nach einem anderen Kriterium einfärben, z. B. nach dem Flussnamen (Abbildung 11-9). Diese Abbildung ist mit vielen, sich kreuzenden Bändern optisch überladen, aber wir sehen, dass jeder Fluss von beinahe jeder Brücke eines Typs überspannt wird.

Ich habe Abbildung 11-9 als »hässlich« eingeordnet, weil sie meiner Meinung nach zu komplex und verwirrend ist:

Da wir es gewohnt sind, von links nach rechts zu lesen, sollten meiner Meinung nach die Variablen, die die Farbe definieren, links angeordnet sein und nicht rechts. Das macht es einfacher, den Ursprung der Farbe zu erkennen und ihren Fluss durch den Datensatz zu verfolgen. Zweitens empfiehlt es sich, die Reihenfolge der Datensätze so zu ändern, dass sich die Anzahl der Überkreuzungen der Bänder minimiert.

Wenn ich diese Kriterien anwende, komme ich zu Abbildung 11-10, die meiner Meinung nach gegenüber Abbildung 11-9 vorzuziehen ist.

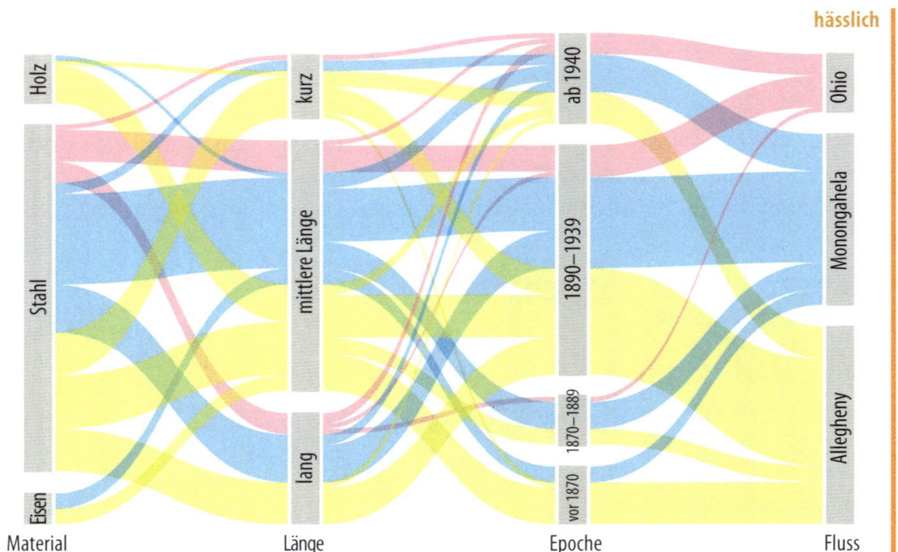

Abbildung 11-9: Einteilung der Brücken in Pittsburgh nach Baumaterial, Länge, Epoche und dem Fluss, den sie überspannen. Diese Abbildung ähnelt Abbildung 11-8, aber jetzt heben die Farben der Bänder den Fluss hervor, der von den verschiedenen Brücken überspannt wird. Diese Abbildung ist als »hässlich« eingestuft, da die Anordnung der farbigen Bänder in der Mitte der Abbildung sehr überladen ist. Hinzu kommt, dass die Bänder von rechts nach links gelesen werden müssen. (Datenquelle: Yoram Reich und Steven J. Fenves)

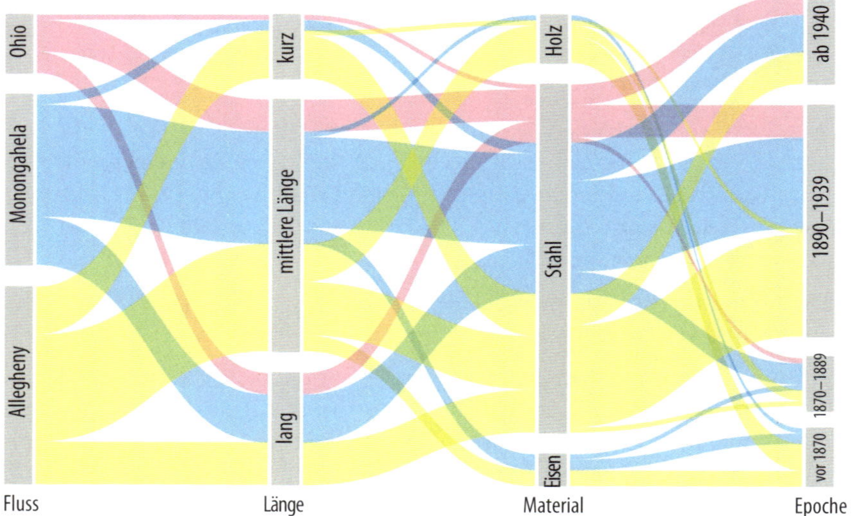

Abbildung 11-10: Aufteilung der Brücken in Pittsburgh nach Fluss, Epoche, Länge und Baumaterial. Diese Abbildung unterscheidet sich von Abbildung 11-9 nur in der Reihenfolge der Parallel Sets. Die geänderte Reihenfolge führt zu einer Abbildung, die einfacher zu lesen und weniger überladen ist. (Datenquelle: Yoram Reich und Steven J. Fenves)

KAPITEL 12
Visualisierung von Korrelationen zwischen zwei oder mehr quantitativen Variablen

Viele Datensätze enthalten zwei oder mehr quantitative Variablen, und es könnte uns interessieren, in welcher Beziehung diese Variablen zueinander stehen. Beispielsweise verfügen wir möglicherweise über einen Datensatz mit quantitativen Messungen verschiedener Tiere, z. B. der Größe, des Gewichts, der Länge und des täglichen Energiebedarfs der Tiere. Um die Beziehung von nur zwei solchen Variablen wie Größe und Gewicht darzustellen, verwenden wir normalerweise ein Streudiagramm. Wenn Sie mehr als zwei Variablen gleichzeitig anzeigen möchten, können Sie sich für ein Blasendiagramm, eine Streudiagramm-Matrix oder ein Korrelogramm entscheiden. Schließlich kann es für sehr hochdimensionale Datensätze nützlich sein, eine Dimensionsreduzierung auszuführen, z. B. in Form einer Hauptkomponentenanalyse.

Streudiagramme (engl. Scatterplots)

Ich werde das grundlegende Streudiagramm und verschiedene Variationen davon anhand eines Datensatzes von Messungen demonstrieren, die an 123 Blauhähern (engl.: blue jay, ein nordamerikanischer Singvogel)durchgeführt wurden. Der Datensatz enthält Informationen wie die Kopflänge (gemessen von der Schnabelspitze bis zum Hinterkopf), die Schädelgröße (Kopflänge minus Schnabellänge) und das Körpergewicht jedes Vogels. Wir erwarten, dass es Beziehungen zwischen diesen Variablen gibt. Zum Beispiel wird erwartet, dass Vögel mit längeren Schnäbeln größere Schädel haben, und Vögel mit höherem Gewicht sollten größere Schnäbel und Schädel haben als Vögel mit geringerem Gewicht.

Um diese Zusammenhänge zu untersuchen, beginne ich mit einer Auftragung der Kopflänge gegen das Körpergewicht (Abbildung 12-1). In dieser Darstellung ist die Kopflänge entlang der *y*-Achse und das Gewicht entlang der *x*-Achse dargestellt, und jeder Vogel wird durch einen Punkt dargestellt. (Beachten Sie die Terminologie: Wir sagen, dass wir die Werte der Variablen auf der *y*-Achse gegen die Werte der Variablen auf der *x*-Achse darstellen.) Die Punkte bilden eine verstreute Punktwolke (daher der Begriff *Streudiagramm*), aber es gibt zweifellos einen Trend, dass

Vögel mit höherem Gewicht längere Köpfe haben. Der Vogel mit dem längsten Kopf hat fast das maximal beobachtete Gewicht und der Vogel mit dem kürzesten Kopf beinahe das minimal beobachtete Gewicht.

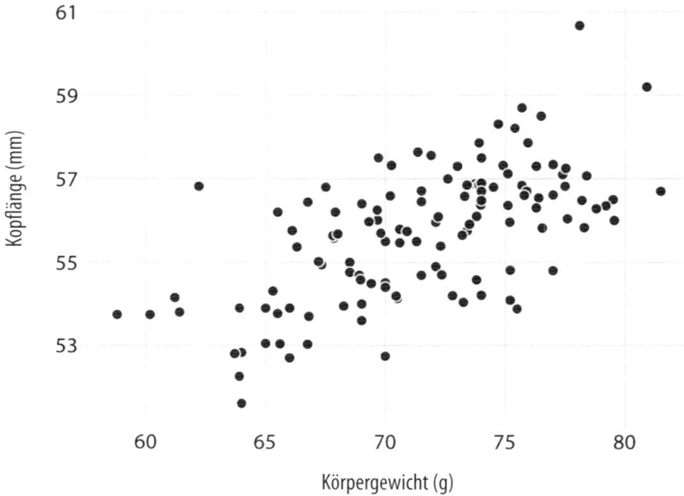

Abbildung 12-1: Kopflänge (gemessen von der Schnabelspitze bis zum Hinterkopf in mm) versus Körpergewicht (in Gramm) für 123 Blauhäher. Jeder Punkt entspricht einem Vogel. Es gibt eine mäßige Tendenz, dass schwerere Vögel längere Köpfe haben. (Datenquelle: Keith Tarvin, Oberlin College)

Der Blauhäher-Datensatz enthält sowohl männliche als auch weibliche Vögel, und wir möchten möglicherweise wissen, ob die Gesamtbeziehung zwischen Kopflänge und Gewicht für jedes Geschlecht gesondert gilt. Um diese Frage zu beantworten, können wir die Punkte im Streudiagramm nach dem Geschlecht des Vogels färben (Abbildung 12-2). Diese Abbildung zeigt, dass der Gesamttrend in Bezug auf Kopflänge und Körpergewicht zumindest teilweise vom Geschlecht der Vögel abhängt. Bei gleichem Gewicht haben Weibchen tendenziell kürzere Köpfe als Männchen. Gleichzeitig sind Weibchen im Durchschnitt leichter als Männchen.

Da die Kopflänge als der Abstand von der Spitze des Schnabels bis zum Hinterkopf definiert ist, kann eine größere Kopflänge einen längeren Schnabel, einen größeren Schädel oder beides bedeuten. Wir können die Schnabellänge und Schädelgröße differenzieren, indem wir uns eine andere Variable im Datensatz ansehen, nämlich die Schädelgröße, die der Kopflänge ähnlich ist, aber den Schnabel ausschließt. Da wir bereits die *x*-Position für das Körpergewicht, die *y*-Position für die Kopflänge und die Punktfarbe für das Geschlecht verwenden, benötigen wir eine weitere visuelle Form, auf die wir die Schädelgröße abbilden können. Eine Möglichkeit besteht darin, die Größe der Punkte zu verwenden, was zu einer Visualisierung führt, die als *Blasendiagramm* bezeichnet wird (Abbildung 12-3).

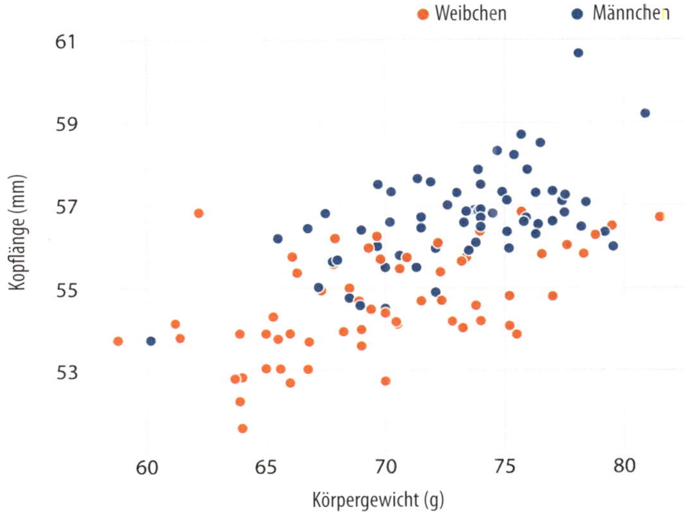

Abbildung 12-2: Kopflänge im Verhältnis zum Körpergewicht für 123 Blauhäher. Das Geschlecht der Vögel wird durch die Farbe angezeigt. Bei gleichem Körpergewicht haben männliche Vögel tendenziell längere Köpfe (und insbesondere längere Schnäbel) als weibliche Vögel. (Datenquelle: Keith Tarvin, Oberlin College)

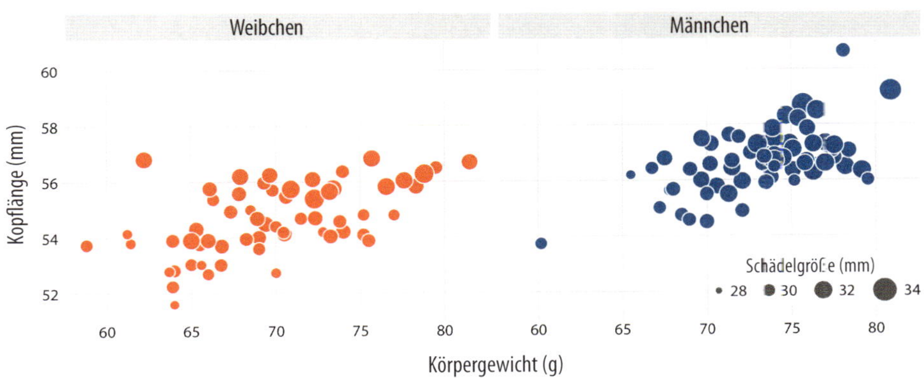

Abbildung 12-3: Kopflänge im Verhältnis zum Körpergewicht für 123 Blauhäher. Das Geschlecht wird durch die Farbe und die Schädelgröße durch die Symbolgröße angegeben. Kopflängenmessungen umfassen die Länge des Schnabels, Schädelgrößenmessungen nicht. Kopflänge und Schädelgröße korrelieren in der Regel, aber es gibt einige Vögel mit ungewöhnlich langen oder kurzen Schnäbeln im Vergleich zu ihrer Schädelgröße. (Datenquelle: Keith Tarvin, Oberlin College)

Blasendiagramme haben den Nachteil, dass sie dieselben Variablentypen – quantitative Variablen – mit zwei unterschiedlichen Skalentypen, nämlich mit Position und Größe, anzeigen. Dies macht es schwierig, die Stärke der Korrelationen zwischen den verschiedenen Variablen visuell festzustellen. Darüber hinaus sind Unterschiede zwischen Datenwerten, die als Blasengröße angegeben sind, schwerer wahrzunehmen als Unterschiede zwischen Datenwerten, die als Position kodiert sind. Da selbst die größten Blasen im Vergleich zur Gesamtgröße der Abbildung eher klein sein müssen, sind die Größenunterschiede zwischen den größten und den kleinsten Blasen notwendigerweise gering. Infolgedessen entsprechen kleinere Unterschiede in den Datenwerten sehr kleinen Größenunterschieden, die dadurch praktisch nicht zu erkennen sein können. In Abbildung 12-3 habe ich eine Größenzuordnung verwendet, mit der der Unterschied zwischen den kleinsten Schädeln (ca. 28 mm) und den größten (ca. 34 mm) optisch verstärkt wird, und doch ist es schwierig zu bestimmen, welche Beziehung zwischen der Schädelgröße und entweder dem Gewicht oder der Kopflänge besteht.

Als Alternative zu einem Blasendiagramm könnte man eine Streudiagramm-Matrix anzeigen, wobei jedes einzelne Diagramm zwei Datendimensionen aufweist (Abbildung 12-4). Diese Abbildung zeigt deutlich, dass das Verhältnis zwischen Schädelgröße und Körpergewicht für weibliche und männliche Vögel vergleichbar ist, mit der Ausnahme, dass die weiblichen Vögel tendenziell etwas kleiner sind. Gleiches gilt jedoch nicht für die Beziehung zwischen Kopflänge und Körpergewicht.

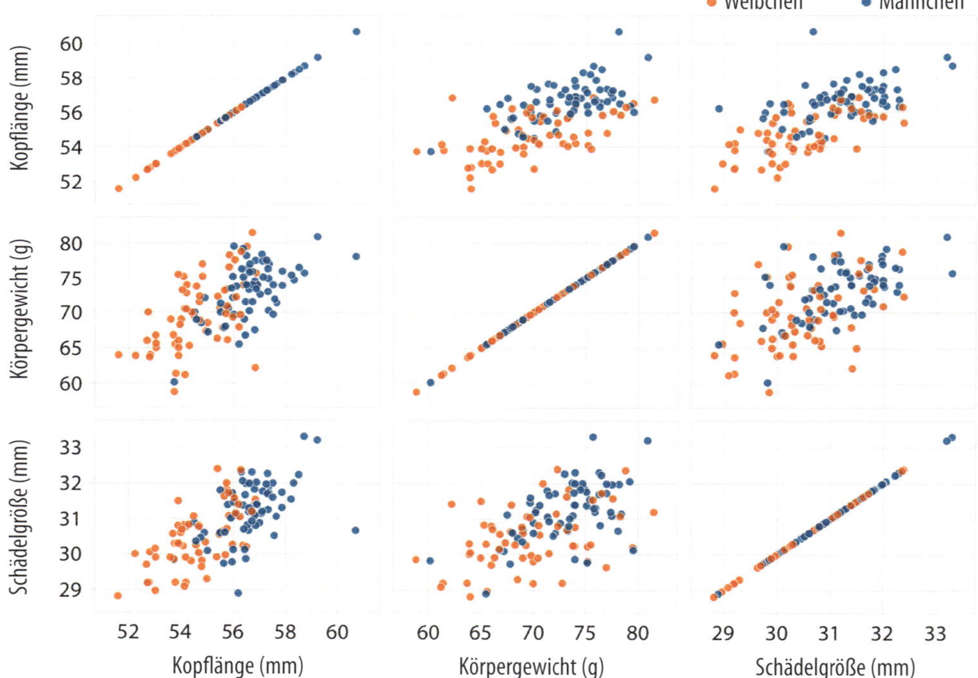

Abbildung 12-4: Streudiagramm-Matrix aus Kopflänge, Körpergewicht und Schädelgröße für 123 Blauhäher. Diese Abbildung zeigt genau dieselben Daten wie Abbildung 12-2. Weil wir die Position besser beurteilen können als die Größe der Symbole, sind Korrelationen zwischen der Schädelgröße und den anderen zwei Variablen in den paarweisen Streudiagrammen leichter zu erkennen als in Abbildung 12-2. (Datenquelle: Keith Tarvin, Oberlin College)

Es gibt eine klare Trennung nach Geschlecht: Männliche Vögel haben tendenziell längere Schnäbel als weibliche Vögel, ansonsten ist alles gleich.

Korrelogramme

Wenn wir mehr als drei bis vier quantitative Variablen haben, werden Streudiagramm-Matrizen schnell unhandlich. In diesem Fall ist es sinnvoller, den Assoziationsgrad zwischen Variablenpaaren zu quantifizieren und diese Größen – und nicht die Rohdaten – zu visualisieren. Eine gebräuchliche Methode hierfür ist die Berechnung von *Korrelationskoeffizienten*. Der Korrelationskoeffizient r ist eine Zahl zwischen –1 und 1, die misst, inwieweit zwei Variablen kovariant zueinander sind. Ein Wert von $r = 0$ bedeutet, dass es überhaupt keine Relation gibt, und ein Wert von 1 oder –1 zeigt eine perfekte Korrelation an. Das Vorzeichen des Korrelationskoeffizienten gibt an, ob die Variablen *korrelieren* (größere Werte einer Variablen fallen mit größeren Werten der anderen zusammen) oder *antikorrelieren* (größere Werte einer Variablen fallen mit kleineren Werten der anderen zusammen). Um anschauliche Beispiele für die unterschiedlichen Korrelationsstärken zu geben, zeige ich in Abbildung 12-5 zufällig generierte Punktmengen, die sich stark im Ausmaß der Korrelation der x- und y-Werte unterscheiden.

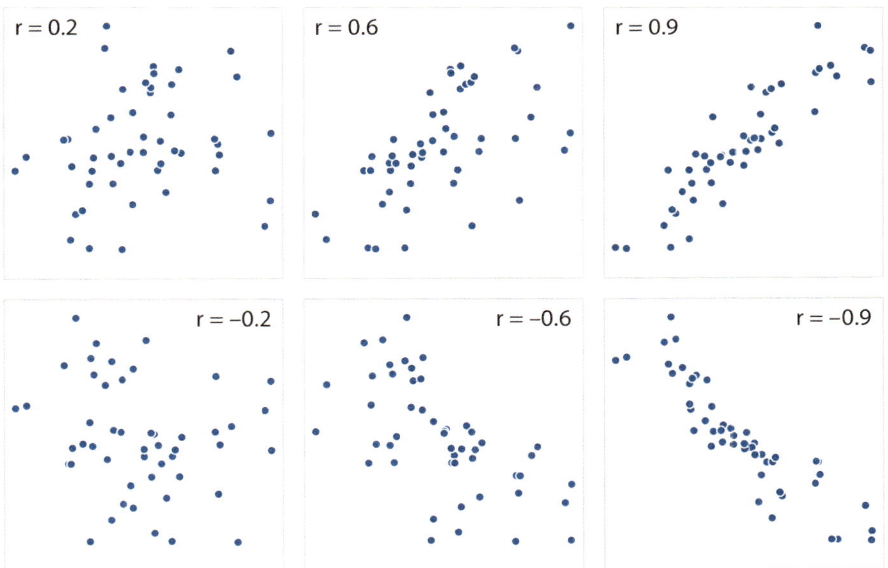

Abbildung 12-5: Beispiele für Korrelationen unterschiedlicher Größe und Richtung mit zugehörigem Korrelationskoeffizienten r. In beiden Reihen gehen die Korrelationen von links nach rechts von schwach nach stark. In der oberen Reihe sind die Korrelationen positiv (größere Werte für eine Größe sind größeren Werten der anderen zugeordnet) und in der unteren Reihe sind sie negativ (größere Werte für eine Größe sind kleineren Werten der anderen zugeordnet). In allen sechs Abbildungen sind die Datensätze von x- und y-Werten identisch, aber die Paarungen zwischen einzelnen x- und y-Werten wurden neu gemischt, um die angegebenen Korrelationskoeffizienten zu erzeugen.

Der Korrelationskoeffizient ist definiert als:

$$r = \frac{\Sigma_i(x_i - \bar{x})(y_i - \bar{y})}{\sqrt{\Sigma_i(x_i - \bar{x})^2}\sqrt{\Sigma_i(y_i - \bar{y})^2}}$$

wobei x_i und y_i zwei Sätze von Beobachtungen und $\overline{x}$ und $\overline{y}$ die entsprechenden Mittelwerte der Proben sind. Mit dieser Formel können wir eine Reihe von Beobachtungen anstellen:

> Erstens ist die Formel in x_i und y_i symmetrisch, sodass die Korrelation von x mit y dieselbe ist wie die Korrelation von y mit x. Zweitens werden die Einzelwerte x_i und y_i nur im Rahmen von Abweichungen vom jeweiligen Mittelwert der Probe in die Formel eingetragen. Das heißt: Wenn ein ganzer Datensatz um einen konstanten Betrag verschoben wird (z.B. wenn wir x_i durch $x_i' = x_i + C$ für eine beliebige Konstante C ersetzen), dann bleibt der Korrelationskoeffizient unverändert. Drittens bleibt der Korrelationskoeffizient auch unverändert, wenn wir die Daten neu skalieren (z.B. $x_i' = Cx_i$), da die Konstante C sowohl im Zähler als auch im Nenner der Formel erscheint und daher gelöscht werden kann.

Visualisierungen von Korrelationskoeffizienten werden als *Korrelogramme* bezeichnet. Um die Verwendung eines Korrelogramms zu veranschaulichen, betrachten wir einen Datensatz von über 200 Glasfragmenten, die während forensischer Arbeiten erhalten wurden. Für jedes Glasfragment haben wir Messungen über seine Zusammensetzung, ausgedrückt als Gewichtsprozent verschiedener Mineraloxide. Wir haben Messungen für sieben verschiedene Oxide, woraus sich insgesamt 6 + 5 + 4 + 3 + 2 + 1 = 21 paarweise Korrelationen ergeben. Wir können diese 21 Korrelationen gleichzeitig als Matrix aus farbigen Kacheln anzeigen, wobei jede Kachel einen Korrelationskoeffizienten darstellt (Abbildung 12-6). Mit diesem Korrelogramm können wir Trends in den Daten schnell erfassen, z.B. dass Magnesium mit fast allen anderen Oxiden negativ korreliert, und das Aluminium und Barium eine stark positive Korrelation aufweisen.

Eine Schwäche des Korrelogramms von Abbildung 12-6 ist, dass eine geringe Korrelation (d.h. eine Korrelation mit einem absoluten Wert nahe null) optisch nicht so unterdrückt wird, wie es eigentlich sein sollte. Zum Beispiel sind Magnesium (Mg) und Kalium (K) überhaupt nicht korreliert, aber aus Abbildung 12-6 ist dies nicht sofort sichtbar. Um diese Einschränkung zu umgehen, können wir die Korrelationen als farbige Kreise anzeigen und die Kreisgröße mit dem absoluten Wert des Korrelationskoeffizienten skalieren (Abbildung 12-7). Auf diese Weise heben sich hohe Korrelationen deutlich stärker von den geringen Korrelationen ab.

Alle Korrelogramme haben einen wesentlichen Nachteil: Sie sind ziemlich abstrakt. Obwohl sie uns wichtige Muster in den Daten zeigen, verbergen sie auch die zugrunde liegenden Datenpunkte und können dazu führen, dass wir falsche Schlussfolgerungen ziehen. Es ist immer besser, die Rohdaten zu visualisieren, als abstrakte abgeleitete Größen, die daraus berechnet wurden. Glücklicherweise finden wir häufig einen Mittelweg zwischen dem Anzeigen wichtiger Muster und dem Anzeigen der Rohdaten, indem wir Techniken zur Dimensionsreduktion anwenden.

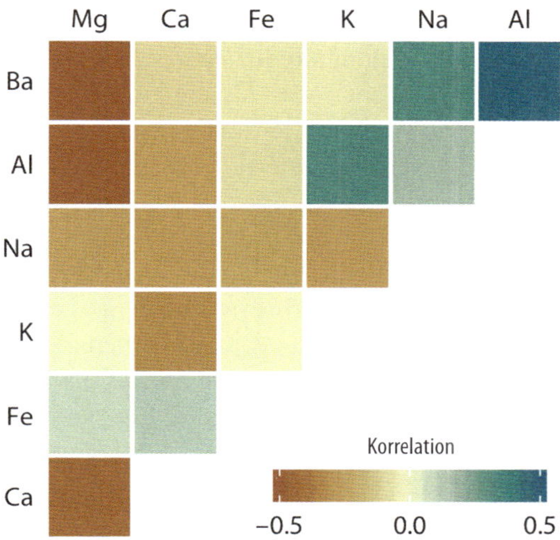

Abbildung 12-6: Korrelationen des Mineralgehalts für 214 Proben von Glasfragmenten, die bei forensischen Arbeiten anfielen. Der Datensatz enthält sieben Variablen, die die Mengen an Magnesium (Mg), Calcium (Ca), Eisen (Fe), Kalium (K), Natrium (Na), Aluminium (Al) und Barium (Ba) messen, die in jedem Glasfragment gefunden wurden. Die farbigen Kacheln repräsentieren die Korrelationen zwischen Paaren dieser Variablen. (Datenquelle: B. German)

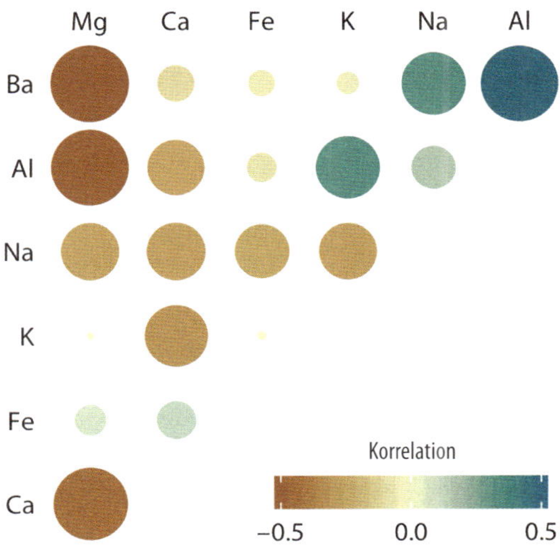

Abbildung 12-7: Korrelationen im Mineralgehalt für forensische Glasproben. Die Farbskala ist identisch mit Abbildung 12-6. Jedoch wird nun zusätzlich die Größenordnung der Korrelation durch die Größe der farbigen Kreise angegeben. Dadurch werden Fälle mit Korrelationen nahe null optisch deutlich weniger betont. (Datenquelle: B. German)

Dimensionsreduktion

Die Dimensionsreduktion beruht auf der zentralen Erkenntnis, dass die meisten hochdimensionalen Datasets aus mehreren korrelierten Variablen bestehen, die überlappende Informationen vermitteln. Solche Datensätze können auf eine kleinere Anzahl von Schlüsseldimensionen reduziert werden, ohne dass wichtige Informationen verloren gehen. Betrachten Sie als einfaches, intuitives Beispiel einen Datensatz mit mehreren physischen Merkmalen von Menschen, einschließlich Parametern wie Größe und Gewicht jeder Person, Länge ihrer Arme und Beine, Umfang ihrer Taille, Hüften und Brust usw. Wir können intuitiv erkennen, dass sich all diese Größen in erster Linie auf die Gesamtgröße jeder Person beziehen. Wenn alles andere gleich ist, ist eine hochgewachsene Person nicht nur größer, sondern wiegt auch mehr, hat längere Arme und Beine und einen größeren Umfang an Taille, Hüfte und Brust. Die nächste wichtige Dimension wird das Geschlecht der Person sein: Männliche und weibliche Maße unterscheiden sich bei Personen vergleichbarer Größe erheblich. Beispielsweise hat eine Frau tendenziell einen größeren Hüftumfang als ein Mann, während alle anderen Parameter gleich sind.

Es gibt viele Techniken zur Dimensionsreduktion. Ich werde hier nur die Technik diskutieren, die am häufigsten verwendet wird, die sogenannte *Hauptkomponentenanalyse (engl. Principal Component Analysis [PCA])*. PCA führt einen neuen Satz von Variablen ein, die als *Hauptkomponenten* (*engl. Principal Components PC*) bezeichnet werden, und zwar durch lineare Kombination der ursprünglichen Variablen in den Daten, die auf den Mittelwert null und die Einheitsvarianz standardisiert sind (siehe Abbildung 12.8 für ein Beispiel in zwei Dimensionen). Die Hauptkomponenten werden so ausgewählt, dass sie nicht korreliert sind, und sie werden so angeordnet, dass die erste Komponente die größtmögliche Variation der Daten erfasst und nachfolgende Komponenten immer weniger erfassen. In der Regel sind die wichtigsten Merkmale der Daten nur auf den ersten zwei oder drei Hauptkomponenten sichtbar.

Bei der Durchführung einer Hauptkomponentenanalyse interessieren uns im Allgemeinen zwei Informationen: die Zusammensetzung der Hauptkomponenten und die Positionen der einzelnen Datenpunkte im Hauptkomponentenraum. Sehen wir uns diese beiden Teile in einer Analyse des forensischen Glasdatensatzes an.

Zunächst betrachten wir die Zusammensetzung der Komponenten (Abbildung 12.9). Hier sehen wir uns nur die ersten beiden Komponenten an, PC 1 und PC 2. Da die Hauptkomponenten (nach der Standardisierung) lineare Kombinationen der ursprünglichen Variablen sind, können wir die ursprünglichen Variablen als Pfeile darstellen, die angeben, inwieweit sie zu den Hauptkomponenten beitragen. Hier sehen wir, dass Barium und Natrium hauptsächlich zu PC 1 und nicht zu PC 2 beitragen, dass Calcium und Kalium hauptsächlich zu PC 2 und nicht zu PC 1 beitragen und dass die anderen Variablen in unterschiedlichen Mengen zu beiden Komponenten beitragen. Die Pfeile sind unterschiedlich lang, da es mehr als zwei Hauptkomponenten gibt. Beispielsweise ist der Pfeil für Eisen besonders kurz, da er hauptsächlich zu Hauptkomponenten höherer Ordnung (die hier nicht angezeigt sind) beiträgt.

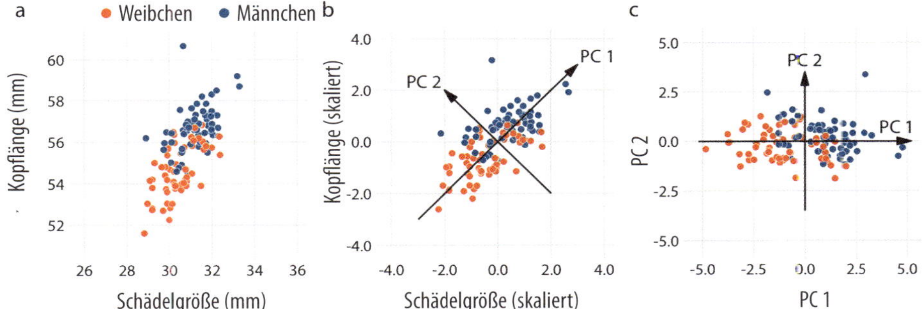

Abbildung 12-8: Beispiel zur Hauptkomponentenanalyse in zwei Dimensionen. (a) Die ursprünglichen Daten. Als Beispieldaten verwende ich die Kopflängen- und Schädelgrößenmessungen aus dem Blauhäher-Datensatz. Weibliche und männliche Vögel werden durch die Farbe unterschieden, aber diese Unterscheidung hat keine Auswirkung auf die PCA. (b) Als ersten Schritt in der PCA skalieren wir die ursprünglichen Datenwerte auf den Mittelwert null und die Einheitsvarianz. Wir definieren dann neue Variablen (die Hauptkomponenten) entlang der Richtungen maximaler Variation in den Daten. (c) Schließlich projizieren wir die Daten in die neuen Koordinaten. Mathematisch gesehen, entspricht diese Projektion einer Drehung der Datenpunkte um den Ursprung. In dem hier gezeigten 2D-Beispiel werden die Datenpunkte um 45 Grad im Uhrzeigersinn gedreht. (Datenquelle: Keith Tarvin, Oberlin College)

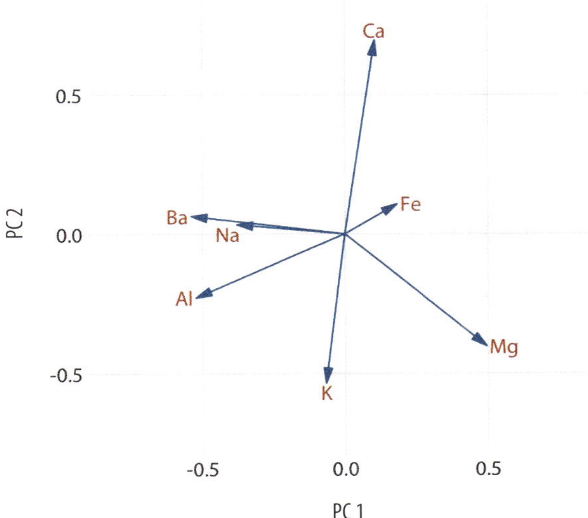

Abbildung 12-9: Zusammensetzung der ersten beiden Komponenten in einer Hauptkomponentenanalyse des forensischen Glasdatensatzes. Komponente 1 (PC 1) misst hauptsächlich die Menge an Aluminium, Barium, Natrium und Magnesium in einem Glasfragment, während Komponente 2 (PC 2) hauptsächlich die Menge an Calcium und Kalium und in geringem Maße die Menge an Aluminium und Magnesium misst. (Datenquelle: B. German)

Als Nächstes projizieren wir die Originaldaten in den Hauptkomponentenraum (Abbildung 12-10). In diesem Diagramm sehen wir eine definierte Anhäufung verschiedener Arten von Glasfragmenten. Fragmente sowohl von Scheinwerfern als auch von Fenstern fallen mit wenigen Ausreißern in klar umrissene Bereiche in der Hauptkomponenten-Darstellung. Fragmente aus Geschirr und Gefäßen sind etwas breiter gestreut, unterscheiden sich jedoch deutlich von Scheinwerfer- und Fensterfragmenten. Wenn wir Abbildung 12.10 mit Abbildung 12.9 vergleichen, können wir den Schluss ziehen, dass Proben von Fensterglas tendenziell einen höheren Magnesiumgehalt und einen niedrigeren Barium-, Aluminium- und Natriumgehalt als der Durchschnitt aufweisen, während das Gegenteil für Proben von Scheinwerferglas zutrifft.

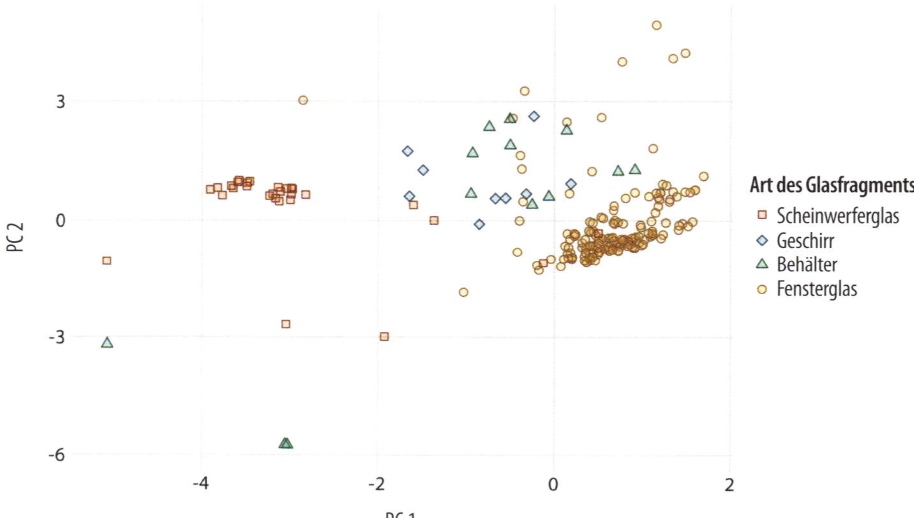

Abbildung 12-10: Zusammensetzung der einzelnen Glasfragmente in dem Hauptkomponentenraum, der in Abbildung 12.9 definiert wurde. Wir sehen, dass sich die verschiedenen Arten von Glasproben bei charakteristischen Werten von PC 1 und 2 häufen. Insbesondere ist Scheinwerferglas durch einen negativen PC1-Wert gekennzeichnet, wohingegen Fensterglas dazu neigt, einen positiven PC 1-Wert zu haben. Geschirr und Behälter haben PC 1-Werte nahe null und tendieren dazu, positive PC 2-Werte zu haben. Es gibt jedoch einige Ausnahmen, bei denen Behälterfragmente sowohl einen negativen PC 1-Wert als auch einen negativen PC 2-Wert aufweisen. Dies sind Scherben, deren Zusammensetzung sich drastisch von allen anderen analysierten Fragmenten unterscheidet. (Datenquelle: B. German)

Gepaarte Daten

Ein Sonderfall multivariater quantitativer Daten sind *gepaarte Daten*: Daten, bei denen zwei oder mehr Messungen derselben Größe unter leicht unterschiedlichen Bedingungen vorliegen. Beispiele hierfür sind zwei vergleichbare Messungen an jedem Untersuchungsobjekt (z. B. die Länge des rechten und des linken Arms einer Person), wiederholte Messungen an demselben Objekt zu verschiedenen Zeitpunkten (z. B. das Gewicht einer Person zu zwei verschiedenen Zeitpunkten im Jahr) oder Messungen an zwei nahezu identischen Untersuchungsobjekten (z. B. die Größe von zwei identischen Zwillingen). Für gepaarte Daten ist anzunehmen, dass die beiden zu jedem Paar gehörenden Messungen einander ähnlicher sind als die zu anderen Paaren gehörenden Messungen. Zwillinge sind ungefähr gleich groß, unterscheiden sich jedoch in der Größe von anderen Zwillingen. Daher müssen wir für gepaarte Daten Visualisierungen auswählen, die Unterschiede zwischen den gepaarten Messungen hervorheben.

Eine ausgezeichnete Wahl ist in diesem Fall ein einfaches Streudiagramm über einer diagonalen Linie, die $x = y$ markiert. Wenn in einem solchen Diagramm der einzige Unterschied zwischen den beiden Messungen jedes Paares zufälliges Rauschen ist, werden alle Punkte in der Probe symmetrisch um diese Linie gestreut. Im Gegensatz dazu werden alle systematischen Unterschiede zwischen den gepaarten Messungen durch eine systematische Verschiebung der Datenpunkte nach oben oder unten in Bezug auf die Diagonale sichtbar.

Betrachten Sie als Beispiel die Kohlendioxidemissionen (CO_2) pro Person, die 1970 und 2010 für 166 Länder gemessen wurden (Abbildung 12-11). In diesem Beispiel werden zwei allgemeine Merkmale gepaarter Daten hervorgehoben. Erstens liegen die meisten Punkte relativ nahe an der diagonalen Linie. Obwohl sich die CO_2-Emissionen in den einzelnen Ländern um fast vier Größenordnungen unterscheiden, sind sie in jedem Land über einen Zeitraum von 40 Jahren ziemlich konstant. Zweitens werden die Punkte relativ zur Diagonalen systematisch nach oben verschoben. In den meisten Ländern ist der CO_2-Ausstoß in den letzten 40 Jahren gestiegen.

Streudiagramme wie Abbildung 12-11 funktionieren gut, wenn wir eine große Anzahl von Datenpunkten haben und/oder an einer systematischen Abweichung des gesamten Datensatzes von der Nullerwartung interessiert sind. Wenn wir dagegen nur eine kleine Anzahl von Beobachtungen haben und hauptsächlich an der Identität jedes Einzelfalls interessiert sind, kann ein Steigungsdiagramm (*engl. Slopegraph*) eine bessere Wahl sein. In einem Steigungsdiagramm zeichnen wir einzelne Messungen als Punkte, die in zwei Spalten angeordnet sind, und geben Paarungen an, indem wir die Wertepaare mit einer Linie verbinden. Die Steigung jeder Linie hebt die Größe und Richtung der Änderung hervor. Abbildung 12-12 zeigt anhand dieses Ansatzes die 10 Länder mit den größten Unterschieden bei den CO_2-Emissionen pro Person in den Jahren 2000 und 2010.

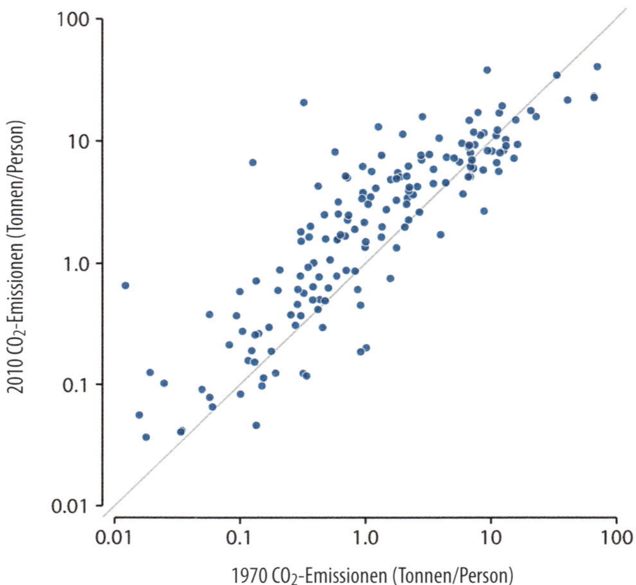

Abbildung 12-11: Kohlendioxidemissionen pro Person in den Jahren 1970 und 2010 in 166 Ländern. Jeder Punkt repräsentiert ein Land. Die Diagonale stellt identische CO_2-Emissionen in den Jahren 1970 und 2010 dar. Gegenüber der Diagonale werden die Punkte systematisch nach oben verschoben: In den meisten Ländern waren die Emissionen 2010 höher als 1970. (Datenquelle: Carbon Dioxide Information Analysis Center)

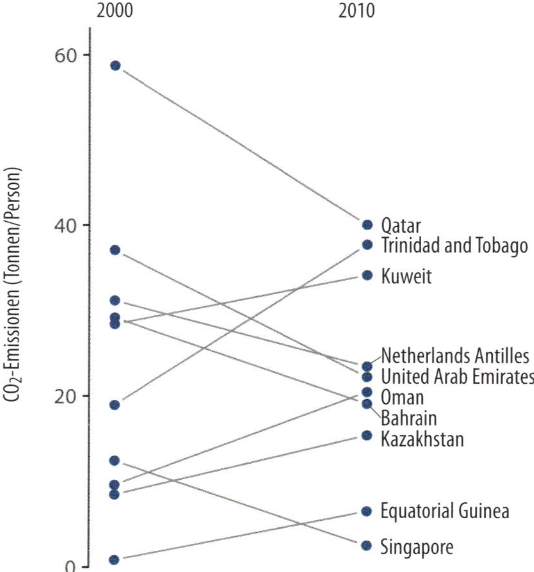

Abbildung 12-12: Kohlendioxidemissionen pro Person in den Jahren 2000 und 2010 für die 10 Länder mit dem größten Unterschied zwischen diesen beiden Jahren. (Datenquelle: Carbon Dioxide Information Analysis Center)

Steigungsdiagramme haben einen wichtigen Vorteil gegenüber Streudiagrammen: Sie können verwendet werden, um mehr als zwei Messungen gleichzeitig zu vergleichen. Zum Beispiel können wir Abbildung 12-12 so modifizieren, dass die CO_2-Emissionen zu drei Zeitpunkten angezeigt werden, hier in den Jahren 2000, 2005 und 2010 (Abbildung 12-13). Diese Auswahl hebt Länder hervor, in denen sich die Emissionen im Laufe des gesamten Jahrzehnts stark verändert haben, sowie Länder wie Katar oder Trinidad und Tobago, bei denen es einen großen Unterschied in der Entwicklung des ersten und zweiten Fünfjahresintervalls gibt.

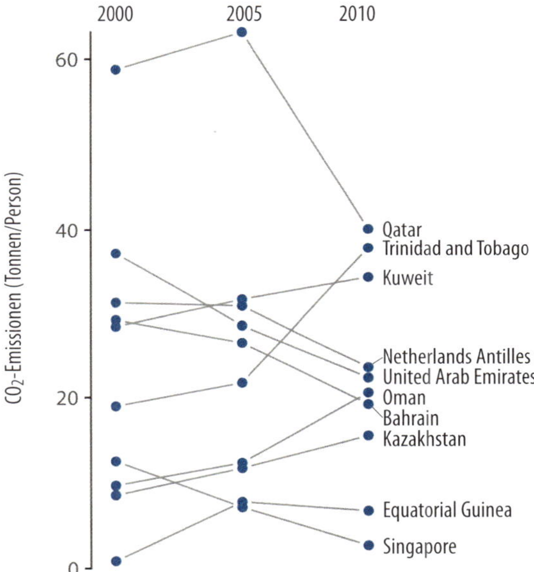

Abbildung 12-13: CO_2-Emissionen pro Person in den Jahren 2000, 2005 und 2010 für die 10 Länder mit dem größten Unterschied zwischen den Jahren 2000 und 2010. (Datenquelle: Carbon Dioxide Information Analysis Center)

KAPITEL 13
Visualisierung von Zeitreihen und anderen Funktionen einer unabhängigen Variablen

In Kapitel 12 wurden Streudiagramme behandelt, in denen wir eine quantitative Variable gegen eine andere auftragen. Ein Sonderfall liegt vor, wenn eine der beiden Variablen als Zeit betrachtet werden kann, da die Zeit den Daten eine zusätzliche Struktur auferlegt. Jetzt haben die Datenpunkte eine inhärente (d. h. eine ihnen innewohnende) Reihenfolge; wir können die Punkte in aufsteigender Reihenfolge anordnen und für jeden Datenpunkt einen Vorgänger und Nachfolger definieren. Wir wollen diese zeitliche Ordnung häufig visualisieren, und das tun wir mit Liniendiagrammen. Liniendiagramme sind jedoch nicht auf Zeitreihen beschränkt. Sie sind immer dann angebracht, wenn eine Variable den Daten eine geordnete Richtung auferlegt. Dieses Szenario tritt beispielsweise auch in einem kontrollierten Experiment auf, bei dem eine Einflussgröße gezielt auf einen Bereich unterschiedlicher Werte eingestellt wird. Wenn wir mehrere, zeitabhängige Variablen haben, können wir entweder separate Liniendiagramme zeichnen oder wir können ein Streudiagramm zeichnen und mit Linien die benachbarten Punkte auf der Zeitachse verbinden.

Einzelne Zeitreihen

Als erste Demonstration einer Zeitreihe betrachten wir das Muster der monatlichen Einreichung von Vorabdrucken (engl. *preprints*) in der Biologie. Vorabdrucke sind wissenschaftliche Artikel, die Forscher online veröffentlichen, bevor sie von Fachleuten begutachtet und in einer wissenschaftlichen Zeitschrift veröffentlicht werden. Der Preprint-Server *bioRxiv*, der im November 2013 speziell für Forscher in den biologischen Wissenschaften gegründet wurde, hat seitdem ein erhebliches Wachstum der monatlichen Einreichungen zu verzeichnen. Wir können dieses Wachstum visualisieren, indem wir ein Streudiagramm erstellen (Kapitel 12) und Punkte einzeichnen, die die Anzahl der Einreichungen pro Monat darstellen (Abbildung 13-1).

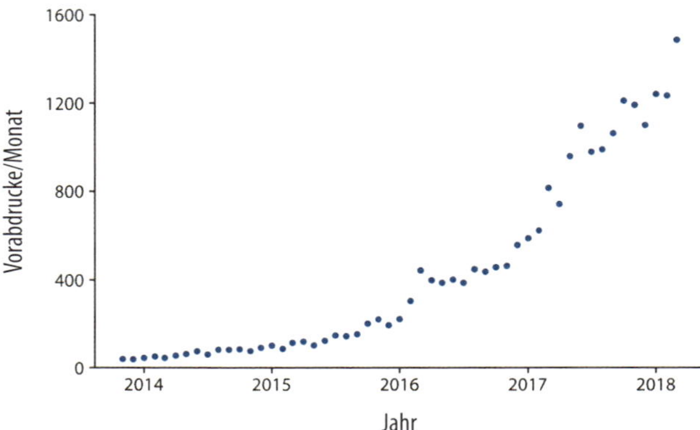

Abbildung 13-1: Monatliche Einreichungen an den Preprint-Server bioRxiv von der Einführung im November 2013 bis zum April 2018. Jeder Punkt gibt die Anzahl der Einreichungen in einem Monat an. Während des gesamten Zeitraums von 4,5 Jahren hat das Volumen der Einreichungen stetig zugenommen. (Datenquelle: Jordan Anaya, http://www.prepubmed.org)

Es gibt jedoch einen wichtigen Unterschied zwischen Abbildung 13-1 und den in Kapitel 12 erläuterten Streudiagrammen. In Abbildung 13-1 sind die Punkte gleichmäßig entlang der x-Achse verteilt, und es gibt eine definierte Reihenfolge zwischen ihnen. Jeder Punkt hat genau einen linken und einen rechten Nachbarn (außer dem ersten und letzten Punkt, die nur einen Nachbarn haben). Wir können diese Reihenfolge visuell hervorheben, indem wir benachbarte Punkte mit Linien verbinden (Abbildung 13-2). Ein solches Diagramm wird als *Liniendiagramm* bezeichnet.

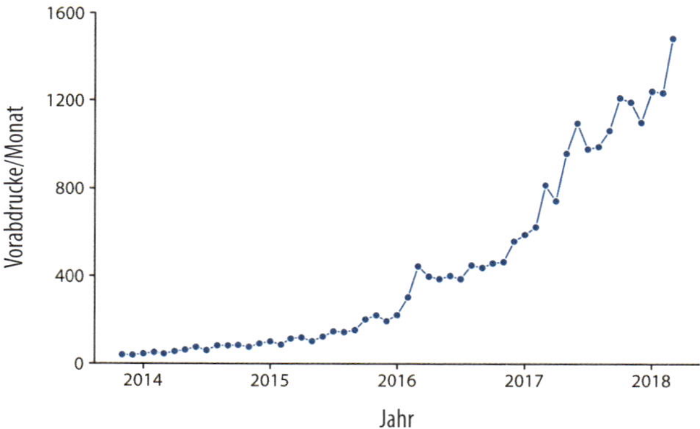

Abbildung 13-2: Monatliche Einreichungen an den Preprint-Server bioRxiv, dargestellt als durch Linien verbundene Punkte. Die Linien stellen keine Daten dar und sind nur als optische Hilfe gedacht. Durch die Verbindung der einzelnen Punkte mit Linien betonen wir, dass zwischen den Punkten eine Reihenfolge besteht: Jeder Punkt hat genau einen Nachbarn, der vor ihm steht, und einen, der nach ihm kommt. (Datenquelle: Jordan Anaya, http://www.prepubmed.org)

Manche haben Einwände gegen das Zeichnen von Linien zwischen Punkten, da die Linien keine beobachteten Daten darstellen. Insbesondere wenn es nur wenige Beobachtungen gibt, die weit voneinander entfernt sind, wären Beobachtungen zu Zwischenzeiten wahrscheinlich nicht genau auf die gezeigten Linien gefallen. In gewissem Sinne entsprechen die Linien daher künstlich generierten Daten. Sie können jedoch die Wahrnehmung unterstützen, wenn die Punkte weit oder in ungleichen Abständen voneinander entfernt sind. Wir können dieses Dilemma zum Teil lösen, indem wir in der Abbildungsunterschrift darauf hinweisen, z.B. indem wir schreiben, dass »Linien als optische Hilfe gedacht sind« (siehe Bildunterschrift in Abbildung 13-2).

Die Verwendung von Linien zur Darstellung von Zeitreihen ist jedoch allgemein anerkannt, und häufig werden die Punkte ganz weggelassen (Abbildung 13-3). Ohne Punkte wird der Gesamttrend in den Daten und werden weniger einzelne Beobachtungen hervorgehoben. Eine Abbildung ohne Punkte ist auch optisch weniger überladen. Im Allgemeinen gilt: Je dichter die Zeitreihe ist, desto weniger wichtig ist es, einzelne Beobachtungen mit Punkten darzustellen. Für den hier gezeigten Vorabdruck-Datensatz halte ich das Weglassen der Punkte für gerechtfertigt.

Abbildung 13-3: Monatliche Einreichungen an den Preprint-Server bioRxiv, dargestellt als Liniendiagramm ohne Punkte. Das Weglassen der Punkte betont den allgemeinen zeitlichen Trend, wobei einzelne Beobachtungen zu bestimmten Zeitpunkten weniger priorisiert werden. Es ist besonders nützlich, wenn die Zeitfolge eine hohe Dichte an Zeitpunkten aufweist. (Datenquelle: Jordan Anaya, http://www.prepubmed.org)

Wir können den Bereich unter der Kurve auch mit einer Farbe füllen (Abbildung 13-4). Diese Auswahl hebt den übergeordneten Trend in den Daten weiter hervor, da der Bereich über der Kurve vom Bereich darunter optisch getrennt wird. Diese Visualisierung ist jedoch nur gültig, wenn die *y*-Achse bei null beginnt, sodass die Höhe des schattierten Bereichs zu jedem Zeitpunkt den Datenwert zu diesem Zeitpunkt darstellt.

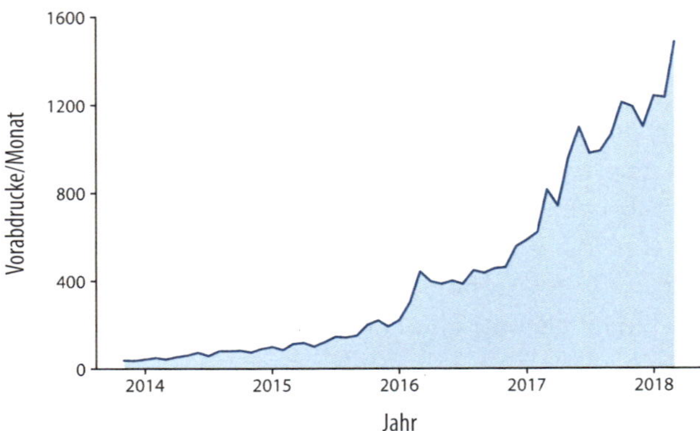

Abbildung 13-4: Monatliche Einreichungen an den Preprint-Server bioRxiv, dargestellt als Liniendiagramm mit farbig ausgefüllter Fläche unterhalb der Linie. Indem wir den Bereich unter der Kurve ausfüllen, verstärken wir die Betonung der übergeordneten zeitlichen Trends, stärker als wenn wir nur eine Linie zeichnen würden wie in Abbildung 13-3. (Datenquelle: Jordan Anaya, http://www.prepubmed.org)

Mehrere Zeitreihen und Dosiswirkungskurven

Wir haben oft mehrere Zeitfolgen, die wir gleichzeitig darstellen möchten. In diesem Fall müssen wir bei der Darstellung der Daten vorsichtiger vorgehen, da die Abbildung verwirrend oder schwer lesbar werden kann. Wenn wir beispielsweise die monatlichen Einreichungen an mehrere Preprint-Server anzeigen möchten, ist ein Streudiagramm keine gute Idee, da die einzelnen Zeitverläufe ineinander übergehen (Abbildung 13-5). Wenn wir die Punkte mit Linien verbinden, wird dieses Problem behoben (Abbildung 13-6).

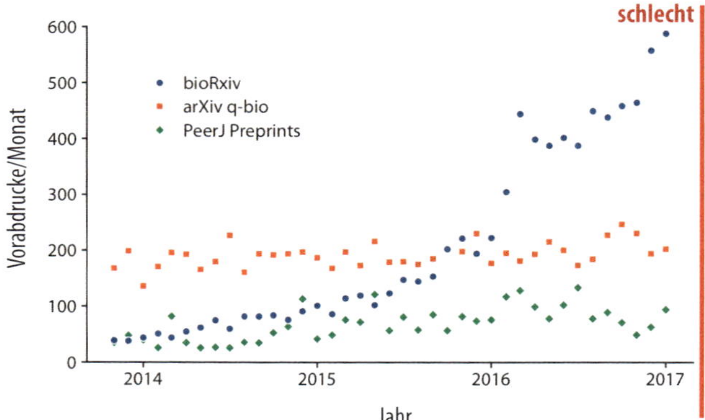

Abbildung 13-5: Monatliche Einreichungen auf drei Preprint-Servern für die biomedizinische Forschung: bioRxiv, der q-bio-Bereich von arXiv sowie PeerJ Preprints. Jeder Punkt steht für die Anzahl der Einreichungen an den jeweiligen Preprint-Server in einem Monat. Diese Abbildung ist mit »schlecht« beschriftet, denn die drei Zeitverläufe überlagern sich optisch und sind schwer lesbar. (Datenquelle: Jordan Anaya, http://www.prepubmed.org)

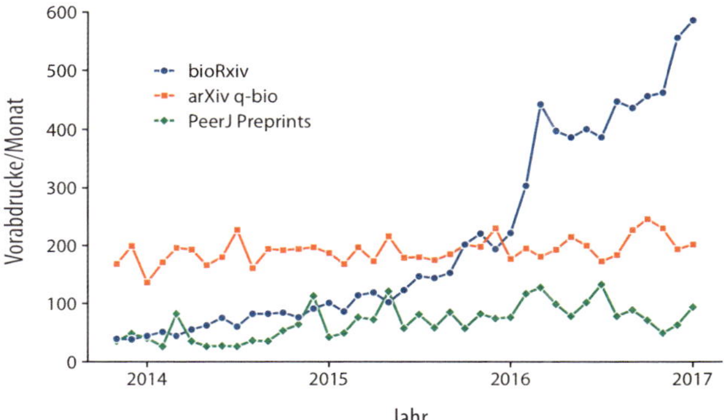

Abbildung 13-6: Monatliche Einreichungen auf drei Preprint-Servern für die biomedizinische Forschung. Indem wir die Punkte in Abbildung 13-5 mit Linien verbinden, helfen wir dem Betrachter, jeden einzelnen Zeitverlauf zu verfolgen. (Datenquelle: Jordan Anaya, http://www.prepubmed.org)

Abbildung 13-6 zeigt eine akzeptable Visualisierung des Vorabdruck-Datensatzes. Die separate Beschriftung erzeugt jedoch eine unnötige kognitive Belastung. Wir können diese reduzieren, indem wir die Linien direkt beschriften (Abbildung 13-7). Ich habe auch die einzelnen Punkte in dieser Abbildung entfernt, um ein Ergebnis zu erzielen, das deutlich effektiver und besser lesbar ist als das ursprüngliche in Abbildung 13-5.

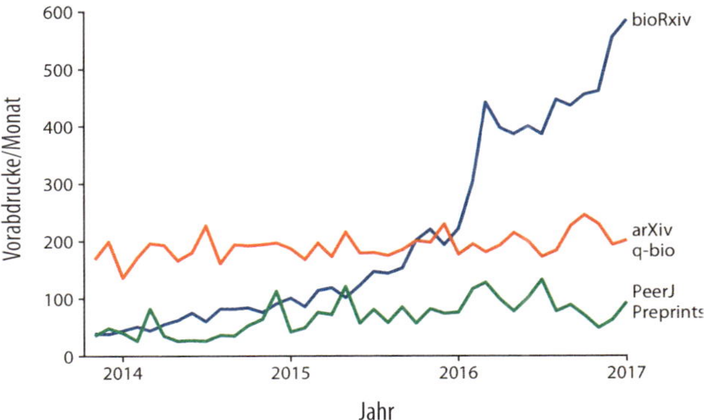

Abbildung 13-7: Monatliche Einreichungen auf drei Preprint-Servern für die biomedizinische Forschung. Die Beschriftung der Linien anstelle einer Legende verringert die kognitive Belastung, die zum Lesen der Abbildung erforderlich ist, und das Eliminieren der Legende beseitigt die Notwendigkeit, Punkte in verschiedenen Formen darzustellen. Dies ermöglicht es uns, Abbildung 13-6 durch Entfernen der Punkte weiter zu optimieren. (Datenquelle: Jordan Anaya, http://www.prepubmed.org)

Liniendiagramme sind nicht auf Zeitreihen beschränkt. Sie eignen sich immer dann, wenn die Datenpunkte eine natürliche Reihenfolge haben, die sich in der auf der x-Achse dargestellten Variablen widerspiegelt, sodass benachbarte Punkte mit einer Linie verbunden werden können. Diese Situation entsteht zum Beispiel in sog. *Dosiswirkungskurven* (engl. *dose-response curves*), mit denen dargestellt wird, wie sich eine Änderung eines numerischen Parameters in einem Experiment (die Dosis) auf ein Ergebnis von Interesse (die Wirkung) auswirkt. Abbildung 13-8 zeigt ein klassisches Experiment dieser Art, bei dem der Haferertrag als Reaktion auf zunehmende Düngermengen gemessen wird. Die Darstellung anhand eines Liniendiagramms hebt hervor, dass die Dosis-Wirkungs-Kurven für die drei betrachteten Hafersorten eine ähnliche Form haben, obwohl sie sich in Ihrem numerischen Ursprung unterscheiden (d.h., einige Hafersorten liefern von Natur aus höherer Ernteerträge als andere).

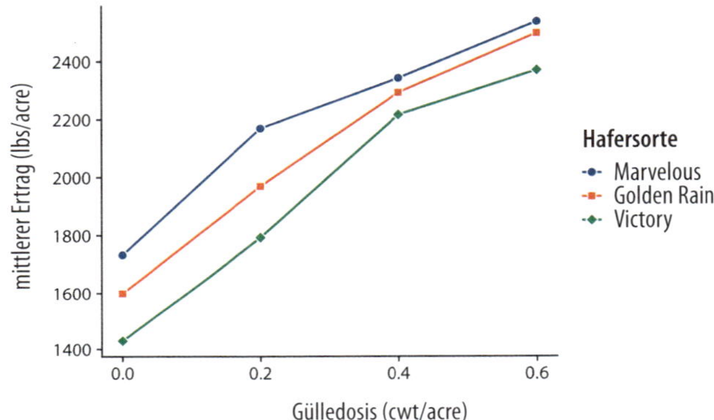

Abbildung 13-8: Mittlerer Ertrag von Hafersorten nach Düngung mit Gülle, dargestellt als Dosiswirkungskurve. Die Gülle dient als Stickstoffquelle, und die Habererträge steigen im Allgemeinen, je mehr Stickstoff verfügbar ist, unabhängig von der Sorte. Hier wird die angewandte Gülledosis in Hundredweight (cwt) pro Morgen (engl. acre) gemessen. Das Hundredweight ist eine alte angloamerikanische Einheit, die 50,8 kg und somit ungefähr dem dt. Zentner (50 kg) entspricht. (Datenquelle: [Yates 1935]).

Zeitreihe von zwei oder mehr Antwortvariablen

In den vorhergehenden Beispielen haben wir uns mit Zeitverläufen nur einer einzelnen Antwortvariablen befasst (z.B. Einreichungen von Vorabdrucken pro Monat oder Haferertrag). Es ist jedoch nicht ungewöhnlich, dass mehr als eine Antwortvariable vorhanden ist. Solche Situationen treten häufig in der Makroökonomie auf. Zum Beispiel könnten wir an der Änderung der Immobilienpreise in den letzten 12 Monaten interessiert sein, da sie in Beziehung zur Arbeitslosenquote stehen. Es ist zu erwarten, dass die Immobilienpreise steigen, wenn die Arbeitslosenquote niedrig ist, und umgekehrt.

Mit den Werkzeugen aus den vorhergehenden Abschnitten können wir solche Daten als zwei separate Liniendiagramme visualisieren, die übereinander abgebildet sind (Abbildung 13-9). Dieses Diagramm zeigt direkt die beiden Variablen von Interesse und ist einfach zu interpretieren. Da die beiden Variablen jedoch als separate Liniendiagramme angezeigt werden, können Vergleiche zwischen ihnen umständlich sein. Wenn wir zeitliche Bereiche identifizieren möchten, in denen sich beide Variablen in die gleiche oder in die entgegengesetzte Richtung bewegen, müssen wir zwischen den beiden Diagrammen hin und her schauen und die relativen Steigungen der beiden Kurven vergleichen.

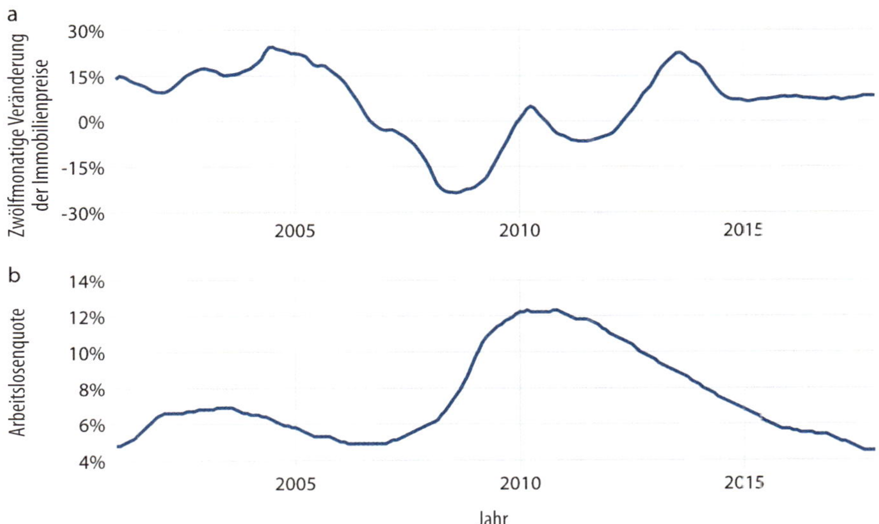

Abbildung 13-9: Zwölfmonatige Veränderung der Immobilienpreise (a) und der Arbeitslosenquote (b) im Zeitverlauf von Januar 2001 bis Dezember 2017. (Datenquellen: Freddie Mac House Price Index, US Bureau of Labour Statistics)

Als Alternative zu zwei separaten Liniendiagrammen können wir die beiden Variablen gegeneinander abbilden und einen Pfad zeichnen, der vom frühesten Zeitpunkt bis zum spätesten führt (Abbildung 13-10). Eine solche Visualisierung wird als *verbundenes Streudiagramm* bezeichnet, da wir technisch ein Streudiagramm der beiden Variablen gegeneinander erstellen und dann benachbarte Punkte verbinden. Physiker und Ingenieure bezeichnen dieses Diagramm häufig als *Phasenporträt*, da es in ihren Disziplinen häufig zur Darstellung von Bewegungen im Phasenraum verwendet wird. Wir haben bereits in Kapitel 3 zusammenhängende Streudiagramme gesehen, in denen ich die täglichen Temperaturnormalen in Houston (TX) im Vergleich zu denen in San Diego (CA) aufgezeichnet habe (Abbildung 3-3).

In einem verbundenen Streudiagramm stehen Linien, die von links unten nach rechts oben verlaufen, für eine korrelierte Bewegung zwischen den beiden Variablen (wenn eine Variable wächst, wächst auch die andere) und Linien, die von links oben nach rechts unten verlaufen, für eine antikorrelierte Bewegung (wenn eine

Variable wächst, wird die andere kleiner). Wenn die beiden Variablen eine in etwa zyklische Beziehung haben, sehen wir Kreise oder Spiralen im verbundenen Streudiagramm. In Abbildung 13-10 sehen wir einen kleinen Kreis von 2001 bis 2005 und einen großen Kreis für den Rest des Zeitverlaufs.

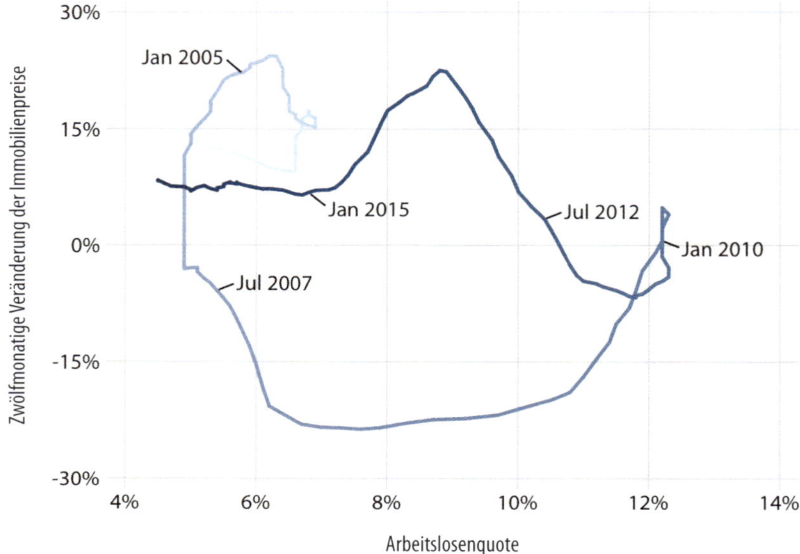

Abbildung 13-10: Zwölfmonatige Veränderung der Immobilienpreise im Vergleich zur Arbeitslosenquote von Januar 2001 bis Dezember 2017, dargestellt als zusammenhängende Streudiagramme. Dunkle Töne repräsentieren die letzten Monate. Die Antikorrelation in Abbildung 13-9 zwischen der Änderung der Immobilienpreise und der Arbeitslosenquote führt dazu, dass das verbundene Streudiagramm zwei Kreise gegen den Uhrzeigersinn bildet. (Konzept der Originalabbildung: Len Kiefer. Datenquellen: Freddie Mac House Price Index, US Bureau of Labour Statistics)

Beim Zeichnen eines verbundenen Streudiagramms ist es wichtig, dass sowohl die Richtung als auch der zeitliche Maßstab der Daten angegeben werden. Ohne solche Hinweise kann die Abbildung zu einem bedeutungslosen Geschmiere werden (Abbildung 13-11). In Abbildung 13-10 habe ich die Farbe schrittweise abgedunkelt, um die Richtung anzuzeigen. Alternativ könnte man Pfeile entlang des Pfades zeichnen.

Ist es besser, ein verbundenes Streudiagramm oder zwei separate Liniendiagramme zu verwenden? Separate Liniendiagramme sind in der Regel leichter zu lesen, aber wenn die Benutzer mit verbundenen Streudiagrammen vertraut sind, können sie möglicherweise bestimmte Muster (z.B. zyklisches Verhalten mit einigen Unregelmäßigkeiten) herauslesen, die in Liniendiagrammen nur schwer zu erkennen sind. In der Tat ist für mich die zyklische Beziehung zwischen der Veränderung der

Immobilienpreise und der Arbeitslosenquote in Abbildung 13-9 schwer zu erkennen, aber die Spirale gegen den Uhrzeigersinn in Abbildung 13-10 verdeutlicht dies. Forschungsberichte besagen, dass Leser in einem verbundenen Streudiagramm mit größerer Wahrscheinlichkeit die Reihenfolge und Richtung verwechseln als in Liniendiagrammen und so Korrelationen schlechter erkennen [Haroz, Kosara und Franconeri 2016]. Andererseits scheinen verbundene Streudiagramme zu höherer Aufmerksamkeit zu führen. Solche Abbildungen können daher effektive Werkzeuge sein, um Leser für spannende Aussagen zu interessieren.

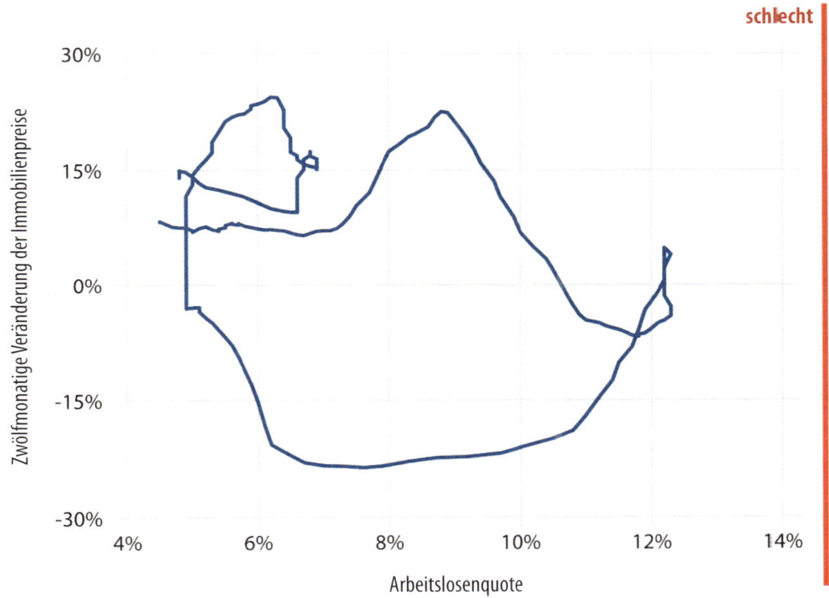

Abbildung 13-11: Zwölfmonatige Veränderung der Immobilienpreise gegenüber der Arbeitslosenquote von Januar 2001 bis Dezember 2017. Diese Abbildung ist als »schlecht« eingeordnet, da wir ohne die Datumsmarkierungen und Farbschattierungen in Abbildung 13-10 weder die Richtung noch die Änderungsgeschwindigkeit der Daten erkennen können. (Datenquellen: Freddie Mac House Price Index, US Bureau of Labour Statistics)

Verbundene Streudiagramme können zwar nur zwei Variablen gleichzeitig anzeigen, wir können sie jedoch auch zur Visualisierung höherdimensionaler Datensätze verwenden. Der Trick besteht darin, zuerst die Dimensionsreduzierung anzuwenden (siehe Kapitel 12). Wir können dann ein verbundenes Streudiagramm im dimensionsreduzierten Raum zeichnen. Als Beispiel für diesen Ansatz werden wir eine Datenbank mit monatlichen Beobachtungen von über 100 makroökonomischen Indikatoren visualisieren, die von der Federal Reserve Bank of St. Louis zur Verfügung gestellt wurden. Wir führen eine Hauptkomponentenanalyse (PCA) aller Indikatoren durch und zeichnen dann ein verbundenes Streudiagramm von PC 2 gegen PC 1 (Abbildung 13-12a) und gegen PC 3 (Abbildung 13-12b).

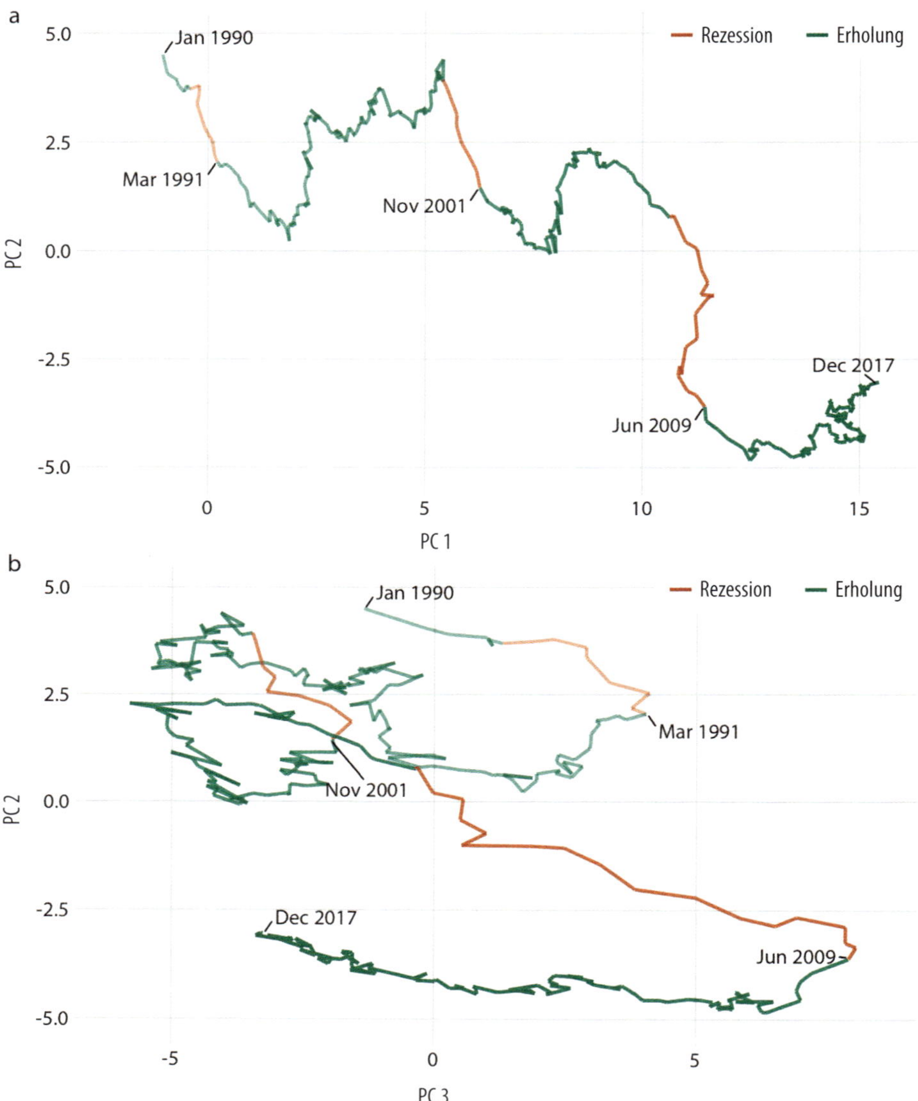

Abbildung 13-12: Visualisierung einer hochdimensionalen Zeitreihe als verbundenes Streudiagramm im Hauptkomponentenraum. Der Pfad zeigt die gemeinsame Bewegung von über 100 makroökonomischen Indikatoren von Januar 1990 bis Dezember 2017. Die Zeiten der Rezession und Erholung sind farbig gekennzeichnet, und die Endpunkte der drei Rezessionen (März 1991, November 2001 und Juni 2009) sind ebenfalls gekennzeichnet. (a) PC 2 gegen PC 1. (b) PC 2 gegen PC 3. (Datenquelle: M. W. McCracken, St. Louis Fed)

Bemerkenswerterweise ähnelt Abbildung 13-12a einem normalen Liniendiagramm, wobei die Zeit von links nach rechts läuft. Dieses Muster wird durch ein gemeinsames Merkmal der Hauptkomponentenanalyse verursacht: Die erste Komponente misst häufig die Gesamtgröße des Systems. Hier misst PC 1 ungefähr die Gesamtgröße der Volkswirtschaft, die selten abnimmt.

Anhand der verbundenen Streudiagramme nach Rezessions- und Erholungszeiten können wir erkennen, dass Rezessionen mit einem Rückgang von PC 2 verbunden sind, wohingegen Erholungszeiten weder in PC 1 noch in PC 2 einer bestimmten Funktion entsprechen (Abbildung 13-12a). Die Erholungszeiten scheinen jedoch einem Rückgang von PC 3 zu entsprechen (Abbildung 13-12b). Darüber hinaus sehen wir, dass die Linie der Form einer Spirale im Uhrzeigersinn folgt. Dieses Muster unterstreicht den zyklischen Charakter der wirtschaftlichen Entwicklung mit Zeiten der Rezessionen, die Erholungszeiten folgen und umgekehrt.

KAPITEL 14

Visualisierung von Trends

Bei der Erstellung von Streudiagrammen (Kapitel 12) oder Zeitreihen (Kapitel 13) interessiert uns oft mehr der übergreifende Trend der Daten als das spezifische Detail, wo jeder einzelne Datenpunkt liegt. Indem wir den Trend über die oder anstelle der tatsächlichen Datenpunkte zeichnen, normalerweise in Form einer geraden oder gekrümmten Linie, können wir eine Visualisierung erstellen, die dem Leser hilft, die wichtigsten Merkmale der Daten sofort zu erkennen. Es gibt zwei grundlegende Ansätze zur Bestimmung eines Trends: Entweder können wir die Daten mit einer Methode wie z. B. einem gleitenden Durchschnitt glätten oder wir können eine Kurve mit einer definierten funktionalen Form approximieren und dann die angepasste Kurve zeichnen. Sobald wir einen Trend in einem Datensatz identifiziert haben, kann es auch nützlich sein, Abweichungen vom Trend genauer zu betrachten oder die Daten in mehrere Komponenten aufzuteilen, einschließlich des zugrunde liegenden Trends, vorhandener zyklischer Komponenten und episodischer Komponenten oder zufälligen Rauschens.

Glättung

Betrachten wir als Beispiel eine Zeitreihe des Dow Jones Industrial Average (Dow Jones), eines Börsenindex, der die Aktienkurse von 30 großen US-Aktiengesellschaften darstellt. Insbesondere werden wir uns das Jahr 2009 unmittelbar nach dem Absturz von 2008 ansehen (Abbildung 14-1). Am Schluss des Crashs verlor der Markt in den ersten drei Monaten des Jahres 2009 über 2.400 Punkte (~ 27 %). Dann erholte er sich langsam für den Rest des Jahres. Wie können wir diese längerfristigen Trends visualisieren und gleichzeitig die weniger wichtigen, kurzfristigen Schwankungen geringer betonen?

Abbildung 14-1: Tägliche Schlusswerte des Dow Jones Industrial Average für das Jahr 2009. (Datenquelle: Yahoo! Finanzen)

Statistisch gesehen, suchen wir nach einer Möglichkeit, die Börsenzeitreihen zu *glätten*. Die Glättung erzeugt eine Funktion, die Schlüsselmuster in den Daten erfasst, während irrelevante kleine Details oder Rauschen entfernt werden. Finanzanalysten glätten Börsendaten in der Regel durch die Berechnung *gleitender Mittelwerte*. Um einen gleitenden Mittelwert zu generieren, nehmen wir ein Zeitfenster, sagen wir die ersten 20 Tage in der Zeitreihe, berechnen den Durchschnittskurs über diese 20 Tage und verschieben dann das Zeitfenster um einen Tag, sodass es sich nun vom 2. bis zum 21. Tag erstreckt. Wir berechnen dann den Mittelwert über diese 20 Tage, verschieben das Zeitfenster erneut und so weiter. Das Ergebnis ist eine neue Zeitreihe, die aus einer Folge von Durchschnittskursen besteht.

Um diese Folge von gleitenden Mittelwerten darzustellen, müssen wir für jedes Zeitfenster entscheiden, welcher bestimmte Zeitpunkt dem Mittelwert zugeordnet werden soll. Finanzanalysten zeichnen häufig jeden Mittelwert am Ende eines jeweiligen Zeitfensters auf. Diese Wahl führt zu Kurven, die den ursprünglichen Daten hinterherhinken (Abbildung 14-2a), und das mit größeren Verzögerungen, je größer die Zeitfenster für die Mittelwertbildung sind. Statistiker hingegen zeichnen den Mittelwert in der Mitte des Zeitfensters auf, wodurch sich eine Kurve ergibt, die die ursprünglichen Daten perfekt überlagert (Abbildung 14-2b).

Unabhängig davon, ob wir die geglätteten Zeitreihen mit oder ohne Verzögerung zeichnen, können wir feststellen, dass die Länge des Zeitfensters, über das wir mitteln, den Maßstab der Schwankungen festlegt, die in der geglätteten Kurve sichtbar bleiben. Ein 20-Tage-Fenster beseitigt kleine, kurzfristige Spitzen, folgt aber ansonsten den täglichen Daten. Der gleitende 100-Tage-Mittelwert entfernt andererseits sogar ziemlich erhebliche Rückgänge oder Spitzenwerte, die sich in einem Zeitraum von mehreren Wochen abspielen. Beispielsweise ist der massive Rückgang auf unter 7.000 Punkte im ersten Quartal 2009 im 100-Tage-Durchschnitt nicht sichtbar. Er wird durch eine sanfte Kurve ersetzt, die nicht viel unter dem Wert von 8.000 Punkten liegt (Abbildung 14-2). Ebenso ist der Rückgang vom Juli 2009 im gleitenden 100-Tage-Durchschnitt völlig unsichtbar.

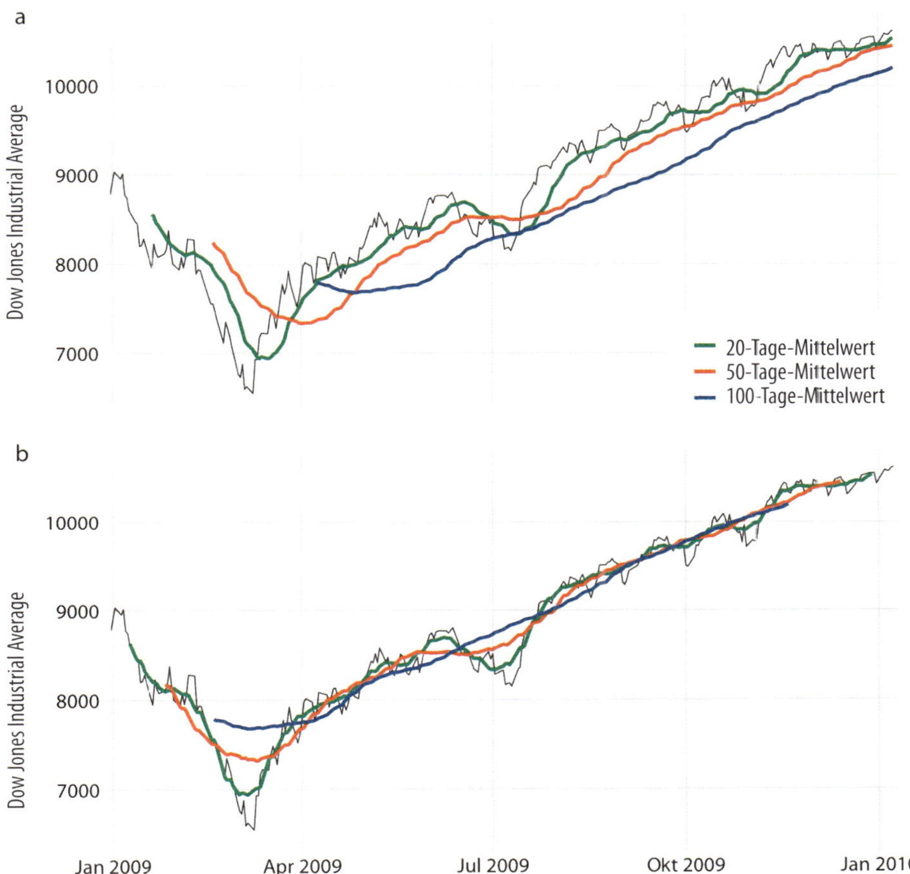

Abbildung 14-2: Die täglichen Schlusswerte des Dow Jones Industrial Average für das Jahr 2009, dargestellt zusammen mit ihren gleitenden 20-Tage-, 50-Tage- und 100-Tage-Mittelwerten. (a) Die gleitenden Mittelwerte sind an den Enden der Bewegungszeitfenster aufgetragen. (b) Die gleitenden Mittelwerte sind in den Mitten der gleitenden Zeitfenster aufgetragen. (Datenquelle: Yahoo! Finanzen)

Der gleitende Mittelwert ist der einfachste Ansatz zum Glätten und weist einige offensichtliche Einschränkungen auf. Erstens ergibt sich eine geglättete Kurve, die kürzer ist als die Originalkurve (Abbildung 14-2). Teile fehlen entweder am Anfang oder am Ende oder an beiden Enden. Und je mehr die Zeitreihe geglättet ist (d.h., je größer das Mittelungsfenster ist), desto kürzer ist die geglättete Kurve. Zweitens ist ein sich bewegender Mittelwert selbst bei einem großen Mittelungsfenster nicht unbedingt so glatt. Er kann kleine Unebenheiten und Verwacklungen aufweisen, obwohl eine größere Glättung erzielt wurde (Abbildung 14-2). Diese Verwacklungen werden durch einzelne Datenpunkte verursacht, die in das Mittelungsfenster eintreten oder dieses verlassen. Da alle Datenpunkte im Fenster gleich gewichtet werden, können einzelne Datenpunkte an den Auswahlgrenzen sichtbare Auswirkungen auf den Durchschnitt haben.

Statistiker haben zahlreiche Ansätze zur Glättung entwickelt, die die Nachteile von gleitenden Mittelwerten mindern. Diese Ansätze sind signifikant komplexer und rechenintensiver, aber sie sind in modernen statistischen Computing-Umgebungen fertig verfügbar. Eine weit verbreitete Methode ist das *Locally Estimated Scatterplot Smoothing* (LOESS) [Cleveland 1979], bei dem Polynome niedrigen Grades an Teilmengen der Daten angepasst werden. Wichtig ist, dass die Punkte in der Mitte jeder Teilmenge stärker gewichtet werden als die Punkte an den Grenzen. Dieses Gewichtungsschema liefert ein viel gleichmäßigeres Ergebnis, als wir es über einen gewichteten Mittelwert erhalten. Die in Abbildung 14-3 gezeigte LOESS-Kurve ähnelt dem in Abbildung 14-2 gezeigten 100-Tage-Durchschnitt – diese Ähnlichkeit sollte jedoch nicht überinterpretiert werden: Die Glätte einer LOESS-Kurve kann durch Anpassung eines Parameters eingestellt werden, und die Wahl anderer Parameter hätte LOESS-Kurven produziert, die dem 20-Tage- oder dem 50-Tage-Durchschnitt ähneln würden.

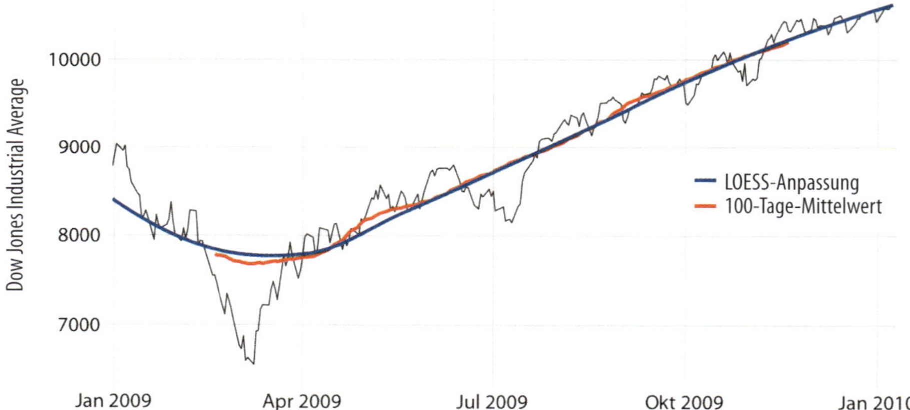

Abbildung 14-3: Vergleich der LOESS-Anpassung mit dem gleitenden 100-Tage-Mittelwert für die Dow-Jones-Daten von Abbildung 14-2. Der mit der LOESS-Methode geglättete Gesamttrend ist nahezu identisch mit dem gleitenden 100-Tage-Durchschnitt, aber die LOESS-Kurve ist viel glatter und erstreckt sich über den gesamten Datenbereich. (Datenquelle: Yahoo! Finanzen)

Wichtig ist, dass LOESS nicht auf Zeitreihen beschränkt ist. Diese Methode kann auf beliebige Streudiagramme angewendet werden, wie aus ihrem Namen hervorgeht. Zum Beispiel können wir mit LOESS nach Trends in der Beziehung zwischen dem Tankinhalt eines Autos und seinem Preis suchen (Abbildung 14-4). Die

LOESS-Linie zeigt, dass die Tankkapazität ungefähr linear mit dem Preis für billige Autos (unter 20.000 US-Dollar) wächst, dann aber bei teureren Autos abflacht. Ab einem Preis von ca. 20.000 USD erhalten Sie bei einem teureren Auto keinen größeren Kraftstofftank mehr.

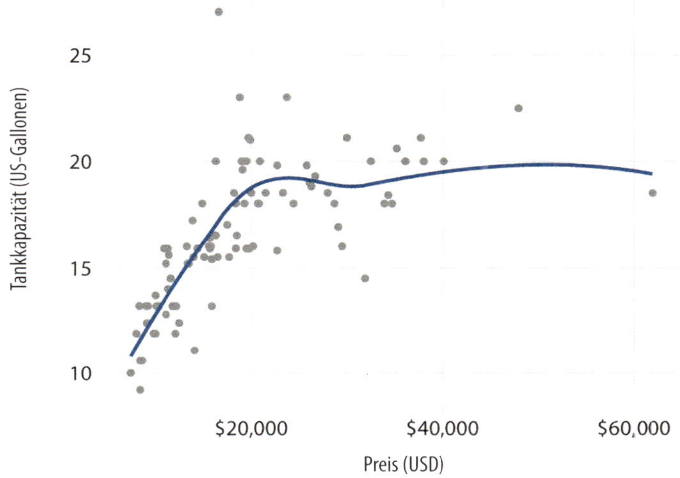

Abbildung 14-4: Tankinhalt im Vergleich zum Preis von 93 Fahrzeugen aus dem Modelljahrgang 1993. Jeder Punkt entspricht einem Auto. Die durchgezogene Linie repräsentiert eine LOESS-Glättung der Daten. Wir sehen, dass die Kapazität des Kraftstofftanks ungefähr linear bis zu einem Preis von ungefähr 20.000 USD ansteigt und dann abflacht. (Datenquelle: Robin H. Lock, St. Lawrence University)

LOESS ist ein sehr beliebter Glättungsansatz, da er tendenziell Ergebnisse erzielt, die dem menschlichen Auge korrekt erscheinen. Er erfordert jedoch die Anpassung vieler separater Regressionsmodelle. Dies macht ihn für große Datensätze selbst auf modernen Computern langsam.

Als schnellere Alternative zu LOESS können wir sogenannte Spline-Modelle verwenden. Ein *Spline* ist eine stückweise definierte polynomische Funktion, die hochflexibel ist und dennoch immer glatt aussieht. Wenn wir mit Splines arbeiten, werden wir auf den Begriff *Knoten* stoßen. Die Knoten in einem Spline sind die Endpunkte der einzelnen Spline-Segmente. Wenn wir einen Spline mit k Segmenten anpassen, müssen wir $k + 1$ Knoten angeben. Obwohl die Spline-Regression rechnerisch effizient ist, insbesondere wenn die Anzahl der Knoten nicht zu groß ist, haben Splines ihre Nachteile. Insbesondere gibt es eine verwirrende Reihe verschiedener Arten von Splines, einschließlich kubischer Splines, B-Splines, Thin-Plate-Splines, Gauß-Prozess-Splines und vieler anderer, und oft ist es nicht offensichtlich, welcher Spline angewendet werden sollte. Die spezifische Auswahl eines bestimmten Spline-Typs und die Anzahl der verwendeten Knoten kann zu sehr unterschiedlichen Glättungsfunktionen für die gleichen Daten führen (Abbildung 14-5).

Die meisten Datenvisualisierungsprogramme bieten Glättungsfunktionen, die wahrscheinlich entweder als lokale Regressionsmethode (z.B. LOESS) oder als Spline-Methode implementiert sind. Das Glättungsverfahren kann als *generalisiertes Additivmodell* (engl. *Generalized Additive Model, GAM*) bezeichnet werden. Bei ihm handelt es sich um eine Obermenge aller Arten von Glättungsfunktionen. Es ist wichtig zu wissen, dass die resultierenden Glättungsmerkmale von dem spezifischen geeigneten GAM-Modell abhängen: Wenn Sie nicht eine Reihe verschiedener Optionen ausprobieren, werden Sie möglicherweise nie bemerken, inwieweit die Ergebnisse von den spezifischen Standardeinstellungen Ihrer Statistiksoftware abhängen.

Seien Sie vorsichtig, wenn Sie die Ergebnisse einer Glättungsfunktion interpretieren. Derselbe Datensatz kann auf viele verschiedene Arten geglättet werden.

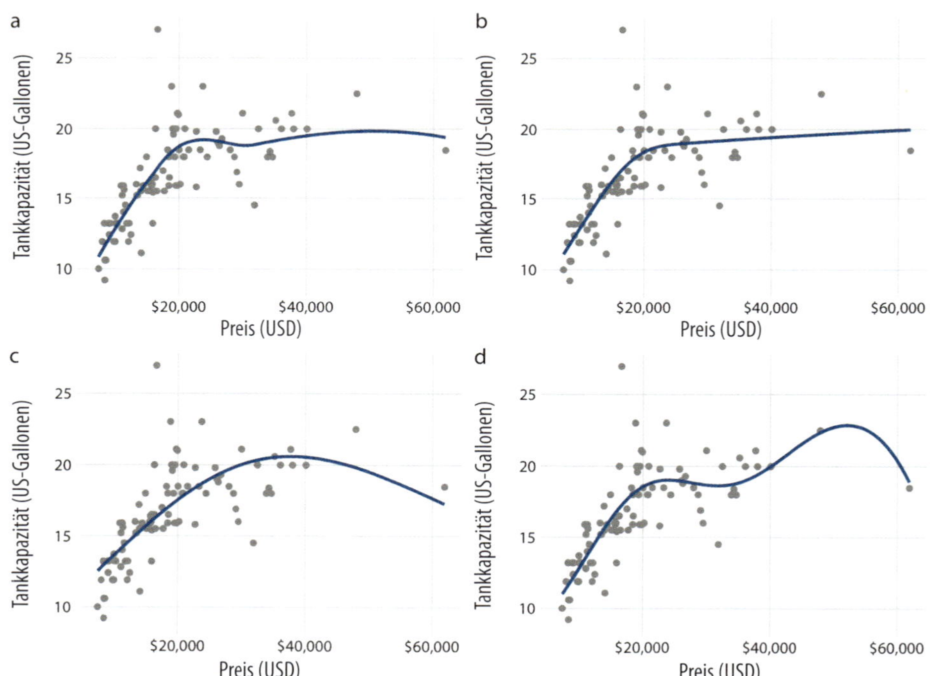

Abbildung 14-5: Verschiedene Glättungsmodelle zeigen sehr unterschiedliche Verhaltensweisen, insbesondere in den Grenzbereichen der Daten. (a) LOESS, wie in Abbildung 14-4; (b) kubische Regressions-Splines mit 5 Knoten; (c) Thin-Plate-Regressions-Spline mit 3 Knoten; (d) Gaußscher Prozess-Spline mit 6 Knoten. (Datenquelle: Robin H. Lock, St. Lawrence University)

Trends mit einer definierten funktionalen Form anzeigen

Wie wir in Abbildung 14-5 sehen können, kann das Verhalten von Allzweck-Glättungsfunktionen für jeden beliebigen Datensatz eher unvorhersehbar sein. Auch liefern diese Funktionen keine Parameterschätzungen, die eine aussagekräftige Interpretation haben. Daher sollten Sie es möglichst vorziehen, eine Kurve mit einer spezifischen Funktionsfunktion anzupassen, die für die Daten geeignet ist und Parameter mit klarer Bedeutung verwendet.

Für die Tankkapazitätsdaten benötigen wir eine Kurve, die zunächst linear ansteigt, sich dann aber auf einen konstanten Wert einpendelt. Die Funktion $y = A - B \exp(-mx)$ passt möglicherweise dazu. Hier sind A, B und m die Konstanten, die wir anpassen, um die Kurve den Daten anzunähern. Die Funktion ist näherungsweise linear für kleine x-Werte mit $y \approx A - B + Bmx$; sie nähert sich einem konstanten Wert für große x-Werte , $y \approx A$, und sie nimmt für alle Werte von x stetig zu. Abbildung 14-6 zeigt, dass die Gleichung mindestens genauso gut die Daten repräsentiert wie die zuvor betrachteten Glättungstechniken (Abbildung 14-5).

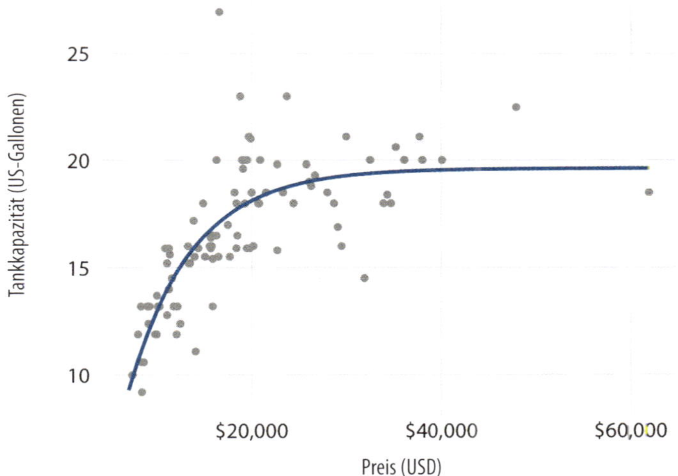

Abbildung 14-6: Tankkapazitäten, dargestellt mit einem expliziten Analysemodell. Die durchgezogene Linie entspricht einem Least-Square-Fit (Methode der kleinsten Quadrate) der Formel $y = A - B \exp(-mx)$ an die Daten. Die geschätzten Parameter sind $A = 19.6$, $B = 29.2$, $m = 0.00015$. (Datenquelle: Robin H. Lock, St. Lawrence Universität)

Eine funktionale Form, die in vielen verschiedenen Zusammenhängen anwendbar ist, ist die einfache Gerade, $y = A + mx$. Näherungsweise lineare Beziehungen zwischen zwei Variablen sind in realen Datensätzen überraschend häufig. In Kapitel 12 habe ich zum Beispiel die Beziehung zwischen Kopflänge und Körpergewicht von Blauhähern besprochen. Diese Beziehung ist für weibliche und männliche

Vögel näherungsweise linear, und die Angabe von linearen Trendlinien an den Datenpunkten in einem Streudiagramm helfen dem Leser, diese Trends zu erkennen (Abbildung 14-7).

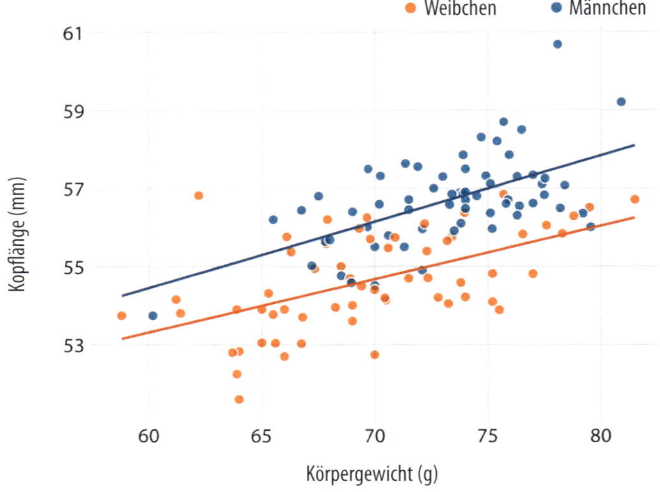

Abbildung 14-7: Kopflänge versus Körpergewicht für 123 Blauhäher. Das Geschlecht der Vögel wird durch die Farbe angezeigt. Diese Abbildung entspricht Abbildung 12-2, außer dass wir jetzt lineare Trendlinien zu den Datenpunkten gezeichnet haben. (Datenquelle: Keith Tarvin, Oberlin College)

Wenn die Daten eine nichtlineare Beziehung aufweisen, müssen wir erraten, was eine geeignete funktionale Form für diese Daten sein könnte. In diesem Fall können wir die Genauigkeit unserer Vermutung beurteilen, indem wir die Achsen so transformieren, dass eine lineare Beziehung entsteht. Kehren wir zur Veranschaulichung dieses Prinzips zu den monatlichen Einreichungen an den bioRxiv-Preprint-Server zurück, die wir in Kapitel 12 erörtert hatten. Wenn die Zunahme der Einreichungen in jedem Monat proportional zur Anzahl der Einreichungen im Vormonat ist – d. h., wenn die Einreichungen jeden Monat um einen festen Prozentsatz zunehmen –, dann ist die resultierende Kurve exponentiell. Diese Annahme scheint für die bioRxiv-Daten erfüllt zu sein, da eine Kurve mit der Exponentialform $y = A\ exp(mx)$ die bioRxiv-Daten gut wiedergibt (Abbildung 14-8).

Falls die ursprüngliche Kurve exponentiell ist, $y = A \exp(mx)$, wird sie durch eine logarithmische Transformation der y-Werte in eine lineare Beziehung umgewandelt, $\log(y) = \log(A) + mx$. Daher ist es eine gute Methode, die Daten mit logarithmisch transformierten y-Werten (oder äquivalent mit einer logarithmischen y-Achse) zu zeichnen und nach einer linearen Beziehung zu suchen, um festzustellen, ob ein Datensatz exponentielles Wachstum aufweist. Für die bioRxiv-Zahlen erhalten wir in der Tat eine lineare Beziehung, wenn wir eine logarithmische y-Achse verwenden (Abbildung 14-9).

Abbildung 14-8: Monatliche Einreichungen an den Preprint-Server bioRxiv. Die durchgezogene blaue Linie stellt die tatsächlichen monatlichen Vorabdruckzahlen dar und die gestrichelte schwarze Linie stellt eine Exponentialanpassung der Daten dar, y = 60 exp[0,77(x – 2014)]. (Datenquelle: Jordan Anaya, http: //www.prepubmed.org/)

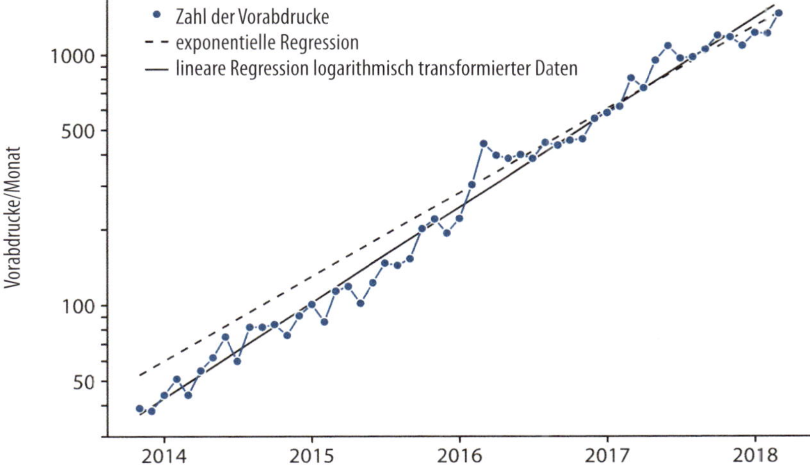

Abbildung 14-9: Monatliche Einreichungen an den Preprint-Server bioRxiv, dargestellt auf einer logarithmischen Skala. Die durchgezogene blaue Linie stellt die tatsächlichen monatlichen Vorabdruckzahlen dar, die gestrichelte schwarze Linie die Exponentialanpassung aus Abbildung 14-8. Die durchgezogene schwarze Linie entspricht einer linearen Regression der logarithmisch transformierten Daten, mit y = 43 exp[0.88(x – 2014)]. (Datenquelle. Jordan Anaya, http://www.prepubmed.org/)

In Abbildung 14-9 zeige ich zusätzlich zu den tatsächlichen Einreichungszahlen den exponentiellen Fit aus Abbildung 14-8 und eine lineare Regression an die logarithmisch transformierten Daten. Diese beiden Regressionen sind ähnlich, aber nicht identisch. Insbesondere erscheint die Steigung der gestrichelten Linie etwas auffällig. Die Linie fällt systematisch über die einzelnen Datenpunkte für die Hälfte der Zeitreihe. Dies ist ein häufiges Problem bei exponentiellen Regressionen: Die quadratischen Abweichungen der Datenpunkte zur angepassten Kurve sind für die größten Datenwerte deutlich größer als für die kleinsten Datenwerte, sodass die Abweichungen der kleinsten Datenwerte wenig zur Gesamtsumme der Quadrate beitragen, durch welche die Passform ja minimiert wird. Infolgedessen überschreitet oder unterschreitet die Regressionslinie systematisch die kleinsten Datenwerte. Aus diesem Grund empfehle ich im Allgemeinen, exponentielle Anpassungen zu vermeiden und stattdessen lineare Regressionen für logarithmisch transformierte Daten zu verwenden.

Normalerweise ist es besser, eine gerade Linie an transformierte Daten anzupassen als eine nichtlineare Kurve an nicht transformierte Daten.

Ein Diagramm wie in Abbildung 14-9 wird im Allgemeinen als *log-linear* bezeichnet, da die *y*-Achse logarithmisch und die *x*-Achse linear ist. Andere Diagramme, die auftreten können, sind *log-log*, wobei sowohl die *y*- als auch die *x*-Achse logarithmisch sind, und *linear-log*, wobei *y* linear und *x* logarithmisch ist. In einem Log-log-Diagramm erscheinen Potenzgesetze der Form $y \sim y\, x^{\alpha}$ als gerade Linien (z. B. Abbildung 8-7), in einem Linear-log-Diagramm werden logarithmische Beziehungen der Form $y \sim \log(x)$ als gerade Linien angezeigt. Andere funktionale Formen können mit spezifischeren Koordinatentransformationen in lineare Beziehungen umgewandelt werden, aber diese drei (logarithmisch-linear, logarithmisch-logarithmisch, linear-logarithmisch) decken ein breites Spektrum realer Anwendungen ab.

Trendbereinigung und Zerlegung von Zeitreihen

Für alle Zeitreihen mit einem auffälligen langfristigen Trend kann es nützlich sein, den Trend zu entfernen, um auffällige Abweichungen besonders hervorzuheben. Diese Technik nennt man *Trendbereinigung* (engl. *Detrending*), und ich werde sie hier anhand von Immobilienpreisen demonstrieren. In den USA veröffentlicht der Hypothekengeber Freddie Mac einen monatlichen Index namens *Freddie Mac House Price Index*, der die zeitliche Veränderung der Immobilienpreise nachverfolgt. Der Index versucht, den Zustand des gesamten Immobilienmarktes in einer bestimmten Region zu erfassen, sodass ein Anstieg des Index um beispielsweise 10% als ein durchschnittlicher Anstieg der Immobilienpreise um 10% auf dem jeweiligen Markt interpretiert werden kann. Der Index wurde im Dezember 2000 willkürlich auf 100 gesetzt.

Über lange Zeiträume weisen die Immobilienpreise tendenziell ein konstantes jährliches Wachstum auf, das in etwa der Inflation entspricht. Über diesem Trend liegen jedoch Immobilienblasen, die zu schweren Boom- und Bust-Zyklen führen. Abbildung 14-10 zeigt den tatsächlichen Immobilienpreisindex und seinen langfristigen Trend für vier ausgewählte US-Bundesstaaten. Wir sehen, dass Kalifornien zwischen 1980 und 2017 zwei Blasen hatte: eine 1990 und eine Mitte der 2000er-Jahre. Im gleichen Zeitraum erlebte Nevada Mitte der 2000er-Jahre nur eine einzige Blase, und die Immobilienpreise in Texas und West Virginia folgten ihren langfristigen Trends die ganze Zeit über sehr genau. Da die Immobilienpreise tendenziell in Prozentschritten steigen, d.h. exponentiell, habe ich in Abbildung 14-10 eine logarithmische *y*-Achse gewählt. Die Geraden entsprechen einem jährlichen Preisanstieg von 4,7 % in Kalifornien und einem jährlichen Preisanstieg von jeweils 2,8 % in Nevada, Texas und West Virginia.

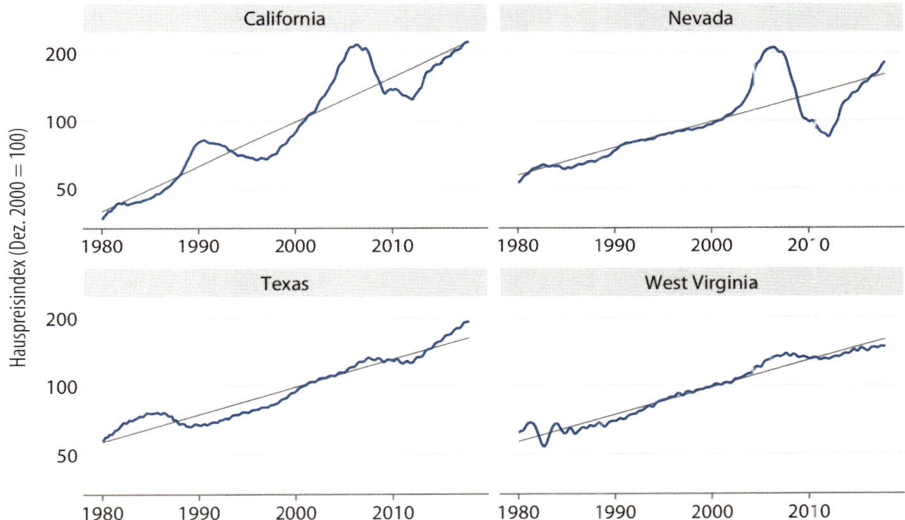

Abbildung 14-10: Der Freddie Mac House Price Index von 1980 bis 2017 für vier ausgewählte Bundesstaaten (Kalifornien, Nevada, Texas und West Virginia). Der Immobilienpreisindex ist eine einheitslose Zahl, die die relativen Immobilienpreise in der ausgewählten geografischen Region im Zeitverlauf erfasst. Der Index wurde im Dezember 2000 beliebig auf 100 skaliert. Die blauen Linien zeigen die monatlichen Schwankungen des Index und die geraden grauen Linien zeigen die langfristigen Preistrends in den jeweiligen Bundesstaaten. Beachten Sie, dass die y-Achsen logarithmisch sind, sodass die geraden, grauen Linien ein konsistentes exponentielles Wachstum darstellen. (Datenquelle: Freddie Mac House Price Index)

Wir führen die *Trendbereinigung* der Immobilienpreise durch, indem wir den tatsächlichen Preisindex zu jedem Zeitpunkt durch den jeweiligen Wert im langfristigen Trend dividieren. Visuell sieht diese Unterteilung so aus, als würden wir die grauen Linien von den blauen Linien in Abbildung 14-10 subtrahieren, da eine Division der nicht transformierten Werte einer Subtraktion der logarithmisch transformierten Werte entspricht. Die daraus resultierenden trendbereinigten Immobilienpreise zeigen die Immobilienblasen deutlicher (Abbildung 14-11), da die

Bereinigung die unerwarteten Bewegungen in einer Zeitreihe hervorhebt. So sieht z. B. in der ursprünglichen Zeitreihe (Abbildung 14-10) der Rückgang der Immobilienpreise in Kalifornien von 1990 bis etwa 1998 moderat aus. In diesem Zeitraum hätten wir jedoch auf der Grundlage des langfristigen Trends mit höheren Preisen gerechnet. Im Vergleich zum erwarteten Anstieg war der Preisverfall erheblich und betrug am tiefsten Punkt 25 % (Abbildung 14-11).

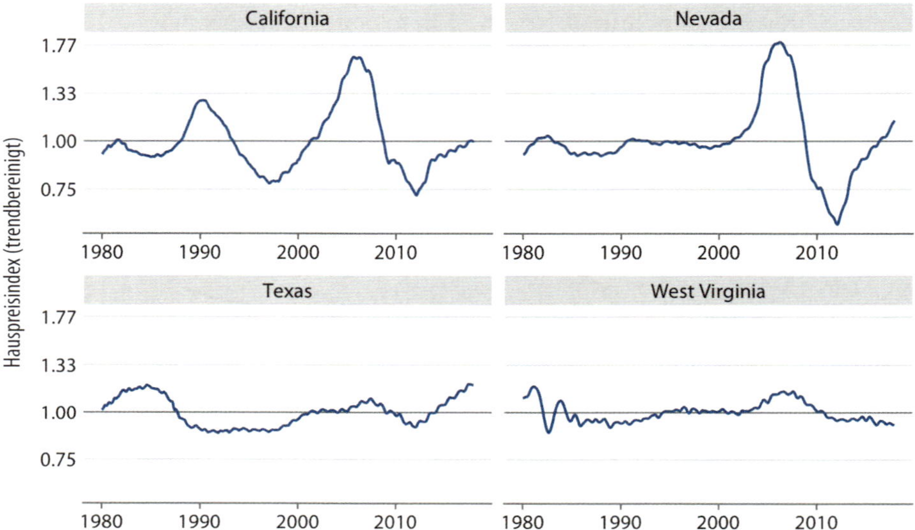

Abbildung 14-11: Trendbereinigte Version des Freddie Mac House Price Index aus Abbildung 14-10. Der trendbereinigte Index wurde berechnet, indem der tatsächliche Index (blaue Linien in Abbildung 14-10) durch den prognostizierten Wert dividiert wurde, der auf dem langfristigen Trend basiert (gerade graue Linien in Abbildung 14-10). Diese Visualisierung zeigt, dass Kalifornien um 1990 und Mitte der 2000er-Jahre zwei Immobilienblasen erlebte. Man erkennt die Blasen an dem raschen Anstieg und einem anschließenden Rückgang der tatsächlichen Immobilienpreise im Verhältnis zu den prognostizierten Preisen des langfristigen Trends. Ebenso erlebte Nevada Mitte der 2000er-Jahre eine Immobilienblase, aber weder Texas noch West Virginia erlebten überhaupt eine große Blase. (Datenquelle: Freddie Mac House Price Index).

Über einfache Trendbereinigungen hinaus können wir eine Zeitreihe auch in mehrere unterschiedliche Komponenten aufteilen, sodass deren Summe die ursprüngliche Zeitreihe wiederherstellt. Zusätzlich zu einem langfristigen Trend gibt es im Allgemeinen drei verschiedene Komponenten, die eine Zeitreihe formen können:

Erstens gibt es zufälliges Rauschen, das kleine, unregelmäßige Auf-und-ab-Bewegungen verursacht. Dieses Rauschen ist in allen in diesem Kapitel gezeigten Zeitreihen sichtbar, am meisten jedoch in Abbildung 14-9. Zweitens kann es eindeutige externe Ereignisse geben, die in der Zeitreihe Spuren hinterlassen, z. B. die in Abbildung 14-10 gezeigten unterschiedlichen Immobilienblasen.

Drittens kann es zyklische Variationen geben. Beispielsweise zeigen Außentemperaturen täglich zyklische Schwankungen. Die höchsten Temperaturen werden am frühen Nachmittag und die niedrigsten am frühen Morgen erreicht. Die Außentemperaturen zeigen auch jährliche zyklische Schwankungen. Sie steigen im Frühjahr, erreichen ihr Maximum im Sommer, nehmen dann im Herbst ab und erreichen im Winter ihr Minimum (Abbildung 3-2).

Um das Konzept der verschiedenen Zeitreihenkomponenten zu veranschaulichen, werde ich hier die Keeling-Kurve zerlegen, die die zeitlichen Änderungen der CO_2-Häufigkeit darstellt (Abbildung 14-12). Seit 1958 wird die CO_2-Häufigkeit am Mauna Loa Observatory in Hawaii kontinuierlich überwacht, anfangs unter der Leitung von Charles Keeling.

CO_2 wird in ppm (*parts per million*) gemessen. Wir sehen einen langfristigen Anstieg der CO_2-Menge, der etwas schneller als linear ansteigt: von unter 325 ppm in den 1960er-Jahren auf über 400 ppm im zweiten Jahrzehnt des 21. Jahrhunderts (Abbildung 14-12). Die CO_2-Menge schwankt ebenfalls jährlich und folgt dabei einem einheitlichen Auf-und-ab-Muster, das über dem Gesamtanstieg liegt. Die jährlichen Schwankungen sind auf das Pflanzenwachstum in der nördlichen Hemisphäre zurückzuführen. Pflanzen verbrauchen während der Photosynthese CO_2. Da sich die meisten Landmassen der Erde auf der Nordhalbkugel befinden und das Pflanzenwachstum im Frühjahr und Sommer am aktivsten ist, ist ein jährlicher weltweiter Rückgang des atmosphärischen CO_2 zu verzeichnen, der mit den Sommermonaten auf der Nordhalbkugel zusammenfällt.

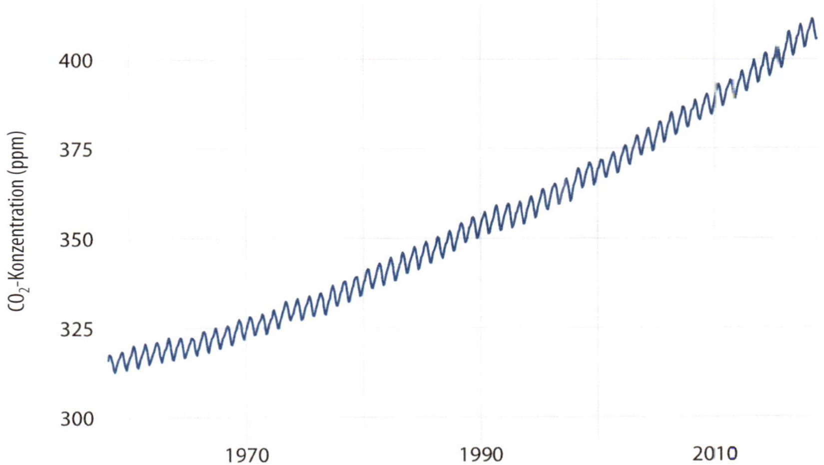

Abbildung 14-12: Die Keeling-Kurve zeigt die zeitliche Änderung der CO_2-Häufigkeit in der Atmosphäre. Hier sind die monatlichen durchschnittlichen CO_2-Werte in ppm (parts per million) angegeben. Die CO_2-Werte schwanken jährlich mit den Jahreszeiten, zeigen aber eine anhaltende langfristige Tendenz des Anstiegs. (Datenquelle: Dr. Pieter Tans, NOAA/ESRL, und Dr. Ralph Keeling, Scripps Institution of Oceanography)

Wir können die Keeling-Kurve in ihren langfristigen Trend, ihre saisonalen Schwankungen und ihre Residuen zerlegen (Abbildung 14-13). Die spezielle Methode, die ich hier verwende, ist eine *saisonale Zeitreihenzerlegung* (engl. *Seasonal Decomposition of Time Series) nach LOESS (STL)* [Cleveland et al. 1990], aber es gibt viele andere Methoden, die ähnliche Ziele erreichen.

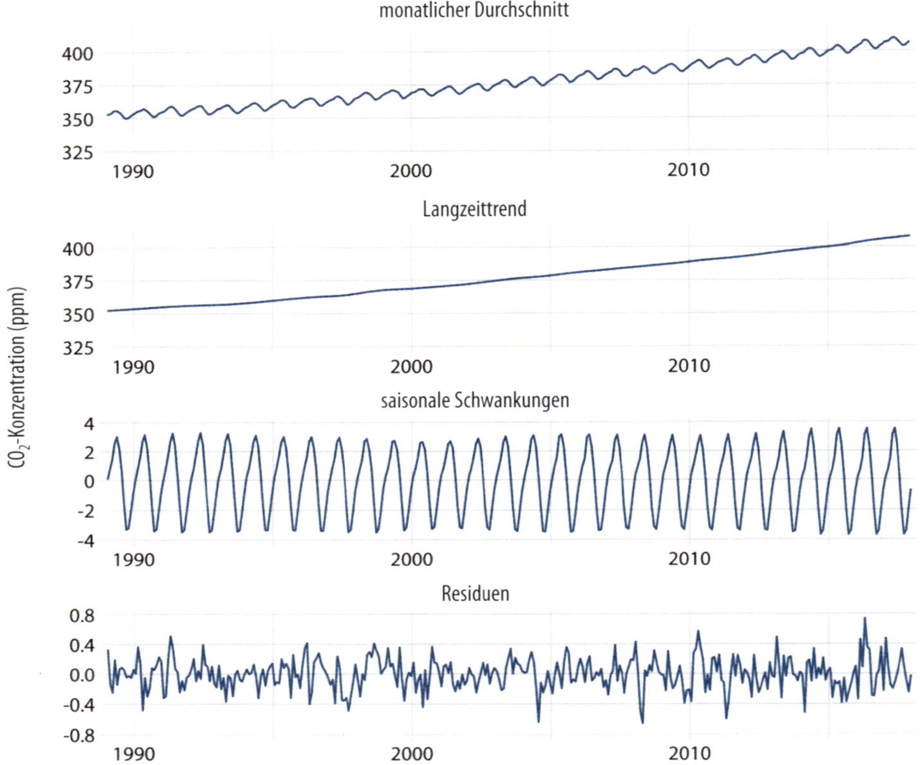

Abbildung 14-13: Zeitreihenzerlegung der Keeling-Kurve, die den Monatsdurchschnitt (wie in Abbildung 14-12), den langfristigen Trend, saisonale Schwankungen und die Residuen anzeigt. Die Residuen sind die Differenz zwischen den tatsächlichen Messwerten und der Summe aus dem Langzeittrend und den saisonalen Schwankungen und repräsentieren zufälliges Rauschen. Ich habe die Daten der letzten 30 Jahre hervorgehoben, um die Form der jährlichen Schwankungen zu verdeutlichen. (Datenquelle: Dr. Pieter Tans, NOAA/ESRL, und Dr. Ralph Keeling, Scripps Institution of Oceanography)

Die Zerlegung zeigt, dass die CO_2-Häufigkeit in den letzten drei Jahrzehnten um über 50 ppm zugenommen hat. Im Vergleich dazu betragen saisonale Schwankungen weniger als 8 ppm (sie verursachen nie eine Zunahme oder Abnahme von mehr als 4 ppm gegenüber dem langfristigen Trend), und der residuale Anteil beträgt weniger als 1,6 ppm (Abbildung 14-13). Der residuale Anteil ist die Differenz zwischen den tatsächlichen Messwerten und der Summe des Langzeittrends und den saisonalen Schwankungen und entspricht hier zufälligem Rauschen in den monatlichen CO_2-Messwerten. Ganz allgemein könnte der residuale Anteil aber auch einzigartige externe Ereignisse erfassen. Wenn beispielsweise bei einem massiven Vulkanausbruch erhebliche Mengen CO_2 freigesetzt werden, kann ein solches Ereignis als plötzlicher Anstieg der Residuen sichtbar werden. Abbildung 14-13 zeigt, dass sich in den letzten Jahrzehnten keine derartigen externen Ereignisse wesentlich auf die Keeling-Kurve ausgewirkt haben.

KAPITEL 15

Visualisierung von Geodaten

Viele Datensätze enthalten Informationen, die mit Orten in der physischen Welt verknüpft sind. Beispielsweise kann in einer ökologischen Studie in einem Datensatz angegeben werden, wo bestimmte Pflanzen oder Tiere gefunden wurden. Ebenso kann ein Datensatz in einem sozioökonomischen oder politischen Kontext Informationen darüber enthalten, wo Personen mit bestimmten Attributen (wie Einkommen, Alter oder Bildungsgrad) leben oder wo von Menschenhand geschaffene Objekte (z. B. Brücken, Straßen, Gebäude) gebaut wurden. In all diesen Fällen kann es hilfreich sein, die Daten in ihrem richtigen räumlichen Kontext zu visualisieren, d. h., die Daten auf einer realistischen Karte oder alternativ als kartenähnliches Diagramm anzuzeigen.

Karten sind für den Leser in der Regel intuitiv, ihre Gestaltung kann jedoch eine Herausforderung darstellen. Wir müssen über Konzepte wie Kartenprojektionen nachdenken und darüber, ob für unsere spezifische Anwendung die genaue Darstellung von Winkeln oder von Flächen kritischer ist. Eine übliche Kartendarstellung, die *Choroplethenkarte*, besteht darin, Datenwerte als unterschiedlich gefärbte räumliche Flächen darzustellen. Choroplethenkarten können manchmal sehr nützlich und manchmal irreführend sein. Alternativ können wir kartenähnliche Diagramme, sogenannte *Kartogramme*, erstellen, die Kartenbereiche gezielt verzerren oder in stilisierter Form darstellen können, z. B. als gleich große Quadrate.

Projektionen

Die Erde ist ungefähr eine Kugel (Abbildung 15-1), genauer gesagt ein abgeflachter Sphäroid, der entlang seiner Rotationsachse leicht abgeflacht ist. Die beiden Stellen, an denen sich die Rotationsachse mit dem Sphäroid schneidet, werden als *Pole* (Nord- und Südpol) bezeichnet. Wir trennen den Sphäroid in zwei Hemisphären, die nördliche und die südliche Hemisphäre, indem wir um den Sphäroid herum eine Linie zeichnen, die von beiden Polen gleich weit entfernt ist. Diese Linie heißt *Äquator*. Um einen Ort auf der Erde eindeutig zu bestimmen, benötigen wir drei Informationen: Wo befinden wir uns entlang der Richtung des Äquators (also auf welchem *Längengrad*, engl. *longitude*)? Wie nah sind wir einem der beiden Pole, wenn wir uns senkrecht zum Äquator bewegen (also auf welchem *Breitengrad*, engl. *latitude*)? Wie weit sind wir vom Erdmittelpunkt entfernt (also auf welcher *Höhe*, engl. *altitude*)? Längen-, Breiten- und Höhenangaben beziehen sich auf ein Bezugssystem, das als *geodätisches Datum* oder *geodätisches Referenzsystem* bezeichnet wird. Ein solches Datum gibt Eigenschaften wie die Form und Größe der Erde an sowie die Position des nullten Längengrads, des Breitengrads und der Höhe. Ein weit verbreitetes Datum ist das World Geodetic System (WGS) 84, das vom GPS (engl. *Global Positioning System*) verwendet wird.

Abbildung 15-1: Orthografische Projektion der Welt, die Europa und Nordafrika so zeigt, wie sie vom Weltraum aus sichtbar wären. Die Linien, die vom Nordpol ausgehen und nach Süden verlaufen, werden Meridiane genannt, und die Linien, die orthogonal zu den Meridianen verlaufen, sind die sog. Parallelkreise. Alle Meridiane haben die gleiche Länge, aber die Parallelkreise werden kürzer, je näher wir an einem der beiden Pole sind.

Während die Höhe in vielen Geodatenanwendungen eine wichtige Größe darstellt, beschäftigen wir uns bei der Visualisierung von Geodaten in Form von Karten hauptsächlich mit den beiden anderen Dimensionen: dem Längengrad und dem Breitengrad. Sowohl Längen- als auch Breitengrad sind Winkel, ausgedrückt in Grad. Die Längengrade messen, wie weit ein Ort in Ost oder West liegt. Linien des gleichen Längengrads werden als *Meridiane* bezeichnet, und alle Meridiane enden an den beiden Polen (Abbildung 15-1). Der Nullmeridian, der einem Längengrad von 0° entspricht, verläuft durch das Dorf Greenwich im Vereinigten Königreich.

Der Meridian gegenüber dem Nullmeridian liegt bei 180° Länge (auch als 180° O bezeichnet), was äquivalent ist zu –180° Länge (auch als 180° W bezeichnet) und nahe der internationalen Datumsgrenze liegt. Breitengrade geben an, wie weit nördlich oder südlich ein Ort liegt. Der Äquator entspricht 0° Breite, der Nordpol entspricht 90° Breite (auch als 90° N bezeichnet) und der Südpol entspricht –90° Breite (auch als 90° S bezeichnet). Linien gleichen Breitengrads werden als *Parallelkreise* bezeichnet, da sie parallel zum Äquator verlaufen. Alle Meridiane haben die gleiche Länge, was einem halben Großkreis um den Globus entspricht, während die Länge der Parallelkreise von ihrem Breitengrad abhängt (Abbildung 15-1). Der längste Parallelkreis ist der Äquator beim Breitengrad 0°, und die kürzesten Parallelkreise liegen am Nord- und Südpol, 90° N und 90° S, und haben die Länge null.

Die Herausforderung beim Erstellen von Karten besteht darin, dass wir die sphärische Oberfläche der Erde abflachen müssen, damit wir sie auf einer Karte anzeigen können. Dieser als *Projektion* bezeichnete Vorgang führt zwangsläufig zu Verzerrungen, da eine gekrümmte Fläche nicht exakt auf eine ebene Fläche projiziert werden kann. Außerdem kann die Projektion entweder nur winkel- oder flächengetreu sein, jedoch nicht beides. Erstere wird als eine *konforme* Projektion, Letztere als eine *flächengleiche* Projektion bezeichnet . Bei anderen Projektionen bleiben weder Winkel noch Flächen erhalten, sondern andere interessierende Größen, z.B. die Abstände zu einem Referenzpunkt oder einer Linie. Wieder andere Projektionen versuchen, einen Kompromiss zwischen der getreuen Abbildung von Winkeln und Flächen zu finden. Diese Kompromisse werden häufig verwendet, um die gesamte Welt auf ästhetisch ansprechende Weise darzustellen. Man akzeptiert daher eine gewisse Winkel- und Flächenverzerrung (Abbildung 3-11). Um verschiedene Arten von Projektionen von Teilen der Welt oder der gesamten Erde für bestimmte Karten zu systematisieren und diese fortlaufend zu kontrollieren, verwalten verschiedene Normungsgremien und Organisationen ganze Projektionsregister, z.B. die *European Petroleum Survey Group* (EPSG) und das *Environmental Systems Research Institute* (ESRI). Beispielsweise repräsentiert *EPSG:4326* nicht projizierte Längen- und Breitengrade im vom GPS verwendeten *WGS 84*-Koordinatensystem. Mehrere Websites bieten bequemen Zugriff auf diese registrierten Projektionen, einschließlich *http://spatialreference.org/* und *https://epsg.io/*.

Eine der ältesten verwendeten Kartenprojektionen, die Mercator-Projektion, wurde im 16. Jahrhundert für die nautische Navigation entwickelt. Es handelt sich um eine konforme Projektion, die Formen präzise darstellt, jedoch starke Verzerrungen der Fläche in der Nähe der Pole verursacht (Abbildung 15-2). Die Mercator-Projektion bildet den Globus auf einen Zylinder ab und rollt den Zylinder dann auf, um eine rechteckige Karte zu erhalten. Meridiane sind in dieser Projektion gleichmäßig verteilte vertikale Linien, während Parallelen horizontale Linien sind, deren Abstand zunimmt, je weiter wir uns vom Äquator entfernen. Der Abstand zwischen den Parallelen nimmt proportional zu dem Ausmaß zu, in dem sie näher an die Pole gedehnt werden müssen, um perfekt vertikal zu den Meridianen zu sein.

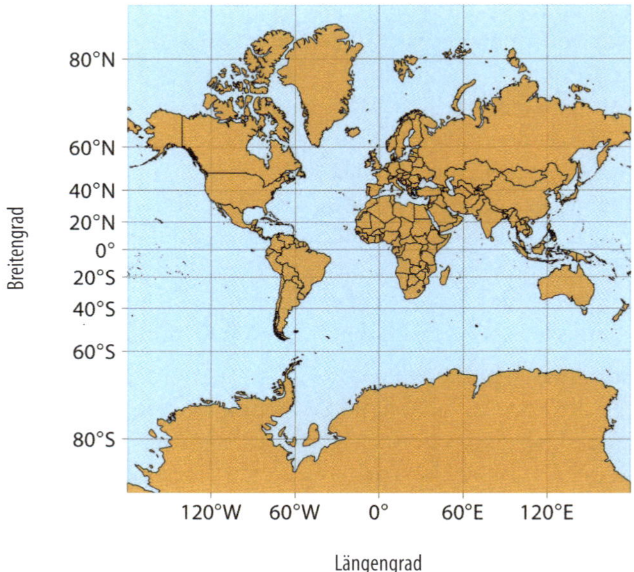

Abbildung 15-2: Mercator-Projektion der Welt. In dieser Projektion sind Parallelkreise gerade horizontale Linien und Meridiane gerade vertikale Linien. Es handelt sich um eine konforme Projektion, die lokale Winkel beibehält, aber in Bereichen in der Nähe der Pole starke Verzerrungen hervorruft. Zum Beispiel scheint Grönland in dieser Projektion größer zu sein als Afrika, obwohl Afrika in Wirklichkeit 14-mal größer ist als Grönland (siehe Abbildungen 15-1 und 15-3).

Aufgrund der starken Gebietsverzerrungen ist die Mercator-Projektion für Weltkarten eher unpopulär. Varianten dieser Projektion leben jedoch weiter. Beispielsweise wird die transversale Mercator-Projektion routinemäßig für Karten mit großem Maßstab verwendet, die bei großer Vergrößerung mäßig kleine Bereiche zeigen (die weniger als einige Längengrade umfassen). Eine andere Variante, die Web-Mercator-Projektion, wurde von Google für Google Maps eingeführt und wird von mehreren Online-Kartenanwendungen verwendet.

Eine perfekt flächenerhaltende Weltprojektion ist die Goode-Homolosine-Projektion (Abbildung 15-3). Sie wird in der Regel in unterbrochener Form angezeigt, wobei ein Schnitt in der nördlichen Hemisphäre und drei Schnitte in der südlichen Hemisphäre sorgfältig ausgewählt wurden, um größere Landmassen nicht zu unterbrechen (Abbildung 15-3). Die Schnitte ermöglichen eine Projektion, die sowohl Flächen als auch (näherungsweise) Winkel erhält, jedoch auf Kosten nicht zusammenhängender Ozeane, eines Schnitts durch die Mitte Grönlands und mehrerer Schnitte durch die Antarktis. Obwohl eine solche unterbrochene Goode-Homolosine-Projektion eine ungewöhnliche Ästhetik und einen seltsamen Namen hat, ist sie eine gute Wahl für Kartenanwendungen, die eine genaue Reproduktion von Flächen im globalen Maßstab erfordern.

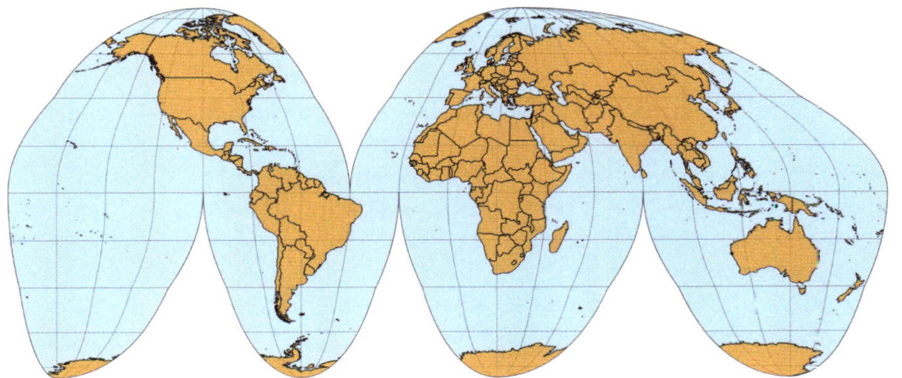

Abbildung 15-3: Unterbrochene Goode-Homolosine-Projektion der Welt. Diese Projektion bewahrt Flächen und minimiert gleichzeitig Winkelverzerrungen, führt aber dazu, dass Ozeane und einige Landmassen (Grönland, Antarktis) nicht zusammenhängend dargestellt werden.

Abbildung 15-4: Relative Standorte von Alaska, Hawaii und den unteren 48 Staaten auf einem Globus.

Form- oder Flächenverzerrungen aufgrund von Kartenprojektionen treten besonders dann auf, wenn wir versuchen, eine Karte der ganzen Welt zu erstellen. Sie können jedoch auch schon auf Ebene einzelner Kontinente oder Länder Probleme verursachen. Betrachten Sie als Beispiel die Vereinigten Staaten, die aus den *unteren 48* (das sind 48 zusammenhängende Staaten) sowie Alaska und Hawaii bestehen (Abbildung 15-4). Während die *unteren 48* relativ einfach auf eine Karte projiziert werden können, sind Alaska und Hawaii so weit von den *unteren 48* entfernt, dass es schwierig wird, alle 50 Staaten auf eine Karte zu projizieren.

Abbildung 15-5 zeigt eine Karte aller 50 US-Staaten, die mit einer flächengleichen Albers-Projektion erstellt wurden. Diese Projektion bietet eine angemessene Darstellung der relativen Formen, Flächen und Positionen der 50 Staaten – wir stellen jedoch einige Probleme fest. Erstens wirkt Alaska seltsam gestreckt im Vergleich zu seiner Form z.B. in den Abbildungen 15-2 oder 15-4. Zweitens wird die Karte von Ozean bzw. leerem Raum dominiert. Es wäre vorzuziehen, die Darstellung weiter zu vergrößern, damit die unteren 48 Staaten einen größeren Anteil des Kartenbereichs einnehmen.

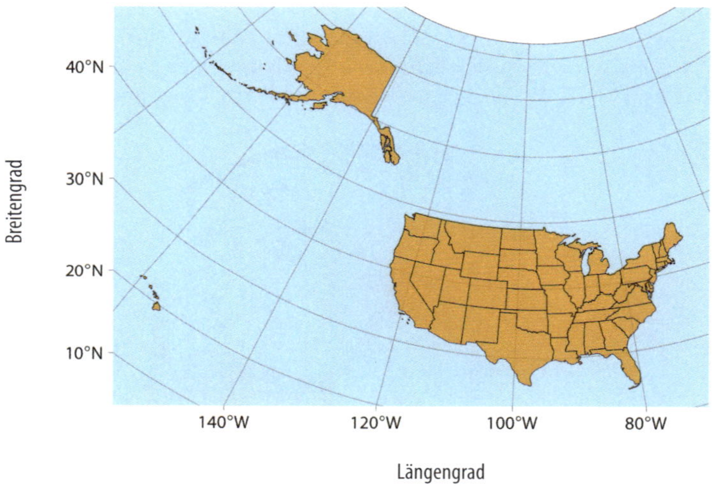

Abbildung 15-5: Karte der Vereinigten Staaten von Amerika unter Verwendung einer flächenerhaltenden Albers-Projektion (ESRI:102003, die üblicherweise zur Projektion der unteren 48 Staaten verwendet wird). Alaska und Hawaii werden an ihren wahren Standorten gezeigt.

Um das Problem des leeren Raums zu vermeiden, ist es üblich, Alaska und Hawaii getrennt zu projizieren (um Formverzerrungen zu minimieren) und sie dann so zu verschieben, dass sie unterhalb der *unteren 48* angezeigt werden (Abbildung 15-6). Möglicherweise sehen Sie in Abbildung 15-6, dass Alaska im Vergleich zu den *unteren 48* deutlich kleiner aussieht als in Abbildung 15-5. Der Grund für diese Diskrepanz ist, dass Alaska nicht nur verschoben, sondern auch skaliert wurde, sodass es in der Größe mit typischen Bundesstaaten des Mittleren Westens oder des Westens vergleichbar ist. Diese Skalierung ist zwar allgemein üblich, aber irreführend, weshalb ich die Abbildung als »schlecht« eingestuft habe.

Anstatt Alaska zu verschieben und zu skalieren, können wir es einfach verschieben, ohne seine Skalierung zu ändern (Abbildung 15-7). Diese Visualisierung zeigt, dass Alaska der größte Staat ist – mehr als doppelt so groß wie Texas. Wir sind es nicht gewohnt, die USA so zu sehen, aber meiner Meinung nach ist es eine viel vernünftigere Darstellung der 50 Staaten als in Abbildung 15-6.

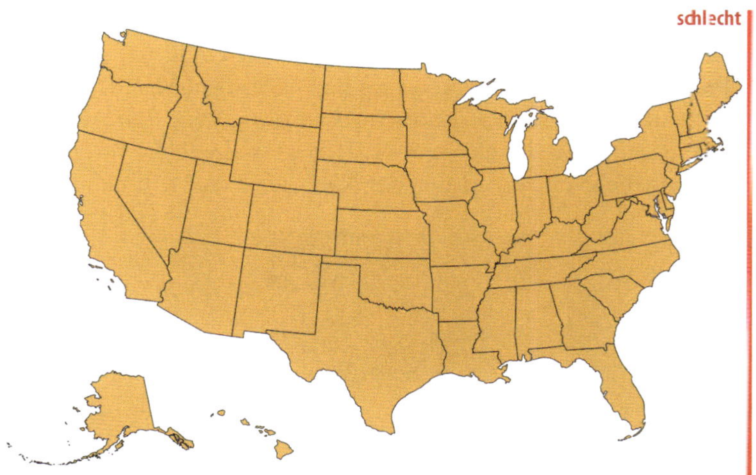

Abbildung 15-6: Visualisierung der Vereinigten Staaten, wobei die Bundesstaaten Alaska und Hawaii unterhalb der unteren 48 Bundesstaaten dargestellt sind. Alaska wurde ebenfalls so skaliert, dass seine lineare Ausdehnung nur 35 % der tatsächlichen Größe des Staates beträgt. (Mit anderen Worten: Die Fläche des Bundesstaates wurde auf ungefähr 12 % seiner tatsächlichen Größe verkleinert.) Eine solche Skalierung wird häufig auf Alaska angewendet, um eine visuell ähnliche Größe wie in typischen Bundesstaaten des Mittleren Westens oder des Westens zu erzielen. Die Skalierung ist jedoch irreführend, weshalb die Abbildung als »schlecht« eingestuft wurde.

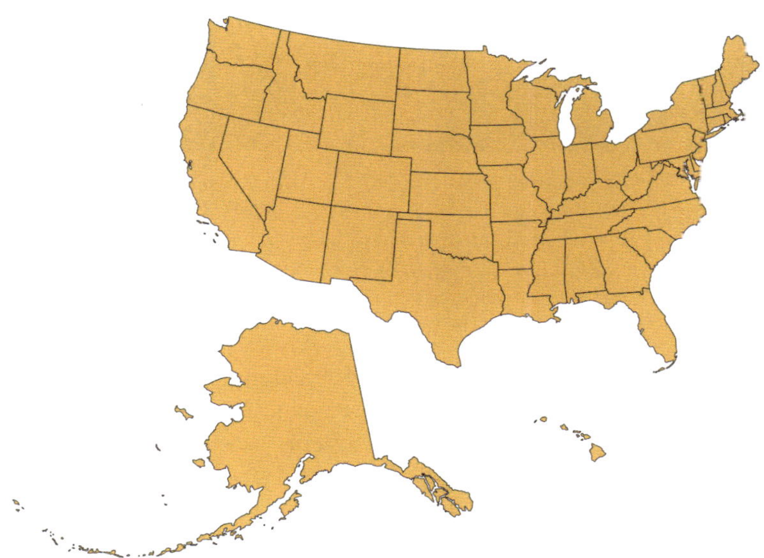

Abbildung 15-7: Visualisierung der Vereinigten Staaten, wobei die Bundesstaaten Alaska und Hawaii unter die unteren 48 Bundesstaaten verschoben wurden.

Schichten

Um Geodaten im richtigen Kontext zu visualisieren, erstellen wir normalerweise Karten, die aus mehreren Schichten (engl. *layers*) mit unterschiedlichen Arten von Informationen bestehen. Um dieses Konzept zu demonstrieren, werde ich die Standorte von Windkraftanlagen in der San Francisco Bay Area visualisieren. In der Bay Area sind Windkraftanlagen an zwei Standorten zusammengefasst. Ein Standort, den ich als Shiloh-Windkraftanlage bezeichnen werde, liegt in der Nähe von Rio Vista, und der andere liegt östlich von Hayward in der Nähe von Tracy (Abbildung 15-8).

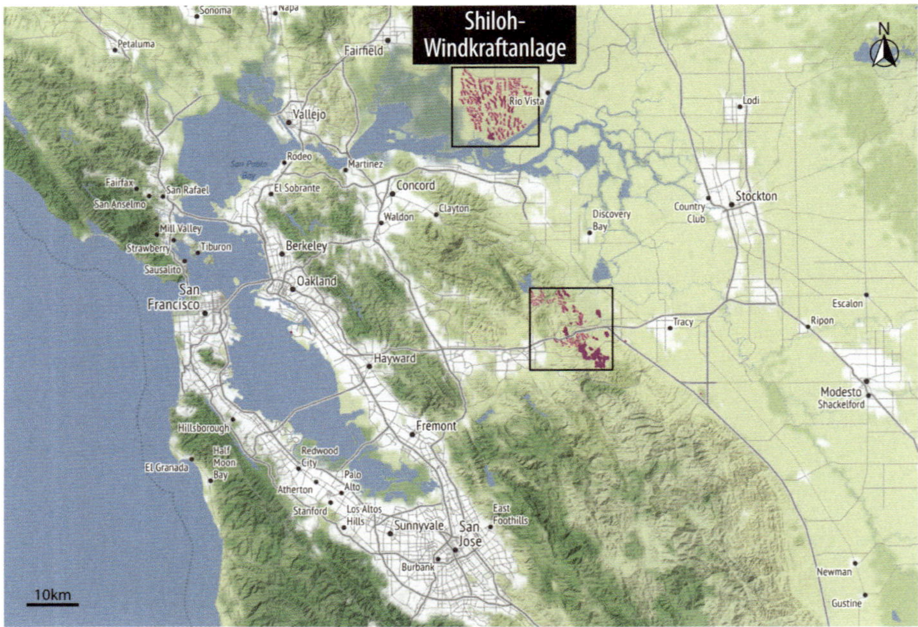

Abbildung 15-8: Windkraftanlagen in der San Francisco Bay Area. Einzelne Windkraftanlagen werden als violette Punkte dargestellt. Zwei Regionen mit einer hohen Konzentration an Windkraftanlagen sind mit schwarzen Rechtecken hervorgehoben. Ich bezeichne hier die Windkraftanlagen in der Nähe von Rio Vista als »Shiloh-Windkraftanlage«. (Kartenausschnitt von Stamen Design, unter CC BY 3.0. Kartendaten von OpenStreetMap unter ODbL. Datenquelle für Windkraftanlagen: US Wind Turbine Database)

Abbildung 15-8 besteht aus vier separaten Schichten. Als unterste haben wir die Geländeschicht, die Hügel, Täler und Wasser zeigt. Die nächste Schicht zeigt das Straßennetz. Über diesem habe ich eine Schicht platziert, die die Standorte der einzelnen Windturbinen angibt. Diese Schicht enthält auch die beiden Rechtecke, die den Großteil der Windkraftanlagen markieren. Schließlich werden in der obersten Schicht die Standorte und Namen der Städte hinzugefügt. Diese vier Schichten sind in Abbildung 15-9 separat dargestellt. Für jede Karte, die wir erstellen möchten, möchten wir möglicherweise einige dieser Schichten hinzufügen oder entfernen.

Geländeprofil

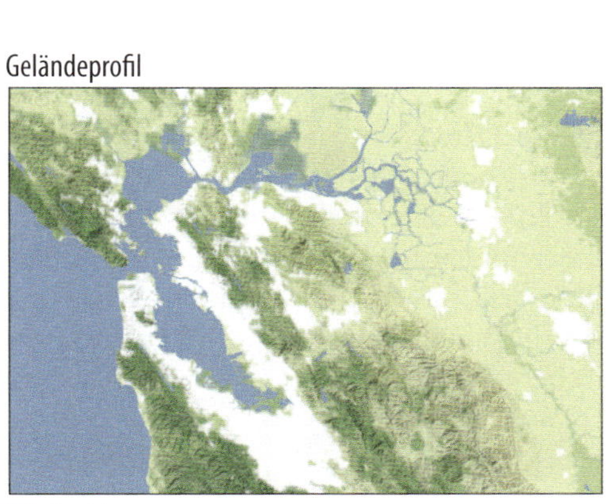

Straßen

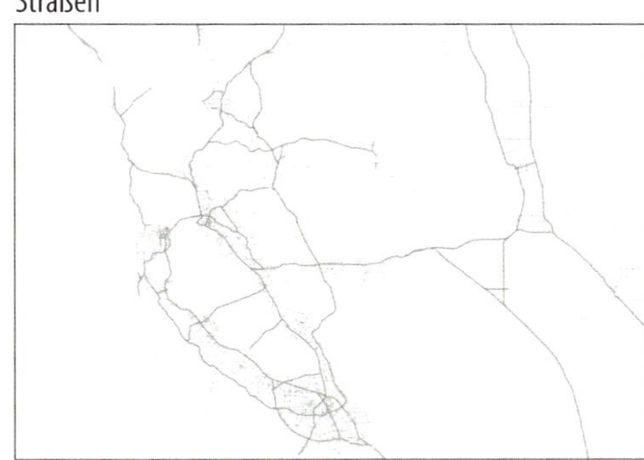

Windturbinen

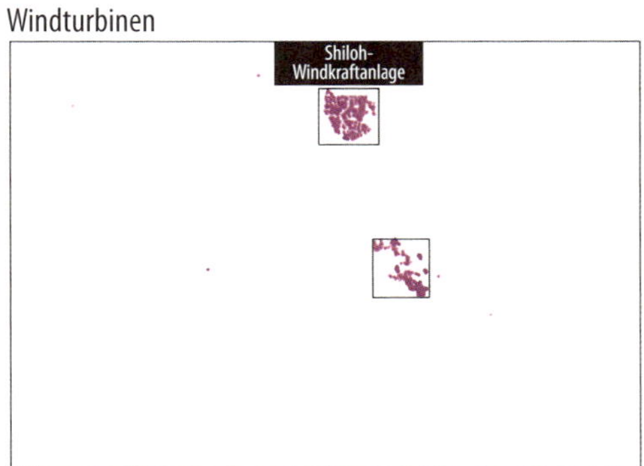

Städtenamen, Maßstabsleiste

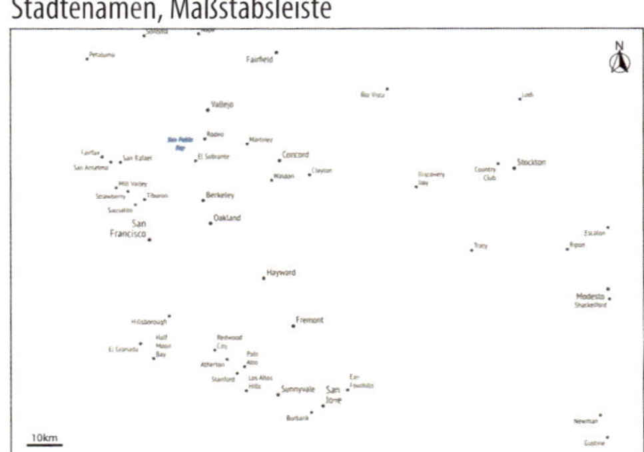

Abbildung 15-9: Die einzelnen Schichten von Abbildung 15-8. Die mehrschichtige Abbildung besteht von unten nach oben betrachtet aus einer Geländeschicht, einer Straßenschicht, einer Schicht mit den Windturbinen und einer Schicht mit der Bezeichnung der Städte sowie aus einer Maßstabsleiste und einem Nordpfeil. (Kartenkacheln von Stamen Design, unter CC BY 3.0. Kartendaten von OpenStreetMap unter ODbL. Datenquelle der Windkraftanlage: US Wind Turbine Database)

Wenn wir beispielsweise eine Karte mit Wahlbezirken zeichnen wollten, könnten wir Geländeinformationen als irrelevant und ablenkend einstufen. Wenn wir alternativ eine Karte der freiliegenden oder beschatteten Dachflächen zeichnen möchten, um das Potenzial für die Solarenergieerzeugung zu bewerten, möchten wir möglicherweise Geländeinformationen durch Satellitenbilder ersetzen, die einzelne Dächer und die tatsächliche Vegetation anzeigen. Sie können diese verschiedenen Arten von Schichten in den meisten Online-Kartenanwendungen wie Google Maps interaktiv ausprobieren.

Ich möchte betonen, dass unabhängig davon, welche Schichten Sie behalten oder entfernen möchten, generell empfohlen wird, eine Maßstabsleiste und einen Nordpfeil hinzuzufügen. Die Maßstabsleiste hilft dem Leser, die Größe der räumlichen Merkmale auf der Karte zu verstehen, während der Nordpfeil die Ausrichtung der Karte verdeutlicht.

Alle in Kapitel 2 erläuterten Konzepte zur ästhetischen Zuordnung von Daten kommen auch bei Kartendiagrammen zum Tragen. Wir können Datenpunkte in ihrem geografischen Kontext platzieren und andere Datendimensionen über ästhetische Elemente wie Farbe oder Form anzeigen. In Abbildung 15-10 sehen Sie beispielsweise eine vergrößerte Ansicht des Rechtecks mit der Bezeichnung »Shiloh-Windkraftanlage« aus Abbildung 15-8. Einzelne Windenergieanlagen werden als Punkte angezeigt, wobei die Farbe für den Zeitpunkt des Baus einer bestimmten Anlage und die Form für das Projekt steht, zu dem die Windenergieanlage gehört. Eine Karte wie diese kann einen schnellen Überblick darüber geben, wie ein Gebiet sich entwickelt hat. Hier sehen wir zum Beispiel, dass *EDF Renewables* ein relativ kleines Projekt ist, das vor 2000 gebaut wurde. *High Winds* ist ein mittelgroßes Projekt, das zwischen 2000 und 2004 gebaut wurde, und *Shiloh* und *Solano* sind die beiden größten Projekte in der Region, die über einen längeren Zeitraum gebaut wurden.

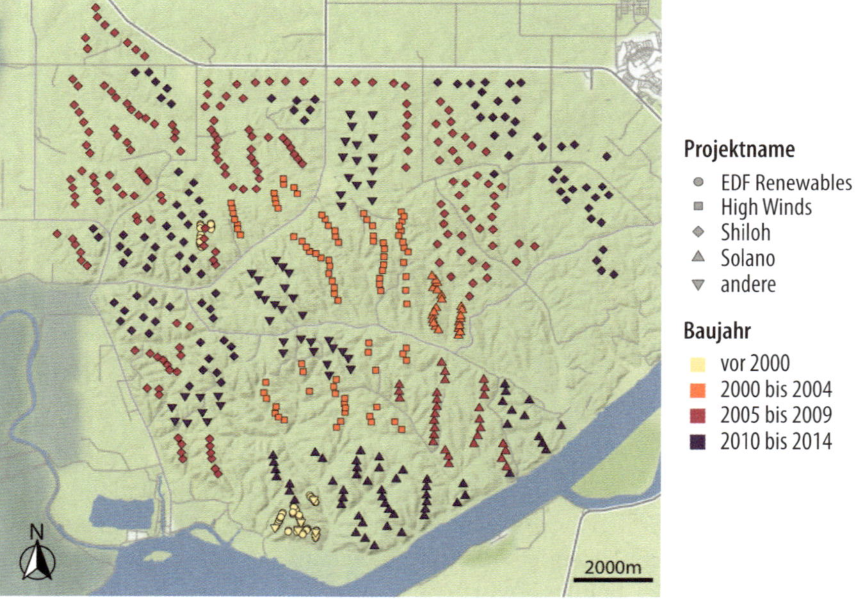

Abbildung 15-10: Standorte einzelner Windenergieanlagen im Shiloh-Windpark. Jeder Punkt markiert den Standort einer Windkraftanlage. Der Kartenbereich entspricht dem oberen Rechteck in Abbildung 15-8. Die Punkte sind nach dem Zeitpunkt des Baus der Windkraftanlage gefärbt und die Punktform stellt das Projekt dar, zu dem eine einzelne Windkraftanlage gehört. (Kartenkacheln von Stamen Design, unter CC BY 3.0. Kartendaten von OpenStreetMap unter ODbL. Datenquelle für Windkraftanlagen: US Wind Turbine Database)

Choroplethenkartierung

Wir möchten häufig zeigen, wie sich eine bestimmte Menge von Ort zu Ort unterscheidet. Dazu können Sie einzelne Regionen in einer Karte entsprechend der anzuzeigenden Datendimension einfärben. Solche Karten werden *Choroplethenkarten* genannt. Betrachten Sie als einfaches Beispiel die Bevölkerungsdichte (Personen pro Quadratkilometer) in den Vereinigten Staaten. Wir nehmen die Bevölkerungszahl für jeden Bezirk in den USA, teilen sie durch die Fläche des Bezirks und zeichnen dann eine Karte, auf der die Farbe jedes Bezirks dem Verhältnis zwischen Bevölkerungszahl und Fläche entspricht (Abbildung 15-11). Wir können sehen, dass die Hauptstädte an der Ost- und Westküste die bevölkerungsreichsten Gebiete der USA sind, dass die Great Plains und die westlichen Bundesstaaten eine geringe Bevölkerungsdichte aufweisen und dass der Bundesstaat Alaska am dünnsten besiedelt ist.

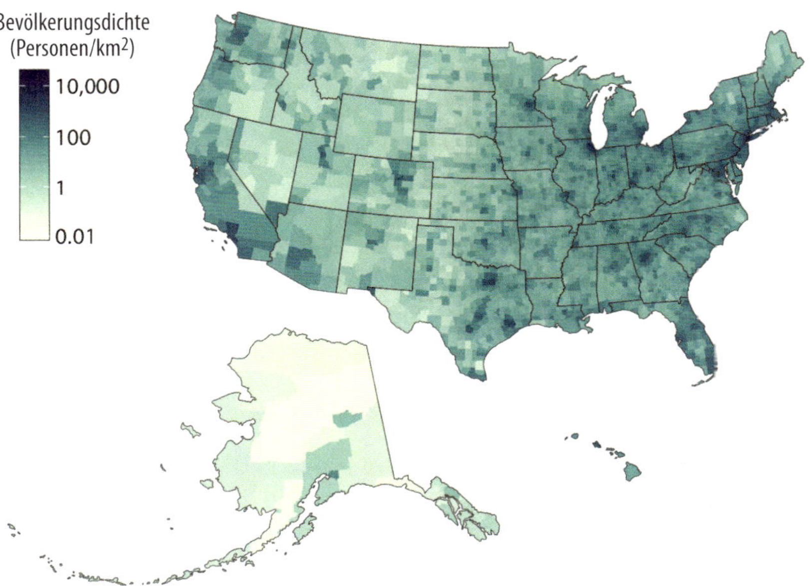

Abbildung 15-11: Bevölkerungsdichte in jedem US-Bundesstaat, dargestellt als Choroplethenkarte. Die Bevölkerungsdichte wird in Personen pro Quadratkilometer angegeben. (Datenquelle: 2015 Five-Year American Community Survey)

In Abbildung 15-11 werden helle Farben für niedrige Bevölkerungsdichten und dunkle Farben für hohe Dichten verwendet, sodass Ballungsräume mit hoher Dichte als dunkle Farben auf hellem Hintergrund hervorgehoben werden. Wir tendieren dazu, dunklere Farben mit höheren Intensitäten zu assoziieren, wenn die Hintergrundfarbe der Abbildung hell ist. Wir können jedoch auch eine Farbskala auswählen, bei der hohe Werte auf einem dunklen Hintergrund leuchten (Abbildung 15-12). Solange die helleren Farben in das rot-gelbe Spektrum fallen, sodass sie zu leuchten scheinen, können sie als Vertreter höherer Intensitäten wahrgenommen werden. Wenn Abbildungen auf weißes Papier gedruckt werden sollen, funktionieren helle Hintergrundbereiche (wie in Abbildung 15-11 dargestellt) im Allgemeinen in der Regel besser. Für die Online-Anzeige oder auf einem dunklen

Hintergrund sind möglicherweise dunkle Hintergrundbereiche (wie in Abbildung 15-12 dargestellt) vorzuziehen.

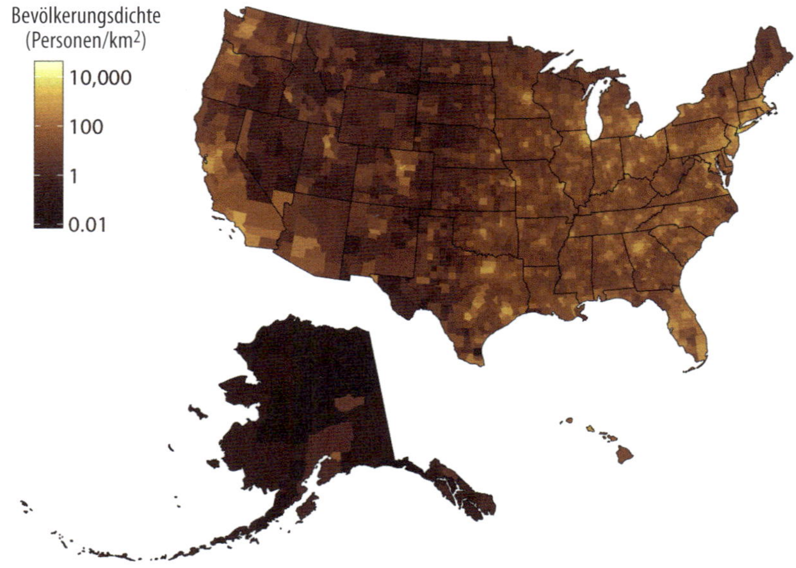

Abbildung 15-12: Bevölkerungsdichte in jedem US-Bundesstaat, dargestellt als Choroplethenkarte. Diese Karte ist identisch mit Abbildung 15-11, außer dass die Farbskala jetzt helle Farben für hohe Bevölkerungsdichten und dunkle Farben für niedrige Bevölkerungsdichten verwendet. (Datenquelle: 2015 Five-Year American Community Survey)

Choroplethen funktionieren am besten, wenn die Färbung eine Dichte darstellt (d.h. eine Größe, geteilt durch die Oberfläche, wie in den Abbildungen 15-11 und 15-12). Wir nehmen größere Bereiche als größere Mengen wahr als kleinere Bereiche (siehe auch Kapitel 17); die Färbung gemäß der Dichte korrigiert diesen Effekt. In der Praxis sehen wir jedoch häufig Choroplethen, die nach einer anderen Größe als der Dichte gefärbt sind. In Abbildung 4-4 habe ich zum Beispiel einen Choroplethen des mittleren Jahreseinkommens (der Median) in den Bezirken von Texas gezeigt. Solche Choroplethenkarten können durchaus angebracht sein, solange sie mit Vorsicht erstellt werden. Es gibt zwei Bedingungen, unter denen wir Größen, die keine Dichten sind, farbig abbilden können: Wenn alle von uns eingefärbten Bereiche in etwa die gleiche Größe und Form haben, müssen wir uns keine Sorgen machen, dass einige Bereiche allein aufgrund ihrer Größe eine unverhältnismäßige Aufmerksamkeit erregen. Wenn die von uns eingefärbten Bereiche im Vergleich zur Gesamtgröße der Karte relativ klein sind und sich die Menge, die von dieser Farbe dargestellt wird, in einem Maßstab ändert, der größer ist als der der einzelnen eingefärbten Bereiche, dann brauchen wir uns ebenfalls keine Sorgen zu machen. Diese beiden Bedingungen sind näherungsweise in Abbildung 4-4 erfüllt.

Es ist auch wichtig, den Effekt von kontinuierlichen und diskreten Farbskalen bei der Choroplethen-Kartierung zu berücksichtigen. Während kontinuierliche Farbskalen meist optisch ansprechend aussehen (z.B. in Abbildung 15-11 und Abbildung 15-12), können sie schwierig zu lesen sein.

Wir sind nicht sehr gut darin, einen bestimmten Farbwert zu erkennen und diesen mit einer kontinuierlichen Skala abzugleichen. Daher ist es häufig angebracht, die Datenwerte in diskrete Gruppen einzuteilen, die mit unterschiedlichen Farben dargestellt werden. Eine gute Wahl ist eine Kategorisierung in der Größenordnung von vier bis sechs Helligkeitsstufen (»*bins*«). Die Kategorisierung opfert zwar einige Informationen, lässt aber die Farben der jeweiligen Kategorien gut erkennen. In Abbildung 15-13 wird das mittlere Einkommen in den Bezirken von Texas (Abbildung 4-4) auf alle Bezirke in den USA erweitert. Dabei wird eine Farbskala verwendet, die aus fünf verschiedenen Einkommensbereichen besteht.

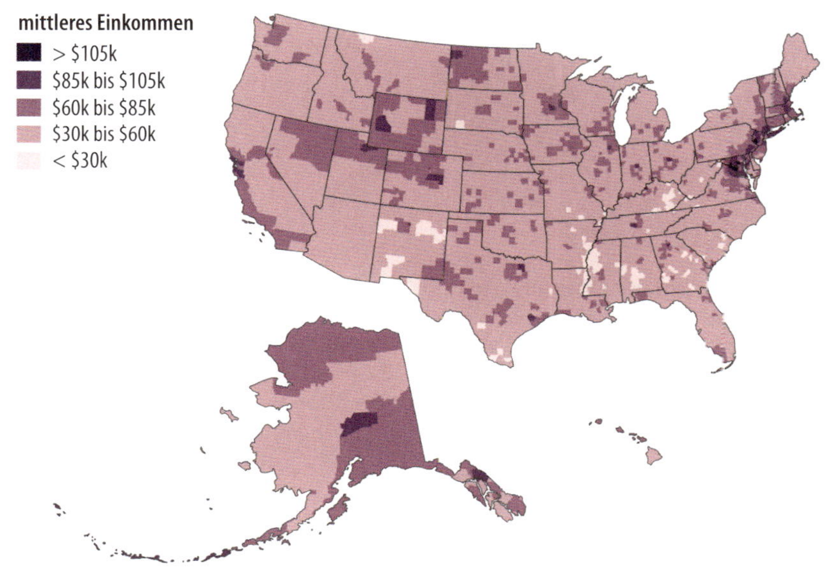

Abbildung 15-13: Mittleres Einkommen in jedem US-Bundesstaat, dargestellt als Choroplethenkarte. Die mittleren Einkommenswerte wurden in fünf verschiedene Gruppen eingeteilt, da diskrete Farbskalen im Allgemeinen einfacher zu lesen sind als kontinuierliche. (Datenquelle: 2015 Five-Year American Community Survey)

Auch wenn die Bezirke in den USA, anders als nur in Texas, sich in der Größe und Form teils deutlich unterscheiden, funktioniert Abbildung 15-13 meiner Meinung nach immer noch als Choroplethenkarte: Kein einzelner Bezirk dominiert die Karte übermäßig. Anders sieht es jedoch aus, wenn wir eine vergleichbare Karte auf Staatenebene zeichnen (Abbildung 15-14). Dann dominiert Alaska und legt aufgrund seiner Größe nahe, dass mittlere Einkommen über 70.000 USD üblich sind. Allerdings ist Alaska sehr dünn besiedelt (siehe Abbildungen 15-11 und 15-12), das Einkommensniveau in Alaska gilt daher nur für einen kleinen Teil der US-Bevölkerung. Die überwiegende Mehrheit der US-Bezirke, die fast alle bevölkerungsreicher sind als die Bezirke in Alaska, hat ein mittleres Einkommen von unter 60.000 USD.

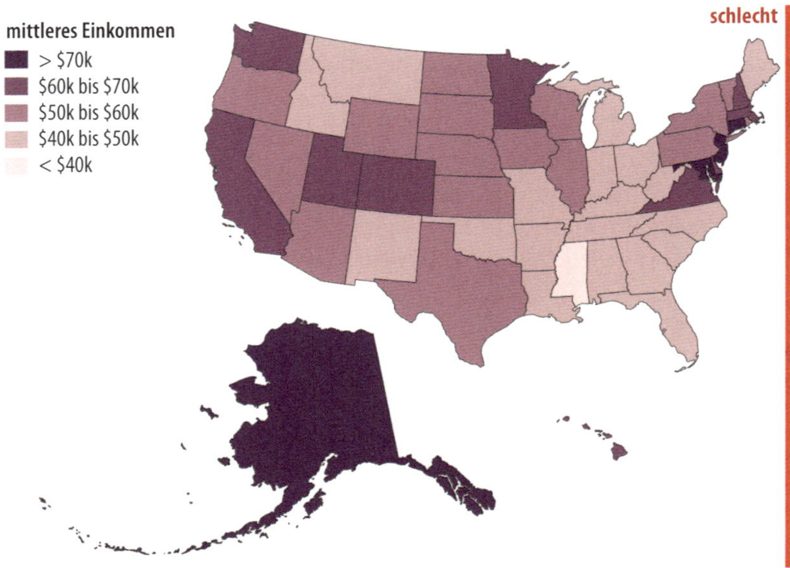

Abbildung 15-14: Mittleres Einkommen in jedem US-Bundesstaat, dargestellt als Choroplethenkarte. Diese Karte wird visuell vom Bundesstaat Alaska dominiert, der ein hohes mittleres Einkommen, aber eine sehr geringe Bevölkerungsdichte aufweist. Gleichzeitig erscheinen die dicht besiedelten einkommensstarken Staaten an der Ostküste auf dieser Karte nicht sehr dominant. Insgesamt bietet diese Karte eine schlechte Visualisierung der Einkommensverteilung in den USA, weshalb ich sie als »schlecht« eingestuft habe. (Datenquelle: 2015 Five-Year American Community Survey)

Kartogramme

Nicht jede kartenartige Darstellung muss geografisch genau sein, um nützlich zu sein. Das Problem mit Abbildung 15-14 ist beispielsweise, dass einige Bundesstaaten eine vergleichsweise große Fläche einnehmen, aber dünn besiedelt sind, während andere eine kleine Fläche einnehmen und dennoch eine große Anzahl von Einwohnern haben. Was wäre, wenn wir die Staaten so deformieren würden, dass ihre Größe proportional zu ihrer Einwohnerzahl wäre? Eine solche geänderte Karte wird als *Kartogramm* bezeichnet. Abbildung 15-15 zeigt, wie sie für den entsprechenden Datensatz der mittleren Einkommen aussehen kann. Wir können immer noch einzelne Staaten erkennen, sehen aber auch, wie die Anpassung von Bevölkerungszahlen wichtige Änderungen eingeführt hat. Die Ostküstenstaaten, Florida und Kalifornien sind stark gewachsen, während die anderen westlichen Staaten und Alaska in sich zusammengefallen sind.

Alternativ zu einem Kartogramm mit verzerrten Formen können wir auch eine viel einfachere *Kartogramm-Heatmap* zeichnen, bei der jeder Staat durch ein farbiges

Quadrat dargestellt wird (Abbildung 15-16). Diese Darstellung korrigiert zwar nicht die Bevölkerungszahl in jedem Bundesstaat, wodurch bevölkerungsreiche Bundesstaaten unter- und weniger bevölkerungsreiche Bundesstaaten überrepräsentiert werden, aber es werden alle Bundesstaaten gleich behandelt und nicht willkürlich nach ihrer Form oder Größe gewichtet.

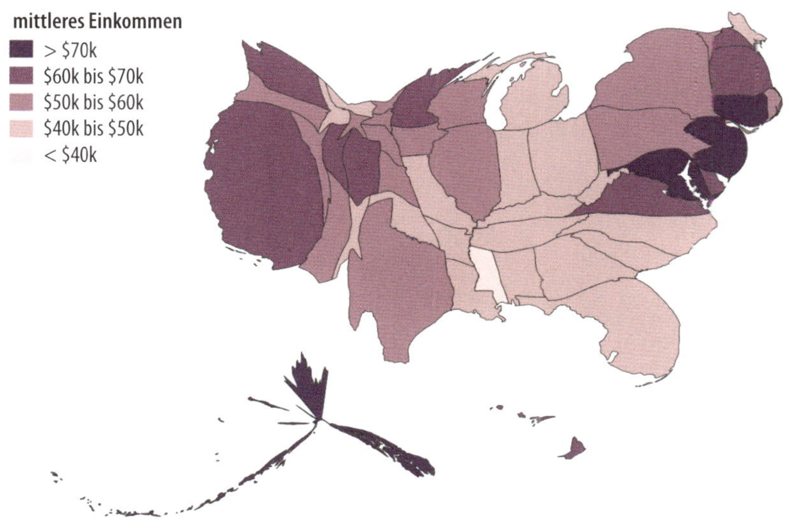

Abbildung 15-15: Mittleres Einkommen in jedem US-Bundesstaat, dargestellt als Kartogramm. Die Formen der einzelnen Staaten wurden so geändert, dass ihre Fläche proportional zu ihrer Einwohnerzahl ist. (Datenquelle: 2015 Five-Year American Community Survey)

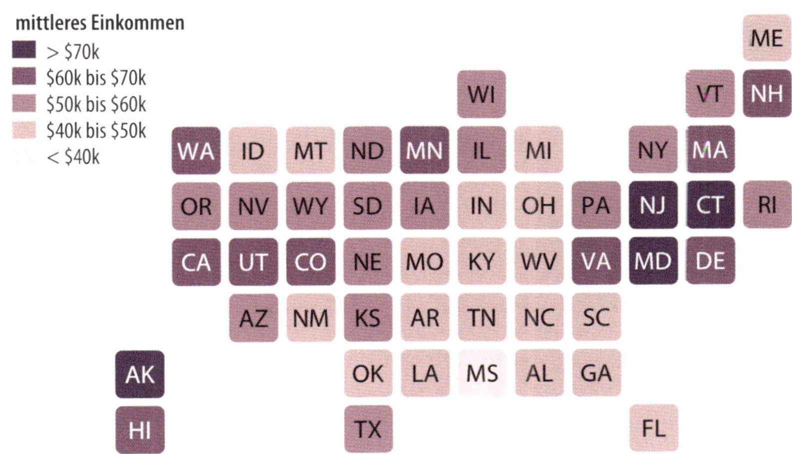

Abbildung 15-16: Mittleres Einkommen in jedem US-Bundesstaat, angezeigt als Kartogramm-Heatmap. Jeder Staat wird durch ein gleich großes Quadrat dargestellt, und die Quadrate werden entsprechend der ungefähren Position jedes Staates relativ zu den anderen Staaten angeordnet. Diese Darstellung gibt jedem Staat das gleiche optische Gewicht. (Datenquelle: 2015 Five-Year American Community Survey)

Abschließend können wir komplexere Kartogramme zeichnen, indem wir einzelne Diagramme an der Position jedes Staates platzieren. Wenn wir zum Beispiel die zeitliche Entwicklung der Arbeitslosenquote für jeden Staat visualisieren möchten, kann es hilfreich sein, für jeden Staat ein individuelles Diagramm zu zeichnen und die Diagramme dann basierend auf den ungefähren relativen Positionen der Staaten zueinander zu ordnen (Abbildung 15-17). Jemand, der mit der Geografie der Vereinigten Staaten vertraut ist, findet bei dieser Anordnung die Diagramme für bestimmte Staaten möglicherweise schneller als bei einer Anordnung beispielsweise in alphabetischer Reihenfolge. Außerdem würde man erwarten, dass benachbarte Staaten ähnliche Muster aufweisen, und Abbildung 15-17 zeigt, dass dies tatsächlich der Fall ist.

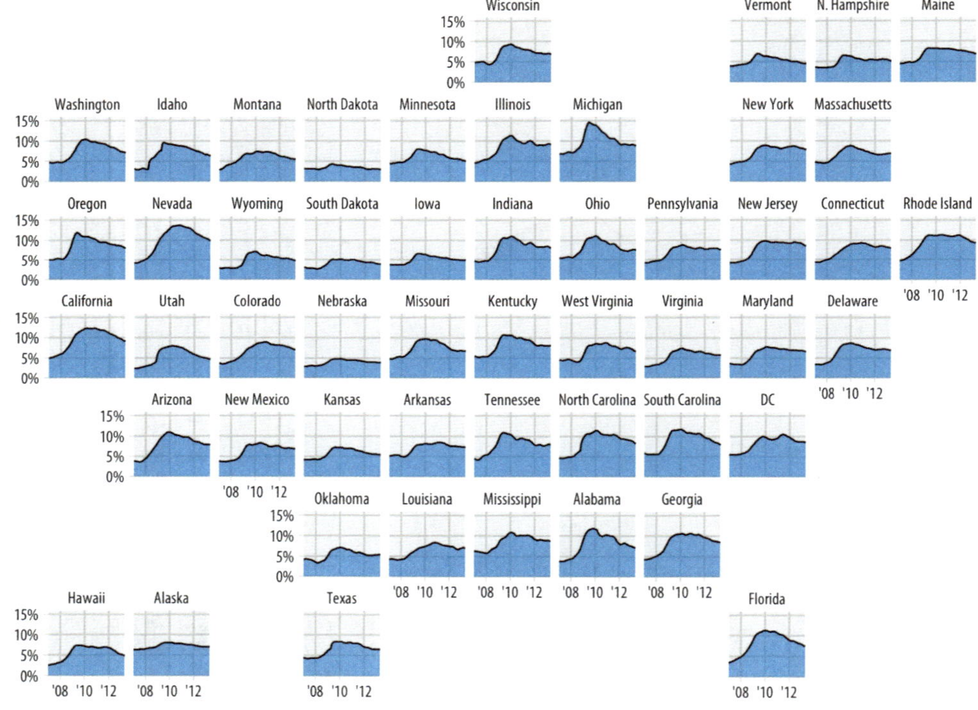

Abbildung 15-17: Arbeitslosenquote vor und nach der Finanzkrise 2008 nach Bundesstaaten. Jedes Diagramm zeigt die Arbeitslosenquote für einen Staat, einschließlich des District of Columbia (DC), von Januar 2007 bis Mai 2013. Vertikale Gitterlinien markieren den Januar von 2008, 2010 und 2012. Geografisch nahe Staaten weisen tendenziell ähnliche Trends bei der Arbeitslosenquote auf. (Datenquelle: US Bureau of Labour Statistics)

KAPITEL 16

Visualisierung von Ungenauigkeiten

Einer der herausforderndsten Aspekte der Datenvisualisierung ist die Visualisierung der Genauigkeit bzw. Ungenauigkeit.

Wenn wir einen Datenpunkt an einer bestimmten Stelle sehen, neigen wir dazu, ihn als präzise Darstellung des wahren Datenwerts zu interpretieren. Es ist schwer vorstellbar, dass ein Datenpunkt tatsächlich an einer Stelle liegen könnte, an der er nicht gezeichnet wurde. Dieses Szenario ist jedoch in der Datenvisualisierung allgegenwärtig. Nahezu jeder Datensatz, mit dem wir arbeiten, weist eine gewisse Unsicherheit auf. Ob und wie wir diese Unsicherheit darstellen, kann einen großen Unterschied darin bewirken, wie genau unser Publikum die Bedeutung der Daten wahrnimmt.

Zwei häufig verwendete Ansätze zur Angabe der Unsicherheit sind Fehlerbalken und Konfidenzintervalle. Diese Ansätze wurden im Rahmen wissenschaftlicher Veröffentlichungen entwickelt und erfordern ein gewisses Fachwissen, um sie korrekt interpretieren zu können. Sie sind jedoch präzise und platzsparend. Durch die Verwendung von Fehlerbalken können wir zum Beispiel Unsicherheiten vieler verschiedener Parameterschätzungen in einem einzigen Diagramm darstellen. Für ein Laienpublikum sind jedoch Visualisierungsstrategien vorzuziehen, die einen starken intuitiven Eindruck von der Unsicherheit vermitteln, selbst wenn sie entweder eine verringerte Darstellungsgenauigkeit oder weniger datenintensive Visualisierungen erfordern. Eine Option unter anderen ist das sog. Häufigkeitsframing. Dabei zeichnen wir explizit verschiedene mögliche Szenarien in ungefähren Proportionen oder erstellen Animationen, die verschiedene mögliche Szenarien durchlaufen.

Wahrscheinlichkeiten als Häufigkeiten darstellen

Bevor wir diskutieren können, wie eine Unsicherheit sichtbar gemacht werden kann, müssen wir definieren, was Unsicherheit tatsächlich ist. Wir können den Begriff der Unsicherheit intuitiv am einfachsten im Kontext zukünftiger Ereignisse erfassen. Wenn ich eine Münze werfe, weiß ich nicht im Voraus, wie das Ergebnis aussehen wird. Das endgültige Ergebnis ist ungewiss. Ich kann mir jedoch auch über Ereignisse in der Vergangenheit unsicher sein: Nehmen wir beispielsweise an, dass ich gestern genau zweimal aus meinem Küchenfenster geschaut habe, einmal um 8 Uhr und einmal um 16 Uhr. Um 8 Uhr sah ich, dass ein rotes Auto auf der anderen Straßenseite parkte; um 16 Uhr war es nicht mehr da. Dann kann das Auto irgendwann während dieses 8-Stunden-Fensters die Parklücke verlassen haben, aber ich weiß nicht genau, wann. Sein Fahrer hätte um 8:01 Uhr, 9:30 Uhr, 14:00 Uhr oder zu jeder anderen Zeit während dieser acht Stunden wegfahren können.

Mathematisch nähern wir uns der Unsicherheit mit dem Wahrscheinlichkeitsbegriff. Eine genaue Definition der Wahrscheinlichkeit ist kompliziert und geht weit über den Rahmen dieses Buches hinaus.

Dennoch können wir sinnvoll über Wahrscheinlichkeiten diskutieren, ohne das Verständnis aller mathematischen Feinheiten zu haben. Für viele praxisrelevante Probleme reicht es aus, über relative Häufigkeiten nachzudenken. Angenommen, Sie führen eine Art Zufallsexperiment durch, wie einen Münzwurf oder würfeln, und suchen nach einem bestimmten Ergebnis (z. B. »Kopf« oder »eine Sechs würfeln«). Sie können dieses Ergebnis als *Erfolg* und jedes andere Ergebnis als *Misserfolg* bezeichnen. Die Erfolgswahrscheinlichkeit wird dann ungefähr durch den Anteil der Häufigkeit angegeben, mit der Sie dieses Ergebnis sehen, wenn Sie den Zufallsversuch immer wieder wiederholen. Wenn beispielsweise ein bestimmtes Ergebnis mit einer Wahrscheinlichkeit von 10 % auftritt, gehen wir davon aus, dass bei vielen wiederholten Versuchen dieses Ergebnis in ungefähr 1 von 10 Fällen zu sehen sein wird.

Die Visualisierung einer einzelnen Wahrscheinlichkeit ist schwierig. Wie würden Sie sich die Chance vorstellen, im Lotto zu gewinnen oder eine Sechs mit einem (unpräparierten) Würfel zu würfeln? In beiden Fällen ist die Wahrscheinlichkeit eine einzelne Zahl. Wir könnten diese Zahl als Betrag behandeln und sie mit einer der in Kapitel 6 beschriebenen Techniken anzeigen, z. B. mit einem Balkendiagramm oder einem Punktdiagramm, aber das Ergebnis wäre nicht sehr nützlich. Den meisten Menschen fehlt ein intuitives Verständnis dafür, wie ein Wahrscheinlichkeitswert in erlebte Realität umgesetzt wird. Das Anzeigen des Wahrscheinlichkeitswerts als Balken oder als Punkt auf einer Linie hilft bei diesem Problem nicht.

Wir können das Konzept der Wahrscheinlichkeit greifbar machen, indem wir eine Abbildung erstellen, die sowohl den Häufigkeitsaspekt als auch die Unvorhersehbarkeit eines Zufallsversuchs hervorhebt. Dazu können wir beispielsweise Quadrate mit verschiedenen Farben in einer zufälligen Anordnung zeichnen. In Abbildung 16-1 verwende ich diese Technik, um drei verschiedene Wahrscheinlichkeiten zu visualisieren: 1 % Erfolgschance, 10 % Erfolgschance und 40 % Erfolgschance. Um diese Abbildung zu verstehen, stellen Sie sich vor, Sie hätten die Aufgabe, ein dunkles Quadrat im gegebenen Raster auszuwählen, indem Sie ein Quadrat auswählen, bevor Sie sehen können, welches der Quadrate dunkel und welches hell ist. (Wenn Sie so wollen, können Sie sich vorstellen, mit geschlossenen Augen ein Quadrat auszuwählen.) Sie werden wahrscheinlich intuitiv verstehen, dass es bei der 1%igen Chance unwahrscheinlich ist, dass Sie ein dunkles Quadrat erwischen. In ähnlicher Weise ist es für Sie immer noch ziemlich unwahrscheinlich, ein dunkles Quadrat bei einer 10%igen Chance auszuwählen. In dem Fall mit einer Wahrscheinlichkeit von 40% sehen Ihre Chancen jedoch gar nicht so schlecht aus.

Diese Art der Visualisierung, bei der bestimmte potenzielle Ergebnisse gezeigt werden, wird als *diskrete Ergebnisvisualisierung* bezeichnet, und die Visualisierung einer Wahrscheinlichkeit als Häufigkeit wird als *Häufigkeitsframing* (dt.: *Einrahmen*) bezeichnet. Wir beschreiben den probabilistischen Charakter eines Ergebnisses in Form von (Eintritts-)Häufigkeiten, die leichter zu verstehen sind.

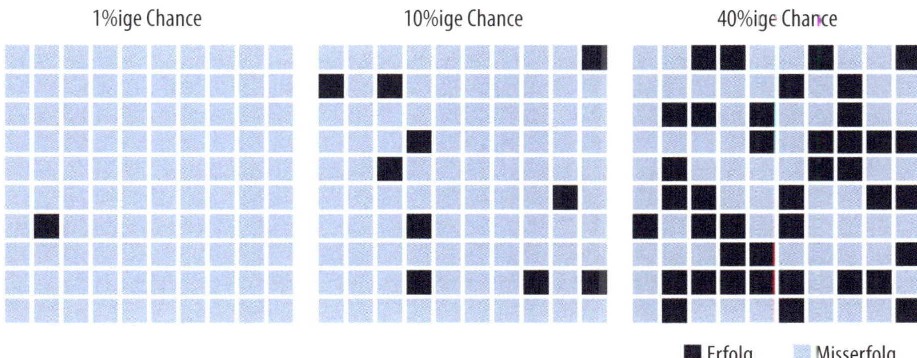

Abbildung 16-1: Darstellung der Wahrscheinlichkeit als Häufigkeit. Es gibt 100 Felder in jedem Raster, und jedes Feld steht für den Erfolg oder Misserfolg eines zufälligen Versuchs. Eine 1%ige Erfolgschance entspricht 1 dunklem und 99 hellen Quadraten, eine 10%ige Chance entspricht 10 dunklen und 90 hellen Quadraten und eine 40%ige Erfolgschance entspricht 40 dunklen und 60 hellen Quadraten. Durch zufälliges Platzieren der dunklen Quadrate zwischen den hellen Quadraten können wir einen visuellen Eindruck von Zufälligkeit erzeugen, der die Unsicherheit des Ergebnisses eines einzelnen Versuchs betont.

Wenn wir nur an zwei getrennten Ergebnissen interessiert sind, Erfolg oder Misserfolg, funktioniert eine Visualisierung wie in Abbildung 16-1 einwandfrei. Häufig haben wir es jedoch mit komplexeren Szenarien zu tun, bei denen das Ergebnis einer Zufallsstudie eine numerische Variable ist. Ein häufiges Szenario sind Wahlvorhersagen, bei denen es nicht nur darum geht, wer gewinnt, sondern auch darum, mit wie viel Prozent.

Betrachten wir ein hypothetisches Beispiel für eine bevorstehende Wahl, bei der zwei Parteien antreten, die gelbe und die blaue Partei. Angenommen, Sie hören im Radio, dass die blaue Partei voraussichtlich einen Vorsprung von 1 Prozentpunkt gegenüber der gelben Partei hat, mit einer Fehlerquote von 1,76 Prozentpunkten. Was sagen Ihnen diese Informationen über den wahrscheinlichen Ausgang der Wahlen? Es ist nur menschlich anzunehmen, »die blaue Partei wird gewinnen«, aber die Realität ist komplizierter. Erstens – was am allerwichtigsten ist – gibt es eine Reihe verschiedener möglicher Ergebnisse: Die blaue Partei könnte mit einem Vorsprung von zwei Prozentpunkten oder die gelbe Partei mit einem Vorsprung von einem halben Prozentpunkt gewinnen.

Der Bereich möglicher Ergebnisse mit den damit verbundenen Wahrscheinlichkeiten wird als *Wahrscheinlichkeitsverteilung* bezeichnet, und wir können ihn als glatte Kurve zeichnen, die über den Bereich möglicher Ergebnisse ansteigt und dann abfällt (Abbildung 16-2). Je höher die Kurve für ein bestimmtes Ergebnis ist, desto wahrscheinlicher ist das Ergebnis. Wahrscheinlichkeitsverteilungen hängen eng mit den in Kapitel 7 beschriebenen Histogrammen und Kerndichten zusammen, und Sie können dieses Kapitel erneut lesen, um Ihr Gedächtnis aufzufrischen.

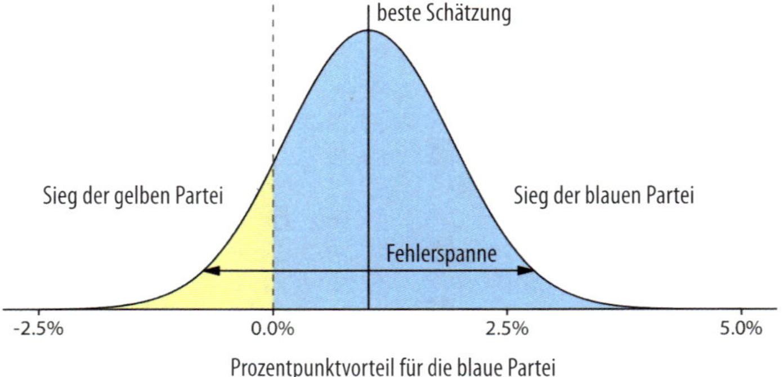

Abbildung 16-2: Hypothetische Vorhersage eines Wahlergebnisses. Es wird vorausgesagt, dass die blaue Partei mit ungefähr 1 Prozentpunkt Vorsprung gegenüber der gelben Partei gewinnt (als »beste Schätzung« bezeichnet). Diese Vorhersage weist jedoch eine Fehlerquote auf (hier so gezeichnet, dass sie 95% der wahrscheinlichen Ergebnisse abdeckt, d.h. ausgehend von der besten Schätzung 1,76 Prozentpunkte in beide Richtungen). Der blau schattierte Bereich, der 87,1% der Gesamtzahl entspricht, repräsentiert alle Ergebnisse, unter denen Blau gewinnen würde. Ebenso repräsentiert der gelb schattierte Bereich, der 12,9% der Gesamtzahl entspricht, alle Ergebnisse, bei denen Gelb gewinnen würde. In diesem Beispiel hat Blau eine Chance von 87%, die Wahl zu gewinnen.

Mit etwas Mathe können wir berechnen, dass für unser hypothetisches Beispiel die Gewinnchance der gelben Partei 12,9% beträgt. Die Gewinnchance für Gelb ist also etwas besser als das in Abbildung 16-1 gezeigte Szenario mit einer Wahrscheinlichkeit von 10%. Wenn Sie die blaue Partei bevorzugen, sind Sie vielleicht nicht sonderlich besorgt, aber die gelbe Partei hat genug Gewinnchancen, um möglicherweise doch erfolgreich zu sein.

Wenn Sie Abbildung 16-2 mit Abbildung 16-1 vergleichen, denken Sie womöglich, dass Abbildung 16-1 ein viel besseres Gefühl für die Unsicherheit des Ergebnisses erzeugt, obwohl die farbig schattierten Bereiche in Abbildung 16-2 genau die Wahrscheinlichkeiten eines blauen oder gelben Gewinns wiedergeben. Dies ist die Kraft einer diskreten Ergebnisvisualisierung: Untersuchungen zur menschlichen Wahrnehmung zeigen, dass wir relative Häufigkeiten diskreter Objekte – solange ihre

Gesamtzahl nicht zu groß ist – viel besser wahrnehmen, zählen und beurteilen können als die relativen Größen verschiedener Flächen.

Wir können das diskrete Element von Abbildung 16-1 mit einer kontinuierlichen Verteilung wie in Abbildung 16-2 kombinieren, indem wir ein *Quantil-Punkt-Diagramm* zeichnen [Kay et al. 2016]. In einem solchen Diagramm unterteilen wir die Gesamtfläche unter der Kurve in gleich große Einheiten und zeichnen jede Einheit als Kreis. Dann stapeln wir die Kreise so, dass deren Anordnung annäherungsweise die ursprüngliche Verteilungskurve darstellt (Abbildung 16-3).

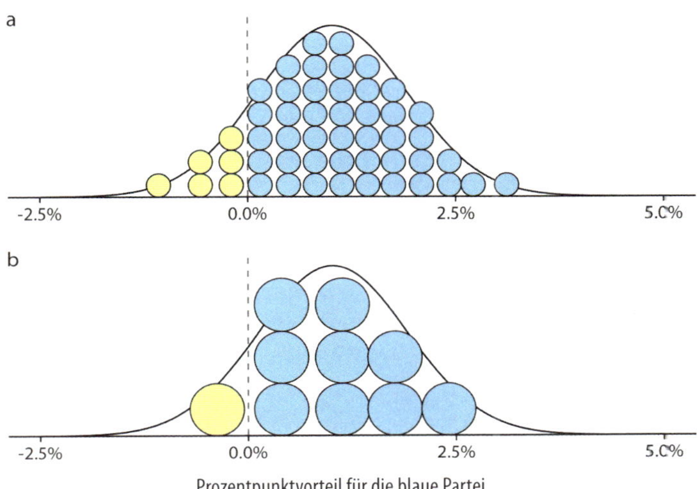

Abbildung 16-3: Quantil-Punkt-Darstellungen der Wahlergebnisverteilung von Abbildung 16-2. (a) Die kontinuierliche Verteilung wird mit 50 Punkten angenähert, was einer Wahrscheinlichkeit von jeweils 2% entspricht. Die 6 gelben Punkte entsprechen somit einer 12%igen Chance, die dem echten Wert von 12,9% sehr nahekommt. (b) Die kontinuierliche Verteilung wird mit 10 Punkten angenähert, die jeweils eine 10%ige Chance darstellen. Der 1 gelbe Punkt entspricht somit einer 10%igen Chance, die immer noch nahe am wahren Wert liegt. Quantile Punktdiagramme mit einer geringeren Anzahl von Punkten sind in der Regel leichter zu lesen. In diesem Beispiel ist die 10-Punkt-Version möglicherweise der 50-Punkt-Version vorzuziehen.

Im Allgemeinen sollten Quantil-Punkt-Diagramme eine kleine bis mittlere Anzahl von Punkten verwenden. Wenn es zu viele Punkte gibt, neigen wir dazu, sie eher als ein Kontinuum denn als einzelne, diskrete Einheiten wahrzunehmen. Dies negiert den Vorteil diskreter Darstellungen. Abbildung 16-3 zeigt Varianten mit 50 Punkten (Abbildung 16-3a) und mit 10 Punkten (Abbildung 16-3b). Während die Version mit 50 Punkten die wahre Wahrscheinlichkeitsverteilung genauer erfasst, ist die Anzahl der Punkte zu groß, um einzelne Punkte leicht zu unterscheiden. Die Version mit 10 Punkten vermittelt sehr schnell die relativen Gewinnchancen für Blau oder Gelb.

Ein Einwand gegen die 10-Punkte-Version könnte sein, dass diese nicht sehr präzise ist. Wir unterschätzen die Gewinnchance von Gelb um 2,9 Prozentpunkte. Oft lohnt es sich jedoch, auf eine gewisse mathematische Präzision zu verzichten, damit Menschen die resultierende Visualisierung leichter begreifen können – insbesondere bei der Kommunikation mit einem Laienpublikum. Eine Darstellung, die mathematisch korrekt ist, aber nicht gut wahrgenommen wird, ist in der Praxis nicht sonderlich nützlich.

Visualisierung der Unsicherheit von Punktschätzungen

In Abbildung 16-2 habe ich eine »beste Schätzung« und eine »Fehlerspanne« angegeben, aber ich habe nicht erklärt, was genau diese Größen sind und wie man sie erhält. Um sie besser zu verstehen, müssen wir uns kurz die grundlegenden Konzepte der statistischen Stichprobenerhebung ansehen. In der Statistik ist es unser übergeordnetes Ziel, etwas über die Welt zu lernen, indem wir einen Blick auf einen kleinen Teil davon werfen.

Um beim Wahlbeispiel zu bleiben, nehmen wir an, dass es viele verschiedene Wahlbezirke gibt und die Bürger jedes Bezirks entweder für die blaue oder die gelbe Partei stimmen werden. Wir möchten vielleicht vorhersagen, wie jeder Bezirk abstimmen wird, und auch den Durchschnittswert der Stimmen aller Bezirke (den *Mittelwert*) schätzen. Um vor den Wahlen eine Vorhersage zu machen, können wir nicht jeden einzelnen Bürger in jedem Bezirk darüber befragen, wie er abstimmen wird. Stattdessen müssen wir eine Untergruppe von Bürgern in einer Untergruppe von Bezirken interviewen und diese Daten verwenden, um eine bestmögliche Schätzung zu erhalten. Im Jargon der Statistiker nennt man die Gesamtmenge der möglichen Stimmen aller Bürger in allen Bezirken *Population* oder *Grundgesamtheit*, und die Teilmenge der Bürger und/oder Bezirke, die wir befragen, ist die *Stichprobe*. Die Population repräsentiert den zugrunde liegenden wahren Zustand der Welt und die Stichprobe ist unser Fenster in diese Welt.

Wir sind normalerweise an bestimmten Mengen interessiert, die wichtige Eigenschaften der Population zusammenfassen. Im Wahlbeispiel könnte dies das durchschnittliche Wahlergebnis über Bezirke hinweg oder die Standardabweichung zwischen den Bezirksergebnissen sein. Mengen, die die Population beschreiben, werden als *Parameter* bezeichnet und sind im Allgemeinen nicht erkennbar. Anhand einer Stichprobe können wir jedoch eine Annahme über die wahren Parameterwerte treffen, und Statistiker bezeichnen solche Annahmen als *Schätzungen*. Der Stichprobenmittelwert (oder Durchschnitt) ist eine Schätzung für den Populationsmittelwert, der ein Parameter ist. Die Schätzungen einzelner Parameterwerte werden auch *Punktschätzungen* genannt, da sie jeweils durch einen Punkt auf einer Linie dargestellt werden können.

Abbildung 16-4 zeigt, wie diese Schlüsselkonzepte miteinander zusammenhängen. Die Variable, für die wir uns interessieren (z. B. das Abstimmungsergebnis in jedem

Bezirk), hat eine gewisse Verteilung in der Population, mit einem Populationsmittelwert und einer Populationsstandardabweichung. Eine Stichprobe besteht aus einer Reihe spezifischer Beobachtungen. Die Anzahl der einzelnen Beobachtungen in der Stichprobe wird *Stichprobengröße* genannt. Aus der Stichprobe können wir einen Stichprobenmittelwert und eine Stichprobenstandardabweichung berechnen, die sich im Allgemeinen vom Populationsmittelwert und seiner Standardabweichung unterscheiden.

Schließlich können wir eine *Stichprobenverteilung* definieren, die die Verteilung der Schätzungen ist, die wir erhalten würden, wenn wir den Stichprobenprozess viele Male wiederholen würden. Die Breite der Stichprobenverteilung wird als *Standardfehler* bezeichnet und gibt Auskunft darüber, wie genau unsere Schätzungen sind. Mit anderen Worten liefert der Standardfehler ein Maß für die mit unserer Parameterschätzung verbundene Unsicherheit. In der Regel ist bei einer größeren Stichprobe der Standardfehler kleiner und damit die Abschätzung genauer.

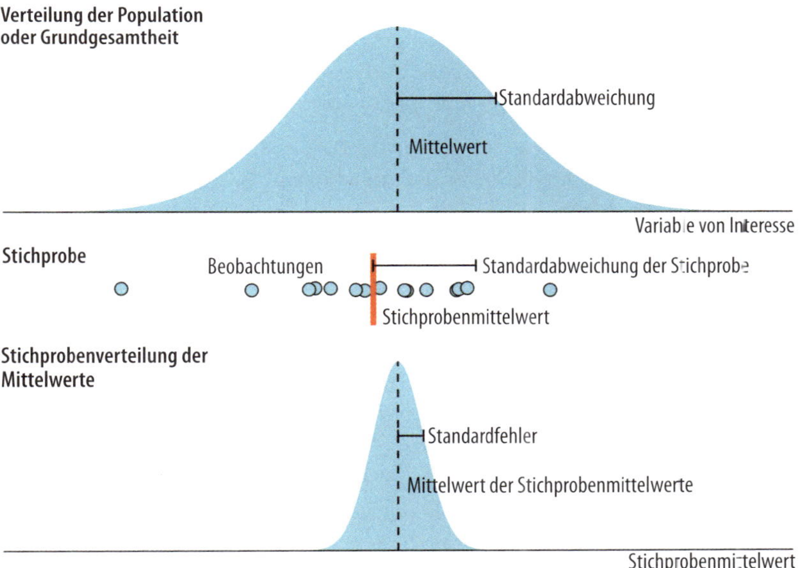

Abbildung 16-4: Schlüsselkonzepte der statistischen Stichprobenerhebung. Die Variable von Interesse, die wir untersuchen, hat eine wahre Verteilung in der Bevölkerung mit einem wahren Populationsmittelwert und einer wahren Standardabweichung. Jede endliche Stichprobe dieser Variablen hat einen Stichprobenmittelwert und eine Standardabweichung, die von den Populationsparametern abweichen. Wenn wir wiederholt Stichproben machen und jedes Mal einen Mittelwert berechnen, wird der resultierende Mittelwert entsprechend der Stichprobenverteilung des Mittelwerts verteilt. Der Standardfehler gibt Auskunft über die Breite der Stichprobenverteilung, aus der hervorgeht, wie genau wir den Parameter von Interesse (hier den Populationsmittelwert) schätzen.

Es ist wichtig, dass wir die Standardabweichung und den Standardfehler nicht verwechseln. Die Standardabweichung ist eine Eigenschaft der Population. Sie zeigt uns, wie weit sich die einzelnen Beobachtungen verteilen, die wir machen könnten. Wenn wir zum Beispiel die Menge der Wahlbezirke berücksichtigen, gibt die Standardabweichung Auskunft darüber, wie sich die Bezirke voneinander unterscheiden. Im Gegensatz dazu gibt der Standardfehler an, wie genau wir einen Parameter abgeschätzt haben. Wenn wir das durchschnittliche Abstimmungsergebnis über alle Bezirke hinweg schätzen möchten, können wir anhand des Standardfehlers feststellen, wie genau unsere Schätzung für den Mittelwert ist.

Alle Statistiker verwenden Stichproben, um Parameterschätzungen und deren Unsicherheiten zu berechnen. Sie teilen sich jedoch in »Bayesianer« und »Frequentisten« auf, je nachdem wie sie diese Berechnungen angehen. Bayesianer gehen davon aus, dass sie über Vorkenntnisse der Welt verfügen, und aktualisieren dieses Wissen anhand der Stichprobe. Im Gegensatz dazu versuchen Frequentisten, präzise Aussagen über die Welt zu treffen, ohne über Vorkenntnisse zu verfügen. Glücklicherweise können Bayesianer und Frequentisten bei der Visualisierung von Unsicherheiten im Allgemeinen dieselben Strategien anwenden. Hier werde ich zuerst den Ansatz der Frequentisten erklären und dann einige spezifische Probleme beschreiben, die nur im bayesschen Kontext vorkommen.

Frequentisten visualisieren Unsicherheit am häufigsten mit Fehlerbalken. Fehlerbalken können zwar als Darstellung der Unsicherheit hilfreich sein, sie sind jedoch nicht unproblematisch, wie ich bereits in Kapitel 9 angedeutet habe (siehe Abbildung 9-1). Leser können leicht missverstehen, was ein Fehlerbalken darstellt. Um dieses Problem zu verdeutlichen, zeige ich in Abbildung 16-5 fünf verschiedene Verwendungen von Fehlerbalken für denselben Datensatz. Der Datensatz enthält Expertenbewertungen von Schokoriegeln, bewertet auf einer Skala von 1 bis 5 für Schokoriegel, die in verschiedenen Ländern hergestellt wurden.

Für Abbildung 16-5 habe ich alle Bewertungen für Schokoriegel extrahiert, die in Kanada hergestellt wurden. Unterhalb der Stichprobe, die als Streifendiagramm aus Punkten mit Jitter dargestellt ist, sehen wir den Stichprobenmittelwert plus/minus der Standardabweichung der Stichprobe, den Stichprobenmittelwert plus/minus des Standardfehlers sowie Konfidenzintervalle von 80%, 95% und 99%. Alle fünf Fehlerbalken werden aus der Variation in der Stichprobe abgeleitet, und während sie alle mathematisch verwandt sind, haben sie jedoch unterschiedliche Bedeutungen. Sie sind auch optisch sehr verschieden.

Sobald Sie Unsicherheit mit Fehlerbalken visualisieren, müssen Sie angeben, welche Größe und/oder welches Konfidenzniveau die Fehlerbalken darstellen.

Der Standardfehler ergibt sich ungefähr aus der Standardabweichung der Stichprobe, geteilt durch die Quadratwurzel der Stichprobengröße; die Konfidenzintervalle werden berechnet, indem der Standardfehler mit kleinen konstanten Werten multipliziert wird. Zum Beispiel erstreckt sich ein 95%iges Konfidenzintervall ungefähr über das Zweifache des Standardfehlers in beiden Richtungen des Mittelwertes. Daher neigen größere Stichproben dazu, geringere Standardfehler und Konfidenzintervalle zu haben, selbst wenn ihre Standardabweichung gleich ist.

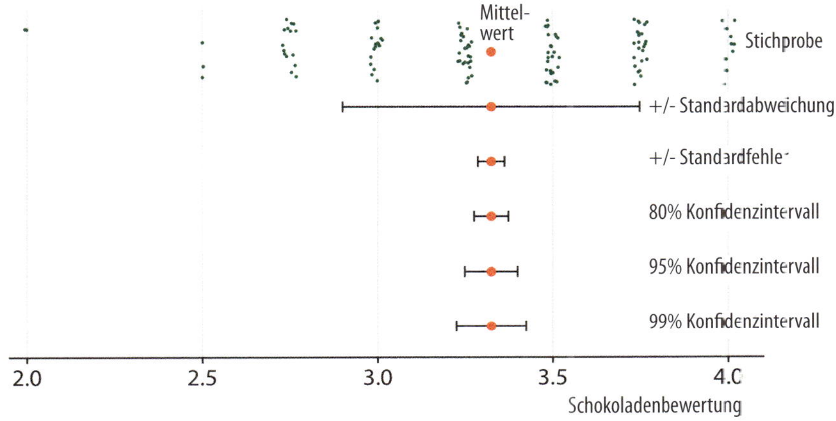

Abbildung 16-5: Beziehung zwischen Stichprobe, Stichprobenmittelwert, Standardabweichung, Standardfehler und Konfidenzintervallen in einem Beispiel für Schokoriegelbewertungen. Die Beobachtungen (als Jitter-induzierte grüne Punkte dargestellt), aus denen die Stichprobe besteht, entsprechen einer Expertenbewertung von 125 Schokoriegeln von Herstellern in Kanada, die auf einer Skala von 1 (unangenehm) bis 5 (ausgezeichnet) bewertet wurden. Der große orangefarbene Punkt repräsentiert den Mittelwert der Bewertungen. Fehlerbalken zeigen von oben nach unten die doppelte Standardabweichung und den doppelten Standardfehler (Standardabweichung des Mittelwerts) an sowie 80%, 95% und 99% Konfidenzintervalle des Mittelwerts. (Datenquelle: Brady Brelinski, Manhattan Chocolate Society)

Diesen Effekt können wir beobachten, wenn wir die Bewertungen für Schokolade aus Kanada mit denen aus der Schweiz vergleichen (Abbildung 16-6). Die durchschnittliche Bewertung und die Standardabweichung der Stichprobe sind zwischen kanadischen und schweizerischen Schokoriegeln vergleichbar. Wir haben jedoch Bewertungen für 125 kanadische Riegel und nur 38 Schweizer Riegel und folglich sind die Konfidenzintervalle bei den Beurteilungen der Schweizer Schokoladen viel breiter.

In Abbildung 16-6 zeige ich gleichzeitig drei verschiedene Konfidenzintervalle, wobei für die Intervalle, die niedrigere Konfidenzniveaus darstellen, dunklere Farben und dickere Linien verwendet werden. Ich bezeichne diese Visualisierungen als *abgestufte Fehlerbalken*. Die Abstufung hilft dem Leser zu erkennen, dass es eine Reihe von verschiedenen Möglichkeiten gibt. Wenn ich einer Gruppe von Personen einfache Fehlerbalken (ohne Einstufung) angezeigt hätte, würden wahrscheinlich zumindest einige von ihnen die Fehlerbalken deterministisch wahrnehmen, z.B. als Darstellung des Minimums und des Maximums der Daten. Alternativ könnten sie annehmen, dass die Fehlerbalken den Bereich möglicher Parameterschätzungen abgrenzen, d.h., dass die Schätzung niemals außerhalb des Fehlers liegen könnte. Diese Arten von Fehlwahrnehmungen werden als *Deterministic Construal Errors* bezeichnet. Je mehr wir das Risiko eines deterministischen Konstruktionsfehlers minimieren können, desto besser lässt sich die Unsicherheit visualisieren.

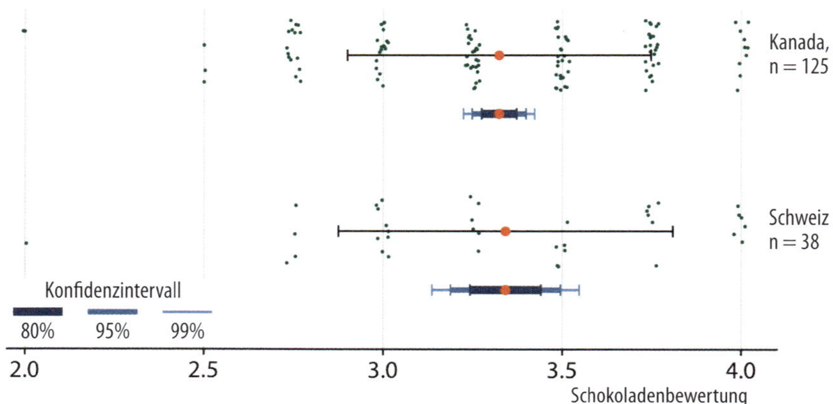

Abbildung 16-6: Die Konfidenzintervalle vergrößern sich bei kleinerer Stichprobengröße. Schokoriegel aus Kanada und der Schweiz weisen vergleichbare Mittelwerte und vergleichbare Standardabweichungen auf (angezeigt mit einfachen schwarzen Fehlerbalken). Es wurden jedoch mehr als dreimal so viele kanadische Schokoriegel bewertet wie Schweizer Produkte, weshalb die Konfidenzintervalle (angegeben mit übereinander gezeichneten Fehlerbalken unterschiedlicher Farbe und Dicke) für den Mittelwert der Bewertungen Schweizer Schokoladen wesentlich größer sind als die für kanadische Schokoladen. (Datenquelle: Brady Brelinski, Manhattan Chocolate Society)

Fehlerbalken sind praktisch, weil sie es uns ermöglichen, viele Schätzungen und zugleich die mit ihnen verbundenen Unsicherheiten anzuzeigen. Daher werden sie häufig in wissenschaftlichen Veröffentlichungen verwendet, bei denen es in der Regel darum geht, einem Fachpublikum eine große Menge an Informationen zu vermitteln. Als Beispiel für diese Art der Anwendung zeigt Abbildung 16-7 die durchschnittlichen Schokoladenbewertungen und die zugehörigen Konfidenzintervalle für Schokoladenriegel, die in sechs verschiedenen Ländern hergestellt wurden.

Wenn Sie sich Abbildung 16-7 ansehen, fragen Sie sich vielleicht, was sie uns über die Unterschiede bei den Durchschnittsbewertungen sagt. Die Durchschnittsbewertungen für kanadische, schweizerische und österreichische Riegel sind höher als die für US-Riegel, aber sind die Unterschiede bei den Mittelwerten angesichts der Unsicherheit *signifikant*? Das Wort »signifikant« ist hier ein Fachbegriff, der von Statistikern verwendet wird. Wir bezeichnen einen Unterschied als signifikant, wenn wir mit einem gewissen Konfidenzmaß die Annahme ablehnen können, dass der beobachtete Unterschied durch Zufallsstichproben verursacht wurde. Da nur eine begrenzte Anzahl kanadischer und US-amerikanischer Schokoriegel bewertet wurde, hatten die Bewerter vielleicht versehentlich mehr der besseren kanadischen Riegel und weniger der besseren US-Riegel berücksichtigt.

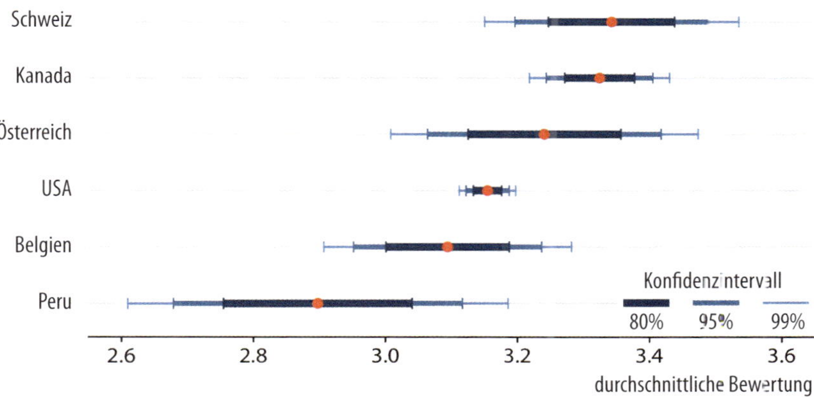

Abbildung 16-7: Durchschnittliche Geschmacksbewertungen für Schokolade und damit verbundene Konfidenzintervalle für Schokoriegel von Herstellern aus sechs verschiedenen Ländern. (Datenquelle: Brady Brelinski, Manhattan Chocolate Society)

Die Einschätzung der Signifikanz aus Abbildung 16-7 ist schwierig, da sowohl das durchschnittliche kanadische Rating als auch das durchschnittliche US-Rating Unsicherheiten aufweisen. Beide Unsicherheiten sind für die Frage von Bedeutung, ob die Mittelwerte unterschiedlich sind. In Statistiklehrbüchern und Online-Tutorials werden manchmal Faustregeln veröffentlicht, anhand derer beurteilt werden kann, inwieweit sich Fehlerbalken überschneiden oder nicht. Diese Faustregeln sind jedoch nicht zuverlässig und sollten ignoriert werden. Der richtige Weg, um festzustellen, ob es Unterschiede in der Durchschnittsbewertung gibt, besteht darin, Konfidenzintervalle für die Unterschiede zu berechnen. Wenn diese Konfidenzintervalle null ausschließen, wissen wir, dass der Unterschied bei dem jeweiligen Konfidenzniveau signifikant ist. Für den Schokoladen-Datensatz sehen wir, dass nur Riegel aus Kanada signifikant höher bewertet werden als Riegel aus den USA (Abbildung 16-8). Bei Schokoriegeln aus der Schweiz enthält das 95%-Konfidenzintervall für die Differenz nur knapp den Wert null. Somit besteht eine etwas größere Wahrscheinlichkeit als 5%, dass der beobachtete Unterschied zwischen den Durchschnittsbewertungen von US- und Schweizer Schokoladenriegeln nicht mehr darstellt mehr als eine Stichprobenvariation. Schließlich gibt es überhaupt keine Belege dafür, dass österreichische Riegel systematisch höhere Durchschnittsbewertungen haben als US-Riegel.

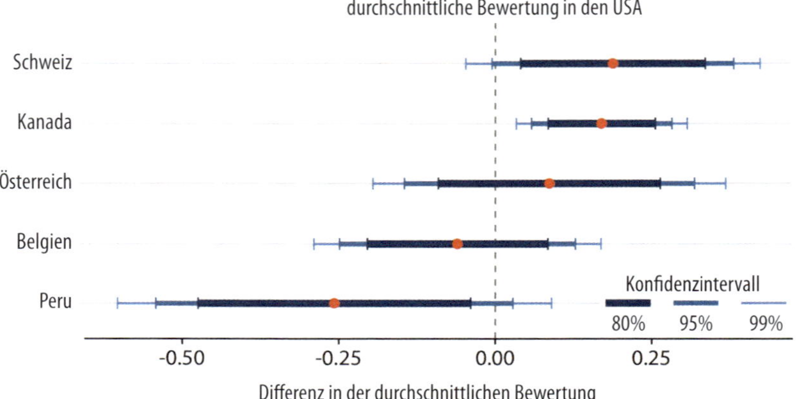

Abbildung 16-8: Durchschnittliche Bewertung des Schokoladengeschmacks für Hersteller aus fünf verschiedenen Ländern im Verhältnis zur durchschnittlichen Bewertung von US-Schokoladenriegeln. Kanadische Schokoriegel sind deutlich höher eingestuft als US-amerikanische. Für die anderen vier Länder gibt es keinen signifikanten Unterschied in der Durchschnittsbewertung im Vergleich zu den USA bei einem Konfidenzniveau von 95 %. Das Konfidenzniveau wurde für mehrere Vergleiche nach der Dunnett-Methode angepasst. (Datenquelle: Brady Brelinski, Manhattan Chocolate Society)

In den vorhergehenden Abbildungen habe ich zwei verschiedene Arten von Fehlerbalken verwendet: abgestufte und einfache. Weitere Variationen sind möglich. Zum Beispiel können wir Fehlerbalken mit oder ohne vertikale Abschlussmarkierung (einer *Kappe*) am Ende zeichnen (Abbildung 16-9a, c im Vergleich zu Abbildung 16-9b, d). Alle Versionen haben Vor- und Nachteile. Abgestufte Fehlerbalken heben die Existenz verschiedener Bereiche hervor, die verschiedenen Konfidenzstufen entsprechen. Die Kehrseite dieser zusätzlichen Information ist jedoch zusätzliche optische Unordnung. Je nachdem wie komplex und informationsreich eine Abbildung ansonsten ist, sind einfache Fehlerbalken den gestuften vorzuziehen. Ob Sie Fehlerbalken mit oder ohne Kappe zeichnen, ist in erster Linie eine Frage des persönlichen Geschmacks. Eine Kappe markiert, wo genau ein Fehlerbalken endet (Abbildung 16-9a, c), ein Fehlerbalken ohne Begrenzung betont hingegen den gesamten Intervallbereich gleichermaßen (Abbildung 16-9b, d). Auch hier verursachen Kappen eine visuelle Unordnung, sodass Sie in einer Abbildung mit vielen Fehlerbalken die Kappen besser weglassen.

Als Alternative zu Fehlerbalken könnten wir Konfidenzstreifen zeichnen, die graduell verblassen (Abbildung 16-9e). Solche Streifen vermitteln besser, wie wahrscheinlich unterschiedliche Werte sind, sind aber schwer zu lesen. Wir müssten die verschiedenen Farbschattierungen visuell integrieren, um zu bestimmen, wo ein bestimmtes Konfidenzniveau endet. Abbildung 16-9e lässt den Schluss zu, dass die durchschnittliche Bewertung für peruanische Schokoriegel erheblich niedriger ist als die für US-amerikanische Schokoriegel, was jedoch nicht der Fall ist. Ähnliche Probleme treten auf, wenn wir explizite Konfidenzverteilungen zeigen (Abbildung

16-9f). Es ist schwierig, den Bereich unter der Kurve visuell zu integrieren und zu bestimmen, wo genau ein gegebenes Konfidenzniveau erreicht wird. Dieses Problem kann jedoch etwas gemildert werden, indem Quantil-Punkt-Diagramme wie in Abbildung 16-3 gezeichnet werden.

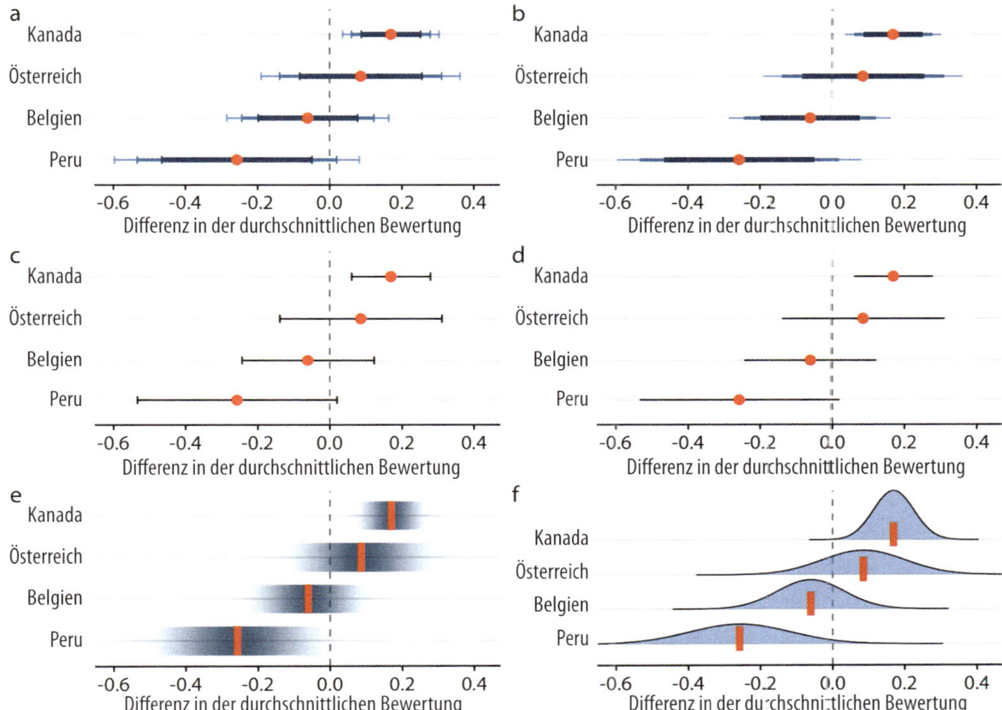

Abbildung 16-9: Durchschnittliche Bewertung des Schokoladengeschmacks für Hersteller aus vier verschiedenen Ländern im Vergleich zur durchschnittlichen Bewertung von US-Schokoladenriegeln. Jedes Panel verwendet einen anderen Ansatz zur Visualisierung derselben Unsicherheitsinformationen: (a) abgestufte Fehlerbalken mit Kappen; (b) abgestufte Fehlerbalken ohne Kappen; (c) Fehlerbalken mit einem Intervall und Kappen; (d) Fehlerbalken mit einem Intervall ohne Kappen; (e) Konfidenzstreifen; (f) Vertrauensverteilungen. (Datenquelle: Brady Brelinski, Manhattan Chocolate Society)

Bei einfachen 2D-Abbildungen haben Fehlerbalken einen wichtigen Vorteil gegenüber komplexeren Darstellungen von Unsicherheiten: Sie können mit vielen anderen Diagrammtypen kombiniert werden. Für nahezu jede Visualisierung können wir anhand von Fehlerbalken Hinweise auf die Unsicherheit hinzufügen. Zum Beispiel können wir Werte mit Unsicherheit anzeigen, indem wir ein Balkendiagramm mit Fehlerbalken zeichnen (Abbildung 16-10). Diese Art der Visualisierung wird häufig in wissenschaftlichen Publikationen verwendet. Wir können auch Fehlerbalken entlang der *x*- und der *y*-Richtung in einem Streudiagramm zeichnen (Abbildung 16-11).

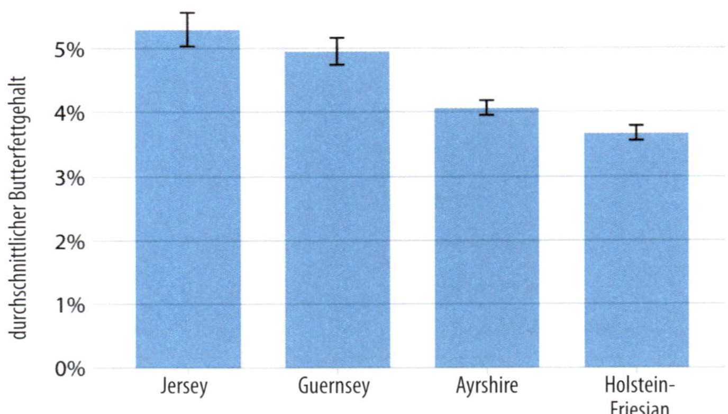

Abbildung 16-10: Durchschnittlicher Butterfettgehalt in der Milch von vier Rinderrassen. Fehlerbalken geben einen +/−-Standardfehler des Mittelwerts an. Derartige Visualisierungen sind in der Fachliteratur häufig zu finden. Während sie technisch korrekt sind, repräsentieren sie weder die Abweichungen innerhalb der einzelnen Kategorien noch die Unsicherheit der Stichprobe besonders gut. In Abbildung 7-11 ist die Variation des Butterfettgehalts innerhalb der einzelnen Rassen dargestellt. (Datenquelle: Canadian Record of Performance for Purebred Dairy Cattle)

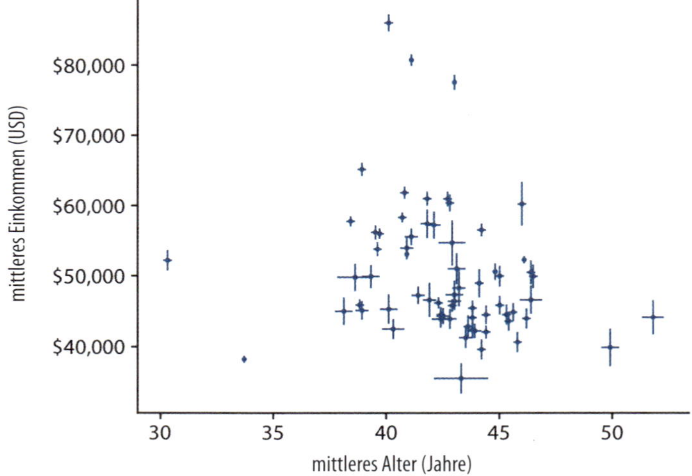

Abbildung 16-11: Mittleres Einkommen im Vergleich zum mittleren Alter für 67 Bezirke in Pennsylvania. Die Fehlerbalken repräsentieren Konfidenzintervalle von 90 %. (Datenquelle: 2015 Five-Year American Community Survey)

Kehren wir zum Thema der Frequentisten und Bayesianer zurück. Frequentisten bewerten die Unsicherheit mit Konfidenzintervallen, während Bayesianer die *A-Posteriori-Verteilungen* und *Kredibilitätsintervalle* berechnen. Die bayessche A-Posteriori-

Verteilung sagt uns, wie wahrscheinlich es ist, dass bestimmte Parameterschätzungen in den Eingabedaten erhalten sind. Das Kredibilitätsintervall gibt einen Bereich von Werten an, bei denen der Parameterwert mit einer gegebenen Wahrscheinlichkeit erwartet wird, berechnet aus der A-Posteriori-Verteilung. Der wahre Parameterwert hat eine Wahrscheinlichkeit von 95 % im Kredibilitätsintervall von 95 % zu liegen.

Wenn Sie kein Statistiker sind, werden Sie möglicherweise von meiner Definition eines Kredibilitätsintervalls überrascht sein. Sie haben vielleicht gedacht, dass es sich tatsächlich um die Definition eines Konfidenzintervalls handelt. Das ist es jedoch nicht. Ein bayessches Kredibilitätsintervall gibt Auskunft darüber, wo der wahre Parameter wahrscheinlich ist, und ein Konfidenzintervall der Frequentisten informiert Sie darüber, wo der wahre Parameter wahrscheinlich nicht ist. Auch wenn diese Unterscheidung wie eine sprachliche Spitzfindigkeit erscheinen mag, so gibt es doch wichtige konzeptionelle Unterschiede zwischen den beiden Ansätzen: Beim bayesschen Ansatz verwenden Sie die Daten und Ihre Vorkenntnisse über das untersuchte System (das sogenannte *A-Priori*), um eine Wahrscheinlichkeitsverteilung (das *A-Posteriori*) zu berechnen, aus der hervorgeht, wo der wahre Parameterwert zu erwarten ist.

Im Gegensatz dazu versucht der Frequentist, eine erste Annahme zu widerlegen. Diese Annahme wird als *Nullhypothese* bezeichnet, und es ist oft einfach die Annahme, dass der Parameter gleich null ist (z. B., wenn es keinen Unterschied zwischen zwei Bedingungen gibt). Sie berechnen dann die Wahrscheinlichkeit, dass zufällige Stichproben ähnliche Daten wie die bisher beobachteten generieren würden, wenn die Nullhypothese wahr wäre. Das Konfidenzintervall ist eine Darstellung dieser Wahrscheinlichkeit. Wenn ein gegebenes Konfidenzintervall den Parameterwert unter der Nullhypothese ausschließt (d. h. den Wert null), dann können Sie die Nullhypothese auf diesem Konfidenzniveau ablehnen. Alternativ können Sie sich ein Konfidenzintervall als ein Intervall vorstellen, das den wahren Parameterwert mit der angegebenen Wahrscheinlichkeit bei wiederholten Stichproben erfasst (Abbildung 16-12). Wenn also der wahre Parameterwert null wäre, würde ein 95 %-Konfidenzintervall nur in 5 % der analysierten Proben null ausschließen.

Zusammenfassend lässt sich sagen, dass ein bayessches Kredibilitätsintervall eine Aussage über den wahren Parameterwert macht, und das Konfidenzintervall der Frequentisten eine Aussage über die Nullhypothese. In der Praxis sind die Schätzungen von Bayesianern und Frequentisten jedoch oft sehr ähnlich (Abbildung 16-13). Ein prinzipieller Vorteil des bayesschen Ansatzes ist, dass er das Ausmaß eines Effekts betont, während der Frequentismus eine binäre Perspektive vertritt, also ob ein Effekt existiert oder nicht.

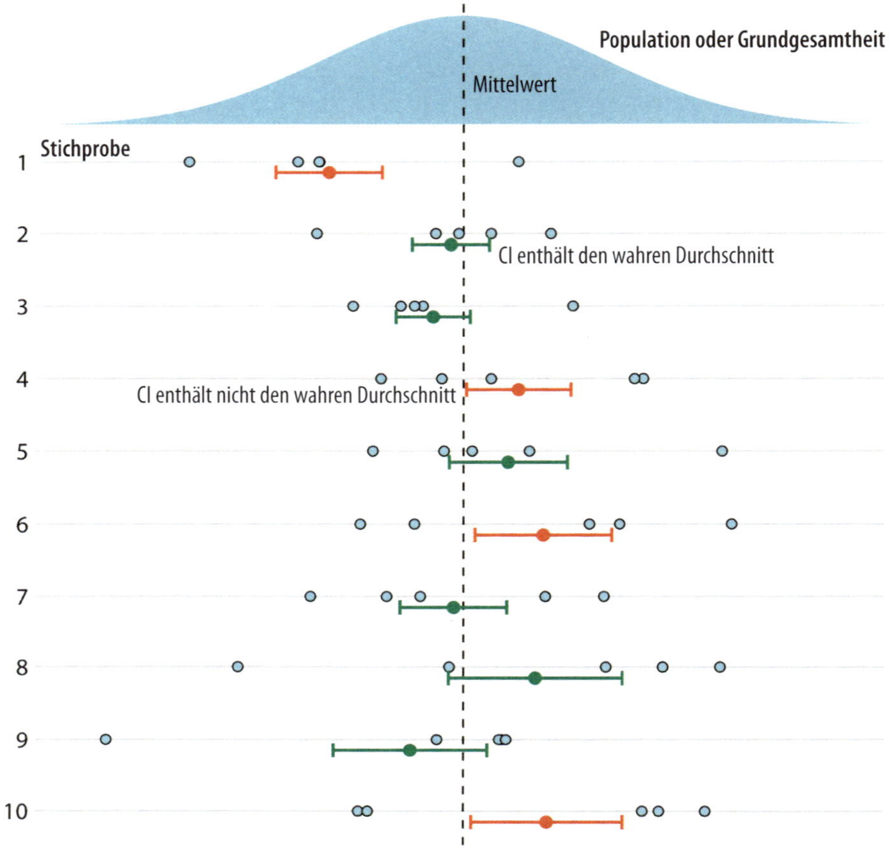

Population oder Grundgesamtheit

Mittelwert

Stichprobe

1

2

CI enthält den wahren Durchschnitt

3

4

CI enthält nicht den wahren Durchschnitt

5

6

7

8

9

10

Abbildung 16-12: Frequenzinterpretation eines Konfidenzintervalls. Konfidenzintervalle (Confidence intervals – CIs) lassen sich am besten im Zusammenhang mit wiederholten Stichproben verstehen. Für jede Stichprobe schließt das Konfidenzintervall den wahren Parameter (in diesem Fall den Mittelwert) entweder ein (grüne Intervalle), oder der wahre Parameter liegt außerhalb des Konfidenzintervalls (orange Intervalle). Wenn wir jedoch wiederholt eine Stichprobe machen, enthalten die Konfidenzintervalle (hier sind Konfidenzintervalle von 68 % angegeben, die dem Stichprobenmittelwert +/– Standardfehler entsprechen) den wahren Mittelwert in etwa 68 % der Fälle.

Ein bayessches Kredibilitätsintervall beantwortet die Frage: »Wo erwarten wir, dass der wahre Parameterwert liegt?« Ein Konfidenzintervall der Frequentisten beantwortet die Frage: »Wie sicher sind wir, dass der wahre Parameterwert nicht null ist?«

Das zentrale Ziel der bayesschen Schätzung ist die Bestimmung der A-Posteriori-Verteilung. Daher visualisieren Bayesianer üblicherweise die gesamte Verteilung, anstatt sie auf ein Kredibilitätsintervall zu reduzieren. Somit sind – in Bezug auf die Datenvisualisierung – alle Ansätze zur Darstellung von Verteilungen anwendbar, die in den Kapiteln 7, 8 und 9 beschrieben wurden. Insbesondere werden Histogramme, Dichtediagramme, Boxdiagramme, Violin- und Ridgeline-Diagramme häufig zur Visualisierung der bayesschen A-Posteriori-Verteilungen verwendet.

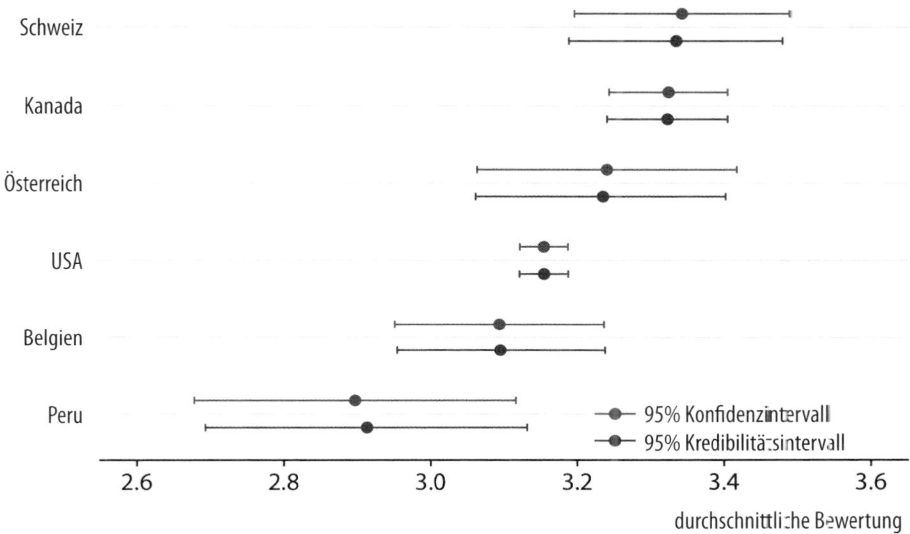

Abbildung 16-13: Vergleich der frequentistischen Konfidenz- und der bayesschen Kredibilitätsintervalle für die durchschnittliche Schokoladenbewertung. Wir sehen, dass die beiden Ansätze ähnliche, aber nicht genau identische Ergebnisse liefern. Insbesondere zeigen die bayesschen Schätzungen eine geringe Schrumpfung, was eine Anpassung der extremen Parameterschätzungen an den Gesamtmittelwert darstellt. (Beachten Sie, wie sich die bayessche Schätzung für die Schweiz leicht nach links bzw. für Peru leicht nach rechts im Verhältnis zu den jeweiligen Schätzungen der Frequentisten bewegt.) Die hier gezeigten Schätzungen und das Konfidenzintervall der Frequentisten stimmen mit den in Abbildung 16-7 gezeigten Ergebnissen für 95 % Konfidenz überein. (Datenquelle: Brady Brelinski, Manhattan Chocolate Society)

Da diese Ansätze in ihren jeweiligen Kapiteln ausführlich erörtert wurden, werde ich hier nur ein Beispiel anhand eines Ridgeline-Diagramms zeigen, um die bayesschen A-Posteriori-Verteilungen der durchschnittlichen Schokoladenbewertungen darzustellen (Abbildung 16-14). In diesem speziellen Fall habe ich eine Färbung unter der Kurve hinzugefügt, um definierte Bereiche der A-Posteriori-Wahrscheinlichkeiten anzugeben. Als Alternative zur farbigen Markierung hätte ich auch Quantil-Punkt-Diagramme zeichnen oder abgestufte Fehlerbalken unter jeder Verteilungskurve hinzufügen können. Ridgeline-Diagramme mit Fehlerbalken werden als *Half-Eye-* und Violindiagramme mit Fehlerbalken als *Eye-Diagramme* bezeichnet (siehe »(Mathematische) Unsicherheit« auf Seite 38).

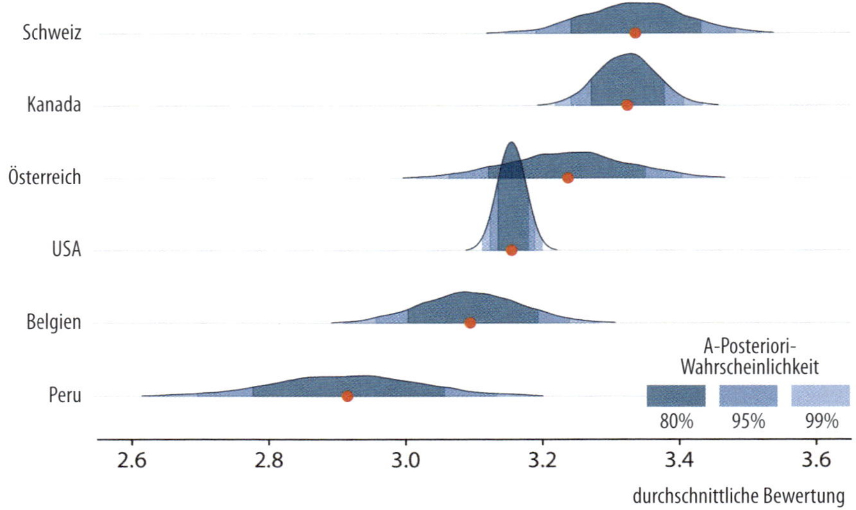

Abbildung 16-14: Bayessche A-Posteriori-Verteilungen der durchschnittlichen Schokoriegelbewertungen, dargestellt als Ridgeline-Diagramm. Die roten Punkte repräsentieren die Mediane jeder A-Posteriori-Verteilung. Da es schwierig ist, eine kontinuierliche Verteilung optisch in bestimmte Konfidenzbereiche umzuwandeln, habe ich unter jeder Kurve einen Bereich farbig markiert, um die zentralen 80%, 95% und 99% jeder A-Posteriori-Verteilung anzugeben. (Datenquelle: Brady Brelinski, Manhattan Chocolate Society)

Visualisierung der Unsicherheit von Kurvenanpassungen

In Kapitel 14 habe ich erläutert, wie Sie einen Trend in einem Datensatz anzeigen, indem Sie eine gerade Linie oder Kurve an die Daten anpassen. Diese Trendschätzungen weisen ebenfalls eine Ungenauigkeit auf, und es ist üblich, diese in einer Trendlinie mit einem *Konfidenzband* darzustellen (Abbildung 16-15). Das Konfidenzband bietet uns eine Reihe verschiedener Regressionslinien, die mit den Daten kompatibel wären. Wenn Studenten zum ersten Mal auf ein Konfidenzband stoßen, wundert es sie oft, dass selbst eine perfekte Gerade einer linearen Regression ein gekrümmtes Konfidenzband ergibt. Der Grund für die Krümmung ist, dass sich die lineare Regressionsgerade in zwei verschiedene Richtungen bewegen kann: Sie kann sich auf und ab bewegen (d.h. unterschiedliche *y*-Achsenabschnitte haben) und sie kann sich drehen (d.h. unterschiedliche Steigungen haben). Wir können visuell zeigen, wie das Konfidenzband entsteht, indem wir einen Satz alternativer Regressionslinien zeichnen, die zufällig aus der A-Posteriori-Verteilung der Anpassungsparameter generiert werden. Dies ist in Abbildung 16-16 dargestellt, in der 15 zufällig ausgewählte, alternative Regressionen enthalten sind. Wir sehen, dass – obwohl jede Linie gerade ist – die Kombination verschiedener Steigungen und *y*-

Achsenabschnitte jeder Linie eine Gesamtform erzeugt, die genau wie das Konfidenzband aussieht.

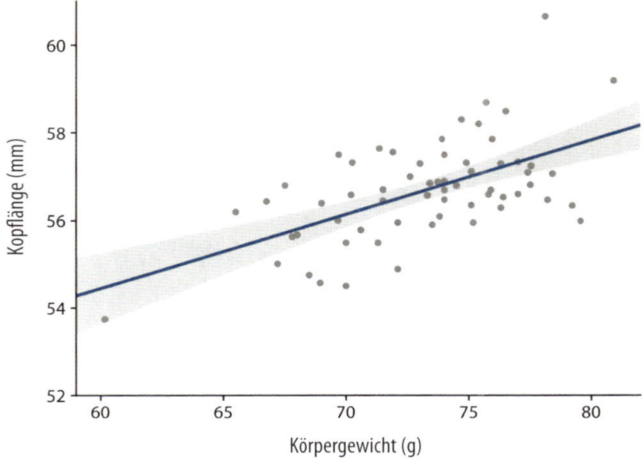

Abbildung 16-15: Kopflänge im Verhältnis zur Körpermasse für männliche Blauhäher (siehe Abbildung 14-7). Die gerade blaue Linie stellt die optimale lineare Regression an die Daten dar, und das graue Band um die Linie zeigt die Unsicherheit in der linearen Regression. Das graue Band repräsentiert ein 95%iges Konfidenzniveau. (Datenquelle: Keith Tarvin, Oberlin College)

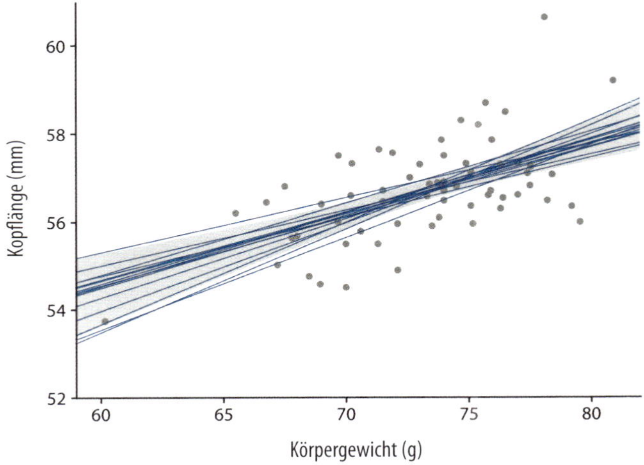

Abbildung 16-16: Kopflänge im Verhältnis zur Körpermasse für männliche Blauhäher. Im Gegensatz zu Abbildung 16-15 stellen die geraden blauen Linien jetzt alternative Regressionen mit der gleichen Wahrscheinlichkeit dar, die zufällig aus der A-Posteriori-Verteilung gezogen wurden. (Datenquelle: Keith Tarvin, Oberlin College)

Um ein Konfidenzband zu zeichnen, müssen wir ein Konfidenzniveau angeben und genau so, wie wir es für Fehlerbalken und A-Posteriori-Wahrscheinlichkeiten gesehen haben, die unterschiedlichen Konfidenzniveaus hervorheben. Dies führt uns zu dem *abgestuften Konfidenzband*, das mehrere Konfidenzniveaus gleichzeitig anzeigt (Abbildung 16-17). Ein abgestuftes Konfidenzband erhöht das Gefühl der Unsicherheit beim Leser und konfrontiert diesen mit der Möglichkeit, dass die Daten verschiedene alternative Trendlinien unterstützen könnten.

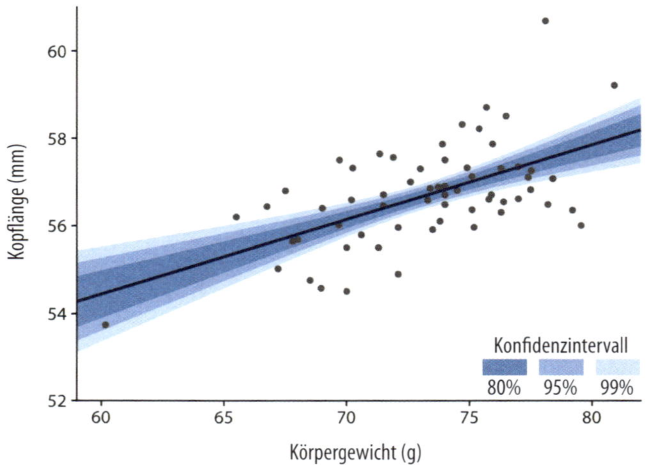

Abbildung 16-17: Kopflänge im Verhältnis zur Körpermasse bei männlichen Blauhähern. Wie im Fall von Fehlerbalken können wir abgestufte Konfidenzbänder zeichnen, um die Unsicherheit in der Schätzung hervorzuheben. (Datenquelle: Keith Tarvin, Oberlin College)

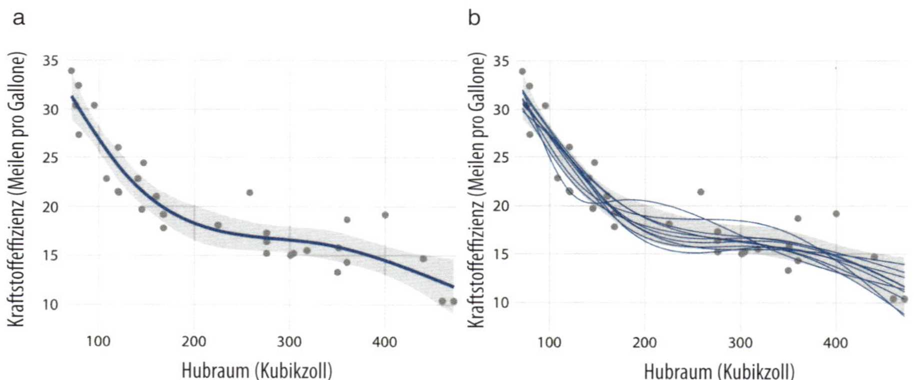

Abbildung 16-18: Kraftstoffeffizienz im Verhältnis zum Hubraum für 32 Autos (Modelle 1973–74). Jeder Punkt repräsentiert ein Auto, und die glatten Linien wurden erhalten, indem ein kubischer Regressions-Spline mit 5 Knoten verwendet wurde. (a) Passgenaues Spline- und Konfidenzband; (b) gleichermaßen wahrscheinliche alternative Anpassungen aus der A-Posteriori-Verteilung. (Datenquelle: Motor Trend, 1974)

Wir können auch Konfidenzbänder für nichtlineare Regressionen zeichnen. Solche Konfidenzbänder sehen gut aus, können aber schwierig zu interpretieren sein (Abbildung 16-18). Wenn wir uns Abbildung 16-18a ansehen, könnten wir annehmen, dass das Konfidenzband entsteht, indem die blaue Linie nach oben und unten bewegt und möglicherweise leicht deformiert wird. Wie aus Abbildung 16-18b hervorgeht, stellt das Konfidenzband jedoch eine Reihe von Kurven dar, die alle etwas wackeliger sind als die in Teil (a) gezeigte optimale Regression. Dies ist ein allgemeines Prinzip von nichtlinearen Kurvenanpassungen: Die Unsicherheit entspricht nicht nur einer Auf-und-ab-Bewegung der Kurve, sondern auch einer erhöhten Verwacklung.

Hypothetische Ergebniskurven

Alle statischen Darstellungen von Unsicherheit leiden unter dem Problem, dass Betrachter diese als deterministisches Merkmal der Daten interpretieren könnten (ein deterministischer Konstruktionsfehler, wie zuvor beschrieben). Wir können dieses Problem vermeiden, indem wir die Ungenauigkeiten durch eine Animation visualisieren, indem wir eine Reihe verschiedener, aber gleich wahrscheinlicher Diagramme abspielen. Diese Art der Visualisierung wird als *hypothetisches Ergebnisdiagramm* (engl. *Hypothetical Outcome Plot, HOP*) bezeichnet [Hullman, Resnick und Adar 2015]. Während HOPs in einem Druckmedium nicht möglich sind, können sie in Online-Umgebungen, in denen animierte Visualisierungen in Form von GIFs oder MP4-Videos bereitgestellt werden können, sehr effektiv sein. Auch im Rahmen einer mündlichen Präsentation können HOPs gut funktionieren.

Um das Konzept eines hypothetischen Ergebnisdiagramms zu veranschaulichen, kehren wir noch einmal zu den Schokoriegelbewertungen zurück. Wenn Sie im Supermarkt stehen und über den Kauf von Schokolade nachdenken, ist Ihnen die durchschnittliche Geschmacksnote und die damit verbundene Unsicherheit für bestimmte Gruppen von Schokoriegeln wahrscheinlich egal. Stattdessen möchten Sie vielleicht die Antwort auf eine einfachere Frage wissen, z.B.: »Wenn ich zufällig eine in Kanada und eine in den USA hergestellte Schokolade kaufe, welche der beiden sollte meiner Erwartung nach besser schmecken?«

Um eine Antwort auf diese Frage zu erhalten, könnten wir einen beliebigen kanadischen und US-amerikanischen Schokoladenriegel aus dem Datensatz auswählen, deren Bewertungen vergleichen, das Ergebnis aufzeichnen und diesen Vorgang dann viele Male wiederholen. Wenn wir dies tun würden, würden wir in ungefähr 53% der Fälle feststellen, dass der kanadische Riegel höher eingestuft wird und in 47% der Fälle entweder der US-Riegel besser bewertet wird oder die beiden Riegel gleichwertig sind. Sie können diesen Vorgang visuell darstellen, indem Sie zwischen mehreren dieser Zufallsziehungen wechseln und die relative Rangfolge der beiden Schokoriegel für jede Ziehung anzeigen (Abbildung 16-19).

Betrachten Sie als zweites Beispiel die Variation der Formen unter gleich wahrscheinlichen Trendlinien in Abbildung 16-18b. Da alle Trendlinien übereinander gezeichnet sind, wird in erster Linie der von Trendlinien bedeckte Gesamtbereich wahrgenommen, der dem Konfidenzband ähnlich ist. Es ist schwierig, einzelne

Trendlinien zu erkennen. Durch Umwandeln dieser Abbildung in eine hypothetische Ergebniskurve können wir einzelne Trendlinien nacheinander hervorheben (Abbildung 16-20).

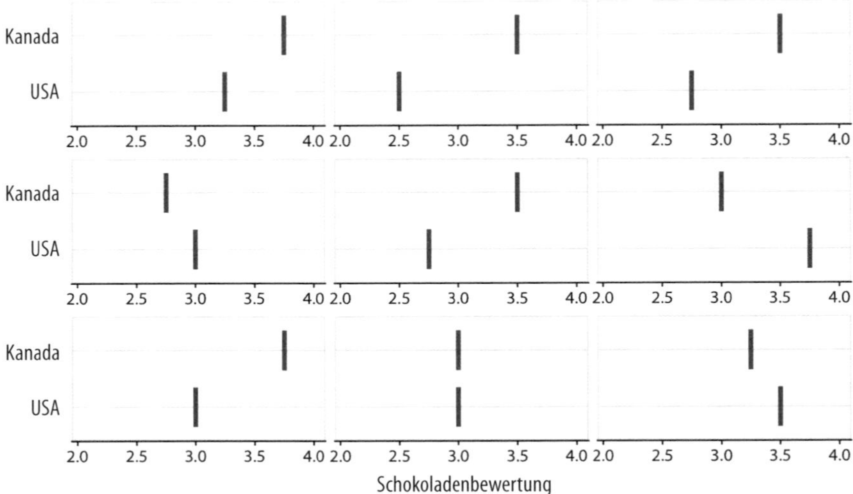

Abbildung 16-19: Schematische Darstellung eines hypothetischen Ergebnisdiagramms für Schokoriegelbewertungen von in Kanada und den USA hergestellten Produkten. Jeder vertikale grüne Balken stellt die Bewertung für einen Riegel dar, und jedes Feld zeigt einen Vergleich zweier zufällig ausgewählter Riegel, von denen jeder von einem kanadischen und einem US-amerikanischen Hersteller stammt. In einem tatsächlichen hypothetischen Ergebnisdiagramm würde die Anzeige zwischen den einzelnen Diagrammfeldern wechseln, anstatt sie nebeneinander anzuzeigen. (Datenquelle: Brady Brelinski, Manhattan Chocolate Society)

Wenn Sie eine HOP vorbereiten, fragen Sie sich möglicherweise, ob es besser ist, zwischen verschiedenen Ergebnissen zu wechseln (wie bei einem Diaprojektor) oder eher sanft von einem Ergebnis zum nächsten zu animieren (z.B. die Trendlinie für ein Ergebnis langsam zu deformieren, bis sie wie der Trend für ein anderes Ergebnis aussieht). Während dies bis zu einem gewissen Grad eine offene Frage ist, die weiter erforscht wird, deuten einige Hinweise darauf hin, dass weiche Übergänge die Beurteilung der dargestellten Wahrscheinlichkeiten erschweren [Kale et al. 2018]. Wenn Sie Animationen zwischen Ergebnissen in Betracht ziehen, sollten Sie diese Animationen zumindest mit Tempo umsetzen oder einen Animationsstil wählen, in dem die Ergebnisse ein- und ausgeblendet werden, anstatt sich von einem Ergebnis zum anderen zu verformen.

Es gibt einen kritischen Aspekt, auf den wir bei der Vorbereitung eines HOP achten müssen: Wir müssen sicherstellen, dass die von uns gezeigten Ergebnisse für die tatsächliche Verteilung möglicher Ergebnisse repräsentativ sind. Andernfalls könnte unser Ergebnisdiagramm eher irreführend sein. Wenn ich zum Beispiel bei den Schokoladenbewertungen zufällig 10 Ergebnispaare von Schokoladenriegeln ausgewählt habe und unter diesen in 7 Fällen das US-Produkt höher bewertet wurde als das kanadische, dann würde die hypothetische Ergebniskurve fälschlicherweise den Eindruck erwecken, dass US-Riegel tendenziell höher bewertet werden als kanadische. Wir können dieses Problem vermeiden, indem wir entweder eine sehr große Anzahl von Ergebnissen auswählen, sodass Stichprobenverzerrungen unwahrscheinlich sind, oder indem wir in irgendeiner Form überprüfen, ob die angezeigten Ergebnisse angemessen sind. In Abbildung 16-19 habe ich verifiziert, dass die Anzahl der kanadischen Riegel, die höher bewertet wurden, nahe am tatsächlichen Prozentsatz von 53 % lag.

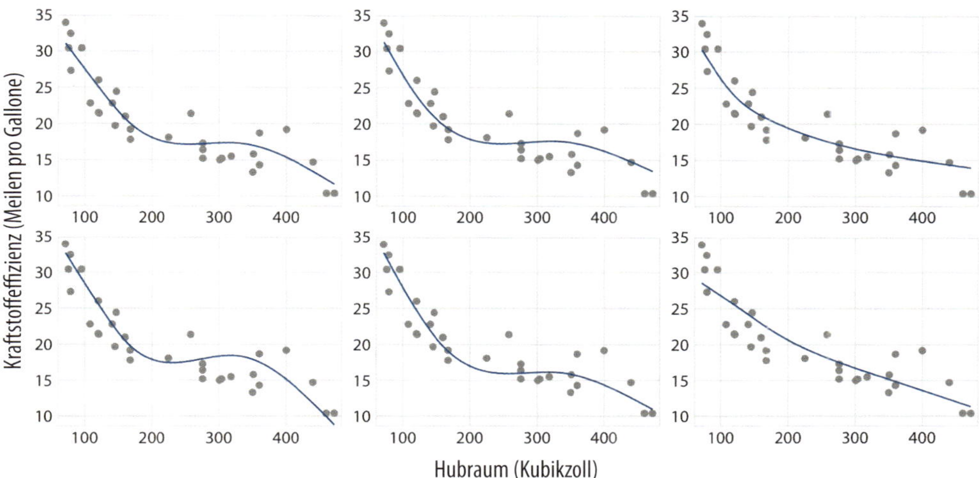

Abbildung 16-20: Schematische Darstellung eines hypothetischen Ergebnisdiagramms für die Kraftstoffeffizienz in Abhängigkeit vom Hubraum. Jeder Punkt repräsentiert ein Auto, und die glatten Linien wurden erhalten, indem ein kubischer Regressions-Spline mit 5 Knoten verwendet wurde. Jede Linie in jedem Feld stellt ein alternatives Anpassungsergebnis dar, das aus der A-Posteriori-Verteilung der Anpassungsparameter gezogen wird. In einem tatsächlichen hypothetischen Ergebnisdiagramm würde die Anzeige zwischen den einzelnen Diagrammfeldern wechseln, anstatt wie hier nebeneinander zu erscheinen. (Datenquelle: Motor Trend, 1974)

TEIL II

Prinzipien des Graphen-Designs

KAPITEL 17

Das Prinzip proportionaler Farbflächen

In vielen verschiedenen Visualisierungsszenarien repräsentieren wir Datenwerte durch die Ausdehnung eines grafischen Elements. In einem Balkendiagramm zeichnen wir beispielsweise Balken, die bei 0 beginnen und mit dem Datenwert enden, den sie darstellen. In diesem Fall wird der Datenwert nicht nur durch den Endpunkt des Balkens codiert, sondern auch durch die Höhe oder Länge des Balkens. Wenn wir einen Balken zeichnen würden, der mit einem anderen Wert als 0 beginnt, würden die Länge des Balkens und der Balkenendpunkt widersprüchliche Informationen liefern. Solche Abbildungen sind in sich inkonsistent, weil sie zwei verschiedene Werte mit demselben grafischen Element anzeigen. Vergleichen Sie dies mit einem Szenario, in dem wir den Datenwert mit einem Punkt visualisieren. In diesem Fall wird der Wert nur durch die Stelle des Punkts codiert, nicht durch die Größe oder Form des Punkts.

Ähnliche Probleme treten immer dann auf, wenn grafische Elemente wie Balken, Rechtecke, schattierte Bereiche beliebiger Form oder andere Elemente mit einer definierten optischen Ausdehnung verwendet werden, die entweder mit dem angezeigten Datenwert übereinstimmen oder nicht. In all diesen Fällen müssen wir sicherstellen, dass es keine Inkonsistenzen gibt. Dieses Konzept wurde als *Prinzip der proportionalen Farbflächen* (engl. *principle of proportional ink*) bezeichnet [Bergstrom und West 2016]:

> *»Wenn ein schattierter Bereich zur Darstellung eines numerischen Werts verwendet wird, sollte die Fläche dieses schattierten Bereichs direkt proportional zum entsprechenden Wert sein.«*

(Es ist üblich, das Wort »Farbfläche (engl. ink)« zu verwenden, um auf einen Teil einer Visualisierung zu verweisen, der von der Hintergrundfarbe abweicht. Dies umfasst Linien, Punkte, gemeinsam genutzte Bereiche und Text. In diesem Kapitel wird jedoch in erster Linie von »schattierten Bereichen« gesprochen.) Verstöße gegen dieses Prinzip sind insbesondere in der Presse und in der Finanzwelt weit verbreitet.

Visualisierungen entlang linearer Achsen

Wir betrachten zunächst das häufigste Szenario, die Visualisierung von Beträgen entlang einer linearen Skala. Abbildung 17-1 zeigt das mittlere Einkommen (den Median) in den fünf Bezirken des Bundesstaates Hawaii. Dies ist eine typische Abbildung, die man in einem Zeitungsartikel finden könnte. Ein kurzer Blick auf die Abbildung lässt annehmen, dass der Bezirk Hawaii unglaublich arm ist, während der Bezirk Honolulu viel reicher als die anderen Bezirke ist. Abbildung 17-1 ist jedoch irreführend, da alle Balken bei einem mittleren Einkommen von 50.000 USD beginnen. Während der Endpunkt jedes Balkens das tatsächliche mittlere Einkommen in jedem Bezirk korrekt darstellt, gibt die Balkenhöhe das Ausmaß an, in dem das mittlere Einkommen die willkürliche Zahl von 50.000 USD überschreitet. Allerdings funktioniert die menschliche Wahrnehmung so, dass die Balkenhöhe die Schlüsselgröße ist, die wir bei der Betrachtung dieser Abbildung wahrnehmen, und nicht die Position des Balkenendpunkts relativ zur *y*-Achse.

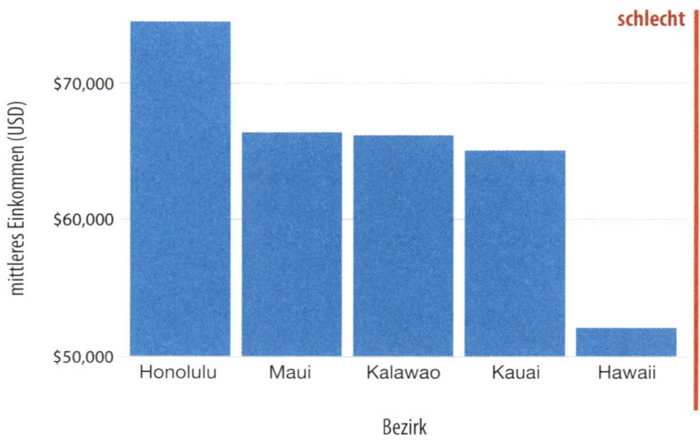

Abbildung 17-1: Mittleres Einkommen in den fünf Bezirken des Bundesstaates Hawaii. Diese Abbildung ist irreführend, da die Skala auf der y-Achse bei 50.000 USD statt bei 0 USD beginnt. Infolgedessen sind die Balkenhöhen nicht proportional zu den angezeigten Werten, und die Einkommensdifferenz zwischen den Bezirken Hawaii und den anderen vier Bezirken scheint viel größer zu sein, als sie tatsächlich ist. (Datenquelle: 2015 Five-Year American Community Survey)

Eine angemessene Darstellung dieses Datensatzes sorgt für eine weniger aufregende Botschaft (Abbildung 17-2): Zwar gibt es Unterschiede beim mittleren Einkommen zwischen den Bezirken, diese sind jedoch bei Weitem nicht so groß, wie in Abbildung 17-1 dargestellt. Insgesamt sind die mittleren Einkommen in den verschiedenen Bezirken in etwa vergleichbar.

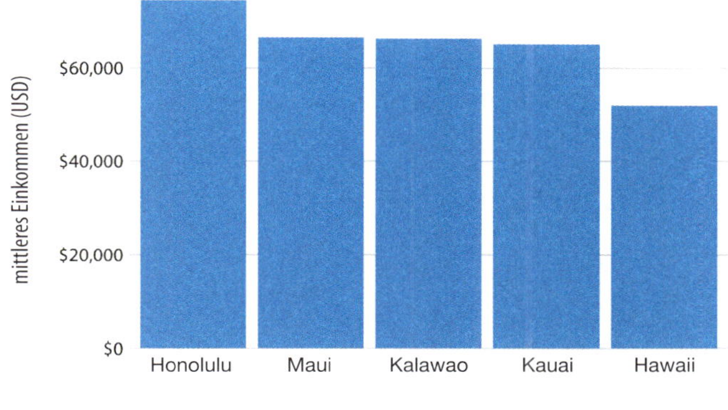

Abbildung 17-2: Mittleres Einkommen in den fünf Bezirken des Bundesstaates Hawaii. Hier beginnt die y-Achsen-Skala bei 0 USD, und daher werden die relativen Beträge des mittleren Einkommens in den fünf Bezirken genau angezeigt. (Datenquelle: 2015 Five-Year American Community Survey)

Balken auf einer linearen Skala sollten immer bei 0 beginnen.

Ähnliche Visualisierungsprobleme ergeben sich häufig bei der Darstellung von Zeitreihen, beispielsweise von Aktienkursen. Abbildung 17-3 deutet darauf hin, dass der Aktienkurs von Facebook um den 1. November 2016 massiv eingebrochen ist. In Wirklichkeit war der Kursrückgang im Verhältnis zum Gesamtpreis der Aktie moderat (Abbildung 17-4).

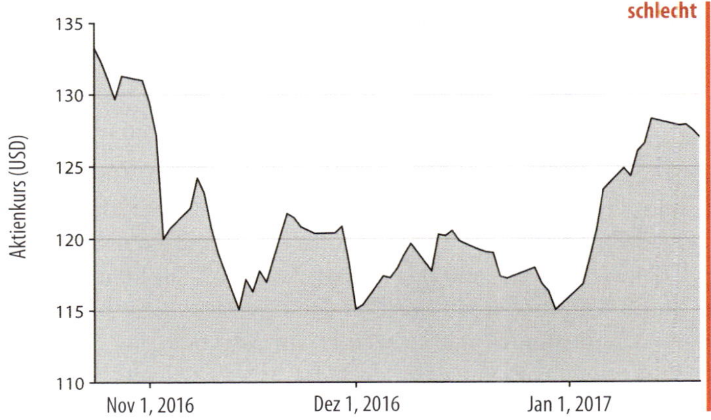

Abbildung 17-3: Der Aktienkurs von Facebook (FB) vom 22. Oktober 2016 bis 21. Januar 2017. Diese Abbildung scheint darauf hinzudeuten, dass der FB-Aktienkurs um den 1. November 2016 zusammengebrochen ist. Dies ist jedoch irreführend, da die y-Achse bei 110 USD statt 0 USD beginnt. (Datenquelle: Yahoo! Finanzen)

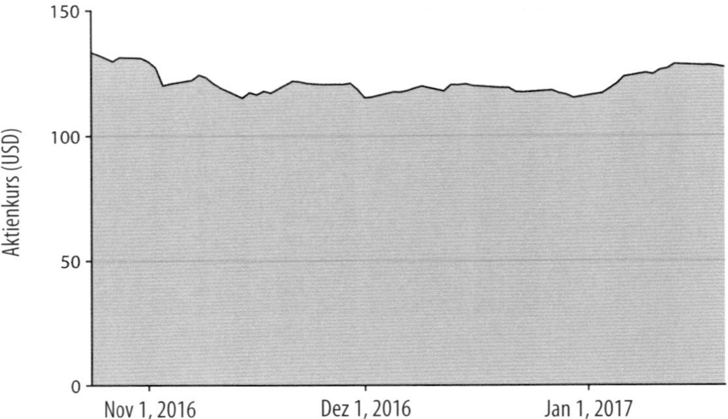

Abbildung 17-4: Aktienkurs von Facebook (FB) vom 22. Oktober 2016 bis 21. Januar 2017. Dadurch, dass der Aktienkurs auf einer y-Skala von 0 bis 150 USD angezeigt wird, gibt ist diese Abbildung die Größenordnung des FB-Preisverfalls um den 1. November 2016 genauer wieder. (Datenquelle: Yahoo! Finanzen)

Der *y*-Achsenbereich in Abbildung 17-3 wäre auch ohne die Färbung unter der Kurve zweifelhaft. Aber mit der farbigen Markierung wird die Abbildung besonders problematisch: Die Färbung hebt den Abstand von der Position der *x*-Achse zu den angegebenen *y*-Werten hervor und vermittelt so den visuellen Eindruck, dass die Höhe des gefärbten Bereichs an einem bestimmten Tag den Aktienkurs dieses Tages darstellt. Stattdessen stellt sie nur die Differenz zwischen dem Aktienkurs und der Basislinie dar, die in Abbildung 17-3 110 USD beträgt.

Die Beispiele in den Abbildungen 17-2 und 17-4 könnten darauf hinweisen, dass Balken und gefärbte Bereiche nicht nützlich sind, um kleine Änderungen im Zeitverlauf oder Unterschiede zwischen Bedingungen darzustellen, da immer der gesamte Balken oder Bereich ab 0 gezeichnet werden muss. Dies ist jedoch nicht der Fall. Es ist durchaus zulässig, Balken oder gefärbte Bereiche zu verwenden, um Unterschiede zwischen Bedingungen anzuzeigen, solange wir deutlich machen, welche Unterschiede wir zeigen. Zum Beispiel können wir Balken verwenden, um die Veränderung des mittleren Einkommens in den Bezirken Hawaiis von 2010 bis 2015 darzustellen (Abbildung 17-5). Für alle Bezirke außer Kalawao beträgt diese Änderung weniger als 5.000 USD. (Kalawao ist ein eher ungewöhnlicher Bezirk mit weniger als 100 Einwohnern, und das mittlere Einkommen kann durch eine kleine Anzahl von Menschen, die in den Bezirk ziehen oder aus dem Bezirk auswandern, stark schwanken.) Für den Bezirk Hawaii ist die Veränderung negativ. Das heißt, das mittlere Einkommen war im Jahr 2015 niedriger als im Jahr 2010. Wir stellen negative Werte dar, indem wir Balken in die entgegengesetzte Richtung zeichnen, d.h., die Balken erstrecken sich von 0 nach unten und nicht nach oben.

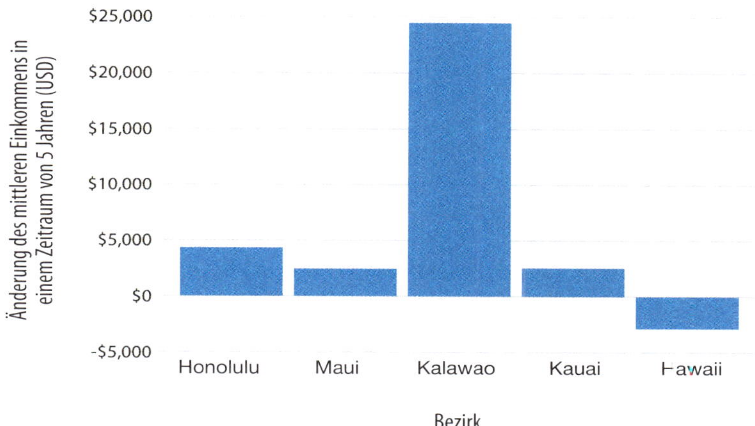

Abbildung 17-5: Veränderung des mittleren Einkommens in den hawaiianischen Bezirken von 2010 bis 2015. (Datenquelle: 2010 and 2015 Five-Year American Community Surveys)

Ebenso können wir die zeitliche Veränderung des Facebook-Aktienkurses als Differenz zu seinem vorübergehenden Maximum am 22. Oktober 2016 darstellen (Abbildung 17-6). Indem wir einen Bereich färben, der die Entfernung vom Maximum darstellt, können wir die absolute Größe des Preisverfalls genau wiedergeben, ohne implizite Aussagen über die Größenordnung des Kursrückgangs im Verhältnis zum Gesamtaktienkurs zu machen.

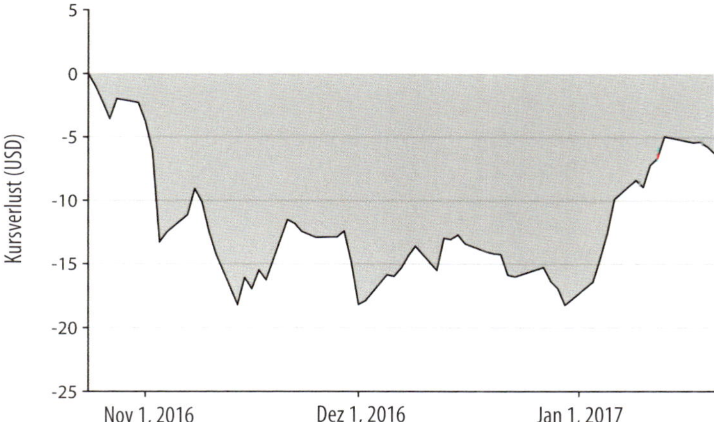

Abbildung 17-6: Rückgang des Aktienkurses von Facebook (FB) gegenüber dem Kurs vom 22. Oktober 2016. Zwischen dem 1. November 2016 und dem 1. Januar 2017 blieb der Preis um etwa 15 USD niedriger als auf seinem Höhepunkt am 22. Oktober 2016. Der Preis begann sich im Januar zu erholen. (Datenquelle: Yahoo! Finanzen)

Visualisierungen entlang logarithmischer Achsen

Wenn wir Daten auf einer linearen Achse visualisieren, sind die Bereiche von Balken, Rechtecken oder anderen Formen automatisch proportional zu den Datenwerten. Das gilt jedoch nicht, wenn wir eine logarithmische Achse verwenden, da die Datenwerte nicht linear entlang der Achse verteilt sind. Man könnte daher argumentieren, dass beispielsweise Balkendiagramme auf einer logarithmischen Achse von Natur aus fehlerhaft sind. Andererseits ist die Fläche jedes Balkens proportional zum Logarithmus des Datenwerts, und daher erfüllen Balkendiagramme auf einer logarithmischen Achse das Prinzip der proportionalen Farbflächen (engl. proportional ink) in logarithmisch transformierten Koordinaten. In der Praxis kann meines Erachtens mit keinem dieser beiden Argumente geklärt werden, ob Balkendiagramme mit logarithmischem Maßstab geeignet sind. Die relevante Frage ist vielmehr, ob wir Mengen oder Verhältnisse visualisieren wollen.

In Kapitel 3 habe ich erklärt, dass eine logarithmische Achse die natürliche Form zur Veranschaulichung von Verhältnissen ist, da ein Einheitsschritt entlang einer logarithmischen Achse einer Multiplikation mit einem konstanten Faktor oder einer Division durch einen konstanten Faktor entspricht. In der Praxis werden logarithmische Maßstäbe jedoch häufig nicht speziell zur Veranschaulichung von Verhältnissen verwendet, sondern vielmehr, weil die angezeigten Zahlen über viele Größenordnungen variieren. Betrachten Sie als Beispiel das Bruttoinlandsprodukt (BIP) der Länder in Ozeanien. 2007 bewegten sich diese zwischen weniger als einer Milliarde USD und über 300 Milliarden USD (Abbildung 17-7). Die Darstellung dieser Zahlen würde auf einer linearen Skala nicht funktionieren, da die beiden Länder mit dem größten BIP (Neuseeland und Australien) die Abbildung dominieren würden.

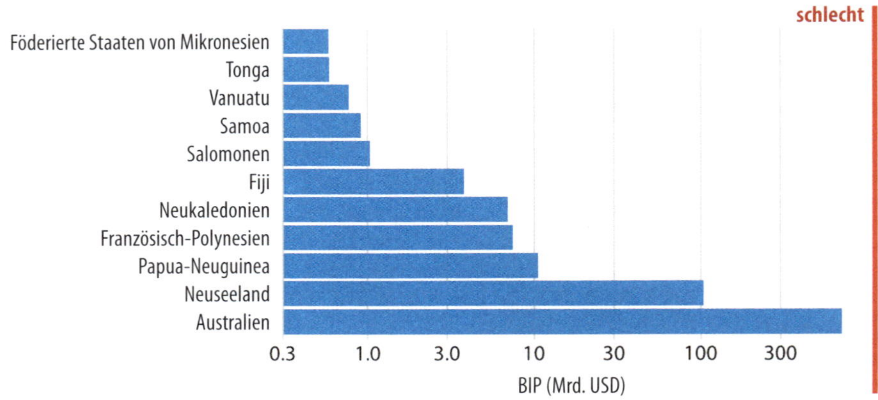

Abbildung 17-7: Das BIP der Länder in Ozeanien im Jahr 2007. Die Länge der Balken spiegelt die angezeigten Datenwerte nicht genau wider, da die Balken bei einem willkürlichen Wert von 0,3 Mrd. USD beginnen. (Datenquelle: Gapminder)

Die Darstellung mit Balken auf einer logarithmischen Achse (Abbildung 17-7) funktioniert jedoch auch nicht: Die Balken beginnen bei einem willkürlichen Wert von

0,3 Mrd. USD, und die Abbildung hat zumindest das gleiche Problem wie Abbildung 17-1, dass die Balkenlängen nicht repräsentativ für die Datenwerte sind. Die zusätzliche Schwierigkeit bei einer logarithmischen Achse besteht jedoch darin, dass wir die Balken nicht einfach bei 0 beginnen lassen können. In Abbildung 17-7 würde der Wert 0 unendlich weit links liegen. Daher können wir unsere Balken beliebig lang machen, indem wir ihren Ursprung immer weiter wegschieben, wie in Abbildung 17-8 dargestellt. Dieses Problem tritt immer dann auf, wenn wir versuchen, Beträge (wie die BIP-Werte) auf einer logarithmischen Achse darzustellen.

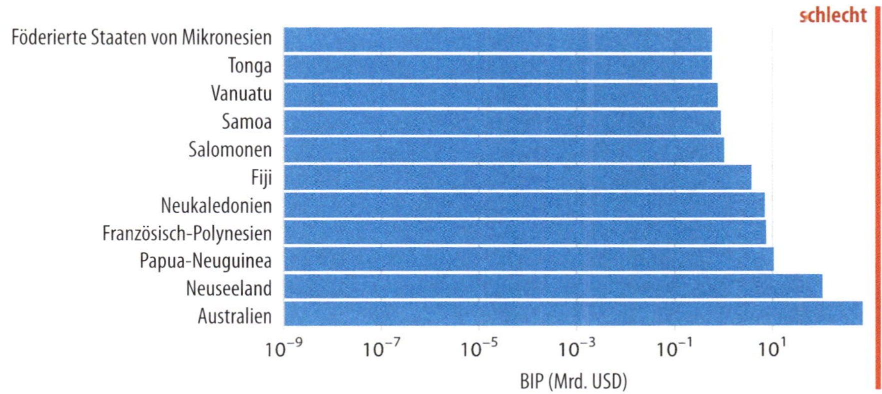

Abbildung 17-8: Das BIP der Länder in Ozeanien im Jahr 2007. Die Länge der Balken spiegelt die angezeigten Datenwerte nicht genau wider, da die Balken bei einem willkürlichen Wert von 10^{-9} Mrd. USD beginnen. (Datenquelle: Gapminder)

Für die Daten in Abbildung 17-7 halte ich Balken für eine schlechte Wahl. Stattdessen können wir einfach einen Punkt an der entsprechenden Stelle entlang der Achse für das BIP jedes Landes platzieren und die Ausgabe von Balkenlängen insgesamt vermeiden (Abbildung 17-9).

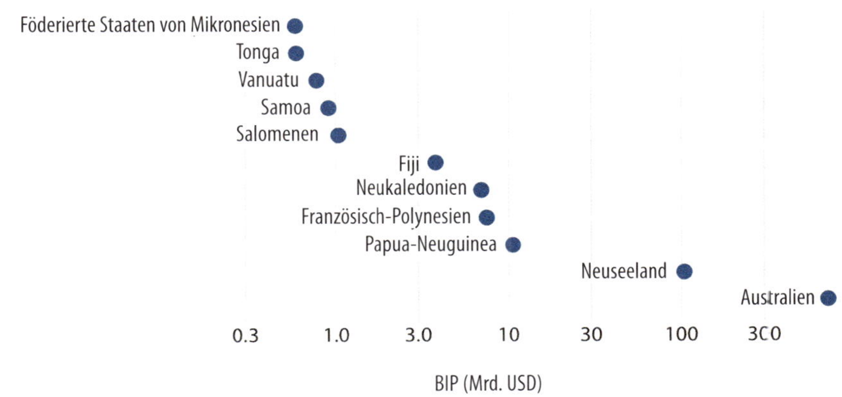

Abbildung 17-9: Das BIP der Länder in Ozeanien im Jahr 2007. (Datenquelle: Gapminder)

Was auch wichtig ist: Dadurch, dass die Ländernamen nicht entlang der *y*-Achse, sondern direkt neben den Punkten angeordnet werden, vermeiden wir die visuelle Wahrnehmung einer Größe, die sich aus der Entfernung zwischen dem Ländernamen und dem Punkt ergibt.

Wenn wir jedoch eher Verhältnisse als Mengen darstellen möchten, sind Balken auf einer logarithmischen Achse eine perfekte Option. In diesem Fall sind sie Balken auf einer linearen Skala vorzuziehen. Stellen wir uns als Beispiel die BIP-Werte der Länder in Ozeanien im Verhältnis zum BIP von Papua-Neuguinea vor. Die sich daraus ergebende Abbildung hebt die Schlüsselbeziehungen zwischen den BIPs der verschiedenen Länder gut hervor (Abbildung 17-10). Wir können sehen, dass Neuseeland über das 8-Fache des BIP von Papua-Neuguinea und Australien über das 64-Fache verfügt, während Tonga und die Föderierten Staaten von Mikronesien jeweils über weniger als 1/16 des BIP von Papua-Neuguinea verfügen. Französisch-Polynesien und Neukaledonien liegen nahe beieinander, weisen jedoch ein geringfügig geringeres BIP auf als Papua-Neuguinea.

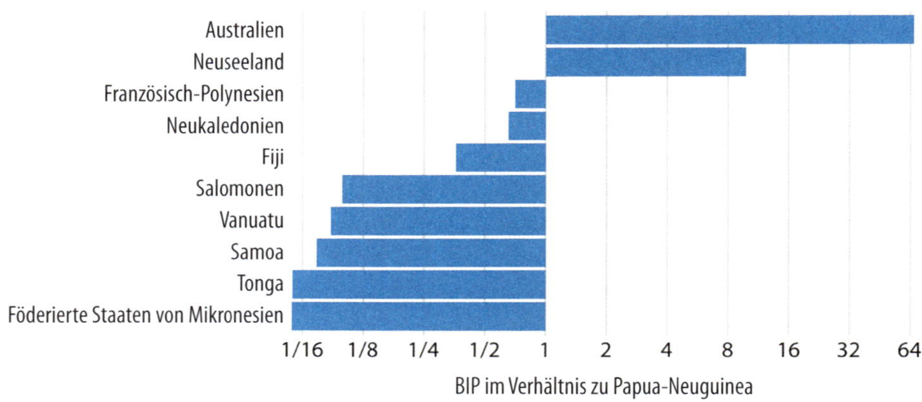

Abbildung 17-10: Das BIP der Länder in Ozeanien im Jahr 2007 im Verhältnis zum BIP von Papua-Neuguinea. (Datenquelle: Gapminder)

Abbildung 17-10 hebt außerdem hervor, dass der natürliche Mittelpunkt einer logarithmischen Skala 1 ist, wobei Zahlen größer als 1 durch Balken in eine Richtung, Zahlen kleiner als 1 durch Balken in die andere Richtung dargestellt werden. Balken auf einer logarithmischen Achse stellen Verhältnisse dar und sollten immer bei 1 beginnen, und Balken auf einer linearen Achse stellen Beträge dar und sollten immer bei 0 beginnen.

Wenn Balken auf einer logarithmischen Achse gezeichnet werden, stellen sie Verhältnisse dar und müssen bei 1 und nicht bei 0 beginnen.

Direkte Flächendarstellungen

In allen vorhergehenden Beispielen wurden Daten entlang einer linearen Dimension visualisiert, sodass jeder Datenwert sowohl nach Fläche als auch nach Position entlang der *x*- oder *y*-Achse codiert wurde. In diesen Fällen können wir die Flächenkodierung als zufällig und sekundär zur Positionskodierung des Datenwerts betrachten. Andere Visualisierungsansätze repräsentieren die Datenwerte jedoch primär oder direkt nach Fläche, ohne eine entsprechende Positionszuordnung. Der häufigste Ansatz dieser Art ist das Kreisdiagramm (Abbildung 17-11). Auch wenn die Datenwerte technisch auf Winkel abgebildet werden, die durch die Position entlang einer Kreisachse dargestellt werden, beurteilen wir in der Praxis normalerweise nicht die Winkel eines Kreisdiagramms. Stattdessen ist die Fläche jedes Kreissegments die dominante visuelle Eigenschaft, die wir bemerken.

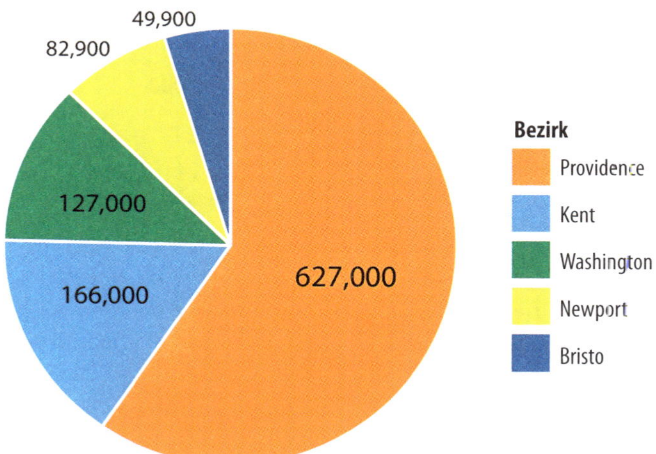

Abbildung 17-11: Anzahl der Einwohner in den Bezirken von Rhode Island, dargestellt als Kreisdiagramm. Sowohl der Winkel als auch die Fläche jedes Segments sind proportional zur Einwohnerzahl in dem jeweiligen Bezirk. (Datenquelle: US Decennial Census 2010)

Da die Fläche jedes Kreissegments proportional zu seinem Winkel ist, der proportional zu dem Datenwert ist, den das Segment darstellt, erfüllen Kreisdiagramme das Prinzip der proportionalen Farbflächen. Wir sehen die Fläche in einem Kreisdiagramm jedoch anders als die gleiche Fläche in einem Balkendiagramm. Die wesentliche Ursache dafür ist, dass die menschliche Wahrnehmung in erster Linie Entfernungen und nicht Flächen einschätzt. Wenn also ein Datenwert vollständig als Abstand codiert wird, wie dies bei der Länge eines Balkens der Fall ist, wird er genauer wahrgenommen, als wenn der Datenwert durch eine Kombination von zwei oder mehr Abständen codiert wird, die gemeinsam eine Fläche bilden. Um diesen Unterschied zu erkennen, vergleichen Sie Abbildung 17-11 mit Abbildung 17-12, die dieselben Daten als Balkendiagramm zeigt. Der Unterschied in der

Einwohnerzahl zwischen Providence County und den anderen Bezirken wirkt in Abbildung 17-12 größer als in Abbildung 17-11.

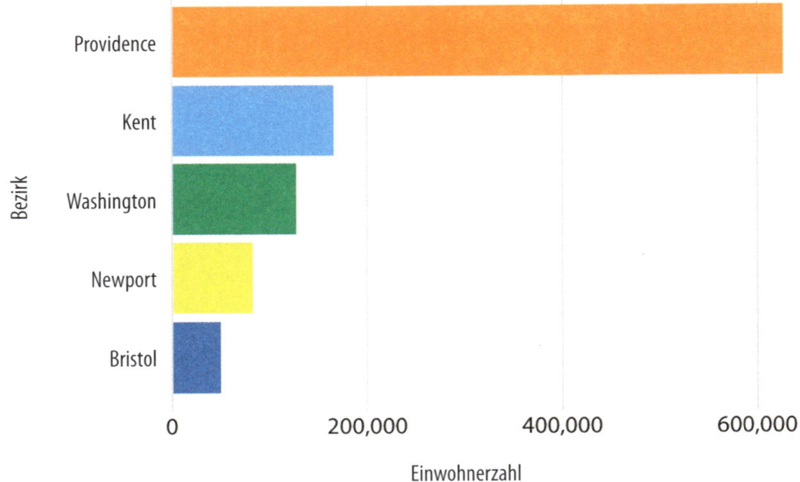

Abbildung 17-12: Einwohnerzahl in den Bezirken von Rhode Island, dargestellt als Balkendiagramm. Die Länge jedes Balkens ist proportional zur Einwohnerzahl des jeweiligen Bezirks. (Datenquelle: US Decennial Census 2010)

Das Problem, dass die menschliche Wahrnehmung beim Beurteilen von Entfernungen besser ist als beim Beurteilen von Flächen, tritt auch bei Treemaps auf (Abbildung 17-13), die als viereckige Versionen von Kreisdiagrammen betrachtet werden können. Im Vergleich zu Abbildung 17-12 sind die Unterschiede in der Einwohnerzahl der Bezirke in Abbildung 17-13 weniger ausgeprägt.

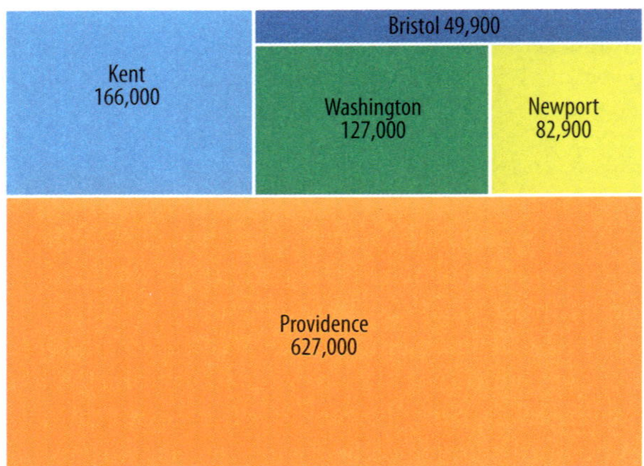

Abbildung 17-13: Einwohnerzahl in den Bezirken von Rhode Island, dargestellt als Treemap. Die Fläche jedes Rechtecks ist proportional zur Einwohnerzahl des jeweiligen Bezirks. (Datenquelle: US Decennial Census 2010)

KAPITEL 18

Umgang mit überlappenden Punkten

Wenn wir große oder sehr große Datensätze visualisieren möchten, stehen wir häufig vor der Herausforderung, dass einfache *x*-*y*-Streudiagramme nicht sehr gut funktionieren, da viele Punkte übereinander liegen und sich teilweise oder vollständig überdecken. Ähnliche Probleme können auch bei kleinen Datensätzen auftreten, wenn Datenwerte mit geringer Genauigkeit aufgezeichnet oder gerundet wurden, sodass mehrere Beobachtungen genau dieselben numerischen Werte aufweisen. Der technische Begriff, der üblicherweise zur Beschreibung dieser Situation verwendet wird, ist *Overplotting* (dt. *Überlagerung*), was bedeutet, dass wir viele Punkte übereinander zeichnen. Im Folgenden beschreibe ich verschiedene Strategien, die Sie verfolgen können, wenn Sie vor dieser Herausforderung stehen.

Teiltransparenz und Jittering

Wir betrachten zunächst ein Szenario mit nur einer moderaten Anzahl von Datenpunkten, jedoch mit einer umfassenden Rundung. Unser Datensatz enthält den Kraftstoffverbrauch beim Fahren in der Stadt und den Hubraum von 234 beliebten Autos der Modelljahrgänge zwischen 1999 und 2008 (Abbildung 18-1). In diesem Datensatz wird der Kraftstoffverbrauch in Meilen pro Gallone (mpg) gemessen und auf den nächsten ganzzahligen Wert gerundet. Der Hubraum des Motors wird in Litern angegeben und auf den nächsten Deziliter gerundet. Aufgrund dieser Rundung haben viele Automodelle exakt identische Werte. Zum Beispiel gibt es insgesamt 21 Autos mit einem Hubraum von 2,0 Litern, und als Gruppe haben sie nur vier verschiedene Kraftstoffverbrauchswerte: 19, 20, 21 oder 22 mpg. Daher werden diese 21 Autos in Abbildung 18-1 nur durch vier verschiedene Punkte dargestellt, sodass 2,0-Liter-Motoren weniger beliebt erscheinen, als sie tatsächlich sind. Darüber hinaus enthält der Datensatz zwei Allradautos mit 2,0-Liter-Motoren, die durch schwarze Punkte dargestellt sind. Diese schwarzen Punkte sind jedoch vollständig von gelben Punkten verdeckt, sodass es den Anschein hat, als gäbe es keine Autos mit Allradantrieb und 2,0-Liter-Motor.

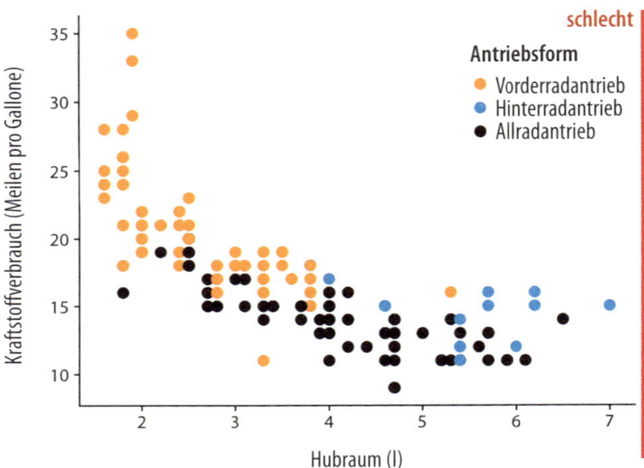

Abbildung 18-1: Kraftstoffverbrauch in der Stadt im Vergleich zum Hubraum für beliebte Autos zwischen 1999 und 2008. Jeder Punkt entspricht einem Auto. Die Punktfarbe codiert die Antriebsform: Vorderradantrieb (FWD), Hinterradantrieb (RWD) oder Allradantrieb (4WD). Die Abbildung ist mit »schlecht« gekennzeichnet, da viele Punkte über anderen Punkten liegen und diese verdecken. (Datenquelle: US Environmental Protection Agency [EPA], https://fueleconomy.gov)

Eine Möglichkeit, dieses Problem zu beheben, besteht darin, partielle Transparenz zu verwenden. Wenn wir einzelne Punkte partiell transparent machen, werden überzeichnete Punkte als dunklere Punkte angezeigt und der Schatten der Punkte spiegelt die Dichte der Punkte an dieser Stelle des Diagramms wider (Abbildung 18-2).

Es reicht jedoch nicht immer aus, Punkte partiell transparent zu machen, um das Problem der Überlappung zu lösen. Obwohl wir in Abbildung 18-2 sehen können, dass einige Punkte einen dunkleren Farbton haben als andere, ist es schwierig abzuschätzen, wie viele Punkte an jeder Stelle übereinander gezeichnet wurden. Trotz der Sichtbarkeit der Unterschiede in der Schattierung, sind sie nicht selbsterklärend. Ein Leser, der diese Abbildung zum ersten Mal sieht, wird sich wahrscheinlich fragen, warum einige Punkte dunkler sind als andere, und wird nicht erkennen, dass diese Punkte tatsächlich mehrere übereinander gestapelte Punkte sind. Ein einfacher Trick, der in dieser Situation hilft, besteht darin, den Punkten ein kleines Zittern (engl. *jitter*) zuzuweisen, d.h., jeden Punkt zufällig um einen kleinen Betrag in *x*-, *y*- oder beide Richtungen zu verschieben. Bei dieser Form ist sofort ersichtlich, dass die dunkleren Bereiche von Punkten herrühren, die übereinander gezeichnet sind (Abbildung 18-3). Zum ersten Mal sind auch die schwarzen Punkte zu sehen, die Allradautos mit 2,0-Liter-Motoren darstellen.

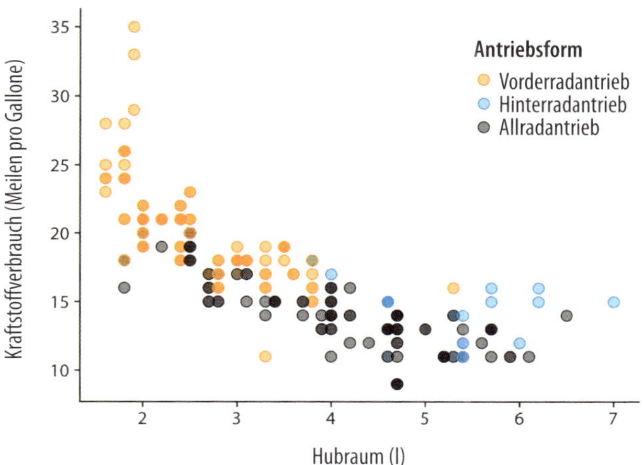

Abbildung 18-2: Kraftstoffverbrauch in der Stadt im Vergleich zum Hubraum. Da Punkte teilweise transparent gemacht wurden, können Punkte, die über anderen Punkten liegen, jetzt durch ihren dunkleren Farbton identifiziert werden. (Datenquelle: EPA)

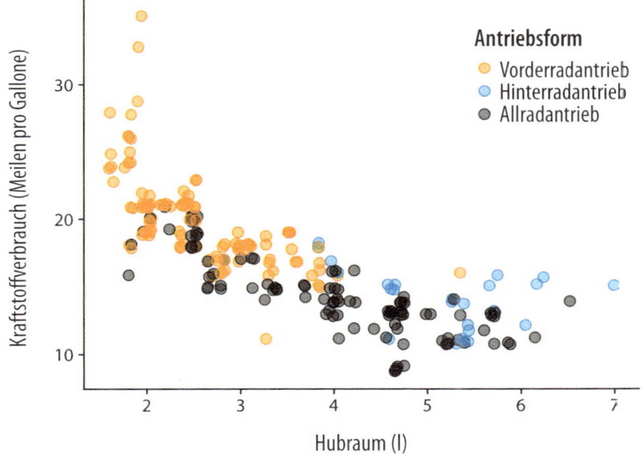

Abbildung 18-3: Kraftstoffverbrauch in der Stadt im Vergleich zum Hubraum. Durch Hinzufügen eines kleinen Jitter-Anteils zu jedem Punkt können wir die Sichtbarkeit der überlagerten Punkte erhöhen, ohne die Botschaft der Abbildung wesentlich zu verzerren. (Datenquelle: EPA)

Ein Nachteil von Jittering ist, dass es die Daten ändert und daher mit Sorgfalt durchgeführt werden muss. Wenn wir das Jittering zu intensiv durchführen, platzieren wir Punkte an Positionen, die nicht für den zugrunde liegenden Datensatz repräsentativ sind. Das Ergebnis ist eine irreführende Visualisierung der Daten. Abbildung 18-4 zeigt ein solches Beispiel.

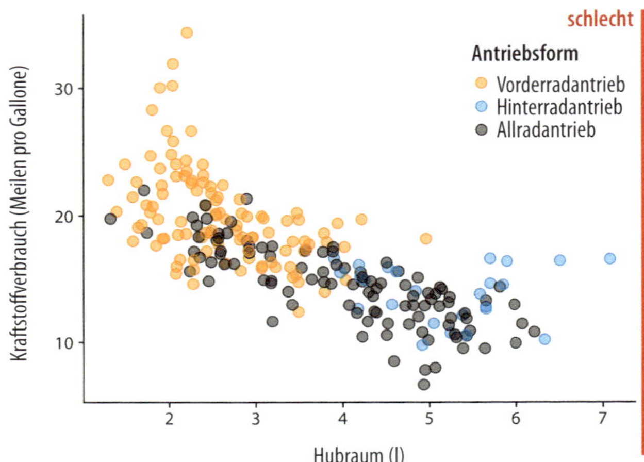

Abbildung 18-4: Kraftstoffverbrauch in der Stadt im Vergleich zum Hubraum. Durch Hinzufügen eines zu großen Jitter-Anteils zu den Punkten haben wir eine Visualisierung erstellt, die den zugrunde liegenden Datensatz nicht genau widerspiegelt. (Datenquelle: EPA)

2D-Histogramme

Wenn die Anzahl der einzelnen Punkte sehr groß wird, reicht eine partielle Transparenz (mit oder ohne Jitter) nicht aus, um das Problem des Überzeichnens zu lösen. In der Regel erscheinen Bereiche mit hoher Punktdichte als gleichmäßige dunkle Flecken, während in Bereichen mit niedriger Punktdichte die einzelnen Punkte kaum sichtbar sind (Abbildung 18-5). Die Transparenz einzelner Punkte kann eines der Probleme lindern, während es jedoch das andere vergrößert; keine Transparenzeinstellung kann beide Probleme gleichzeitig lösen.

Abbildung 18-5 zeigt die Verspätungen für über 100.000 einzelne Flüge, wobei jeder Punkt einen Abflug darstellt. Obwohl wir die einzelnen Punkte ziemlich transparent gemacht haben, bilden die meisten nur ein schwarzes Band mit einer Verspätung zwischen 0 und 300 Minuten. Dieses Band verdeckt die Information, ob die meisten Flüge ungefähr pünktlich oder mit erheblicher Verspätung abfliegen (z.B. 50 Minuten oder mehr). Gleichzeitig sind die Flüge mit der größten Verspätung (mit Verspätungen von 400 Minuten oder mehr) aufgrund der Transparenz der Punkte kaum sichtbar.

In solchen Fällen können wir, anstatt einzelne Punkte zu zeichnen, ein *2D-Histogramm* erstellen. Ein 2D-Histogramm ähnelt konzeptionell einem 1D-Histogramm, wie in Kapitel 7 beschrieben, aber jetzt werden die Daten in zwei Dimensionen aufgeteilt. Wir unterteilen die gesamte *x*-*y*-Ebene in kleine Rechtecke, zählen, wie viele Beobachtungen in jedes fallen, und färben dann die Rechtecke nach diesen Zählungen. Abbildung 18-6 zeigt das Ergebnis dieses Ansatzes für die Verspätungen. Diese Visualisierung hebt mehrere wichtige Merkmale der Abflugdaten hervor. Erstens startet die überwiegende Mehrheit der Flugzeuge während des Tages (von 6 Uhr bis ungefähr 21 Uhr) tatsächlich pünktlich oder sogar vorzeitig (negative Verspätung). Eine geringe Anzahl von Abflügen weist jedoch eine erhebliche Verspätung auf. Zudem gilt: Je später ein Flugzeug am Tag abfliegt, desto mehr Verspätung kann es haben. Wichtig ist, dass die Abflugzeit die tatsächliche Abflugzeit und nicht die geplante Abflugzeit ist, sodass diese Abbildung nicht unbedingt besagt, dass Flugzeuge mit einer frühen Abflugzeit nie verspätet sind. Was diese Abbildung uns jedoch sagt, ist, dass ein Flugzeug, wenn es früh abfliegt, entweder eine geringe Verspätung oder in sehr seltenen Fällen eine Verspätung von ungefähr 900 Minuten hat.

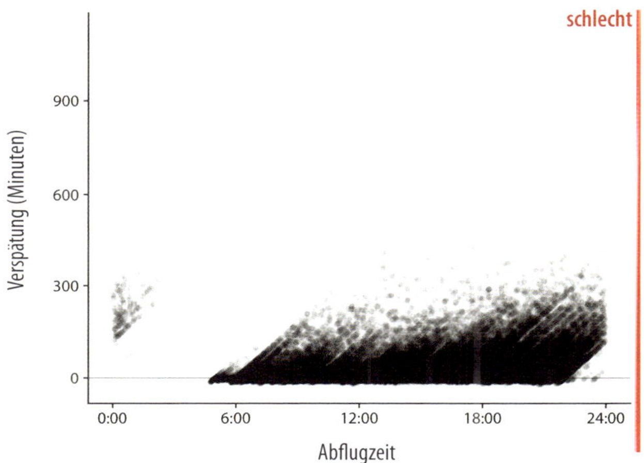

Abbildung 18-5: Verspätung in Minuten im Vergleich zur geplanten Abflugzeit für alle Flüge in 2013 vom Flughafen Newark (EWR). Jeder Punkt steht für einen Abflug. (Datenquelle: US Dept. of Transportation, Bureau of Transportation Statistics)

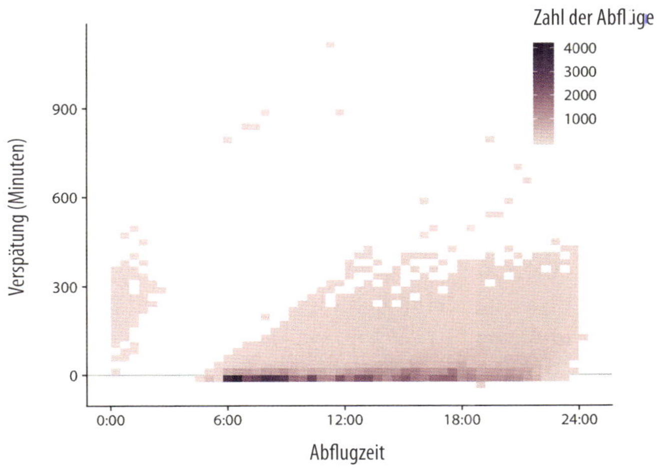

Abbildung 18-6: Verspätung in Minuten gegenüber der Abflugzeit. Jedes farbige Rechteck repräsentiert alle Flüge, die zu diesem Zeitpunkt mit dieser Verspätung abfliegen. Die Färbung gibt die Anzahl der Flüge an, die von diesem Rechteck dargestellt werden. (Datenquelle: US Dept. of Transportation, Bureau of Transportation Statistics)

Als Alternative zur Gruppierung der Daten (engl. *binning*) in Rechtecke können wir sie auch in Sechsecke (engl. *hexagons*) unterteilen [Carr et al. 1987]. Dieser Ansatz hat den Vorteil, dass die Punkte in einem Sechseck im Durchschnitt näher am Zentrum des Sechsecks liegen als die Punkte in einem flächengleichen Quadrat am Zentrum des Quadrats. Daher repräsentieren die farbigen Sechsecke die Daten geringfügig genauer als die farbigen Rechtecke. Abbildung 18-7 zeigt die Abflugdaten mit einer Hexagon-Form (Sechseck) anstelle einer Rechteck-Einteilung.

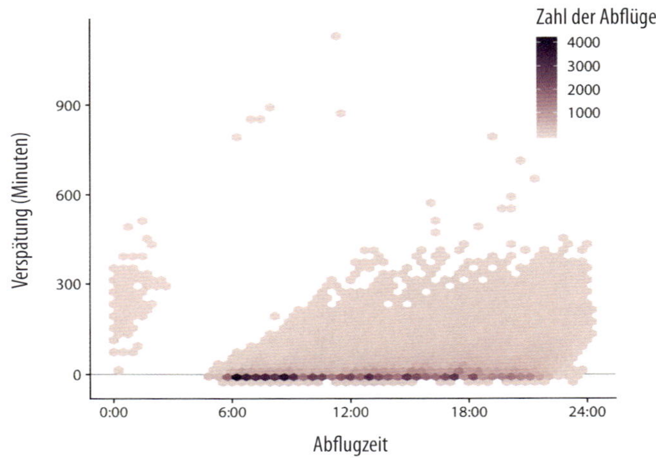

Abbildung 18-7: Verspätung in Minuten gegenüber der Abflugzeit. Jedes farbige Sechseck steht für alle Flüge, die zu diesem Zeitpunkt mit dieser Verspätung abfliegen. Die Färbung gibt die Anzahl der Flüge an, die von diesem Sechseck dargestellt werden. (Datenquelle: US Dept. of Transportation, Bureau of Transportation Statistics)

Konturlinien

Anstatt Datenpunkte in Rechtecke oder Sechsecke zu bündeln, können wir auch die Punktdichte über den Diagrammbereich abschätzen und Bereiche mit unterschiedlicher Punktdichte mit Konturlinien kennzeichnen. Diese Technik funktioniert gut, wenn sich die Punktdichte sowohl in der x- als auch in der y-Dimension langsam ändert.

Als Beispiel für diesen Ansatz kehren wir zum Blauhäher-Datensatz aus Kapitel 12 zurück. Abbildung 12-1 zeigt die Beziehung zwischen Kopflänge und Körpermasse für 123 Blauhäher, und es gibt eine gewisse Überlappung zwischen den Punkten. Wir können die Verteilung von Punkten deutlicher hervorheben, indem wir die Punkte kleiner und teilweise transparent machen und sie auf Konturlinien zeichnen, die Regionen ähnlicher Dichte skizzieren (Abbildung 18-8). Wir können die Wahrnehmung von Änderungen in der Punktdichte weiter verbessern, indem wir die von den Konturlinien umschlossenen Bereiche tönen und dunklere Farben für Bereiche höherer Punktdichten verwenden (Abbildung 18-9).

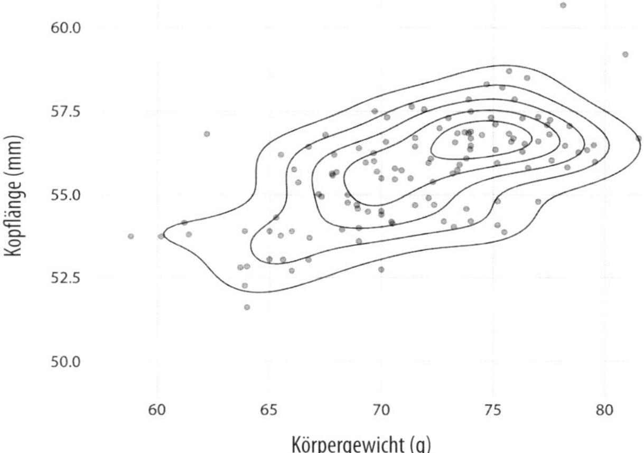

Abbildung 18-8: Kopflänge im Verhältnis zum Körpergewicht für 123 Blauhäher, wie in Abbildung 12-1 dargestellt. Jeder Punkt entspricht einem Vogel, und die Linien geben Regionen mit ähnlicher Punktdichte an. Die Punktdichte nimmt zur Mitte des Diagramms hin nahe einer Körpermasse von 75 g und einer Kopflänge zwischen 55 mm und 57,5 mm zu. (Datenquelle: Keith Tarvin, Oberlin College)

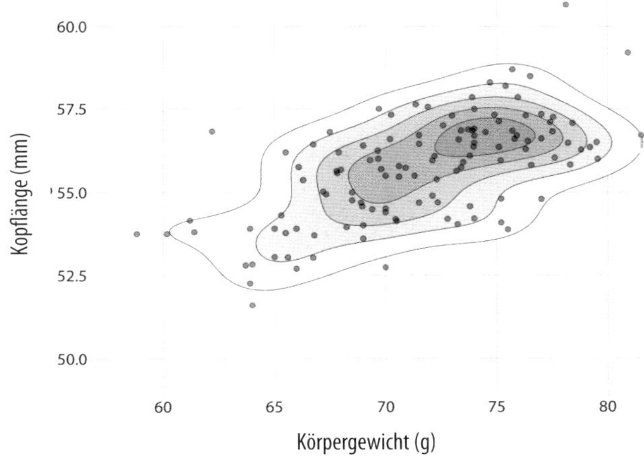

Abbildung 18-9: Kopflänge im Verhältnis zum Körpergewicht für 123 Blauhäher. Diese Abbildung ist fast identisch mit Abbildung 18-8, aber jetzt sind die von den Konturlinien umschlossenen Bereiche mit zunehmend dunkleren Graustufen markiert. Diese Schattierung erzeugt einen stärkeren visuellen Eindruck zunehmender Punktdichte in Richtung desZentrums der Punktwolke. (Datenquelle: Keith Tarvin, Oberlin College)

In Kapitel 12 haben wir auch die Beziehung zwischen Kopflänge und Körpergewicht für männliche und weibliche Vögel getrennt betrachtet (Abbildung 12-2). Dasselbe können wir mit Konturlinien erreichen, indem wir für männliche und weibliche Vögel getrennt farbige Konturlinien zeichnen (Abbildung 18-10).

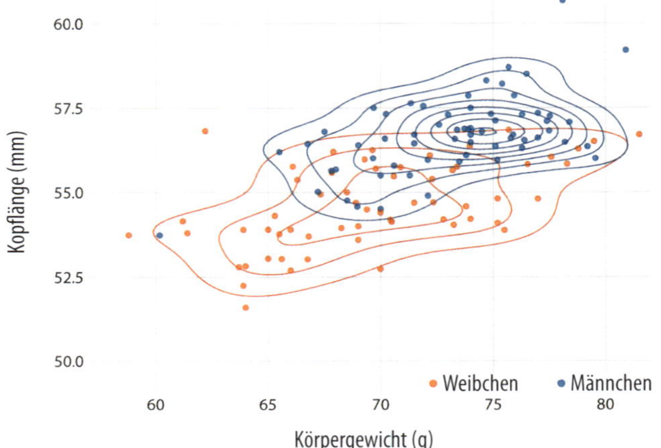

Abbildung 18-10: Kopflänge im Verhältnis zum Körpergewicht für 123 Blauhäher. Wie in Abbildung 12-2 können wir das Geschlecht der Vögel beim Zeichnen von Konturlinien auch farbig angeben. Diese Abbildung zeigt, wie unterschiedlich die Punkteverteilung für männliche und weibliche Vögel ist: Insbesondere sind männliche Vögel verstärkt in einer Region des Diagrammbereichs gruppiert, während weibliche Vögel breiter gestreut sind. (Datenquelle: Keith Tarvin, Oberlin College)

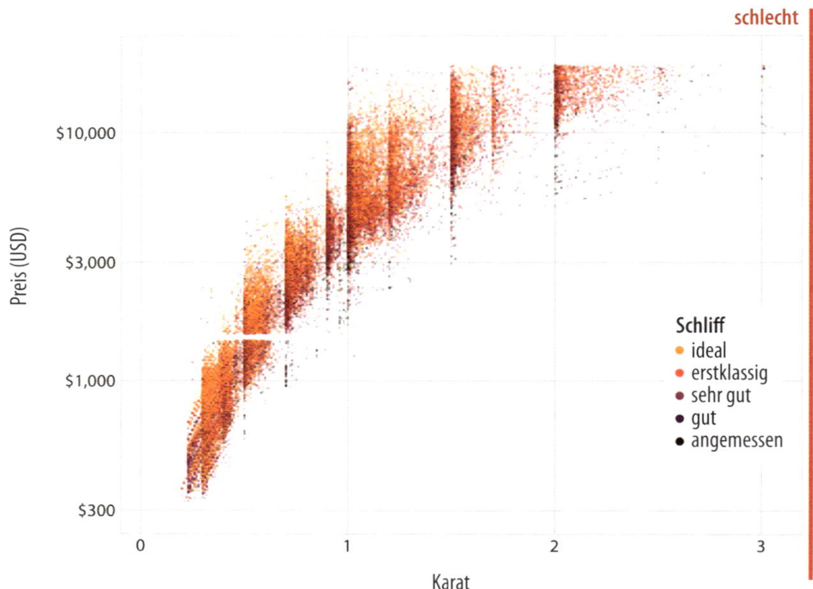

Abbildung 18-11: Der Preis von Diamanten im Vergleich zu ihrem Karatwert für 53.940 einzelne Diamanten. Der Schliff jedes Diamanten ist farbig gekennzeichnet. Diese Darstellung stufe ich als »schlecht« ein, da durch die umfangreiche Überzeichnung keine Muster zwischen den verschiedenen Schliffqualitäten erkannt werden können. (Datenquelle: Hadley Wickham, ggplot2)

Das Zeichnen mehrerer Sätze von Konturlinien in verschiedenen Farben kann eine wirkungsvolle Strategie sein, um die Verteilungen mehrerer Punktwolken gleichzeitig anzuzeigen. Diese Technik muss jedoch mit Vorsicht angewendet werden. Sie funktioniert nur, wenn die Anzahl der Gruppen mit unterschiedlichen Farben gering ist (zwei bis drei) und wenn die Gruppen klar voneinander getrennt sind. Ansonsten bekommen wir ein Durcheinander aus verschiedenfarbigen, sich kreuzenden Linien, die überhaupt kein spezifisches Muster zeigen.

Um dieses potenzielle Problem zu veranschaulichen, werde ich den Diamanten-Datensatz verwenden, der Informationen zu 53.940 Diamanten enthält, einschließlich deren Preis, Gewicht (Karat) und Schliff. Abbildung 18-11 zeigt diesen Datensatz als Streudiagramm. Die Abbildung zeigt eine starke Überzeichnung: Es gibt so viele verschiedenfarbige Punkte übereinander, dass es unmöglich ist, etwas zu erkennen, das über den allgemeinen Überblick hinausgeht, wo Diamanten im Preis-Karat-Spektrum liegen. Wir könnten versuchen, für die verschiedenen Schliffqualitäten farbige Konturlinien zu zeichnen, wie in Abbildung 18-10 dargestellt. Im Diamanten-Datensatz haben wir jedoch fünf verschiedene Farben und die Gruppen überlappen sich stark. Daher ist das Konturdiagramm (Abbildung 18-12) nicht viel besser als das ursprüngliche Streudiagramm (Abbildung 18-11).

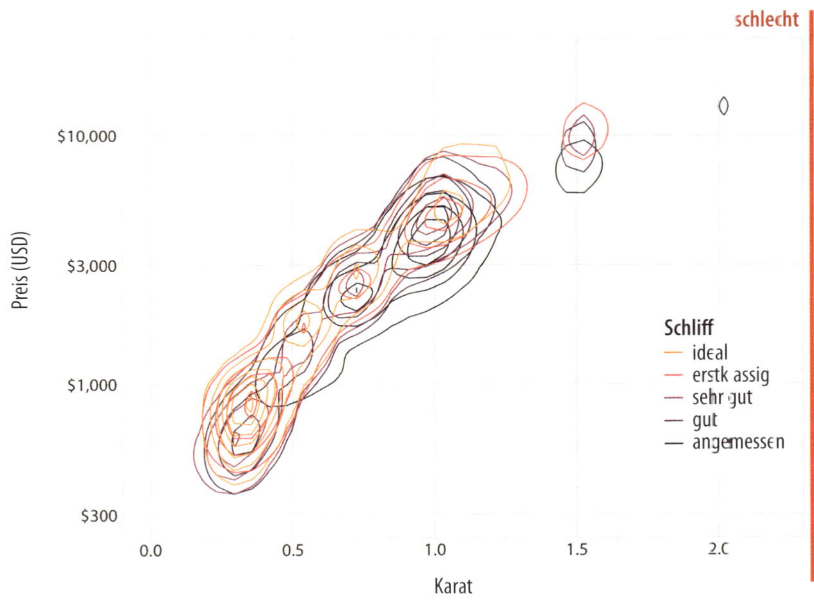

Abbildung 18-12: Der Preis von Diamanten im Vergleich zu ihrem Karatwert. Im Gegensatz zu Abbildung 18-11 wurden jetzt einzelne Punkte durch Konturlinien ersetzt. Das resultierende Diagramm ist weiterhin als »schlecht« einzustufen, da die Konturlinien alle übereinander liegen. Weder die Punkteverteilung für einzelne Schliffe noch die Gesamtpunkteverteilung ist zu erkennen. (Datenquelle: Hadley Wickham, ggplot2)

Hier hilft es, die Konturlinien für jede Schliffqualität in einem eigenen Diagrammfenster zu zeichnen (Abbildung 18-13). Der Grund, warum alle Elemente in einem

Fenster gezeichnet wurden, besteht möglicherweise darin, einen visuellen Vergleich zwischen den Gruppen zu ermöglichen. Abbildung 18-12 ist jedoch so überladen, dass ein Vergleich nicht möglich ist. Stattdessen können Sie in Abbildung 18-13 mit dem Hintergrundgitter Vergleiche über Schliffqualitäten hinweg anstellen, indem Sie darauf achten, wo genau die Konturlinien relativ zu den Gitterlinien liegen. (Ein ähnlicher Effekt hätte erzielt werden können, wenn in jedem Fenster teilweise transparente Einzelpunkte anstelle von Konturlinien gezeichnet worden wären.)

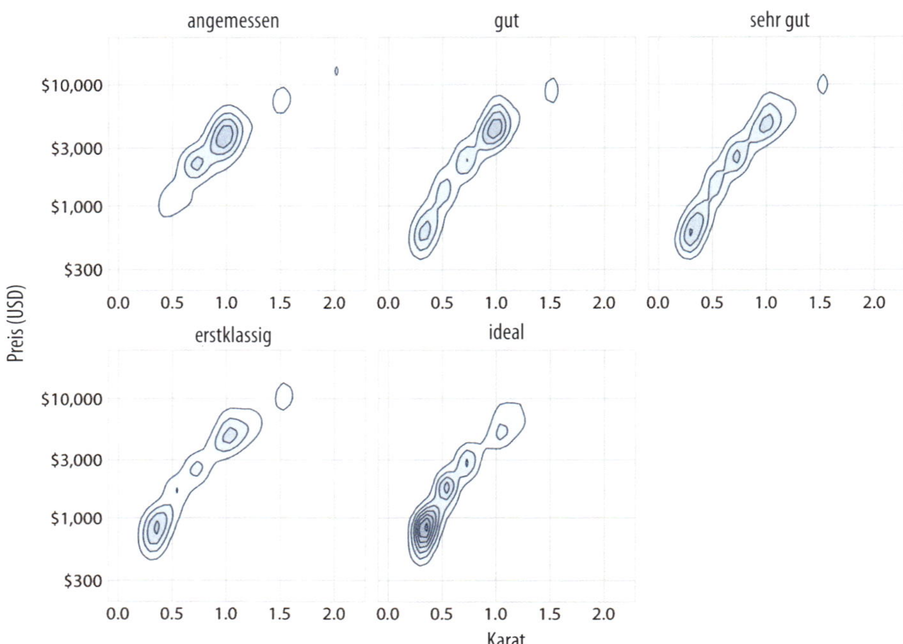

Abbildung 18-13: Der Preis von Diamanten im Vergleich zu ihrem Karatwert. Hier haben wir die Dichtekonturen aus Abbildung 18-12 genommen und für jeden Schliff separat gezeichnet. Wir können jetzt sehen, dass bessere Schliffe (»sehr gut«, »erstklassig«, »ideal«) tendenziell niedrigere Karatwerte haben als die schlechteren Schliffe (»angemessen«, »gut«), dass für bessere Schliffe aber ein höherer Preis pro Karat verlangt wird. (Datenquelle: Hadley Wickham, ggplot2)

Wir können zwei Haupttrends erkennen: Erstens haben die besseren Schliffe (»sehr gut«, »erstklassig«, »ideal«) tendenziell niedrigere Karatwerte als die schlechteren Schliffe (»angemessen«, »gut«). Denken Sie daran, dass Karat ein Maß für das Diamantgewicht ist (1 Karat = 0,2 Gramm). Bessere Schliffe führen (im Durchschnitt) zu leichteren Diamanten, da mehr Material für ihre Herstellung entfernt werden muss. Zweitens führen bessere Schliffe bei gleichem Karatwert tendenziell zu höheren Preisen. Um dieses Muster zu erkennen, sehen Sie sich zum Beispiel die Preisverteilung für 0,5 Karat an. Die Verteilung ist für bessere Schliffe nach oben verschoben und insbesondere für Diamanten mit idealem Schliff wesentlich höher als für Diamanten mit angemessenem oder gutem Schliff.

KAPITEL 19

Typische Fallstricke beim Gebrauch von Farbe

Farbe kann ein unglaublich effektives Werkzeug sein, um Datenvisualisierungen zu verbessern. Gleichzeitig kann eine schlechte Farbauswahl eine ansonsten hervorragende Darstellung beeinträchtigen. Farbe muss angewendet werden, um einen Zweck zu erfüllen, sie muss klar sein und darf nicht ablenken.

Anzeige zu vieler oder irrelevanter Informationen

Ein häufiger Fehler besteht darin, der Farbe eine Aufgabe zuzuweisen, die sie nicht bewältigen kann, indem zu viele verschiedene Elemente in verschiedenen Farben dargestellt werden. Betrachten Sie als Beispiel Abbildung 19-1. Sie zeigt das Bevölkerungswachstum im Verhältnis zur Bevölkerungsgröße für alle 50 US-Bundesstaaten und den District of Columbia. Ich habe versucht, jeden Staat zu identifizieren, indem ich ihm eine eigene Farbe gegeben habe. Das Ergebnis ist jedoch nicht sehr nützlich. Auch wenn wir anhand der farbigen Punkte in der Abbildung und in der Legende erraten können, welcher Staat welcher ist, ist es sehr mühsam, zwischen Grafik und Legende hin- und herzuspringen, um sie in Übereinstimmung zu bringen: Es gibt einfach zu viele verschiedene Farben, und viele von ihnen sind einander ziemlich ähnlich. Auch wenn wir mit viel Mühe genau herausfinden können, welcher Staat welcher ist, erfüllt die Farbe bei dieser Visualisierung ihren Zweck nicht mehr. Wir sollten Farben verwenden, um unsere Abbildungen zu verbessern und leichter lesbar zu machen und nicht um die Daten durch optische Puzzles zu verdunkeln.

Als Faustregel gilt, dass qualitative Farbskalen am besten funktionieren, wenn drei bis fünf verschiedene Kategorien gefärbt werden müssen. Sobald wir Farben zu acht bis zehn verschiedenen Kategorien oder mehr zuordnen müssen, wird dieses Vorgehen zu umständlich, um nützlich zu sein, selbst wenn die Farben ausreichend voneinander unterscheidbar sind.

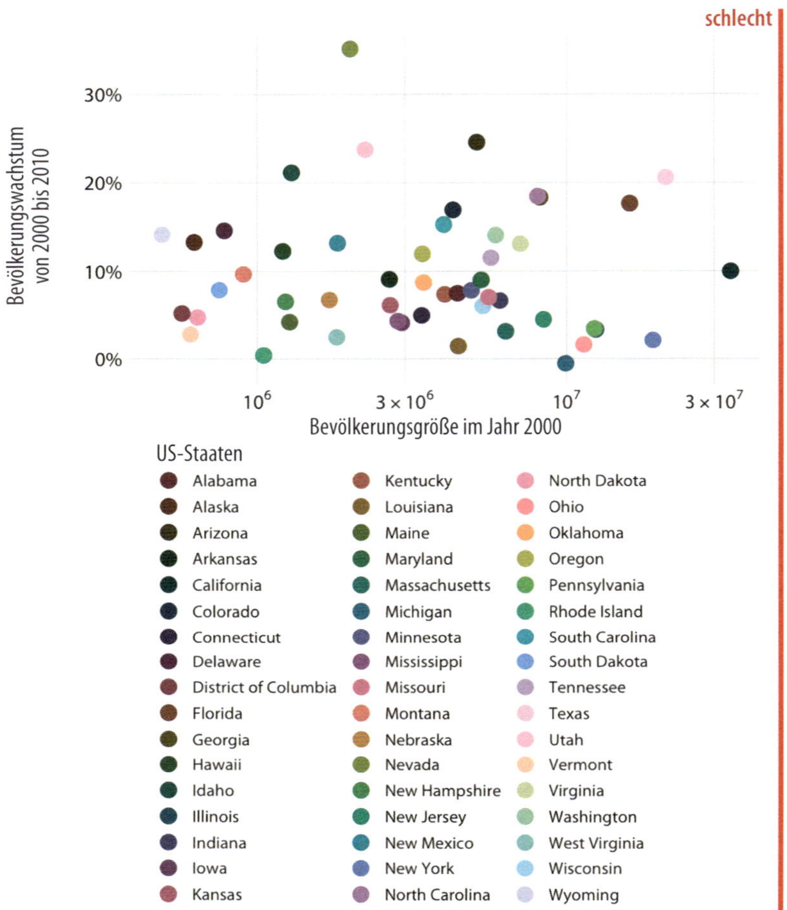

Abbildung 19-1: Das Bevölkerungswachstum von 2000 bis 2010 im Vergleich zur Bevölkerungsgröße im Jahr 2000 für alle 50 US-Bundesstaaten und den District of Columbia. Jeder Staat ist in einer anderen Farbe markiert. Da es so viele Staaten gibt, ist es sehr schwierig, die Farben in der Legende mit den Punkten im Streudiagramm abzugleichen. (Datenquelle: US Census Bureau)

Für den Datensatz von Abbildung 19-1 ist es wahrscheinlich am besten, Farbe nur zu verwenden, um die geografische Region jedes Staates anzugeben und einzelne Staaten durch direkte Beschriftung zu identifizieren, indem geeignete Beschriftungen neben den Datenpunkten platziert werden (Abbildung 19-2). Auch wenn wir nicht jeden einzelnen Staat kennzeichnen können, ohne die Abbildung zu überfüllen, ist die direkte Kennzeichnung die richtige Wahl für diese Darstellung. Im Allgemeinen müssen wir für Abbildungen wie diese nicht jeden einzelnen Datenpunkt kennzeichnen. Es reicht aus, eine repräsentative Teilmenge zu kennzeichnen, beispielsweise Staaten, die wir im Begleittext der Abbildung speziell nennen möchten. Wir haben immer die Möglichkeit, die zugrunde liegenden Daten auch als Tabelle bereitzustellen, wenn wir sicherstellen möchten, dass der Leser in vollem Umfang darauf zugreifen kann.

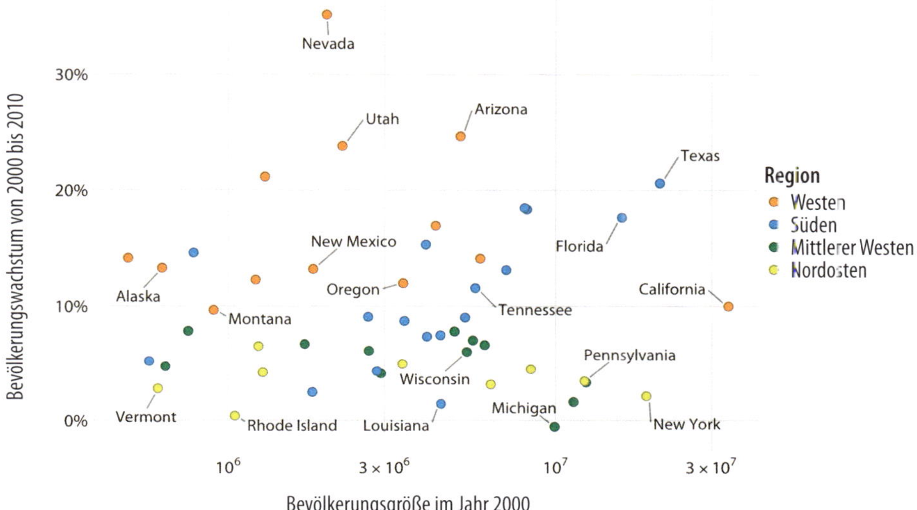

Abbildung 19-2: Das Bevölkerungswachstum von 2000 bis 2010 im Vergleich zur Bevölkerungsgröße im Jahr 2000. Im Gegensatz zu Abbildung 19-1 habe ich jetzt Bundesstaaten nach Regionen gefärbt und eine Untergruppe von Bundesstaaten direkt gekennzeichnet. Die Mehrheit der Bundesstaaten ist unbeschriftet geblieben, um eine Überfüllung der Abbildung zu verhindern. (Datenquelle: US Census Bureau)

Verwenden Sie zur Unterscheidung von acht oder mehr Kategorien eine direkte Beschriftung anstelle von Farben.

Ein zweites häufiges Problem ist das Färben um des Färbens willen, also ohne dass die Farben einen klaren Zweck haben. Betrachten Sie als Beispiel Abbildung 19-3, eine Variation von Abbildung 4-2. Anstatt die Balken nach geografischen Regionen farbig zu kennzeichnen, habe ich jedem Balken eine eigene Farbe zugewiesen, sodass die Balken insgesamt einen Regenbogeneffekt erzeugen. Dies mag wie ein interessanter optischer Effekt aussehen, schafft jedoch keinen neuen Einblick in die Daten und erleichtert auch nicht das Lesen der Abbildung.

Neben der unbegründeten Verwendung verschiedener Farben gibt es in Abbildung 19-3 ein zweites farbbezogenes Problem: Die ausgewählten Farben sind zu gesättigt und intensiv. Diese Farbintensität erschwert das Betrachten der Abbildung.

Beispielsweise ist es schwierig, die Namen der Bundesstaaten zu lesen, ohne den Blick auf die großen, farbstarken Bereiche direkt neben den Bundesstaatennamen zu richten. Ebenso ist es schwierig, die Endpunkte der Balken mit den zugrunde liegenden Gitterlinien zu vergleichen.

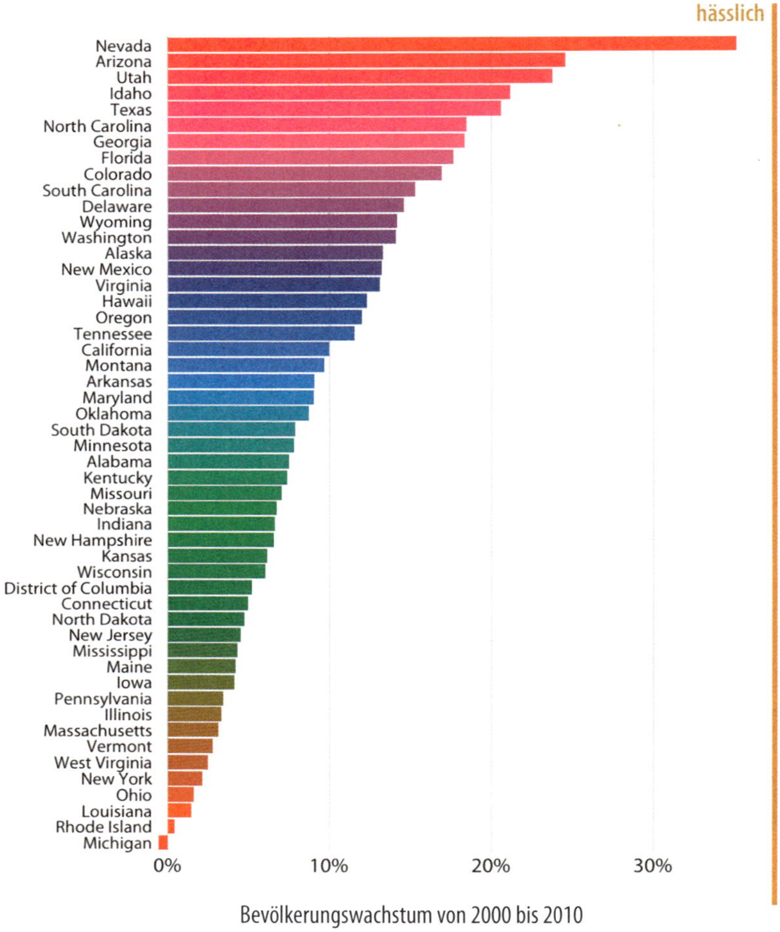

hässlich

Nevada
Arizona
Utah
Idaho
Texas
North Carolina
Georgia
Florida
Colorado
South Carolina
Delaware
Wyoming
Washington
Alaska
New Mexico
Virginia
Hawaii
Oregon
Tennessee
California
Montana
Arkansas
Maryland
Oklahoma
South Dakota
Minnesota
Alabama
Kentucky
Missouri
Nebraska
Indiana
New Hampshire
Kansas
Wisconsin
District of Columbia
Connecticut
North Dakota
New Jersey
Mississippi
Maine
Iowa
Pennsylvania
Illinois
Massachusetts
Vermont
West Virginia
New York
Ohio
Louisiana
Rhode Island
Michigan

0%
10%
20%
30%

Bevölkerungswachstum von 2000 bis 2010

Abbildung 19-3: Das Bevölkerungswachstum in den USA von 2000 bis 2010. Die Regenbogenfärbung von Staaten erfüllt keinen Zweck und lenkt ab. Darüber hinaus sind die Farben übermäßig gesättigt. (Datenquelle: US Census Bureau)

Vermeiden Sie große, gefüllte Bereiche mit übermäßig gesättigten Farben. Sie erschweren es Ihren Lesern, Ihre Abbildung sorgfältig zu studieren.

Verwendung nichtmonotoner Farbskalen zur Darstellung von Datenwerten

In Kapitel 4 habe ich zwei kritische Bedingungen für das Entwerfen von sequenziellen Farbskalen aufgeführt, die Datenwerte darstellen können: Die Farben müssen klar angeben, welche Datenwerte größer oder kleiner als die anderen sind, und die Unterschiede zwischen den Farben müssen die entsprechenden Unterschiede zwischen den Datenwerten visualisieren. Leider existieren mehrere Farbskalen – darunter sehr populäre –, die gegen eine oder beide dieser Bedingungen verstoßen. Eine der beliebtesten Skalen ist die Regenbogenskala (Abbildung 19-4). Sie durchläuft alle möglichen Farben im Farbspektrum. Dies bedeutet, dass die Skala faktisch kreisförmig ist. Die Farben am Anfang und am Ende sind fast gleich (Dunkelrot). Wenn diese beiden Farben in einem Diagramm nebeneinander enden, nehmen wir sie nicht instinktiv als Datenwerte wahr, die maximal voneinander entfernt sind. Darüber hinaus ist die Skala stark nicht-monoton: Es gibt Regionen, in denen sich die Farben sehr langsam ändern, und andere, in denen sich die Farben schnell ändern. Dieser Mangel an Monotonie wird besonders deutlich, wenn wir uns die in Graustufen umgerechnete Farbskala ansehen (Abbildung 19-4). Die Skala reicht von mäßig dunkel über hell bis sehr dunkel und zurück zu mäßig dunkel. Es gibt große Bereiche, in denen sich die Helligkeit nur geringfügig ändert, gefolgt von relativ eng begrenzten Bereichen mit großen Helligkeitsunterschieden.

Abbildung 19-4: Die Regenbogenfarbskala ist stark nichtmonoton. Dies wird deutlich, wenn die Farben in Grauwerte umgewandelt werden. Von links nach rechts reicht die Skala von mäßig dunkel über hell bis sehr dunkel und zurück zu mäßig dunkel. Außerdem sind die Helligkeitsänderungen ungleichmäßig. Der hellste Teil der Skala (der den Farben Gelb, Hellgrün und Cyan entspricht) nimmt fast ein Drittel der gesamten Skala ein, während der dunkelste Teil (der Dunkelblau entspricht) in einem kleinen Bereich der Skala konzentriert ist.

In einer Visualisierung der tatsächlichen Daten kann die Regenbogenskala Datenmerkmale und/oder beliebige Aspekte der Daten verdecken (Abbildung 19-5). Daneben sind auch in der Regenbogenskala die Farben übermäßig gesättigt. Ein längerer Blick auf Abbildung 19-5 kann recht unangenehm sein.

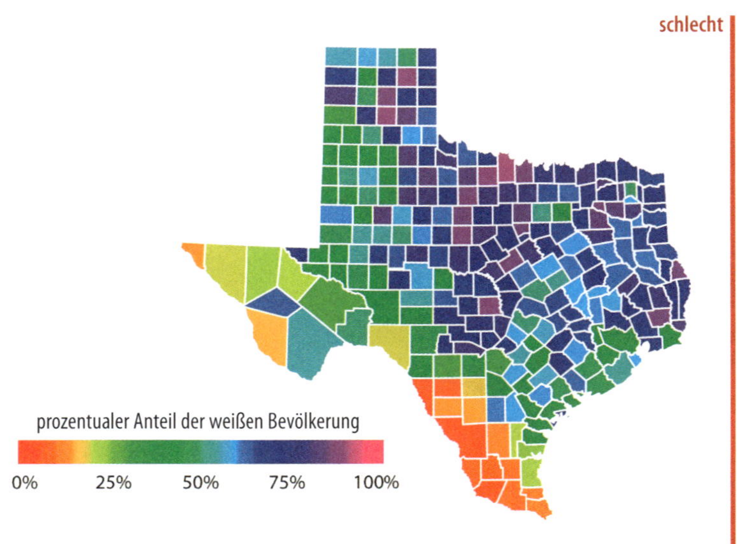

Abbildung 19-5: Prozentsatz der weißen Bevölkerung in den Bezirken von Texas. Die Regenbogenfarbskala ist keine geeignete Skala zur Visualisierung kontinuierlicher Datenwerte, da sie in der Regel beliebige Merkmale der Daten hervorhebt. Hier werden Bezirke hervorgehoben, in denen ca. 75 % der weißen Bevölkerung zugerechnet werden. (Datenquelle: US Decennial Census 2010)

Ungeeignete Abbildungen für Leser mit Farbsehschwäche

Wann immer wir Farben für eine Visualisierung auswählen, müssen wir berücksichtigen, dass ein gewisser Teil unserer Leserinnen und Leser eine Form von Farbsehschwäche haben kann, d.h. farbenblind ist. Diese Leser sind im Gegensatz zu den meisten anderen Menschen möglicherweise nicht in der Lage, Farben zu unterscheiden. Es ist jedoch nicht so, dass Menschen mit eingeschränktem Farbsehen im wahrsten Sinne des Wortes keine Farben sehen können. Vielmehr haben sie in der Regel Schwierigkeiten, bestimmte Arten von Farben zu unterscheiden, z.B. Rot und Grün (Rot-Grün-Farbsehschwäche) oder Blau und Grün (Blau-Gelb-Farbsehschwäche). Die Fachbegriffe für diese Mängel lauten *Deuteranomalie/Deuteranopie* und *Protanomalie/Protanopie* für die Rot-Grün-Variante (bei der Menschen Schwierigkeiten haben, entweder Grün oder Rot wahrzunehmen) und *Tritanomalie/Tritanopie* für die Blau-Gelb-Variante (bei denen Menschen Schwierigkeiten haben, Blau wahrzunehmen). Die Begriffe, die mit »Anomalie« enden, beziehen sich auf eine Beeinträchtigung der Wahrnehmung der jeweiligen Farbe, und die Begriffe, die mit »Anopie« enden, beziehen sich auf ein völliges Fehlen der Wahrnehmung dieser Farbe. Ungefähr 8 % der Männer und 0,5 % der Frauen leiden an einer Art von Farbsehschwäche (engl. *Color Vision Deficiency CVD*); Deuteranomalie ist die häufigste Form, während Tritanomalie relativ selten ist.

Wie in Kapitel 4 erläutert, werden in der Datenvisualisierung drei grundlegende Arten von Farbskalen verwendet: sequenzielle Skalen, divergierende Skalen und qualitative Skalen. Von diesen drei Skalen verursachen sequenzielle Skalen im Allgemeinen keine Probleme für Personen mit CVD, da eine ordnungsgemäß entworfene sequenzielle Skala einen kontinuierlichen Gradienten von dunklen bis hellen Farben aufweisen sollte. Abbildung 19-6 zeigt die Wärmeskala aus Abbildung 4-3 in simulierten Versionen von Deuteranomalie, Protanomalie und Tritanomalie. Während keine dieser CVD-simulierten Skalen wie das Original aussieht, weisen sie alle einen deutlichen Gradienten von dunkel zu hell auf, und sie alle funktionieren gut, um die Größe eines Datenwerts zu vermitteln.

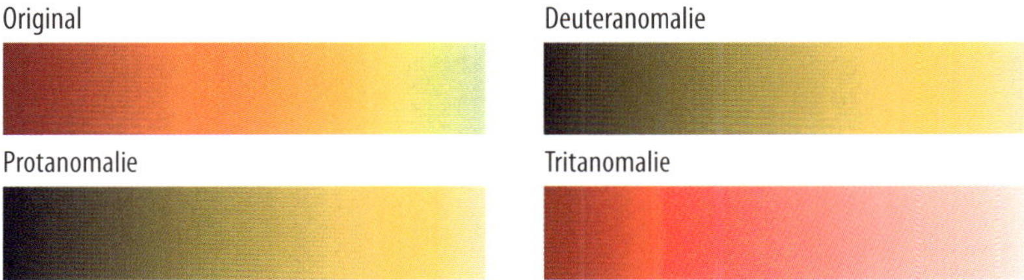

Abbildung 19-6: Simulation der Farbsehschwäche anhand der sequenziellen Farbskala »Heat«, die von Dunkelrot bis Hellgelb verläuft. Von links nach rechts und von oben nach unten sehen wir die ursprüngliche Skala und die Skalen, wie sie unter Deuteranomalie-, Protanomalie- und Tritanomalie-Simulationen zu sehen sind. Obwohl die spezifischen Farben unter den drei CVD-Typen unterschiedlich aussehen, können wir jeweils einen deutlichen Farbverlauf von dunkel nach hell erkennen. Daher ist diese Farbskala gut verwendbar, um Betrachter mit CVD zu berücksichtigen.

Bei divergierenden Skalen werden die Dinge komplizierter, weil beliebte Farbkontraste für Menschen mit CVD nicht unterscheidbar sind. Insbesondere die Farben Rot und Grün bieten den stärksten Kontrast für Menschen mit normalem Farbsehen, sind jedoch für Deutane (Menschen mit Deuteranomalie) oder Protane (Menschen mit Protanomalie) kaum mehr zu unterscheiden (Abbildung 19-7). Ebenso sind blaugrüne Kontraste für Deutane und Protane sichtbar, für Tritane (Menschen mit Tritanomalie) jedoch nicht mehr zu unterscheiden (Abbildung 19-8).

Diese Beispiele könnten darauf hindeuten, dass es nahezu unmöglich ist, zwei Kontrastfarben zu finden, die für alle Formen der CVD unbedenklich sind. Die Situation ist jedoch nicht so schlimm. Es ist häufig möglich, geringfügige Änderungen an den Farben vorzunehmen, sodass sie den gewünschten Charakter haben, während sie auch für Betrachter mit CVD sichtbar sind. Zum Beispiel sieht die »Brewer PiYG«-Skala (Rosa bis Gelbgrün) aus Abbildung 4-5 für Personen mit normalem Farbsehen rot-grün aus, ist gleichzeitig aber auch für Personen mit CVD weiterhin unterscheidbar (Abbildung 19-9).

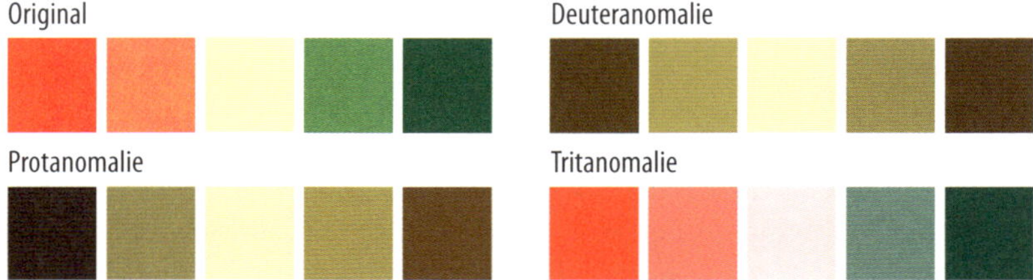

Abbildung 19-7: Ein Rot-Grün-Kontrast ist bei Rot-Grün-Sehschwäche (Deuteranomalie oder Protanomalie) nicht mehr zu unterscheiden.

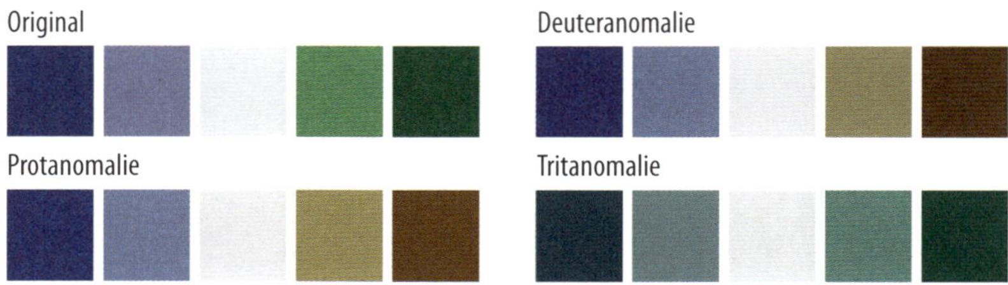

Abbildung 19-8: Ein blau-grüner Kontrast ist bei Blau-Gelb-Sehschwäche (Tritanomalie) nicht mehr zu erkennen.

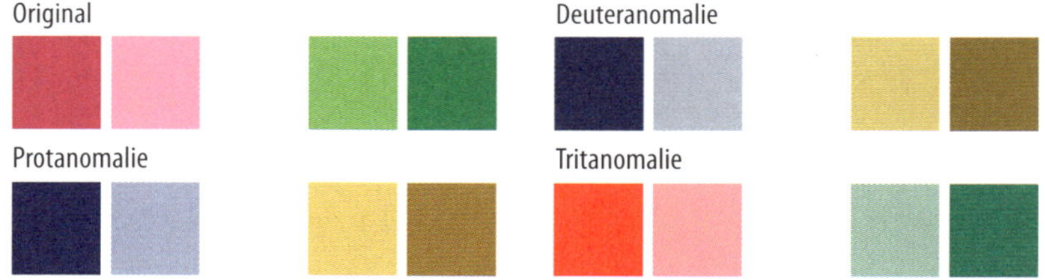

Abbildung 19-9: Die »ColorBrewer PiYG«-Skala (Rosa bis Gelbgrün) aus Abbildung 4-5 sieht für Personen mit normalem Farbsehen wie ein Rot-Grün-Kontrast aus, funktioniert jedoch für Personen mit allen Formen von Farbsehschwäche. Sie funktioniert, weil die rötliche Farbe eigentlich Pink ist (eine Mischung aus Rot und Blau), während die grünliche Farbe auch Gelb enthält. Der Unterschied in der blauen Komponente zwischen den beiden Farben kann von Deutanen oder Protanen wahrgenommen werden, und der Unterschied in der roten Komponente kann von Tritanen wahrgenommen werden.

Für qualitative Skalen sind die Dinge am kompliziertesten, da wir dort viele verschiedene Farben benötigen und sie alle bei allen Formen einer Farbsehschwäche voneinander unterscheidbar sein müssen. Meine bevorzugte qualitative Farbskala, die ich in diesem Buch ausführlich verwende, wurde speziell für diese Herausforderung entwickelt (Abbildung 19-10). Durch die Verwendung von acht verschiedenen Farben eignet sich diese Palette für nahezu jedes Szenario mit diskreten Farben. Wie zu Beginn dieses Kapitels erläutert, sollten Sie wahrscheinlich nicht mehr als acht verschiedene Elemente in einer Abbildung farbig kennzeichnen.

Abbildung 19-10: Qualitative Farbpalette für alle Farbsehstörungen [Okabe und Ito 2008]. Die alphanumerischen Codes stellen die Farben im RGB-Raum dar und sind hexadezimal codiert. In vielen Diagrammbibliotheken und Bildbearbeitungsprogrammen können Sie diese Codes einfach direkt eingeben. Wenn Ihre Software Hexadezimalzahlen nicht direkt akzeptiert, können Sie auch die Werte aus Tabelle 19-1 verwenden.

Tabelle 19-1: Die Okabe-Ito-Farbskala ist auch für Menschen mit Farbsehschwächen geeignet [Okabe und Ito 2008].

Name	Hex-Code	Hue	C, M, Y, K (%)	R, G, B (0–255)	R, G, B (%)
Orange	#E69F00	41°	0, 50, 100, 0	230, 159, 0	90, 60, 0
Himmelblau	#56B4E9	202°	80, 0, 0, 0	86, 180, 233	35, 70, 90
Blaugrün	#009E73	164°	97, 0, 75, 0	0, 158, 115	0, 60, 50
Gelb	#F0E442	56°	10, 5, 90, 0	240, 228, 66	95, 90, 25
Blau	#0072B2	202°	100, 50, 0, 0	0, 114, 178	0, 45, 70
Zinnoberrot	#D55E00	27°	0, 80, 100, 0	213, 94, 0	80, 40, 0
Rötliches Lila	#CC79A7	326°	10, 70, 0, 0	204, 121, 167	80, 60, 70
Schwarz	#000000	N/A	0, 0, 0, 100	0, 0, 0	0, 0, 0

Obwohl es mehrere gute, CVD-sichere Farbskalen gibt, müssen wir uns darüber im Klaren sein, dass es sich nicht um Wundermittel handelt. Es ist sehr gut möglich, eine CVD-sichere Skala zu verwenden und dennoch eine Abbildung zu erhalten, die eine Person mit Farbsehschwäche nicht entziffern kann. Ein kritischer Parameter ist die Größe der farbigen grafischen Elemente. Farben sind viel leichter zu unterscheiden, wenn sie auf große Flächen aufgetragen sind als auf kleinen oder dünnen Linien (Stone, Albers Szafir und Setlur 2014), und dieser Effekt wird durch CVD noch verstärkt (Abbildung 19-11). Zusätzlich zu den verschiedenen Überlegungen zum Farbdesign, die in diesem Kapitel und in Kapitel 4 erörtert werden, empfehle ich Ihnen, sich Farbwerte in CVD-Simulationen anzuschauen, um ein Gefühl dafür zu bekommen, wie sie für eine Person mit Farbsehschwäche aussehen können. Es stehen verschiedene Onlinedienste und Desktop-Apps zur Verfügung, mit denen Sie für beliebige Abbildungen eine CVD-Simulation ausführen können.

Um sicherzustellen, dass Ihre Abbildungen für Menschen mit Farbsehschwächen funktionieren, sollten Sie sich nicht einfach auf bestimmte Farbskalen verlassen. Testen Sie stattdessen Ihre Abbildungen in einem CVD-Simulator.

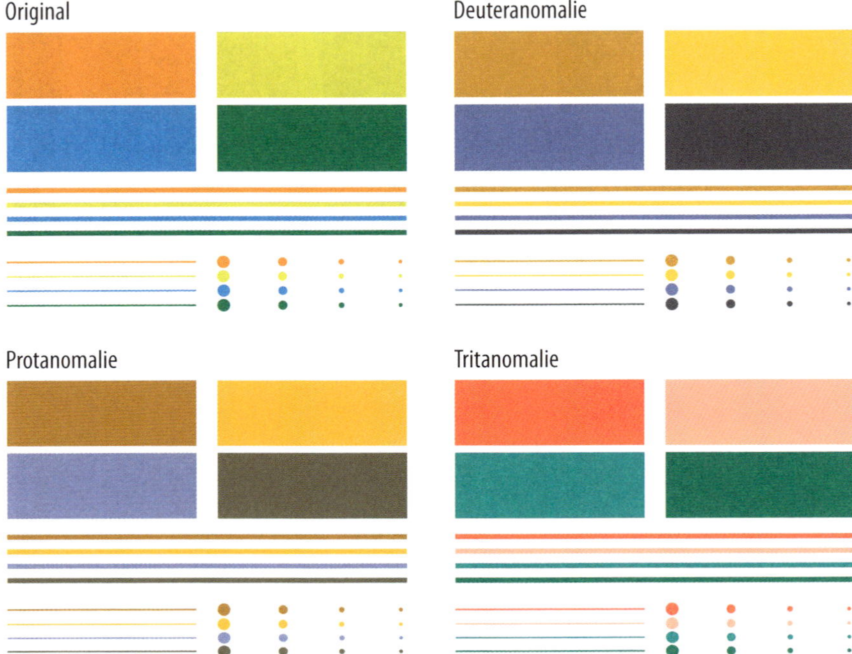

Abbildung 19-11: Farbige Elemente sind bei kleinen Abmessungen nur schwer zu unterscheiden. Das obere linke Feld (mit der Bezeichnung »Original«) zeigt vier Rechtecke, vier dicke Linien, vier dünne Linien und vier Gruppen von Punkten, die alle in den gleichen vier Farben gefärbt sind. Wir können sehen, dass die Farben schwieriger zu unterscheiden sind, je kleiner oder dünner die visuellen Elemente sind. Dieses Problem verschärft sich in den CVD-Simulationen, bei denen die Farben bereits für die großen grafischen Elemente schwieriger zu unterscheiden sind.

KAPITEL 20

Redundante Codierung

In Kapitel 19 haben wir gesehen, dass Farben Informationen nicht immer so effektiv vermitteln können, wie wir es uns wünschen. Wenn wir viele verschiedene Punkte haben, die wir identifizieren möchten, funktioniert dies möglicherweise nicht mit Farbe. Es wird schwierig sein, die Farben in der Abbildung mit den Farben in der Legende abzugleichen (Abbildung 19-1). Und selbst wenn wir nur zwei oder drei verschiedene Punkte unterscheiden müssen, kann die farbliche Darstellung misslingen, wenn die farbigen Symbole sehr klein sind (Abbildung 19-11) und/oder die Farben für Menschen mit Farbsehschwäche ähnlich aussehen (Abbildung 19-7 und Abbildung 19-8). Die durchgängige Lösung in all diesen Szenarien ist die Verwendung von Farbe, um das visuelle Erscheinungsbild der Abbildung zu verbessern, ohne sich vollständig auf die Farbe zu verlassen, um wichtige Informationen zu übermitteln. Ich bezeichne dieses Konstruktionsprinzip als *redundante Codierung*, da es uns dazu auffordert, Daten redundant darzustellen und dabei mehrere unterschiedliche visuelle Dimensionen zu verwenden.

Gestaltung von Legenden mit redundanter Codierung

Streudiagramme mehrerer Datengruppen werden häufig so entworfen, dass sich die Punkte, die verschiedene Gruppen darstellen, nur in ihrer Farbe unterscheiden. Betrachten Sie als Beispiel Abbildung 20-1, in der die Kelchblattbreite im Verhältnis zur Kelchblattlänge von drei verschiedenen *Iris*-Pflanzen dargestellt ist. (Kelchblätter sind die äußeren Blätter von Blüten in Blütenpflanzen.) Die Punkte, die die verschiedenen Arten darstellen, unterscheiden sich in ihren Farben, sehen aber ansonsten alle genau gleich aus. Obwohl diese Abbildung nur drei verschiedene Gruppen von Punkten enthält, ist sie selbst für Menschen mit normalem Farbsehen schwierig zu lesen. Das Problem tritt auf, weil sich die Datenpunkte für die beiden Arten *Iris virginica* und *Iris versicolor* vermischen und sich ihre beiden jeweiligen Farben, Grün und Blau, nicht besonders voneinander unterscheiden.

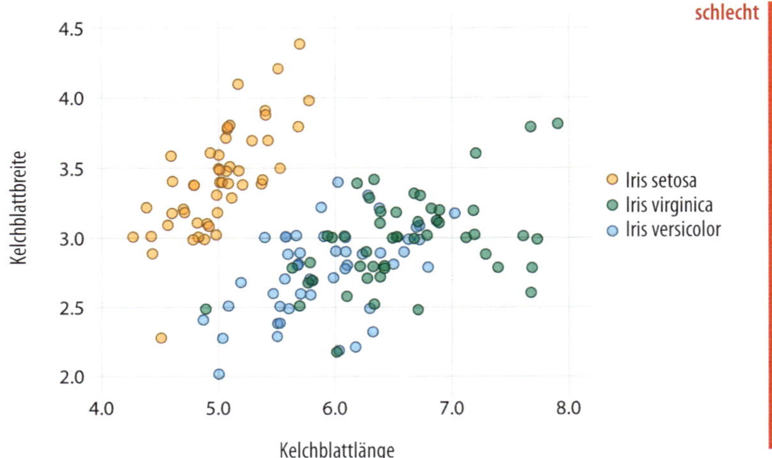

Abbildung 20-1: Kelchblattbreite im Verhältnis zur Kelchblattlänge für drei verschiedene Iris-Arten (Iris setosa, Iris virginica und Iris versicolor). Jeder Punkt repräsentiert die Messungen für eine Pflanzenprobe. Auf alle Punktpositionen wurde ein Jitter-(Zitter-)Anteil angewendet, um ein Überzeichnen zu verhindern. Die Abbildung ist mit »schlecht« gekennzeichnet, da die virginica-Punkte in Grün und die versicolor-Punkte in Blau schwer voneinander zu unterscheiden sind. (Datenquelle: [Fisher 1936])

Überraschenderweise können Menschen mit Rot-Grün-Farbsehschwäche (Deuteranomalie oder Protanomalie) die grünen und blauen Punkte besser unterscheiden als Menschen mit normalem Farbsehen (siehe Abbildung 20-2, obere Reihe, im Vergleich zu Abbildung 20-1). Für Menschen mit einem Blau-Gelb-Mangel (Tritanomalie) sehen die blauen und grünen Punkte sehr ähnlich aus (Abbildung 20-2, unten links). Und wenn wir die Abbildung in Graustufen ausdrucken (d.h. die Abbildung entsättigen), können wir keine der Iris-Arten unterscheiden (Abbildung 20-2, unten rechts).

Es gibt zwei einfache Verbesserungen, die wir an Abbildung 20-1 vornehmen können, um diese Probleme zu beheben:

Erstens können wir die für *Iris setosa* und *Iris versicolor* verwendeten Farben vertauschen, sodass das Blau nicht mehr direkt neben dem Grün liegt (Abbildung 20-3). Zweitens können wir drei verschiedene Symbolformen verwenden, sodass die Punkte alle unterschiedlich aussehen. Mit diesen beiden Änderungen werden sowohl die Originalversion der Abbildung (Abbildung 20-3) als auch die Versionen mit *Color Vision Deficiency* (CVD)-Simulation und Graustufen (Abbildung 20-4) lesbar.

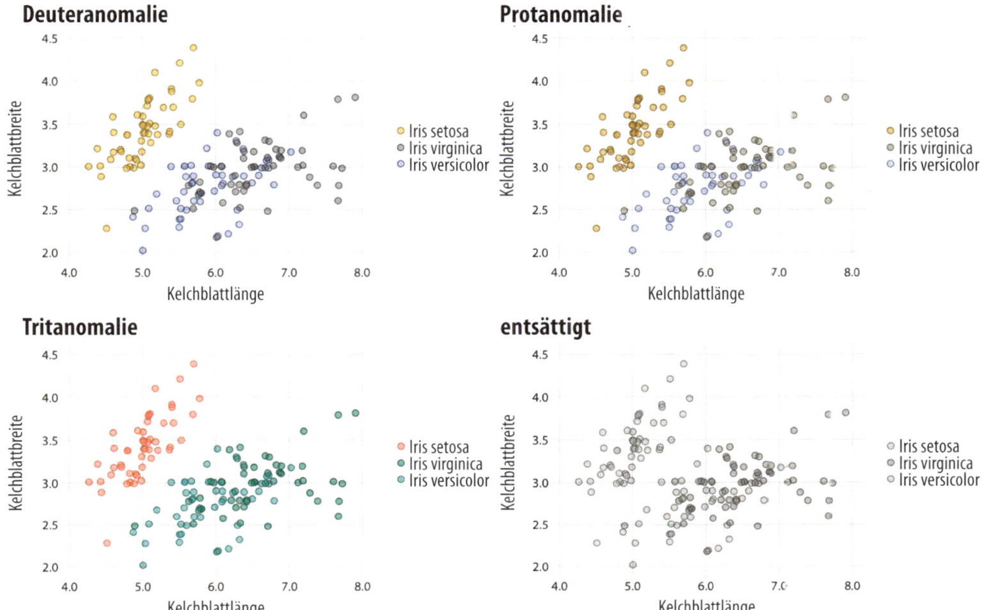

Abbildung 20-2: Simulation von Farbsehschwächen für Abbildung 20-1. (Datenquelle: [Fisher 1936])

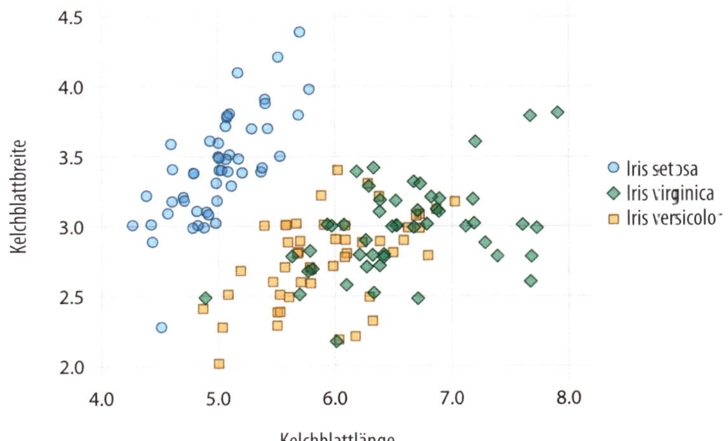

Abbildung 20-3: Kelchblattbreite im Verhältnis zur Kelchblattlänge für drei verschiedene Iris-Arten. Im Vergleich zu Abbildung 20-1 haben wir die Farben für »Iris setosa« und »Iris versicolor« vertauscht und jeder Iris-Art eine eigene Punktform gegeben. (Datenquelle: [Fisher 1936])

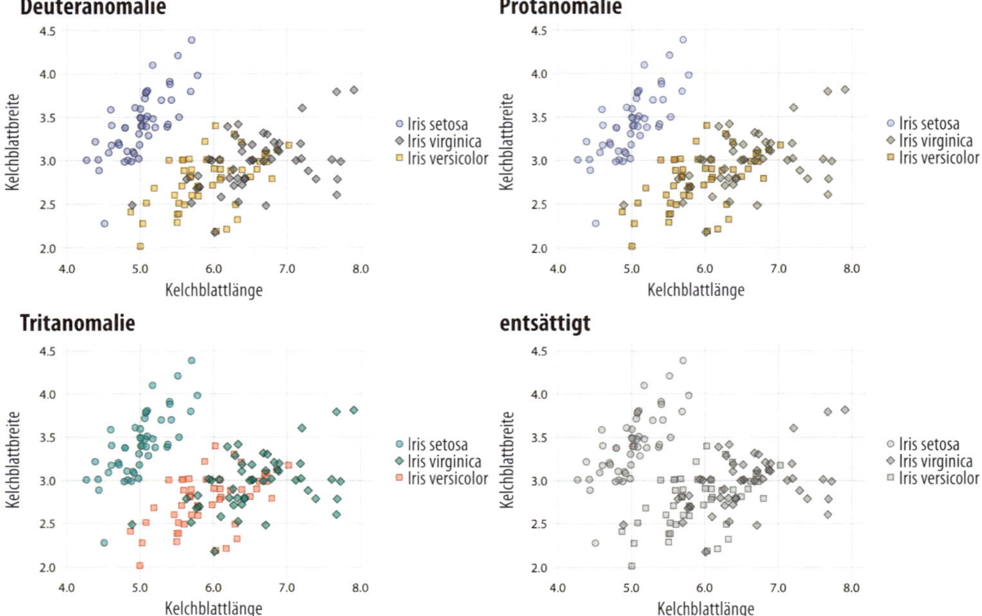

Abbildung 20-4: Simulation einer Farbsehschwäche für Abbildung 20-3. Durch die Verwendung unterschiedlicher Punktformen ist auch die vollständig entsättigte Graustufenversion der Abbildung lesbar. (Datenquelle: [Fisher 1936])

Das Ändern der Punktform ist eine einfache Strategie für Streudiagramme, sie funktioniert jedoch nicht unbedingt für andere Diagrammtypen. In Liniendiagrammen können Sie den Linientyp ändern (durchgehend, gestrichelt, gepunktet usw.; siehe auch Abbildung 2-1 auf Seite 8). Die Verwendung von gestrichelten oder gepunkteten Linien führt jedoch häufig zu suboptimalen Ergebnissen. Insbesondere gestrichelte oder gepunktete Linien sehen in der Regel nur dann gut aus, wenn sie perfekt gerade oder nur leicht gekrümmt sind, dennoch verursachen sie in beiden Fällen eine optische Unordnung. Außerdem ist häufig eine erhebliche mentale Anstrengung erforderlich, um verschiedene Arten von Strich- oder Punkt-Strich-Mustern zwischen Diagramm und Legende abzugleichen. Was machen wir nun mit einer Visualisierung wie in Abbildung 20-5, in der anhand von Linien die zeitliche Veränderung des Aktienkurses für vier verschiedene große Technologieunternehmen dargestellt wird?

Die Abbildung enthält vier Zeilen, die die Aktienkurse der vier verschiedenen Unternehmen darstellen. Die Linien sind mit einer CVD-freundlichen Farbskala gekennzeichnet. Daher sollte es relativ einfach sein, jede Zeile dem entsprechenden Unternehmen zuzuordnen – das ist es aber nicht. Das Problem hierbei ist, dass die Linien eine optische Reihenfolge haben. Die gelbe Linie, die Facebook darstellt, wird als die höchste Linie und die schwarze Linie, die Apple darstellt, als die niedrigste Linie wahrgenommen, wobei Alphabet und Microsoft in dieser Reihenfolge dazwischen liegen. Die Reihenfolge der vier Unternehmen in der Legende ist jedoch Alphabet, Apple, Facebook, Microsoft (alphabetische Reihenfolge). Daher unterscheidet sich die wahrgenommene Reihenfolge der Daten von der Reihenfolge der Unternehmen in der Legende, und es ist ein überraschender Aufwand erforderlich, um die Daten mit Firmennamen abzugleichen.

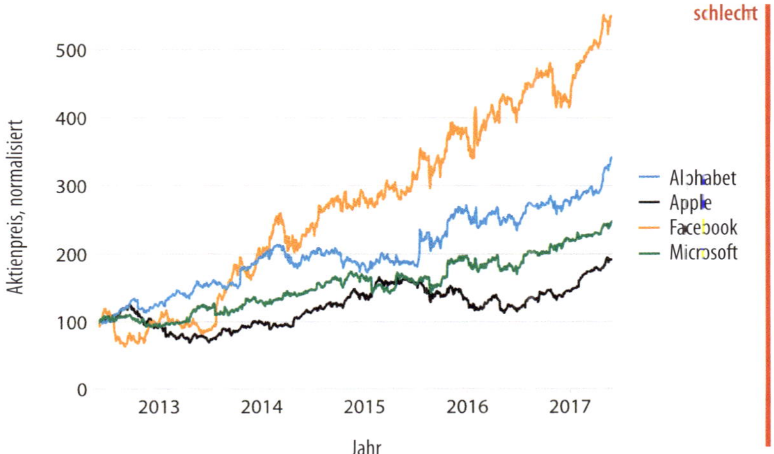

Abbildung 20-5: Zeitlicher Aktienkursverlauf für vier große Technologieunternehmen. Der Aktienkurs für jedes Unternehmen wurde im Juni 2012 auf 100 normalisiert. Diese Abbildung ist als »schlecht« eingestuft, da es einer beträchtlichen mentalen Energie bedarf, um die Firmennamen in der Legende mit den Datenkurven abzugleichen. (Datenquelle: Yahoo! Finanzen)

Dieses Problem tritt häufig bei Software auf, die automatisch Legenden generiert. Die Plot-Software kennt kein Konzept für die visuelle Reihenfolge, die der Betrachter wahrnimmt. Stattdessen sortiert die Software die Legende in einer anderen Reihenfolge, am häufigsten alphabetisch. Wir können dieses Problem beheben, indem wir die Einträge in der Legende manuell neu anordnen, sodass sie der wahrgenommenen Reihenfolge in den Daten entsprechen (Abbildung 20-6). Das Ergebnis ist eine Abbildung, mit der sich die Legende den Daten leichter zuordnen lässt.

Wenn Ihre Daten eine visuelle Reihenfolge aufweisen, stellen Sie sicher, dass diese mit der Reihenfolge in der Legende übereinstimmt.

Die Reihenfolge in der Legende an die Daten anzupassen ist immer hilfreich, die Vorteile werden jedoch insbesondere bei der Simulation von Farbsehschwächen deutlich (Abbildung 20-7). Zum Beispiel hilft dies bei der Tritanomalie-Version der Abbildung, in der die Unterscheidung von Blau und Grün schwierig wird (Abbildung 20-7, unten links). Es hilft auch in der Graustufenversion (Abbildung 20-7, rechts unten). Obwohl die beiden Farben für Facebook und Alphabet praktisch den gleichen Grauwert haben, können wir sehen, dass Microsoft und Apple durch dunklere Farben dargestellt werden und die unteren beiden Plätze einnehmen. Wir gehen daher zu Recht davon aus, dass die höchste Linie Facebook und die zweithöchste Linie Alphabet entspricht.

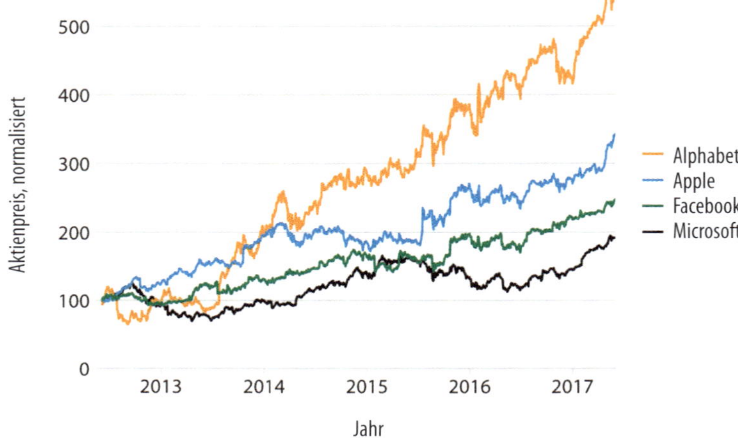

Abbildung 20-6: Zeitlicher Aktienkursverlauf für vier große Technologieunternehmen. Im Vergleich zu Abbildung 20-5 wurden die Einträge in der Legende nun so angeordnet, dass sie der wahrgenommenen visuellen Reihenfolge der Datenlinien entsprechen, mit Facebook an höchster und Apple an niedrigster Stelle. (Datenquelle: Yahoo! Finanzen)

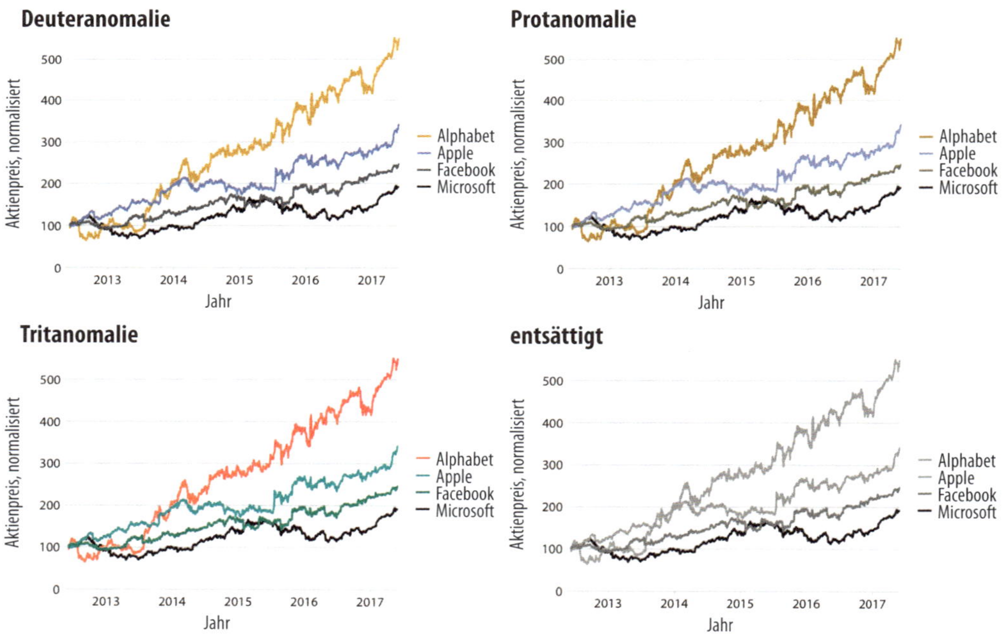

Abbildung 20-7: Simulation von Farbsehschwächen für Abbildung 20-6. (Datenquelle: Yahoo! Finanzen)

Gestaltung von Abbildungen ohne Legenden

Obwohl die Lesbarkeit von Legenden durch redundante Codierung von Daten verbessert werden kann, stellen Legenden in mehrfacher Hinsicht immer eine zusätzliche mentale Belastung für Leser dar: Beim Lesen einer Legende müssen sie Informationen in einem Teil der Visualisierung aufgreifen und dann in einen anderen Teil übertragen. Normalerweise können wir unseren Lesern das Leben leichter machen, wenn wir die Legende ganz beseitigen. Das Eliminieren der Legende bedeutet jedoch nicht, dass wir einfach keine angeben und stattdessen Sätze wie »Die gelben Punkte stehen für *Iris versicolor*« in die Bildunterschrift schreiben. Das Weglassen der Legende bedeutet, dass wir die Abbildung so gestalten, dass sofort ersichtlich ist, was die verschiedenen grafischen Elemente darstellen, auch wenn keine explizite Legende vorhanden ist.

Die allgemeine Strategie, die wir anwenden können, heißt *Direktbeschriftung*, wobei wir geeignete Textbeschriftungen oder andere visuelle Elemente einbauen, die als Wegweiser für den Rest der Abbildung dienen. In Kapitel 19 sind wir bereits auf eine direkte Kennzeichnung gestoßen (Abbildung 19-2), als Alternative zum Zeichnen einer Legende mit über 50 verschiedenen Farben. Um das Konzept der Direktbeschriftung auf den Aktienkurs anzuwenden, setzen wir den Namen jedes Unternehmens direkt neben das Ende seiner jeweiligen Datenlinie (Abbildung 20-8).

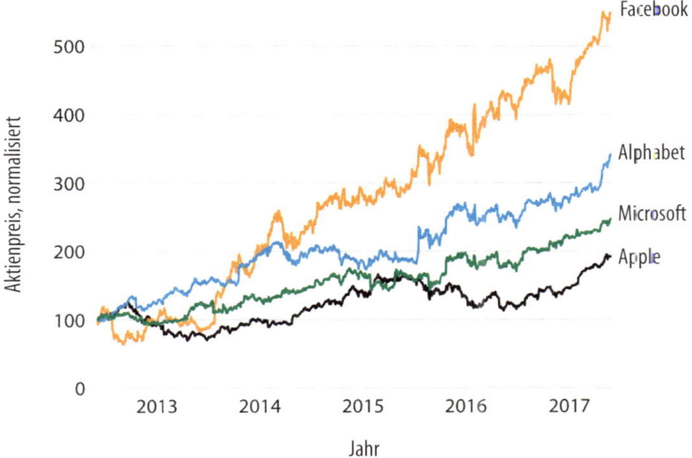

Abbildung 20-8: Zeitlicher Aktienkursverlauf für vier große Technologieunternehmen. Der Aktienkurs für jedes Unternehmen wurde im Juni 2012 auf 100 normalisiert. (Datenquelle: Yahoo! Finanzen)

Gestalten Sie Ihre Abbildungen nach Möglichkeit so, dass sie keine separate Legende benötigen.

Wir können das Konzept der direkten Beschriftung auch auf die Iris-Daten vom Anfang dieses Kapitels anwenden, insbesondere auf Abbildung 20-3. Da es sich um ein Streudiagramm mit vielen Punkten handelt, die in drei verschiedene Gruppen unterteilt sind, müssen wir die Gruppen und nicht die einzelnen Punkte direkt beschriften. Eine Lösung besteht darin, Ellipsen zu zeichnen, die den Großteil der Punkte einschließen, und dann diese Ellipsen zu beschriften (Abbildung 20-9).

Bei Dichtediagrammen können wir die Kurven auf ähnliche Weise direkt beschriften, anstatt eine farbcodierte Legende bereitzustellen (Abbildung 20-10). In beiden Abbildungen 20-9 und 20-10 habe ich die Textbeschriftungen in den gleichen Farben wie die Daten eingefärbt. Farbige Beschriftungen können den direkten Beschriftungseffekt erheblich verbessern, sie können jedoch auch schlecht ausfallen. Wenn die Texte in einer zu hellen Farbe gedruckt werden, sind sie schwer lesbar. Und da Text aus sehr dünnen Linien besteht, scheint farbiger Text häufig heller zu sein. Umgehen Sie diese Probleme, indem Sie für jede Farbe zwei verschiedene Schattierungen verwenden, eine helle für ausgefüllte Bereiche und eine dunkle für Linien, Konturen und Text. Wenn Sie Abbildung 20-9 oder Abbildung 20-10 sorgfältig betrachten, erkennen Sie, dass jeder Datenpunkt oder schattierte Bereich mit einer hellen Farbe gefüllt ist und dass seine Kontur in einer dunkleren Farbe mit demselben Farbton gezeichnet ist. Die Textbeschriftungen werden in denselben dunkleren Farben gezeichnet.

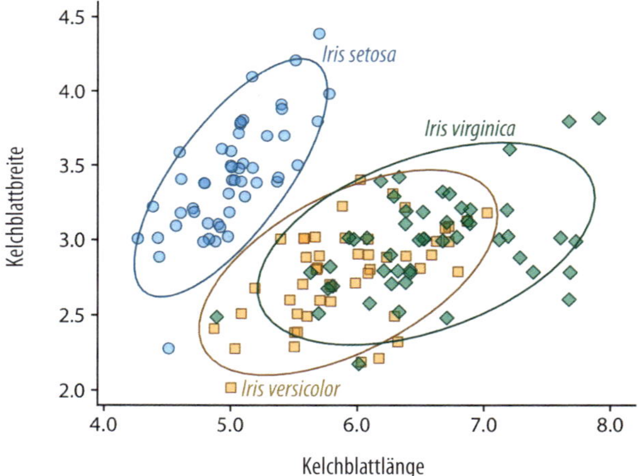

Abbildung 20-9: Kelchblattbreite im Verhältnis zur Kelchblattlänge für drei verschiedene Iris-Arten. Die Punkte, die verschiedene Arten darstellen, wurden direkt mit farbigen Ellipsen und Textbeschriftungen gekennzeichnet. Im Vergleich zu Abbildung 20-3 habe ich hier das Hintergrundraster entfernt, weil es die Abbildung überfrachtet. (Datenquelle: [Fisher 1936])

Sie können Dichtediagramme wie das in Abbildung 20-10 auch als Ersatz für Legenden verwenden, indem Sie die Dichtediagramme an den Rändern eines Streudiagramms platzieren (Abbildung 20-11). Auf diese Weise können Sie die Dichtediagramme direkt beschriften und nicht das zentrale Streudiagramm. Dies führt zu einer Abbildung, die etwas übersichtlicher ist als Abbildung 20-9 mit ihren direkt beschrifteten Ellipsen.

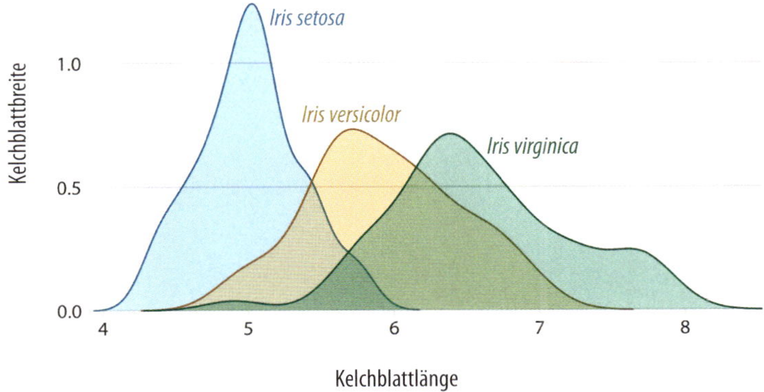

Abbildung 20-10: Dichteschätzungen der Kelchblattlängen von drei verschiedenen Iris-Arten. Jede Dichteschätzung ist direkt mit dem jeweiligen Artennamen gekennzeichnet. (Datenquelle: [Fisher 1936])

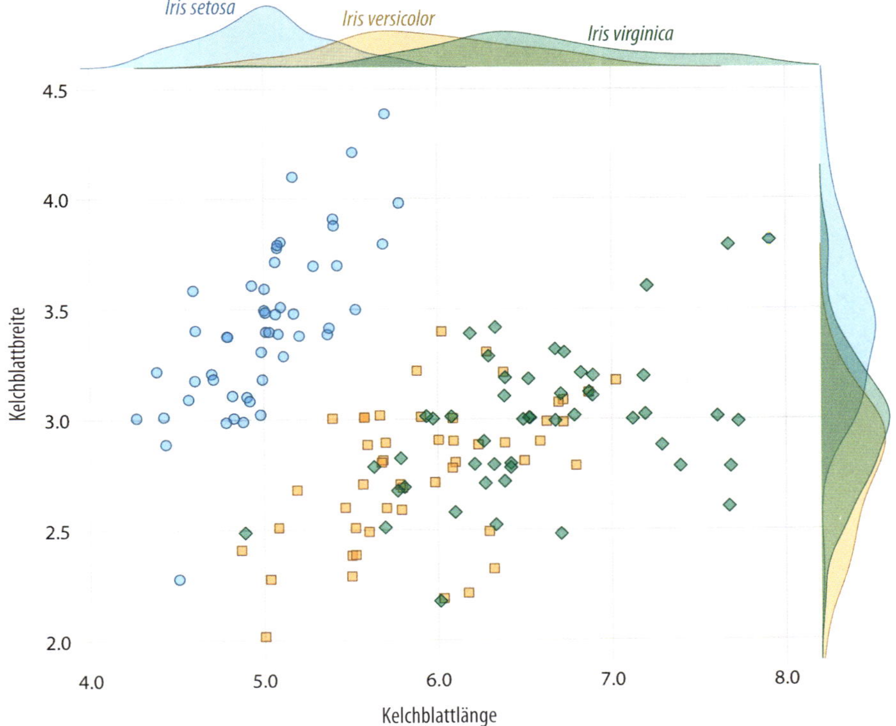

Abbildung 20-11: Kelchblattbreite im Verhältnis zur Kelchblattlänge für drei verschiedene Iris-Arten, mit Rand-Dichteschätzungen für jede Variable jeder Iris-Art. (Datenquelle: [Fisher 1936])

Und wenn wir eine einzelne Variable in mehreren Formen der Aesthetics codieren, möchten wir normalerweise nicht mehrere separate Legenden für die verschiedenen Merkmale der Aesthetics verwenden. Stattdessen sollte es ein einzelnes Legende-ähnliches visuelles Element geben, das alle Zuordnungen auf einmal vermittelt. In dem Fall, dass wir dieselbe Variable auf eine Position entlang einer Hauptachse und auf eine Farbe abbilden, bedeutet dies, dass die Farblegende entlang der Achse und in dieselbe Achse integriert werden sollte. Abbildung 20-12 zeigt einen Fall, in dem wir die Temperatur sowohl einer Position entlang der *x*-Achse als auch einer Farbe zuordnen und daher die farbige Legende in die x-Achse integriert haben.

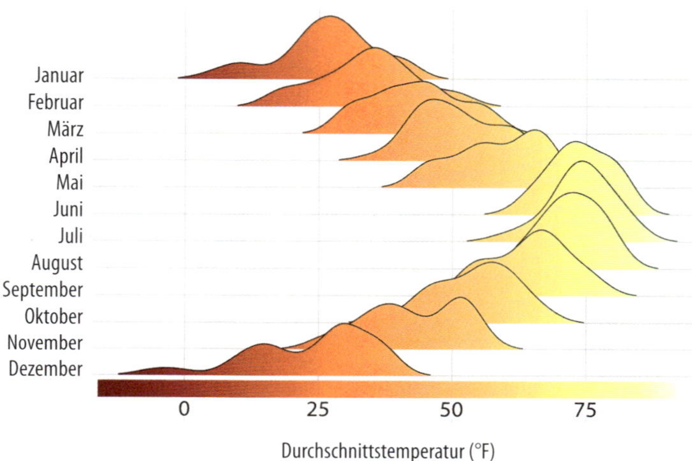

Abbildung 20-12: Temperaturen in Lincoln, NE, im Jahr 2016. Diese Abbildung ist eine Variation von Abbildung 9-9. Die Temperatur wird jetzt sowohl nach ihrer Position entlang der x-Achse als auch durch Farbe angezeigt. Ein Farbbalken entlang der x-Achse zeigt die Skala an, mit der Temperaturen Farben zugeordnet werden. (Datenquelle: Weather Underground)

KAPITEL 21

Multipanel-Diagramme

Wenn Datensätze umfangreich und komplex werden, enthalten sie häufig viel mehr Informationen, als in einer einzigen Abbildung angezeigt werden können. Zur Visualisierung solcher Datensätze kann es hilfreich sein, Multipanel-Diagramme zu erstellen. Hierbei handelt es sich um Abbildungen, die aus mehreren Sub-Abbildungen bestehen, in denen jeweils eine Teilmenge der Daten angezeigt wird. Es gibt zwei verschiedene Kategorien solcher Abbildungen, sogenannte *Small Multiples* und *Compound Figures* (modular zusammengesetzte Abbildungen). *Small Multiples* sind Diagramme, die aus mehreren Feldern bestehen, die in einem regelmäßigen Raster angeordnet sind. Jedes Rasterelement zeigt eine andere Teilmenge der Daten, aber alle Panels verwenden dieselbe Art der Visualisierung. *Compound Figures* bestehen aus separaten Abbildungsmodulen, die in einer willkürlichen Anordnung (die auf einem Raster basieren kann oder nicht) zusammengesetzt sind und völlig unterschiedliche Visualisierungen oder möglicherweise sogar unterschiedliche Datensätze zeigen.

Small Multiples

Der Begriff *Small Multiple* wurde von [Tufte 1990] populär gemacht. Ein alternativer Begriff, *Trellis-Plot*, wurde ungefähr zur gleichen Zeit von Cleveland, Becker und ihren Kollegen von den Bell Labs populär gemacht ([Cleveland 1993]; [Becker, Cleveland und Shyu 1996]). Unabhängig von der Terminologie besteht die Schlüsselidee darin, die Daten in Teile gemäß einer oder mehrerer Datendimensionen zu zerlegen, jedes Datensegment separat zu visualisieren und die einzelnen Abbildungen dann in einem Raster anzuordnen. Spalten, Zeilen oder einzelne Bereiche im Raster werden durch die Werte der Datendimensionen gekennzeichnet, die die Segmente definieren. In jüngerer Zeit wird diese Technik manchmal auch als »Facettieren« bezeichnet, benannt nach den Methoden, die solche Diagramme in der weit verbreiteten ggplot2-Diagrammbibliothek erstellen (z.B. die ggplot2-Funktion *facet_grid ()*) [Wickham 2016].

Als erstes Beispiel wenden wir diese Technik auf den Datensatz der *Titanic*-Passagiere an. Wir können diesen Datensatz nach der Klasse unterteilen, in der jeder

Passagier gereist ist, und danach, ob ein Passagier überlebt hat oder nicht. In jedem dieser sechs Datenbereiche gibt es sowohl männliche als auch weibliche Passagiere, und wir können ihre Zahlen mithilfe von Balken visualisieren. Das Ergebnis sind sechs Balkendiagramme, die in zwei Spalten (eine für Passagiere, die gestorben sind, und eine für die Passagiere, die überlebt haben) aus jeweils drei Reihen (eine für jede Klasse) angeordnet sind (Abbildung 21-1). Die Spalten und Zeilen sind beschriftet, sodass sofort ersichtlich ist, welche der sechs Darstellungen der jeweiligen Kombination aus Überlebensstatus und Klasse entspricht.

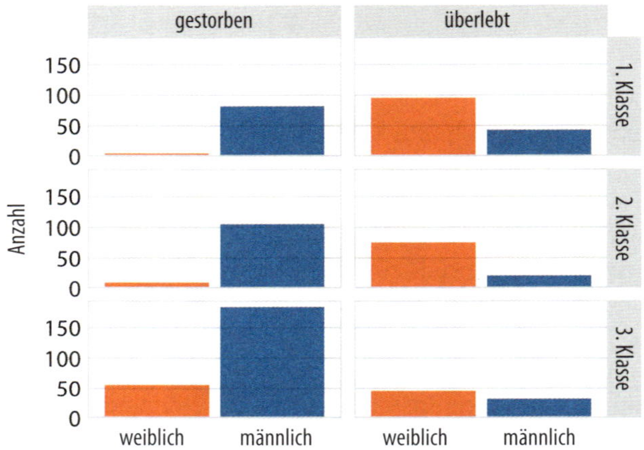

Abbildung 21-1: Aufschlüsselung der Passagiere auf der Titanic nach Geschlecht, Überleben und Klasse, in der sie gereist sind (1., 2. oder 3. Klasse). (Datenquelle: Encyclopedia Titanica)

Diese Visualisierung bietet eine intuitive und interpretierbare Darstellung des Schicksals der Passagiere der Titanic. Wir sehen sofort, dass die meisten Männer starben und die meisten Frauen überlebten. Außerdem reisten fast alle verstorbenen Frauen in der dritten Klasse.

Small Multiples sind ein leistungsstarkes Werkzeug, um sehr große Datenmengen gleichzeitig zu visualisieren.

In Abbildung 21-1 werden sechs separate Abbildungen verwendet, es können jedoch noch viele weitere verwendet werden. Abbildung 21-2 zeigt die Beziehung zwischen dem durchschnittlichen Ranking eines Films in der Internet Movie Database (IMDB) und der Anzahl der abgegebenen Stimmen für diesen Film, und zwar für Filme, die über einen Zeitraum von 100 Jahren veröffentlicht wurden. Hier wird der Datensatz in nur eine Dimension unterteilt (das Jahr), und die Rasterelemente für jedes Jahr sind in Zeilen von links oben nach rechts unten angeordnet. Diese Darstellung zeigt, dass es eine allgemeine Beziehung zwischen dem durchschnittlichen Ranking und der Anzahl der Stimmen gibt, derart, dass Filme mit mehr Stimmen tendenziell höhere Rankings haben. Die Stärke dieses Trends variiert jedoch mit dem Jahr, und für Filme, die in den frühen 2000er-Jahren veröffentlicht wurden, gibt es keine Beziehung oder sogar eine negative.

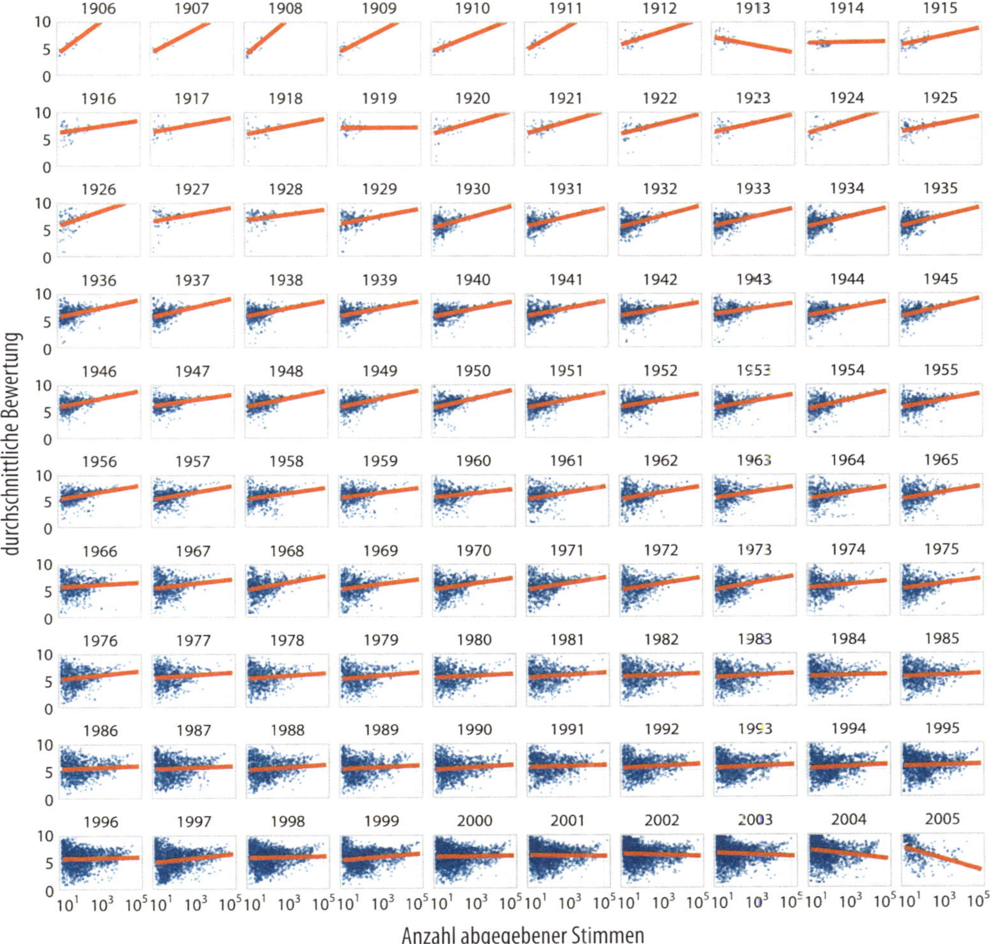

Abbildung 21-2: Durchschnittliche Filmrangfolge im Verhältnis zur Anzahl der abgegebenen Stimmen für Filme von 1906 bis 2005. Blaue Punkte stehen für einzelne Filme, und orangefarbene Linien stehen für die lineare Regression der durchschnittlichen Rangfolge jedes Films im Verhältnis zum Logarithmus der Stimmen, die der Film erhalten hat. In den meisten Jahren haben Filme mit einer höheren Stimmenzahl im Durchschnitt ein höheres Ranking. Gegen Ende des 20. Jahrhunderts schwächte sich dieser Trend jedoch ab und bei den Filmen aus den frühen 2000er-Jahren ist ein negativer Zusammenhang sichtbar. (Datenquelle: IMDB)

Damit solch große Diagramme leicht verständlich sind, ist es wichtig, dass jedes Rasterelement die gleichen Achsenbereiche und Skalierungen verwendet. Der menschliche Verstand erwartet, dass dies der Fall ist. Wenn dies nicht der Fall ist, ist es sehr wahrscheinlich, dass Leser das, was die Abbildung zeigt, falsch interpretieren. Betrachten Sie beispielsweise Abbildung 21-3, in der dargestellt ist, wie sich der Anteil der Bachelor-Abschlüsse in verschiedenen Studienfachgebieten im Laufe der Zeit verändert hat. Die Abbildung zeigt jedes der neun Fachgebiete, in denen im

Durchschnitt mehr als 4 % aller Abschlüsse zwischen 1971 und 2015 erfolgten. Die *y*-Achse jedes Rasterelements ist so skaliert, dass der Kurvenverlauf für jedes Fachgebiet den gesamten Bereich der *y*-Achse abdeckt. Infolgedessen lässt eine flüchtige Betrachtung in Abbildung 21-3 darauf schließen, dass die neun Studienrichtungen alle gleich beliebt sind und eine ähnliche Variation in der Beliebtheit aufweisen.

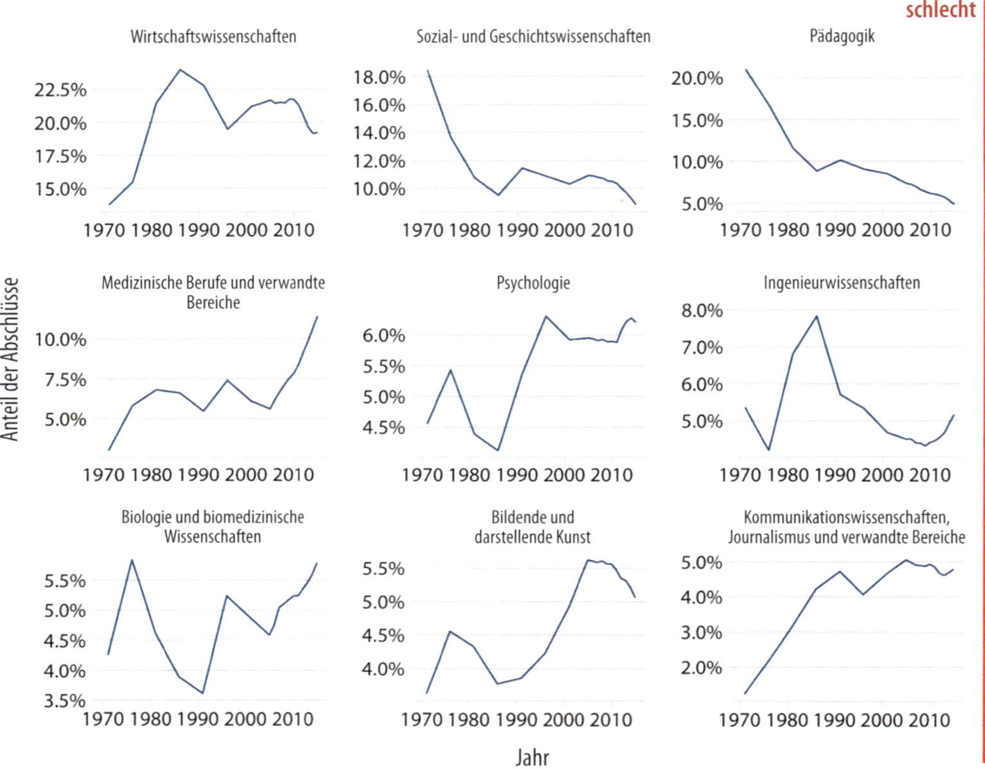

Abbildung 21-3: Trends bei den Bachelor-Abschlüssen, die von US-Hochschulen verliehen werden. Dargestellt sind alle Studienrichtungen, auf die durchschnittlich mehr als 4 % aller Abschlüsse entfallen. Diese Abbildung wurde als »schlecht« eingestuft, da alle Rasterelemente unterschiedliche y-Achsenbereiche verwenden. Durch diese Auswahl werden die relativen Größen der verschiedenen Studienrichtungen verdeckt und die in einigen Bereichen eingetretenen Änderungen übertrieben. (Datenquelle: National Center for Education Statistics)

Wenn Sie jedoch alle einzelnen Abbildungen auf derselben *y*-Achse platzieren, wird deutlich, dass diese Interpretation irreführend ist (Abbildung 21-4). Einige Studiengänge sind viel beliebter als andere, und in ähnlicher Weise haben einige Studiengänge viel deutlicher an Popularität gewonnen, während andere an Popularität verloren haben. Beispielsweise sind die Abschlüsse in Pädagogik stark zurückgegangen, wohingegen der Anteil der bildenden und der darstellenden Kunst annähernd konstant geblieben ist oder sogar leicht zugenommen hat.

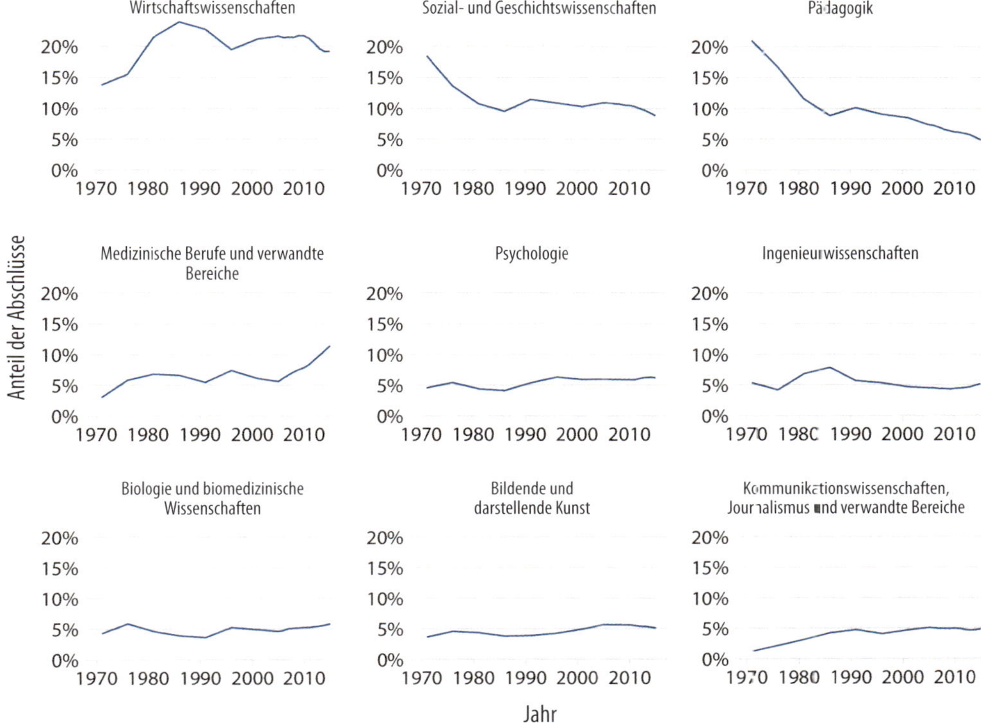

Abbildung 21-4: Trends bei den Bachelor-Abschlüssen, die von US-Hochschulen verliehen werden. Dargestellt sind alle Studiengänge, die durchschnittlich mehr als 4 % aller Abschlüsse ausmachen. (Datenquelle: National Center for Education Statistics)

Ich empfehle generell, keine unterschiedlichen Achsenskalierungen in separaten Abbildungen eines Small-Multiple-Diagramms zu verwenden. Gelegentlich kann dieses Problem jedoch nicht wirklich vermieden werden. Wenn Sie auf ein solches Szenario stoßen, sollten Sie den Leser meines Erachtens auf dieses Problem zumindest in der Bildunterschrift aufmerksam machen. Sie könnten beispielsweise einen Satz wie den folgenden hinzufügen: »Beachten Sie, dass die Skalierungen der *y*-Achse in den verschiedenen Rasterelementen dieser Abbildung unterschiedlich sind.«

Es ist auch wichtig, über die Anordnung der einzelnen Felder in einem solchen Diagramm nachzudenken. Die Darstellung ist leichter zu interpretieren, wenn die Reihenfolge einem logischen Prinzip folgt. In Abbildung 21-1 habe ich die Zeilen von der höchsten Klasse (1. Klasse) bis zur niedrigsten Klasse (3. Klasse) angeordnet. In Abbildung 21-2 habe ich die Felder von links oben nach rechts unten in aufsteigender Reihenfolge angeordnet. In Abbildung 21-4 habe ich die Felder nach abnehmender durchschnittlicher Beliebtheit angeordnet, sodass die beliebtesten Abschlüsse in der oberen Reihe und/oder links liegen und die am wenigsten beliebten in der unteren Reihe und/oder rechts.

Ordnen Sie die einzelnen Abbildungen in einem Small-Multiple-Diagramm immer in einer sinnvollen und logischen Reihenfolge an.

Zusammengesetzte (modulare) Abbildungen

Nicht jede Abbildung mit mehreren Sub-Abbildungen passt zum Muster der Small Multiples. Manchmal möchten wir einfach mehrere unabhängige Abbildungen zu einer Gesamt-Abbildung kombinieren, die einen übergeordneten Punkt darstellt. In diesem Fall können wir die einzelnen Abbildungsmodule übernehmen und in Zeilen, Spalten oder andere komplexere Anordnungen bringen und dann die gesamte Anordnung als eine Abbildung bezeichnen. Ein Beispiel finden Sie in Abbildung 21-5, in der die Analyse der Trends bei Bachelor-Abschlüssen fortgesetzt wird, die von US-Hochschulen verliehen wurden. Modul (a) in Abbildung 21-5 zeigt die Zunahme der Gesamtzahl der von 1971 bis 2015 vergebenen Abschlüsse: In dieser Zeitspanne verdoppelte sich die Zahl der Abschlüsse ungefähr. Modul (b) zeigt stattdessen, wie sich der Prozentsatz der im gleichen Zeitraum vergebenen Abschlüsse in den fünf beliebtesten Studienbereichen ändert. Wir können sehen, dass Pädagogik und die Sozial- und Geschichtswissenschaften von 1971 bis 2015 einen massiven Rückgang verzeichneten, während die Abschlüsse in Wirtschaftswissenschaften und in Medizin und ihren verwandten Bereichen ein deutliches Wachstum zeigen.

Beachten Sie, dass – anders als in meinen Beispielen mit Small Multiples – die einzelnen Module der zusammengesetzten Abbildung alphabetisch gekennzeichnet sind. Es ist üblich, für diese Beschriftung Klein- oder Großbuchstaben aus dem lateinischen Alphabet zu verwenden, um eindeutig ein bestimmtes Modul anzugeben. Wenn ich zum Beispiel über den Teil von Abbildung 21-5 sprechen möchte, der die prozentualen Änderungen bei den verliehenen Abschlüssen zeigt, kann ich auf »Modul (b)« dieser Abbildung oder einfach auf »Abbildung 21-5b« verweisen. Ohne diese Beschriftung müsste ich umständlich über das »rechte« oder »linke« Modul in Abbildung 21-5 sprechen, und die Bezugnahme auf bestimmte Module wäre für komplexere Anordnungen noch umständlicher. Für Small Multiples werden Beschriftungen normalerweise nicht benötigt, da dort jedes Rasterelement durch Facettierungsvariablen, die als Abbildungsbezeichnungen bereitgestellt werden, eindeutig spezifiziert ist.

Wenn Sie die unterschiedlichen Module einer zusammengesetzten Gesamtabbildung beschriften, achten Sie darauf, wie gut die Beschriftungen in das gesamte Grafikdesign passen. Ich sehe oft Abbildungen, bei denen die Beschriftungen so aussehen, als wären sie von einer anderen Person drangeklatscht worden: Es ist nicht ungewöhnlich, dass Beschriftungen übermäßig groß und auffällig sind, an einer ungünstigen Stelle platziert sind oder in einer anderen Schriftart als der Rest der Abbildung gesetzt werden. (Ein Beispiel finden Sie in Abbildung 21-6).

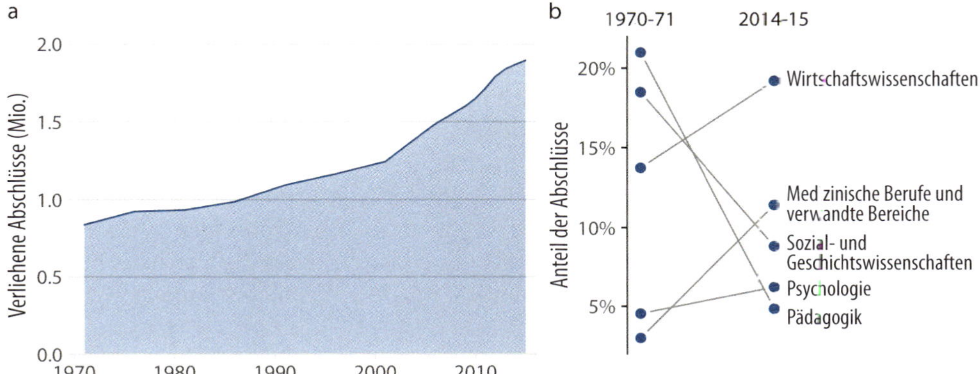

Abbildung 21-5: Trends bei den Bachelor-Abschlüssen, die von US-Hochschulen verliehen werden. (a) Von 1970 bis 2015 hat sich die Gesamtzahl der verliehenen Abschlüsse nahezu verdoppelt. (b) In den beliebtesten Fachbereichen waren Abschlüsse in Pädagogik und Sozial- und Geschichtswissenschaften stark rückläufig, während die Wirtschafts- und Gesundheitsberufe immer beliebter wurden. (Datenquelle: National Center for Education Statistics)

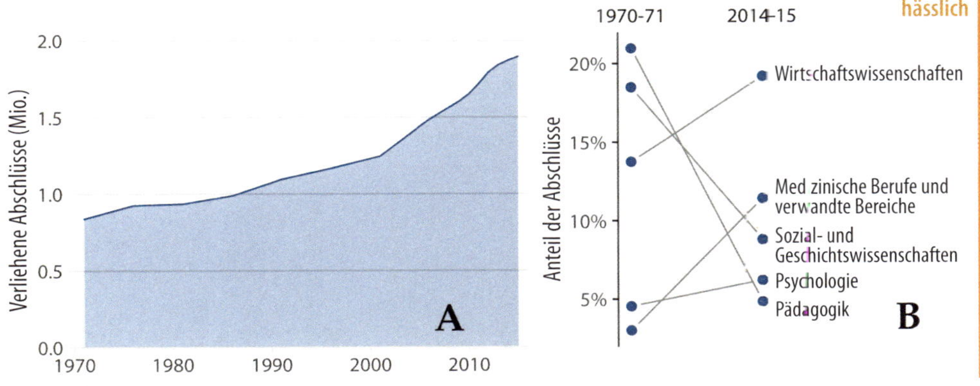

Abbildung 21-6: Variation von Abbildung 21-5 mit schlechter Beschriftung. Die Beschriftungen der einzelnen Module sind zu groß und zu dick, weisen die falsche Schriftart auf und befinden sich an einer ungünstigen Stelle. Auch wenn das Beschriften mit Großbuchstaben in Ordnung und in der Tat weit verbreitet ist, müssen alle Abbildungen in einem Dokument einheitlich beschriftet sein. In diesem Buch gilt die Konvention, dass modulare Abbildungen Beschriftungen in Kleinbuchstaben erhalten. Daher stimmt diese Abbildung nicht mit den anderen Abbildungen in diesem Buch überein. (Datenquelle: National Center for Education Statistics)

Beschriftungen sollten nicht das Erste sein, was Sie sehen, wenn Sie sich eine modulare Abbildung ansehen. Tatsächlich müssen sie überhaupt nicht auffallen. Wir wissen in der Regel, welche Abbildung mit welcher Beschriftung versehen ist, da die

Beschriftung gewohnheitsgemäß in der linken oberen Ecke mit einem »a« beginnt und sich dann von links nach rechts und von oben nach unten fortsetzt. Ich betrachte diese Beschriftungen als gleichwertig mit Seitenzahlen: Normalerweise lesen Sie die Seitenzahlen nicht und es überrascht Sie nicht, auf welcher Seite sich welche Nummer befindet. Manchmal kann es jedoch hilfreich sein, Seitenzahlen zu verwenden, um auf eine bestimmte Stelle in einem Buch oder Artikel zu verweisen.

Wir müssen auch darauf achten, wie die einzelnen Module einer solchen Abbildung zusammenpassen. Es ist möglich, eine Reihe von Modulen zu erstellen, die einzeln gut, aber gemeinsam nicht funktionieren. Insbesondere müssen wir eine einheitliche visuelle Sprache verwenden. Mit »visueller Sprache« meine ich die Farben, Symbole, Schriftarten usw., mit denen wir die Daten anzeigen. Diese Sprache konsistent zu halten bedeutet im Großen und Ganzen, dass die gleichen Dinge diagrammübergreifend gleich oder zumindest inhaltlich ähnlich aussehen.

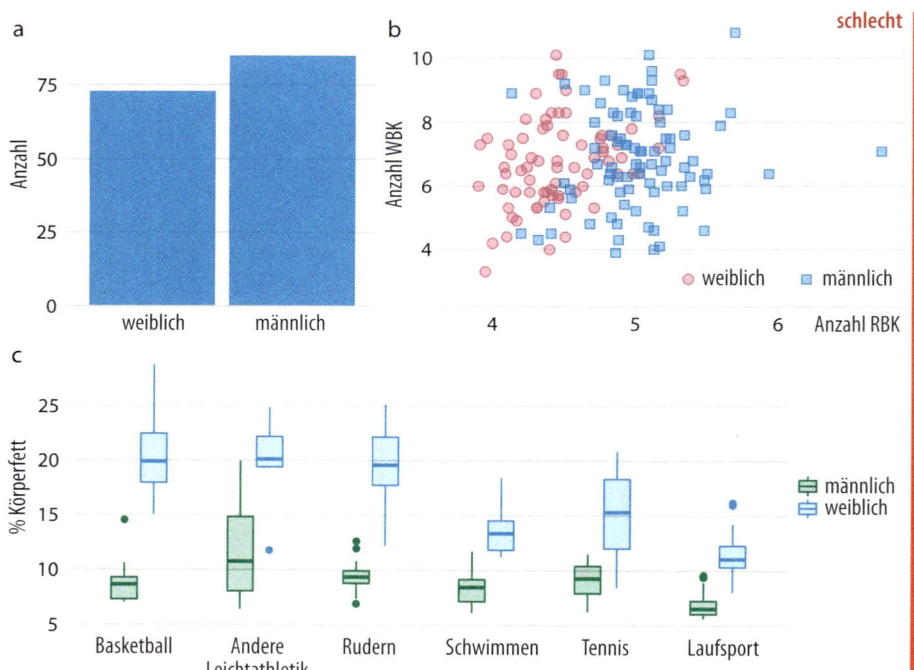

Abbildung 21-7: Physiologie und Körperzusammensetzung von männlichen und weiblichen Athleten. (a) Der Datensatz umfasst 73 weibliche und 85 männliche Profisportler. (b) Männliche Athleten haben tendenziell eine höhere Anzahl roter Blutkörperchen (RBK, angegeben in Einheiten von 1012 pro Liter) als weibliche, aber es gibt keine derartigen Unterschiede für die Anzahl der weißen Blutkörperchen (WBK, angegeben in Einheiten von 109 pro Liter). (c) Männliche Athleten neigen dazu, einen geringeren Körperfettanteil zu haben als weibliche Athleten, die denselben Sport treiben. Diese Abbildung wurde als »schlecht« bezeichnet, da in den Modulen (a), (b) und (c) keine einheitliche visuelle Sprache verwendet wird. (Datenquelle: [Telford und Cunningham 1991])

Schauen wir uns ein Beispiel an, das gegen dieses Prinzip verstößt. Abbildung 21-7 ist eine dreiteilige Abbildung, die einen Datensatz über die Physiologie und Körperzusammensetzung von männlichen und weiblichen Athleten darstellt. Modul (a) zeigt die Anzahl der Männer und Frauen im Datensatz, Modul (b) die Anzahl der roten und weißen Blutkörperchen für Männer und Frauen und Modul (c) die Körperfettanteile von Männern und Frauen, aufgeschlüsselt nach verschiedenen Sportarten.

Jedes Modul ist für sich genommen eine akzeptable Abbildung. In Kombination funktionieren die drei Module jedoch nicht, da sie keine gemeinsame visuelle Sprache verwenden. Erstens verwendet Modul (a) die gleiche blaue Farbe für männliche und weibliche Athleten, Modul (b) verwendet Blau nur für männliche Athleten, und Modul (c) verwendet Blau für weibliche Athleten. Darüber hinaus führen die Module (b) und (c) zusätzliche Farben ein, die sich jedoch in den beiden Modulen unterscheiden. Es wäre besser gewesen, für männliche und weibliche Athleten die beiden gleichen Farben einheitlich zu verwenden und das gleiche Farbschema auch für Modul (a) anzuwenden. Zweitens sind in den Modulen (a) und (b) Frauen links und Männer rechts positioniert, in Modul (c) ist die Reihenfolge aber umgekehrt. Die Reihenfolge der Kacheldiagramme in Modul (c) sollte so geändert werden, dass sie den Modulen (a) und (b) entspricht.

Abbildung 21-8 behebt alle diese Probleme. In dieser Abbildung sind weibliche Athleten durchgehend in Orange und links von männlichen Athleten dargestellt, für die die Farbe Blau verwendet wird. Beachten Sie, wie viel einfacher es ist, diese Abbildung zu lesen als Abbildung 21-7.

Wenn wir eine einheitliche visuelle Sprache verwenden, ist es nicht sehr aufwendig, zu bestimmen, welche visuellen Elemente in den verschiedenen Modulen Frauen darstellen und welche Männer meinen. Abbildung 21-7 kann dagegen ziemlich verwirrend sein. Insbesondere kann auf den ersten Blick der Eindruck entstehen, dass Männer tendenziell einen höheren Körperfettanteil haben als Frauen. Beachten Sie auch, dass wir in Abbildung 21-8 nur eine Legende benötigen, in Abbildung 21-7 jedoch zwei. Nun, da die visuelle Sprache konsistent ist, gilt die gleiche Legende auch für die Module (b) und (c).

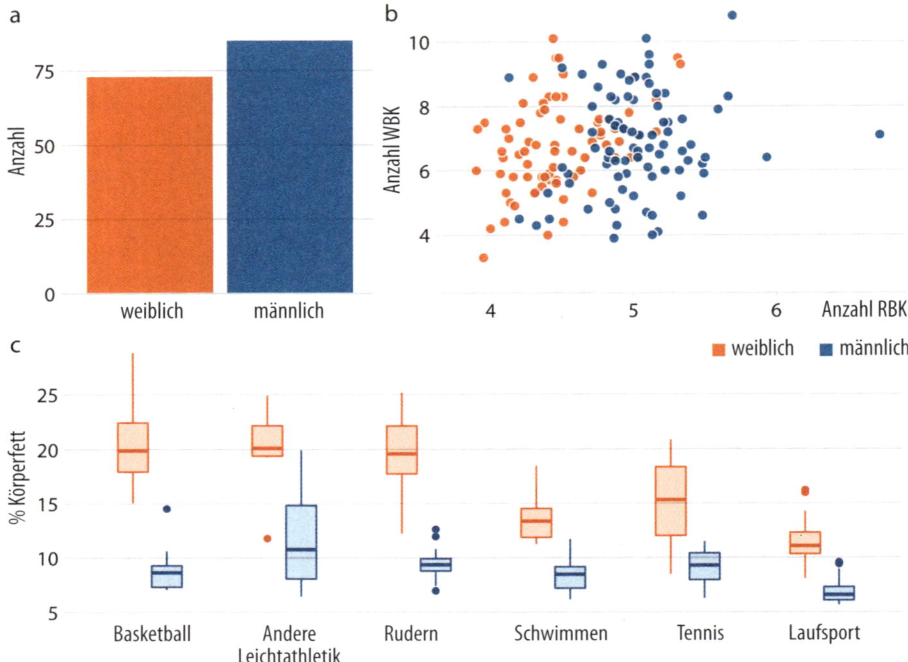

Abbildung 21-8: Physiologie und Körperzusammensetzung von männlichen und weiblichen Athleten. Diese Abbildung zeigt genau dieselben Daten wie Abbildung 21-7, verwendet jedoch eine einheitliche visuelle Sprache. Daten für weibliche Athleten werden immer links von den entsprechenden Daten für männliche Athleten angezeigt, und die Geschlechter sind in allen Elementen der Abbildung farbig einheitlich gekennzeichnet. (Datenquelle: [Telford und Cunningham 1991])

Abschließend müssen wir auf die Ausrichtung der einzelnen Module in einer zusammengesetzten Abbildung achten. Die Achsen und andere grafische Elemente der einzelnen Module sollten alle aneinander ausgerichtet sein. Die richtige Ausrichtung kann sehr schwierig sein, insbesondere wenn einzelne Module separat vorbereitet werden – möglicherweise von verschiedenen Personen und/oder in verschiedenen Programmen – und dann in einem Bildbearbeitungsprogramm zusammengefügt werden. Um Ihre Aufmerksamkeit auf solche Ausrichtungsprobleme zu lenken, zeigt Abbildung 21-9 eine Variation von Abbildung 21-8, in der jetzt alle Elemente der Abbildung leicht versetzt sind. Ich habe allen Modulen in Abbildung 21-9 Achsenlinien hinzugefügt, um diese Ausrichtungsprobleme hervorzuheben. Beachten Sie, dass keine Achse eines Moduls an einer anderen der Gesamtabbildung ausgerichtet ist.

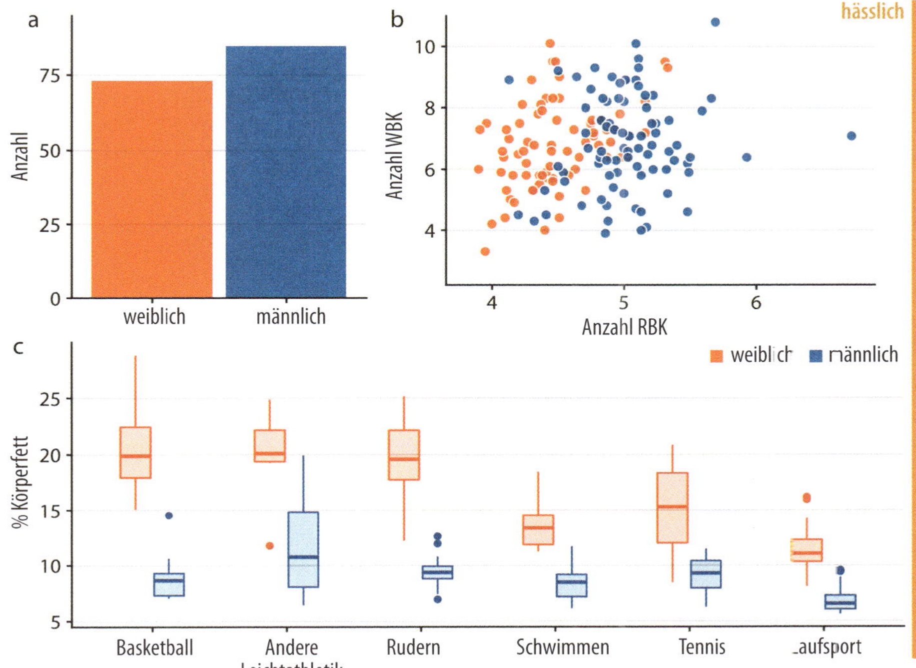

Abbildung 21-9: Variation von Abbildung 21-8. Hier sind alle Module leicht fehlerhaft ausgerichtet sind. Fehlausrichtungen sind unschön und sollten vermieden werden. (Datenquelle: [Telford und Cunningham 1991])

KAPITEL 22

Titel, Beschriftungen und Tabellen

Eine Datenvisualisierung ist kein Kunstwerk, das nur auf seine ästhetisch ansprechenden Darstellungsmerkmale hin betrachtet werden sollte. Stattdessen dient es dazu, Informationen zu vermitteln und eine bestimmte Botschaft zu verdeutlichen. Um dieses Ziel bei der Erstellung von Visualisierungen zuverlässig zu erreichen, müssen die Daten in einen Kontext gestellt und mit Titeln, Bildunterschriften und anderen Anmerkungen versehen werden. In diesem Kapitel werde ich erläutern, wie man Abbildungen richtig benennt und beschriftet. Ich werde auch aufzeigen, wie Daten in Tabellenform dargestellt werden.

Titel und Beschriftungen

Ein kritischer Bestandteil jeder Abbildung ist der Titel. Jedes Diagramm braucht einen Titel. Die Aufgabe des Titels ist, dem Leser genau zu vermitteln, worum es in der Abbildung geht und worauf es ankommt. Der Titel muss jedoch nicht unbedingt an der Stelle angezeigt werden, an der Sie ihn erwarten. Betrachten Sie Abbildung 22-1. Ihr Titel lautet »Korruption und menschliche Entwicklung: In den am weitesten entwickelten Ländern ist die Korruption am geringsten.« Dieser Titel wird nicht über der Abbildung angezeigt. Stattdessen wird der Titel als erster Teil der Beschreibung unterhalb der Abbildung angezeigt. Dies ist der Stil, den ich in diesem Buch verwende. Ich zeige durchweg Abbildungen ohne integrierte Titel und mit separaten Beschriftungen. (Eine Ausnahme bilden die stilisierten Diagrammbeispiele in Kapitel 5, die Titel statt Beschreibungen haben).

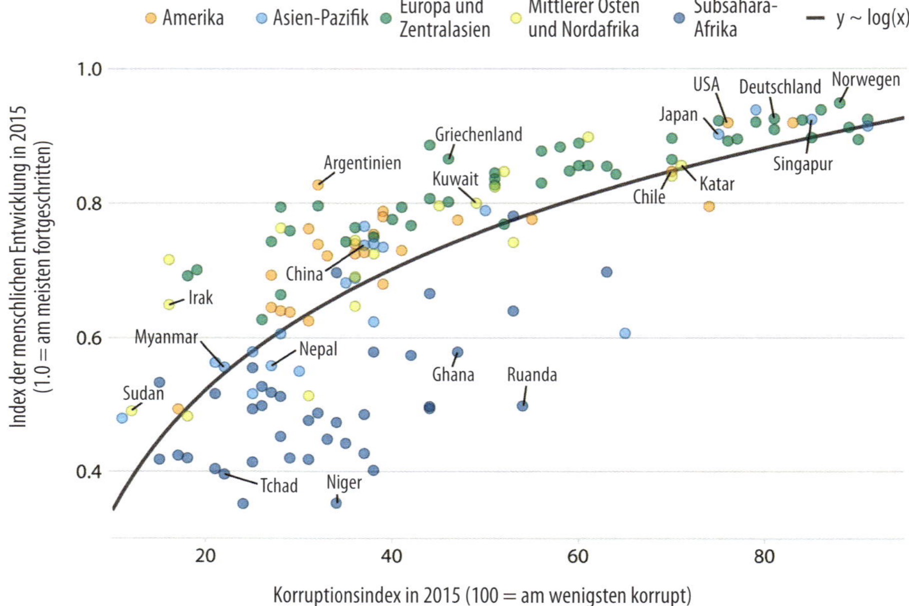

Abbildung 22-1: Korruption und menschliche Entwicklung: In den am weitesten entwickelten Ländern ist die Korruption am geringsten. (Abbildungskonzept: [The Economist online 2011]; Datenquellen: Transparency International & UN Human Development Report)

Alternativ könnte ich den Abbildungstitel sowie andere Elemente der Beschriftung, z.B. die Datenquellen, in die Kernabbildung integrieren (Abbildung 22-2). Im direkten Vergleich ist Abbildung 22-2 möglicherweise attraktiver als Abbildung 22-1, und Sie fragen sich vielleicht, warum ich in diesem Buch den letzteren Stil gewählt habe. Ich tue dies, da die beiden Stile unterschiedliche Anwendungsbereiche haben und Abbildungen mit integrierten Titeln für herkömmliche Buchlayouts nicht geeignet sind. Das Grundprinzip ist, dass eine Abbildung nur einen Titel haben kann. Entweder ist der Titel in die eigentliche Abbildung integriert oder er wird als erstes Element der Beschreibung unterhalb der Abbildung bereitgestellt. Und wenn eine Veröffentlichung so angelegt ist, dass jede Abbildung einen regulären Textblock unter dem Diagramm hat, *muss* der Titel in diesem Textblock angegeben werden. Aus diesem Grund integrieren wir im Rahmen der konventionellen Buch- oder Artikelveröffentlichung normalerweise keine Titel in Abbildungen. Abbildungen mit integrierten Titeln, Untertiteln und Angaben zur Datenquelle sind jedoch geeignet, wenn sie als eigenständige Infografiken verwendet oder in sozialen Medien oder auf einer Webseite ohne zugehörige Beschreibung veröffentlicht werden sollen.

Korruption und menschliche Entwicklung:
In den am weitesten entwickelten Ländern ist die Korruption am geringsten.

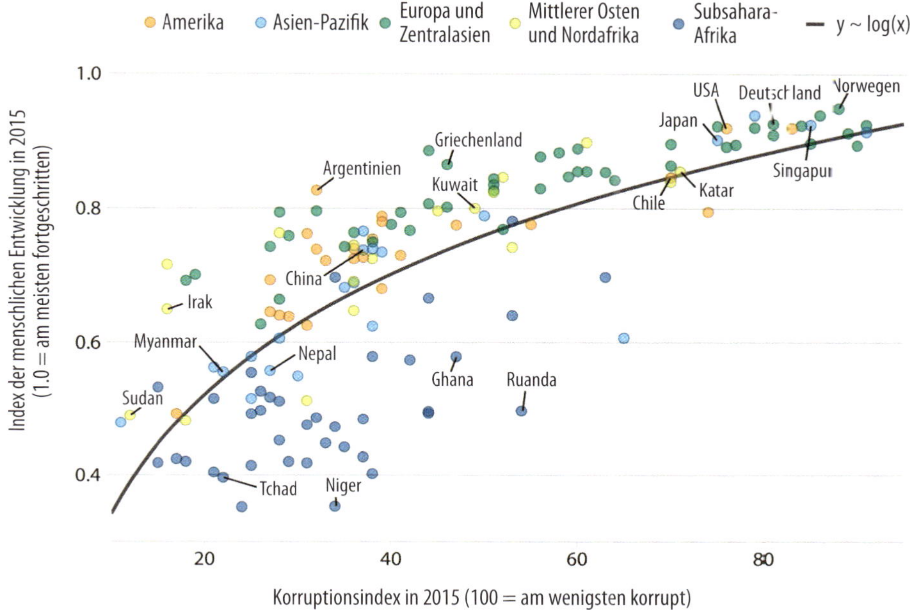

Quellen: Transparency International und UN Human Development Report

Abbildung 22-2: Infografik-Version von Abbildung 22-1. Die Titel-, Untertitel- und Datenquellenanweisungen wurden in den Diagrammbereich aufgenommen. Diese Abbildung kann unverändert im Internet veröffentlicht oder auf andere Weise ohne eine separate Beschreibung unter der Abbildung verwendet werden.

Wenn in Ihrem Dokumentlayout generell Bildunterschriften vorgesehen sind, platzieren Sie den Titel als erstes Element in der Bildunterschrift und nicht über der Abbildung.

Einer der häufigsten Fehler, den ich in Bildunterschriften sehe, ist das Fehlen eines richtigen Titels als erstes Element der Bildunterschrift. Werfen Sie einen Blick zurück auf die Beschriftung in Abbildung 22-1. Sie beginnt mit »Korruption und menschliche Entwicklung«. Sie beginnt *nicht* mit »Diese Abbildung zeigt, wie Korruption mit menschlicher Entwicklung zusammenhängt.« Der erste Teil der Überschrift ist immer der Titel und keine Beschreibung des Inhalts der Abbildung. Ein Titel muss kein vollständiger Satz sein, obwohl kurze Sätze, die eine eindeutige Aussage machen, als Titel dienen können. Zum Beispiel hätte in Abbildung 22-1 ein Titel wie »Die am meisten entwickelten Länder sind die am wenigsten korrupten« gut funktioniert.

Achsen- und Legendenbeschriftung

So wie jede Abbildung eine Beschriftung braucht, brauchen auch Achsen und Legenden Titel und Beschriftungen. Achsen- und Legendenbeschriftungen erläutern die angezeigten Datenwerte und deren Zuordnung zu entsprechenden Darstellungsmerkmalen.

Um ein Beispiel einer Abbildung zu präsentieren, in der alle Achsen und Legenden entsprechend beschriftet und betitelt sind, habe ich den in Kapitel 12 ausführlich diskutierten Blauhäher-Datensatz hier als Blasendiagramm dargestellt (Abbildung 22-3). In diesem Diagramm geben die Achsentitel an, dass die *x*-Achse das Körpergewicht in Gramm und die *y*-Achse die Kopflänge in Millimetern angibt. In ähnlicher Weise zeigt die Legende an, dass die Punktfärbung das Geschlecht des Vogels und die Punktgröße die Schädelgröße des Vogels in Millimetern angibt. Beachten Sie, dass für alle numerischen Variablen (Körpergewicht, Kopflänge und Schädelgröße) in den jeweiligen Beschriftungen nicht nur die angezeigten Variablen angegeben sind, sondern auch die Einheiten, in denen die Variablen gemessen werden. Das ist gute Praxis und sollte, wann immer möglich, entsprechend ausgeführt werden. Für kategoriale Variablen (z.B. Geschlecht) sind keine Einheiten erforderlich.

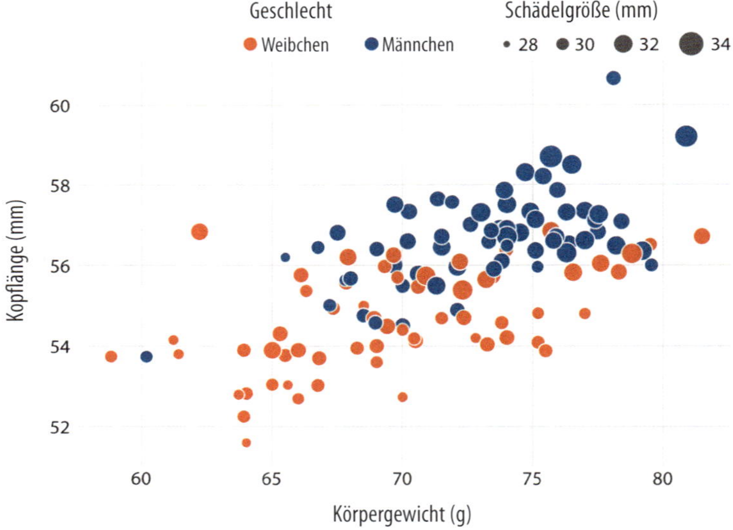

Abbildung 22-3: Kopflänge im Verhältnis zum Körpergewicht für 123 Blauhäher. Das Geschlecht der Vögel wird durch die Farbe kenntlich gemacht und die Schädelgröße der Vögel wird durch die Symbolgröße angegeben. Kopflängenmessungen berücksichtigen die Länge des Schnabels, Schädelgrößenmessungen nicht. (Datenquelle: Keith Tarvin, Oberlin College)

Es gibt jedoch Fälle, in denen Achsen- oder Legendentitel weggelassen werden können, und zwar dann, wenn die Beschriftungen selbst vollständig erklärend sind. Eine Legende mit zwei verschiedenfarbigen Punkten mit den Bezeichnungen »weiblich« und »männlich« zeigt beispielsweise bereits an, dass die Farbe das Geschlecht codiert. Der Titel »Geschlecht« ist nicht erforderlich, um diese Tatsache zu verdeutlichen, und tatsächlich habe ich in diesem Buch den Legendentitel für Legenden, die Geschlecht angeben, häufig weggelassen (siehe z.B. Abbildung 6-10, Abbildung 12-2 oder Abbildung 21-1). Ebenso ist für Ländernamen in der Regel kein Titel erforderlich, aus dem hervorgeht, dass es sich um Länder handelt (Abbildung 6-11); dasselbe gilt für Filmtitel (Abbildung 6-1) oder Jahre (Abbildung 22-4).

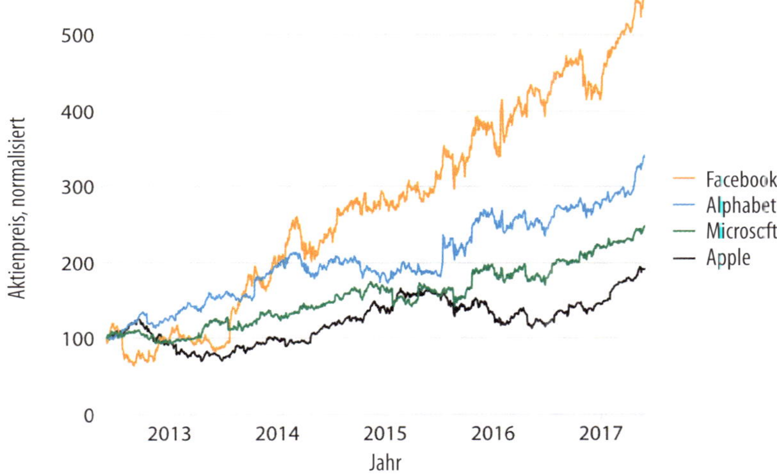

Abbildung 22-4: Zeitlicher Aktienkursverlauf für vier große Technologieunternehmen. Der Aktienkurs für jedes Unternehmen wurde im Juni 2012 auf 100 normalisiert. Diese Abbildung ist eine leicht modifizierte Version von Abbildung 20-6 in Kapitel 20. Hier hat die x-Achse, die die Zeit darstellt, keinen Titel. Aus dem Zusammenhang ist ersichtlich, dass sich die Zahlen 2013, 2014 usw. auf Jahre beziehen. (Datenquelle: Yahoo! Finance)

Wir müssen jedoch vorsichtig sein, wenn wir Achsen- oder Legendentitel weglassen, da es leicht ist, falsch zu beurteilen, was aus dem Kontext ersichtlich ist und was nicht. In der Publikumspresse sehe ich häufig Grafiken, die das Weglassen von Achsentiteln so weit treiben, dass ich mich damit eher unwohl fühlen würde. In einigen Veröffentlichungen wird beispielsweise ein Diagramm wie in Abbildung 22-5 gezeigt und vorausgesetzt, dass sich die Bedeutung der Achsen aus dem Titel und dem Untertitel der Abbildung ergibt (hier: »Zeitlicher Aktienkursverlauf für vier große Technologieunternehmen« und »Der Aktienkurs für jedes Unternehmen wurde im Juni 2012 auf 100 normalisiert.«). Ich stimme nicht mit der Ansicht überein, dass der Kontext die Achsen definiert. Da eine Beschriftung in der Regel keine

Wörter wie »Die *x/y*-Achse zeigt« enthält, ist immer ein gewisses Maß an Rätselraten erforderlich, um die Abbildung zu interpretieren. Meiner Erfahrung nach lassen mich Abbildungen ohne richtig beschriftete Achsen mit einer bohrenden Unsicherheit zurück: Auch wenn ich zu 95% sicher bin, dass ich verstehe, was gezeigt wird, fühle ich mich nicht 100 %ig sicher. Grundsätzlich halte ich es für eine schlechte Praxis, Ihre Leser raten zu lassen, was Sie meinen. Warum würden Sie Ihren Lesern ein Gefühl der Unsicherheit vermitteln wollen?

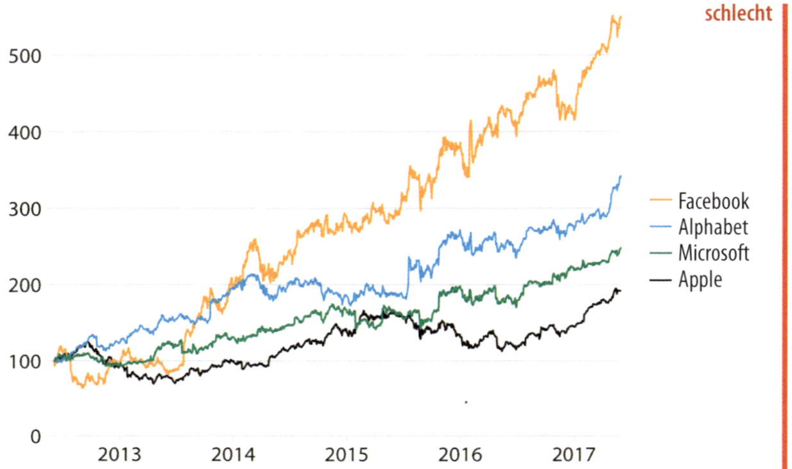

Abbildung 22-5: Zeitlicher Aktienkursverlauf für vier große Technologieunternehmen. Der Aktienkurs für jedes Unternehmen wurde im Juni 2012 auf 100 normalisiert. Diese Variante von Abbildung 22-4 habe ich als »schlecht« eingestuft, da die y-Achse jetzt auch keine Beschriftung hat. Dadurch ist nicht sofort aus dem Kontext ersichtlich, welche Größe die Werte entlang der y-Achse darstellen. (Datenquelle: Yahoo! Finance)

Andererseits können wir die Beschriftung auch übertreiben. Wenn in der Legende die Namen von vier bekannten Unternehmen aufgeführt sind, ist der Legendentitel »Unternehmen« überflüssig und fügt nichts Nützliches hinzu (Abbildung 22-6). Auch wenn wir im Allgemeinen Einheiten für alle quantitativen Variablen angeben sollten, ist es umständlich, wenn die *x*-Achse einige der letzten Jahre anzeigt und sie als »Zeit (n. Chr.)« bezeichnet ist.

Außerdem ist es in einigen Fällen akzeptabel, nicht nur den Achsentitel, sondern die gesamte Achse wegzulassen. Kreisdiagramme und Treemaps haben normalerweise keine expliziten Achsen (z.B. Abbildung 10-1, Abbildung 11-4). Mosaik- oder Balkendiagramme können ohne eine oder beide Achsen angezeigt werden, wenn die Bedeutung des Diagramms ansonsten klar ist (Abbildungen 6-10 und 11-3). Das Weglassen expliziter Achsen mit Markierungen (Ticks) und Tick-Labels signalisiert dem Leser, dass qualitative Merkmale des Diagramms wichtiger sind als die spezifischen Datenwerte.

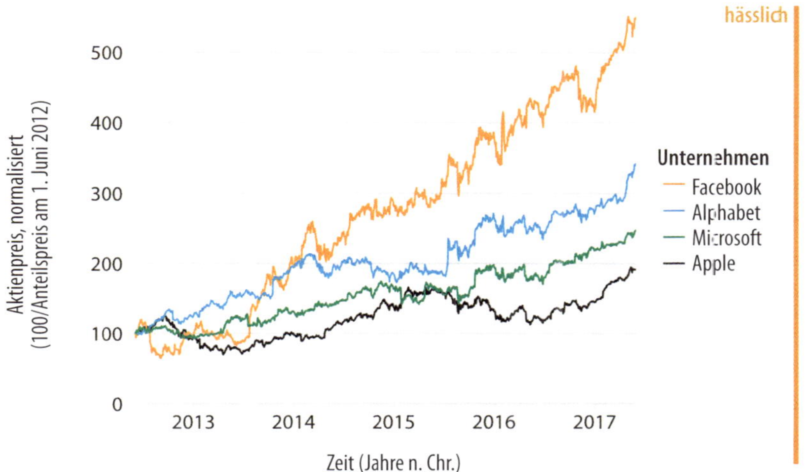

Abbildung 22-6: Zeitlicher Aktienkursverlauf für vier große Technologieunternehmen Der Aktienkurs für jedes Unternehmen wurde im Juni 2012 auf 100 normalisiert. Diese Variante von Abbildung 22-4 habe ich als »hässlich« eingestuft, da sie übermäßig beschriftet ist. Insbesondere ist die Angabe einer Einheit (»Jahre n. Chr.«) für die Werte entlang der x-Achse umständlich und unnötig. (Datenquelle: Yahoo! Finance)

Tabellen

Tabellen sind ein wichtiges Werkzeug zur Visualisierung von Daten. Aufgrund ihrer vermeintlichen Schlichtheit erhalten sie jedoch möglicherweise nicht immer die Aufmerksamkeit, die sie verdienen. Ich habe in diesem Buch eine Handvoll Tabellen gezeigt, z.B. die Tabellen 6-1, 7-1 und 19-1. Nehmen Sie sich einen Moment Zeit und suchen Sie diese Tabellen; sehen Sie sich an, wie sie formatiert sind, und vergleichen Sie sie mit einer Tabelle, die Sie oder ein Kollege kürzlich erstellt haben. Aller Wahrscheinlichkeit nach gibt es wichtige Unterschiede. Meiner Erfahrung nach werden nur wenige ohne eine angemessene Ausbildung in der Tabellenformatierung instinktiv die richtigen Formatierungsentscheidungen treffen. In eigenveröffentlichten Dokumenten sind schlecht formatierte Tabellen noch häufiger als schlecht gestaltete Abbildungen. Ebenso bietet die meiste Software, die üblicherweise zum Erstellen von Tabellen verwendet wird, Standardeinstellungen, die nicht zu empfehlen sind.

Beispielsweise bietet meine Version von Microsoft Word 105 vordefinierte Tabellenstile, von denen mindestens 70 oder 80 gegen einige der hier behandelten Tabellenregeln verstoßen. Wenn Sie also nach dem Zufallsprinzip ein Microsoft-Word-Tabellenlayout auswählen, besteht eine Wahrscheinlichkeit von ca. 80%, dass Sie eines auswählen, bei dem Probleme auftreten werden. Und wenn Sie die Standardeinstellung auswählen, wird jedes Mal eine schlecht formatierte Tabelle angezeigt. Einige wichtige Regeln für das Tabellenlayout sind:

1. Verwenden Sie keine vertikalen Linien.
2. Verwenden Sie keine horizontalen Linien zwischen Datenzeilen. (Horizontale Linien als Trennzeichen zwischen der Titelzeile und der ersten Datenzeile oder als Rahmen für die gesamte Tabelle sind in Ordnung.)
3. Textspalten sollten linksbündig ausgerichtet sein.
4. Zahlenspalten sollten rechtsbündig sein und die gleiche Anzahl von Dezimalstellen enthalten.
5. Spalten mit einzelnen Zeichen sollten zentriert sein.
6. Die Headerfelder sollten an ihren Daten ausgerichtet sein. Das heißt, die Überschrift für eine Textspalte wird linksbündig ausgerichtet und die Überschrift für eine Zahlenspalte wird rechtsbündig ausgerichtet.

Abbildung 22-7 gibt Tabelle 6-1 auf vier verschiedene Arten wieder, von denen zwei (a, b) mehrere dieser Regeln verletzen und zwei (c, d) nicht.

a — hässlich

Rang	Titel	Ergebnis
1	*Star Wars: The Last Jedi*	$71,565,498
2	*Jumanji: Welcome to the Jungle*	$36,169,328
3	*Pitch Perfect 3*	$19,928,525
4	*The Greatest Showman*	$8,805,843
5	*Ferdinand*	$7,316,746

b — hässlich

Rang	Titel	Ergebnis
1	*Star Wars: The Last Jedi*	$71,565,498
2	*Jumanji: Welcome to the Jungle*	$36,169,328
3	*Pitch Perfect 3*	$19,928,525
4	*The Greatest Showman*	$8,805,843
5	*Ferdinand*	$7,316,746

c

Rang	Titel	Ergebnis
1	*Star Wars: The Last Jedi*	$71,565,498
2	*Jumanji: Welcome to the Jungle*	$36,169,328
3	*Pitch Perfect 3*	$19,928,525
4	*The Greatest Showman*	$8,805,843
5	*Ferdinand*	$7,316,746

d

Rang	Titel	Ergebnis
1	*Star Wars: The Last Jedi*	$71,565,498
2	*Jumanji: Welcome to the Jungle*	$36,169,328
3	*Pitch Perfect 3*	$19,928,525
4	*The Greatest Showman*	$8,805,843
5	*Ferdinand*	$7,316,746

Abbildung 22-7: Beispiele für schlecht und ordentlich formatierte Tabellen unter Verwendung der Daten aus Tabelle 6-1 in Kapitel 6. (a) Diese Tabelle verstößt gegen zahlreiche Konventionen für eine ordnungsgemäße Tabellenformatierung: Sie enthält vertikale Linien sowie horizontale Linien zwischen Datenzeilen und die Datenspalten sind zentriert. (b) Diese Tabelle weist alle Probleme von (a) auf und erzeugt auch visuelle Unordnung, indem zwischen sehr dunklen und sehr hellen Zeilen gewechselt wird. Außerdem ist der Tabellenkopf optisch nicht deutlich vom Tabellenkörper getrennt. (c) Dies ist eine ordentlich formatierte Tabelle mit minimalem Design. (d) Farben können effektiv zum Gruppieren von Daten in Zeilen verwendet werden, die Farbunterschiede sollten jedoch gering sein. Der Tabellenkopf kann durch eine stärkere Farbe hervorgehoben werden. (Datenquelle: Box Office Mojo. Verwendung mit Genehmigung)

Wenn Autoren Tabellen mit horizontalen Linien zwischen Datenzeilen zeichnen, wollen sie normalerweise dem Auge helfen, den einzelnen Zeilen zu folgen. Sofern die Tabelle aber nicht sehr breit und spärlich gefüllt ist, wird diese visuelle Hilfe normalerweise nicht benötigt. Wir zeichnen ja auch keine horizontalen Linien zwischen Zeilen in einem regulären Text. Der Preis, den Sie für horizontale (oder vertikale) Linien zahlen, ist visuelle Unordnung. Vergleichen Sie die Beispiele (a) und (c) aus Abbildung 22-7. Beispiel (c) ist viel einfacher zu lesen als Beispiel (a). Wenn Sie der Meinung sind, dass eine visuelle Hilfe zum Trennen von Tabellenzeilen erforderlich ist, funktionieren abwechselnd hellere und dunklere Schattierungen von Zeilen in der Regel gut, ohne dass viel Unordnung entsteht (Abbildung 22-7d).

Abschließend möchte ich auf eine wichtige Unterscheidung zwischen Abbildungen und Tabellen hinweisen, nämlich auf die Position ihrer Beschriftung. Bei Abbildungen ist es üblich, die Beschriftung darunter zu platzieren, während es bei Tabellen üblich ist, sie darüber zu platzieren. Diese Platzierung richtet sich nach der Art und Weise, wie Leser Abbildungen und Tabellen verarbeiten: Bei Abbildungen blicken die Leser in der Regel zuerst auf die grafische Anzeige und lesen dann die Beschriftung, um den Kontext zu erfassen. Daher ist die Beschriftung unter der Abbildung sinnvoll. Im Gegensatz dazu werden Tabellen in der Regel wie Text von oben nach unten verarbeitet, und es ist häufig nicht sinnvoll, erst den Tabelleninhalt und dann die Überschrift zu lesen. Daher werden Beschriftungen über der Tabelle platziert.

KAPITEL 23

Bringen Sie Daten und Kontext in Einklang

Wir können die grafischen Elemente in jeder Visualisierung grob in Elemente unterteilen, die Daten darstellen, und in Elemente, die dies nicht tun. Erstere sind Elemente wie die Punkte in einem Streudiagramm, die Balken in einem Histogramm oder Balkendiagramm oder die getönten Bereiche in einer Heatmap. Letztere sind Elemente wie Zeichnungsachsen, Achsenmarkierungen und -beschriftungen, Achsentitel, Legenden und Anmerkungen zur Abbildung. Diese Elemente stellen im Allgemeinen den Kontext für die Daten und/oder die visuelle Struktur des Diagramms bereit. Beim Entwerfen eines Diagramms kann es hilfreich sein, über die »Farbflächen«, wie in Kapitel 17 besprochen, nachzudenken, die zur Darstellung der Daten und des Kontextes verwendet wird. Es wird häufig empfohlen, die Menge an Farbflächen zu reduzieren, die keine Daten repräsentiert. Wenn Sie diesem Ratschlag folgen, erhalten Sie häufig weniger überfüllte und elegantere Visualisierungen. Gleichzeitig sind der Kontext und die optische Struktur jedoch wichtig, und eine übermäßige Minimierung der dafür vorgesehenen Plotelemente kann dazu führen, dass Abbildungen schwer lesbar, verwirrend oder einfach nicht überzeugend sind.

Den Kontext in angemessenem Umfang bereitstellen

Die Idee, dass die Unterscheidung zwischen Daten- und Nicht-Daten-Färbung nützlich sein könnte, machte Edward Tufte in seinem Buch *The Visual Display of Quantitative Information* [Tufte 2001] populär. Tufte führt das Konzept des »Daten-Tinten-Verhältnisses« ein, das er als den »Anteil der Tinte einer Abbildung an der nicht redundanten Anzeige von Dateninformationen« definiert. In seinem Buch schreibt er (Hervorhebungen von mir):

> *»Maximieren Sie das Daten-Tinten-(Daten-Farbflächen-)Verhältnis* ***innerhalb eines zumutbaren Rahmens.*** *«*

Ich habe das Wort »zumutbar« hervorgehoben, weil es entscheidend ist und häufig vergessen wird. Tatsächlich denke ich, dass Tufte es im Rest seines Buches selbst vergisst, wo er zumeist minimalistische Designs befürwortet, die meiner Meinung nach weder elegant noch leicht zu entziffern sind. Wenn wir den Ausdruck »Daten-

Farbflächen-Verhältnis maximieren« so interpretieren, dass er »Unordnung beseitigen und nach sauberen und eleganten Designs streben« bedeutet, halte ich das für einen angemessenen Rat. Wenn wir es jedoch so interpretieren, dass »alles getan wird, um Farbflächen zu entfernen, die keine Daten enthalten«, führt dies zu einer schlechten Designentscheidung. Wenn wir zu weit in die eine der beiden Richtungen gehen, werden wir hässliche Abbildungen erhalten. Abgesehen von den Extremen gibt es jedoch eine Vielzahl von Designs, die alle akzeptabel sind und in unterschiedlichen Fällen geeignet sein können.

Um die Extrembereiche dieses Verhältnisses zu untersuchen, betrachten wir eine Abbildung, die viel zu viel Farbflächen von Nicht-Daten enthält (Abbildung 23-1). Die farbigen Punkte im Diagrammfenster (das ist der eingerahmte mittlere Bereich, der Datenpunkte enthält) sind Daten-Farbflächen. Alles andere sind Farbflächen ohne Daten. Zu diesen Nicht-Daten-Farbflächen gehören der Rahmen um die gesamte Abbildung, der Rahmen um die Zeichenfläche und der Rahmen um die Legende. Keiner dieser Rahmen wird benötigt. Wir sehen auch ein markantes und dichtes Hintergrundraster, das die Aufmerksamkeit von den eigentlichen Datenpunkten ablenkt. Wenn Sie die Rahmen und Nebengitterlinien entfernen und die Hauptgitterlinien in Hellgrau zeichnen, gelangen Sie zu Abbildung 23-2. In dieser Version der Abbildung stechen die Datenpunkte wesentlich deutlicher hervor und werden als der wichtigste Bestandteil der Abbildung wahrgenommen.

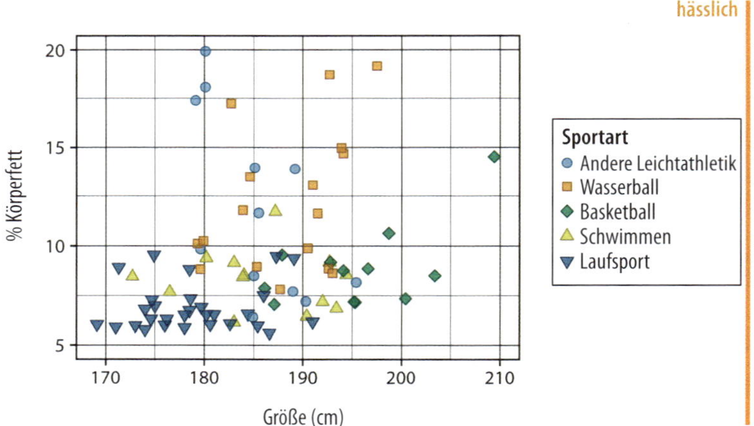

Abbildung 23-1: Prozentuales Verhältnis von Körperfett zur Körpergröße bei professionellen männlichen australischen Athleten. Jeder Punkt repräsentiert einen Athleten. Diese Abbildung widmet Nicht-Daten viel zu viel Tinte bzw. Farbe. Es gibt unnötige Rahmen um die gesamte Abbildung, um die Zeichenfläche und um die Legende. Das Koordinatengitter ist sehr auffällig und lenkt die Aufmerksamkeit von den Datenpunkten ab. (Datenquelle: [Telford und Cunningham 1991])

Wenn man es jedoch übertreibt, erhält man eine Darstellung wie Abbildung 23-3, die eine minimalistische Version von Abbildung 23-2 ist. In dieser Abbildung sind die Achsenmarkierungen und -titel so schwach, dass sie schwer zu erkennen sind. Wenn wir nur einen Blick auf die Abbildung werfen, werden wir nicht sofort erkennen, welche Daten tatsächlich angezeigt werden. Wir sehen nur Punkte im Raum schweben. Darüber hinaus sind die Legendenanmerkungen so schwach gedruckt, dass man die Punkte in der Legende für Datenpunkte halten könnte. Dieser Effekt wird dadurch verstärkt, dass keine optische Trennung zwischen dem eigentlichen Diagrammbereich und der Legende besteht. Beachten Sie, wie das Hintergrundgitter in Abbildung 23-2 die Punkte im Raum verankert und den Datenbereich vom Legendenbereich abhebt. Diese beiden Effekte sind in Abbildung 23-3 verloren gegangen.

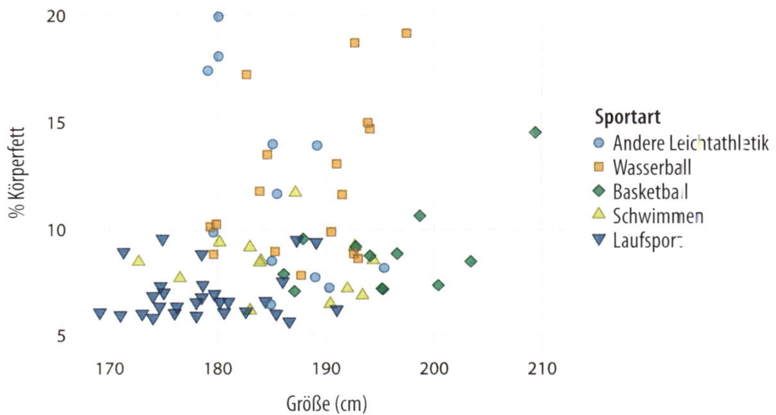

Abbildung 23-2: Prozentuales Verhältnis von Körperfett zur Körpergröße bei professionellen männlichen australischen Athleten. Diese Abbildung ist eine bereinigte Version von Abbildung 23-1. Unnötige Rahmen wurden entfernt, engmaschigere Gitterlinien wurden entfernt und solche mit größerem Abstand wurden in Hellgrau gezeichnet, damit sie im Verhältnis zu den Datenpunkten weniger auffallen. (Datenquelle: [Telford und Cunningham 1991])

In Abbildung 23-2 verwende ich ein offenes Hintergrundgitter und keine Achsenlinien oder Rahmen um das Diagrammfenster. Ich mag dieses Design, weil es dem Betrachter vermittelt, dass der Bereich der möglichen Datenwerte über die Achsengrenzen hinausgeht: Obwohl in Abbildung 23.2 kein Athlet größer als 210 cm dargestellt ist, ist es denkbar, dass es einen solchen Athleten gibt. Einige Autoren ziehen es jedoch vor, die Ausdehnung des Diagrammfensters durch Zeichnen eines Rahmens darzustellen (Abbildung 23-4). Beide Optionen sind vernünftig, und was vorzuziehen ist, ist in erster Linie eine Frage der persönlichen Beurteilung. Ein Vorteil der gerahmten Version ist, dass sie die Legende visuell von der Zeichenfläche trennt.

Abbildungen mit zu wenig Nicht-Daten-Färbung leiden gewöhnlich unter dem Effekt, dass Abbildungselemente im Raum zu schweben scheinen, ohne dass eine eindeutige Verbindung oder Bezugnahme auf irgendetwas besteht. Dieses Problem ist insbesondere bei Small Multiples schwerwiegend. Abbildung 23-5 zeigt eine solche Mehrfachdarstellung, in der sechs verschiedene Balkendiagramme verglichen werden. Sie ähnelt jedoch eher einem modernen Kunstwerk als einer nützlichen Datenvisualisierung: Die Balken sind nicht an einer Grundlinie verankert und die einzelnen Abbildungsfenster sind nicht klar abgegrenzt. Wir können diese Probleme lösen, indem wir einen hellgrauen Hintergrund und dünne horizontale Gitterlinien zu jeder einzelnen Abbildung hinzufügen (Abbildung 23-6).

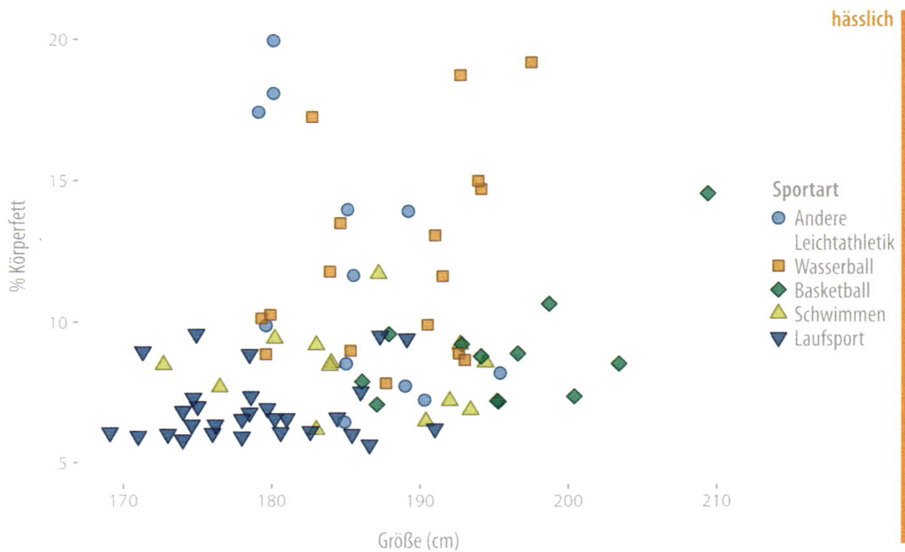

Abbildung 23-3: Prozentuales Verhältnis von Körperfett zur Körpergröße bei professionellen männlichen australischen Athleten. In diesem Beispiel wurde das Konzept, Farbflächen von Nicht-Daten zu entfernen, übertrieben: Die Achsenmarkierungen und der Titel sind zu schwach und kaum sichtbar. Die Datenpunkte scheinen im Raum zu schweben. Die Punkte in der Legende sind nicht ausreichend von den Datenpunkten abgesetzt, und der zufällige Betrachter könnte annehmen, dass sie Teil der Daten sind. (Datenquelle: [Telford und Cunningham 1991])

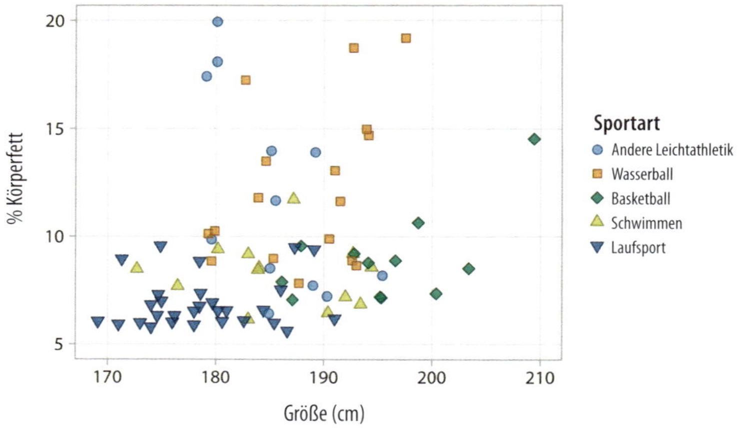

Abbildung 23-4: Prozentuales Verhältnis von Körperfett zur Körpergröße bei professionellen männlichen australischen Athleten. Diese Abbildung fügt einen Rahmen um das Diagrammfeld von Abbildung 23-2 hinzu. Dieser Rahmen hilft dabei, die Legende von den Daten zu trennen. (Datenquelle: [Telford und Cunningham 1991])

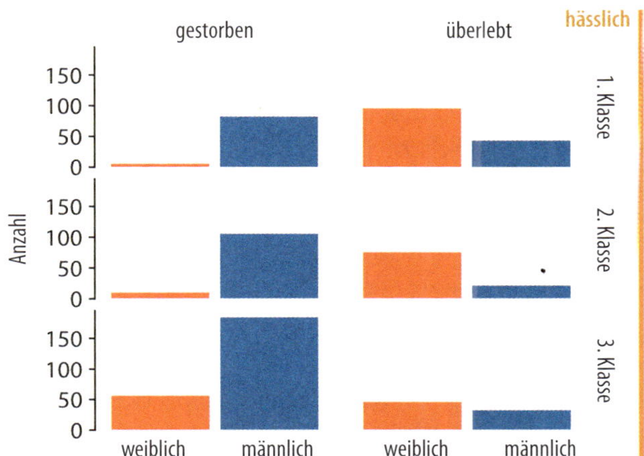

Abbildung 23-5: Überleben der Passagiere auf der Titanic, aufgeschlüsselt nach Geschlecht und Klasse. Dieses Small Multiple Diagramm ist zu minimalistisch. Die einzelnen Sub-Abbildungen sind nicht gerahmt, daher ist es schwierig zu erkennen, welcher Teil der Abbildung zu welchem Abbildungsfenster gehört. Darüber hinaus sind die einzelnen Balken nicht an einer Grundlinie verankert und scheinen zu schweben. (Datenquelle: Encyclopedia Titanica)

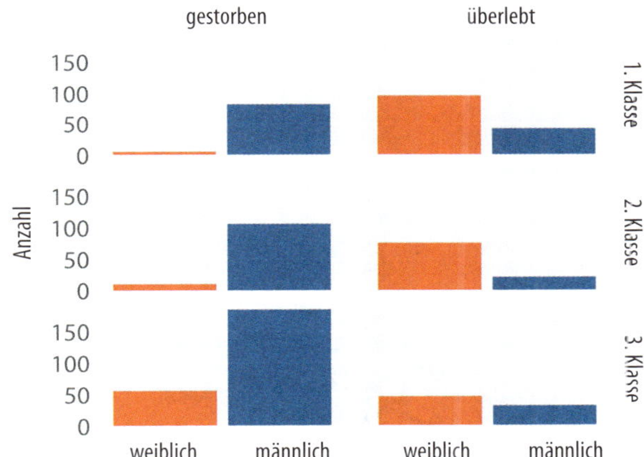

Abbildung 23-6: Überleben der Passagiere auf der Titanic, aufgeschlüsselt nach Geschlecht und Klasse. Dies ist eine verbesserte Version von Abbildung 23-5. Der graue Hintergrund in jeder einzelnen Abbildung zeigt deutlich die sechs Gruppierungen, aus denen sich diese Abbildung zusammensetzt (Passagiere der 1., 2. oder 3. Klasse, die überlebt haben oder gestorben sind). Dünne horizontale Linien im Hintergrund dienen als Referenz für die Balkenhöhen und erleichtern den Vergleich der Balkenhöhen zwischen den Abbildungen. Alternativ können Sie auch einen Rahmen um jedes einzelne Diagrammfeld legen und die Gruppierungsvariablen mit grauen Balken markieren (siehe Abbildung 21-1). (Datenquelle: Encyclopedia Titanica)

Hintergrundgitter

Gitterlinien im Hintergrund eines Diagramms können dem Leser helfen, bestimmte Datenwerte zu erkennen und Werte in einem Teil der Abbildung mit Werten in einem anderen Teil zu vergleichen. Gleichzeitig können Gitterlinien visuelle Unordnung verursachen, insbesondere wenn sie hervorstechen oder dicht beieinanderliegen. Es herrscht keine Einigkeit darüber, ob Gitterlinien genutzt werden sollten oder nicht und, wenn ja, wie man sie formatieren sollte und wie dicht nebeneinander sie platziert werden sollten. In diesem Buch verwende ich verschiedene Rasterstile, um zu unterstreichen, dass es nicht unbedingt nur eine beste Wahl gibt.

Das R-Package ggplot2 hat einen Stil populär gemacht, der ein ziemlich auffälliges Hintergrundgitter aus weißen Linien auf grauem Hintergrund verwendet. Abbildung 23-7 zeigt ein Beispiel in diesem Stil. Die Abbildung zeigt die Veränderung des Aktienkurses von vier großen Technologieunternehmen über einen Zeitraum von fünf Jahren von 2012 bis 2017. Ich habe zwar den größten Respekt für den ggplot2-Autor Hadley Wickham, aber finde ich diese weißen Gitter auf grauem Hintergrund nicht besonders attraktiv. Nach meinem optischen Empfinden kann der graue Hintergrund von den tatsächlichen Daten ablenken, und ein Raster mit Haupt- und Nebenlinien kann zu dicht sein. Ich finde auch, dass die grauen Quadrate in der Legende verwirren.

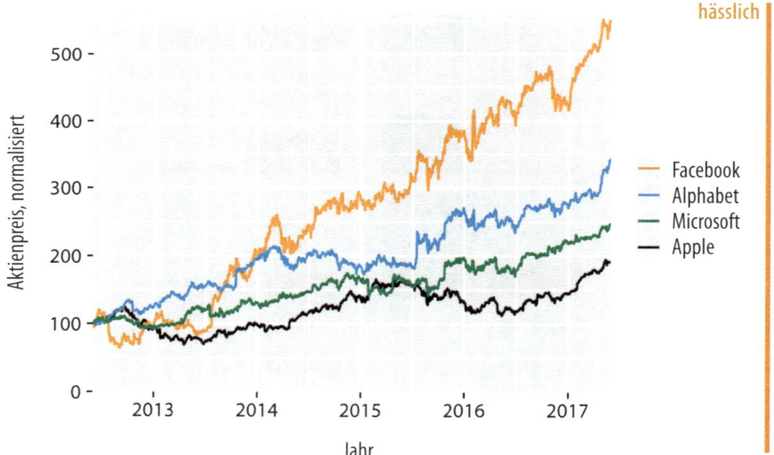

Abbildung 23-7: Aktienkurs für vier große Technologieunternehmen im Zeitverlauf. Der Aktienkurs für jedes Unternehmen wurde für Juni 2012 auf 100 normalisiert. Diese Abbildung imitiert den Standard-Look von ggplot2 mit weißen Haupt- und Nebengitterlinien auf grauem Hintergrund. In diesem speziellen Beispiel stechen meines Erachtens die Rasterlinien stärker hervor als die Linien der Datenkurven. Das Ergebnis ist eine nicht ausgewogene Abbildung, bei der die Daten nicht ausreichend hervorgehoben werden. (Datenquelle: Yahoo! Finanzen)

Zu den Argumenten für den grauen Hintergrund gehört, dass zum einen die Darstellung als eine einzige visuelle Einheit wahrgenommen werden kann und zum anderen verhindert wird, dass die Darstellung als weißes Kästchen im umgebenden dunklen Text erscheint [Wickham 2016]. Ich stimme dem ersten Punkt vollkommen zu – dies war der Grund, warum ich in Abbildung 23-6 grauen Hintergrund verwendet habe.

Was den zweiten Punkt betrifft, so möchte ich darauf hinweisen, dass die wahrgenommene Dunkelheit des Textes von der Schriftgröße, der Schriftart und dem Zeilenabstand abhängt und die wahrgenommene Dunkelheit einer Abbildung von der absoluten Menge und Farbe der verwendeten Farbfläche, einschließlich aller Daten-Farbflächen. Ein wissenschaftlicher Artikel in einer 10-Punkt-Times New Roman mit einfachem Zeilenabstand sieht viel dunkler aus als ein Bildband-Layout mit einer 14-Punkt-Palatino mit anderthalbfachem Zeilenabstand. Ebenso sieht ein Streudiagramm mit 5 Datenpunkten in Gelb viel heller aus als ein Streudiagramm mit 10.000 Datenpunkten in Schwarz.

Wenn Sie also einen grauen Abbildungshintergrund verwenden möchten, dann berücksichtigen Sie die Farbintensität Ihres Abbildungsvordergrundes sowie das erwartete Layout und die Typografie des Textes um Ihre Abbildungen herum, und wählen Sie den Grauton für Ihren Hintergrund entsprechend. Andernfalls kann es vorkommen, dass Ihre Abbildungen als dunkle Kästchen im sie umgebenden helleren Text auffallen. Denken Sie auch daran, dass die Farben, die Sie zum Zeichnen Ihrer Daten verwenden, mit dem grauen Hintergrund kompatibel sein müssen. Wir tendieren dazu, Farben vor verschiedenen Hintergründen unterschiedlich wahrzunehmen, und ein grauer Hintergrund erfordert dunklere und höher gesättigte Vordergrundfarben als ein weißer Hintergrund.

Wir könnten aber auch die entgegengesetzte Richtung einschlagen und sowohl den Hintergrund als auch die Gitterlinien entfernen (Abbildung 23-8). In diesem Fall benötigen wir sichtbare Achsenlinien, um das Diagramm einzurahmen und es als einzelne optische Einheit zu erhalten. Bei dieser spezifischen Abbildung halte ich diese Auswahl jedoch für eine unpassende Option und habe sie als »schlecht« bezeichnet: Wenn überhaupt kein Hintergrundgitter vorhanden ist, scheinen die Kurven im Raum zu schweben, und es ist schwierig, die Endwerte rechts in der Abbildung mit dem nummerierten Achsenabschnitt links abzugleichen.

Als absolutes Minimum müssen wir eine horizontale Referenzlinie hinzufügen. Da in Abbildung 23-8 die Aktienkurse im Juni 2012 auf den Wert 100 bezogen (indexiert) sind, ist es hilfreich, diesen Wert mit einer dünnen horizontalen Linie bei $y = 100$ zu markieren (Abbildung 23-9). Alternativ können wir ein minimales »Gitter« horizontaler Linien verwenden. Für eine Abbildung, bei der wir in erster Linie an der Änderung der y-Werte interessiert sind, sind vertikale Gitterlinien nicht erforderlich. Darüber hinaus sind Gitterlinien, die nur an den Teilstrichen der Hauptachse positioniert sind, häufig ausreichend, und die Achsenlinie kann weggelassen oder sehr dünn gestaltet werden, da die horizontalen Linien die Ausdehnung des Diagramms markieren (Abbildung 23-10).

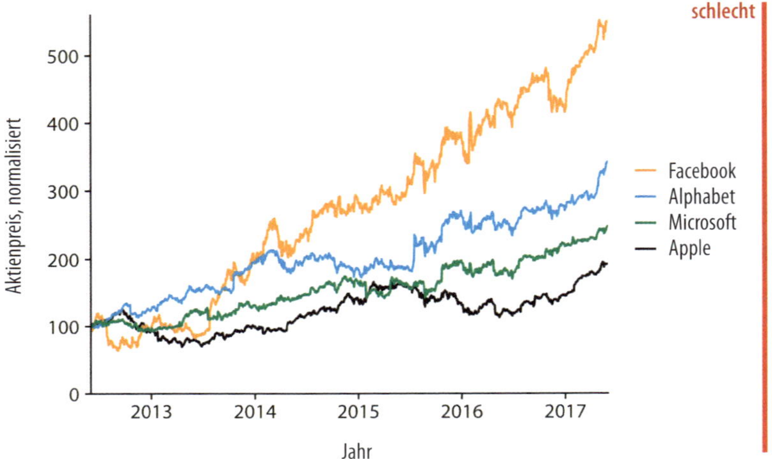

Abbildung 23-8: Aktienkurs im Zeitverlauf für vier große Technologieunternehmen. In dieser Variante von Abbildung 23-7 sind die Datenlinien nicht ausreichend verankert. Dadurch wird es schwierig festzustellen, inwieweit sie am Ende des abgedeckten Zeitintervalls vom Indexwert 100 abweichen. (Datenquelle: Yahoo! Finanzen)

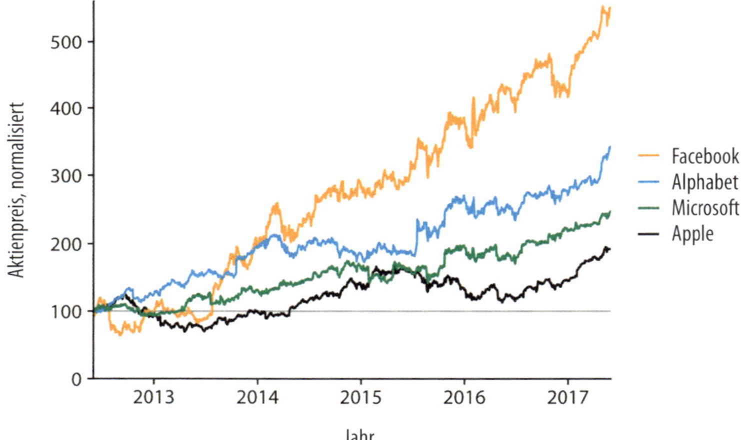

Abbildung 23-9: Indexierter Aktienkurs für vier große Technologieunternehmen im Zeitverlauf. Indem Sie eine dünne horizontale Linie mit dem Indexwert 100 zu Abbildung 23-8 hinzufügen, erhalten Sie eine wichtige Referenz für den gesamten Zeitraum, über den sich das Diagramm erstreckt. (Datenquelle: Yahoo! Finanzen)

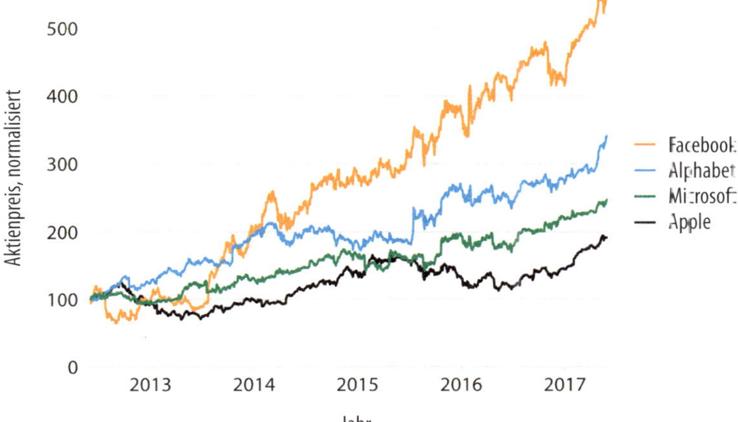

Abbildung 23-10: Indexierter Aktienkurs für vier große Technologieunternehmen im Zeitverlauf. Das Hinzufügen dünner horizontaler Linien an allen wichtigen Markierungen auf der y-Achse bietet eine bessere Anzahl von Referenzpunkten als nur die eine horizontale Linie in Abbildung 23-9. Dieser Entwurf beseitigt auch die Notwendigkeit hervortretender x- und y-Achsenlinien, da die gleichmäßig verteilten horizontalen Linien einen visuellen Rahmen für das Diagrammfenster bilden. (Datenquelle: Yahoo! Finanzen)

Für ein solches minimales Gitter zeichnen wir die Linien im Allgemeinen orthogonal zu der Richtung, in der die Zahlen von Interesse variieren. Wenn wir also, anstelle des zeitlichen Aktienkurses den prozentualen Anstieg in fünf Jahren als horizontale Balken darstellen, sollten wir vertikale Linien verwenden (Abbildung 23-11).

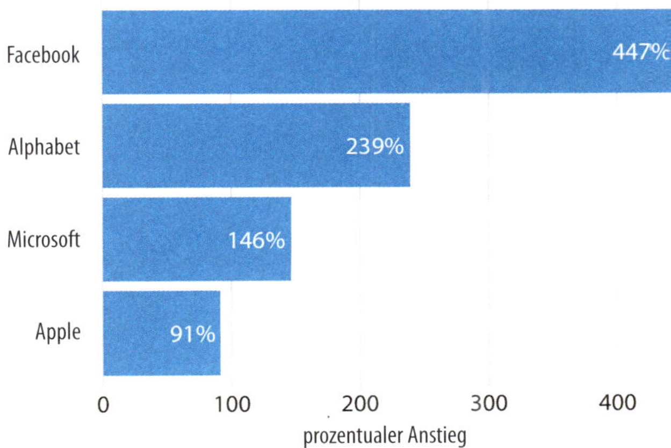

Abbildung 23-11: Prozentualer Anstieg des Aktienkurses von Juni 2012 bis Juni 2017 für vier große Technologieunternehmen. Da die Balken horizontal verlaufen, bieten sich hier vertikale Rasterlinien an. (Datenquelle: Yahoo! Finanzen)

Gitterlinien, die senkrecht zur gewünschten Schlüsselvariablen verlaufen, sind die nützlichsten.

Für Balkendiagramme wie in Abbildung 23-11 empfiehlt Tufte, statt dunkler Gitterlinien weiße Gitterlinien über die Balken zu zeichnen [Tufte 2001]. Durch diese weißen Gitterlinien werden die Balken in unterschiedliche Segmente gleicher Länge unterteilt (Abbildung 23-12). Ich bin geteilter Meinung, was diesen Stil betrifft. Einerseits deuten Untersuchungen zur menschlichen Wahrnehmung darauf hin, dass das Aufteilen von Balken in einzelne Segmente dem Betrachter hilft, Balkenlängen wahrzunehmen [Haroz, Kosara und Franconeri 2015]. Andererseits sehen die Balken für mich so aus, als würden sie auseinanderfallen und keine visuelle Einheit bilden.

Tatsächlich habe ich diesen Stil in Abbildung 6-10 gezielt verwendet, um gestapelte Balken, die männliche und weibliche Passagiere darstellen, optisch voneinander zu trennen. Welcher Effekt dominiert, hängt möglicherweise von der Wahl der Balkenbreite, des Abstands zwischen den Balken und der Dicke der weißen Gitterlinien ab. Wenn Sie also beabsichtigen, diesen Stil zu verwenden, empfehle ich Ihnen, diese Parameter zu ändern, bis Sie eine Abbildung haben, die den gewünschten optischen Effekt erzeugt.

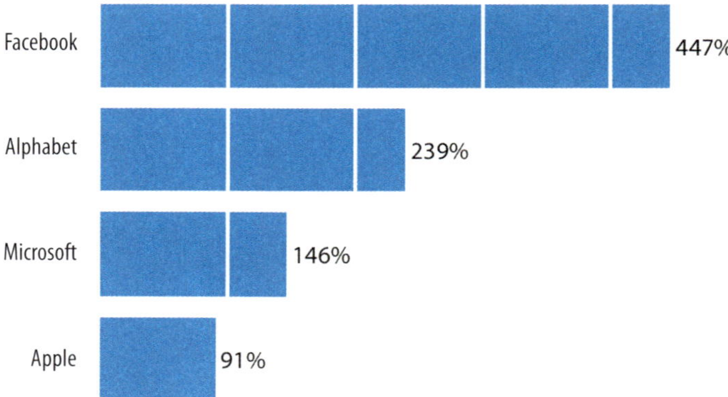

Abbildung 23-12: Prozentualer Anstieg des Aktienkurses von Juni 2012 bis Juni 2017 für vier große Technologieunternehmen. Weiße Gitterlinien über den Balken können dem Leser helfen, die relativen Längen der Balken zu erkennen. Gleichzeitig können sie aber auch die Wahrnehmung unterstützen, dass die Balken unterbrochen sind. (Datenquelle: Yahoo! Finanzen)

Ich möchte auf einen weiteren Nachteil in Abbildung 23-12 hinweisen. Ich musste die prozentualen Werte außerhalb der Balken anbringen, da die Beschriftungen bei mehreren Balken nicht in die letzten Segmente passten. Diese Wahl verlängert jedoch optisch die Balken in ungeeigneter Weise und sollte nach Möglichkeit vermieden werden.

Hintergrundraster entlang beider Achsenrichtungen sind am besten für Streudiagramme geeignet, bei denen keine Achse primär von Interesse ist. Abbildung 23-2 am Anfang dieses Kapitels zeigt ein Beispiel. Wenn eine Abbildung ein vollständiges Hintergrundgitter hat, werden Achsenlinien im Allgemeinen nicht benötigt.

Gepaarte Daten

In Abbildungen, bei denen der relevante Vergleich die $x = y$-Linie ist, wie in Streudiagrammen gepaarter Daten, ziehe ich es vor, eine diagonale Linie anstelle eines Gitters zu zeichnen. Betrachten Sie zum Beispiel Abbildung 23-13, in der die Genexpressionsniveaus in einem mutierten Virus mit denen in der nicht mutierten Variante (Wildtyp) verglichen werden. Die diagonale Linie ermöglicht uns, sofort zu erkennen, bei welchen Genen man in der Mutante im Verhältnis zum Wildtyp höhere oder niedrigere Geneexpression sieht. Dieselbe Beobachtung ist viel schwieriger zu machen, wenn die Abbildung ein Hintergrundgitter und keine diagonale Linie hat (Abbildung 23-14). Daher bezeichne ich Abbildung 23-14, obwohl sie ansprechend aussieht, als schlecht. Insbesondere Gen *10A*, das im mutierten Gen im Vergleich zum Wildtyp-Virus einen deutlich verminderten Expressionsniveau aufweist (Abbildung 23-13), sticht in Abbildung 23-14 optisch nicht hervor.

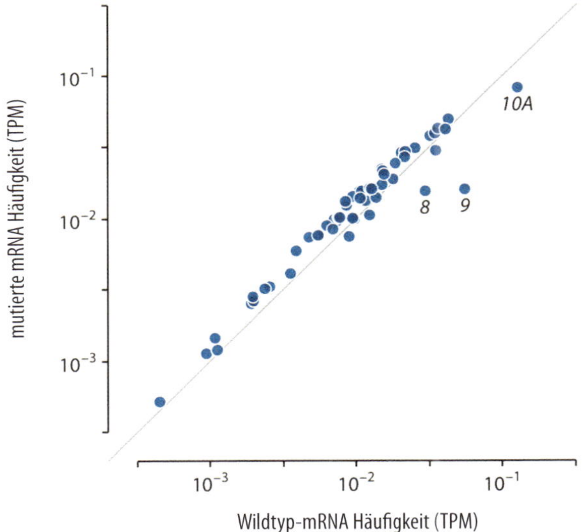

Abbildung 23-13: Genexpressionsniveaus in einem mutierten Bakteriophagen T7 relativ zum Wildtyp. Die Genexpressionsniveaus werden durch mRNA-Häufigkeiten in Transkripten pro Million (TPM) gemessen. Jeder Punkt entspricht einem Gen. In dem mutierten Bakteriophagen T7 wurde der Promotor vor dem Gen 9 deletiert, was zu einer verringerten mRNA-Häufigkeit des Gens 9 führte, ebenso wie bei den benachbarten Genen 8 und 10A (hervorgehoben). (Datenquelle: [Paff et al. 2018])

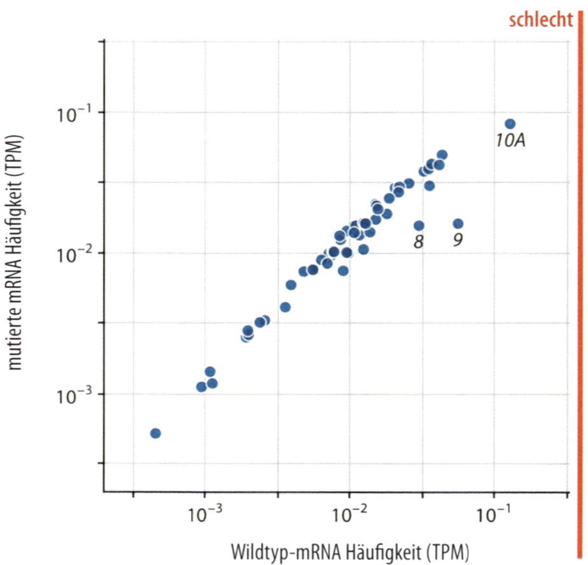

Abbildung 23-14: Genexpressionsniveaus in einem mutierten Bakteriophagen T7 relativ zum Wildtyp. Indem wir diesen Datensatz gegen ein Hintergrundgitter anstelle einer diagonalen Linie auftragen, wird nicht deutlich, bei welchen Genen man in der Mutante im Verhältnis zum Wildtyp-Bakteriophagen höhere oder niedrigere Geneexpression sieht. (Datenquelle: [Paff et al. 2018])

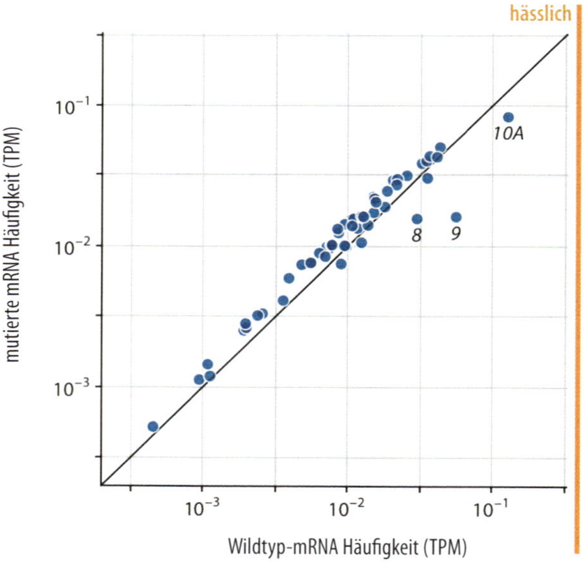

Abbildung 23-15: Genexpressionsniveaus in einem mutierten Bakteriophagen T7 relativ zum Wildtyp. Diese Abbildung kombiniert das Hintergrundraster aus Abbildung 23-14 mit der diagonalen Linie aus Abbildung 23-13. Meiner Meinung nach ist diese Abbildung im Vergleich zu Abbildung 23-13 visuell überladen, und ich würde Abbildung 23-13 bevorzugen. (Datenquelle: [Paff et al. 2018])

Natürlich könnten wir die diagonale Linie aus Abbildung 23-13 in Abbildung 23-14 ergänzen, um sicherzustellen, dass die entsprechende visuelle Referenz vorhanden ist. Die resultierende Abbildung wirkt dadurch jedoch ziemlich überladen (Abbildung 23-15). Ich musste die diagonale Linie dunkler machen, damit sie sich vom Hintergrundgitter abhebt, aber jetzt scheinen die Datenpunkte fast in den Hintergrund zu treten. Wir könnten dieses Problem beheben, indem wir die Datenpunkte größer oder dunkler machen, aber alles in allem würde ich lieber Abbildung 23-13 wählen.

Zusammenfassung

Sowohl das Überladen einer Abbildung mit Farbflächen, die keine Daten enthält, als auch das übermäßige Löschen von Farbflächen, die keine Daten enthält, kann zu einem schlechten Abbildungsdesign führen. Wir müssen einen gesunden Mittelweg finden, bei dem die Datenpunkte den Schwerpunkt der Abbildung bilden, während ein ausreichender Kontext den Betrachter informiert, welche Daten angezeigt werden, wo die Punkte relativ zueinander liegen und was sie bedeuten.

In Bezug auf Hintergründe und Hintergrundgitter gibt es keine Option, die in allen Kontexten vorzuziehen ist. Ich empfehle, bei Gitterlinien vorsichtig zu sein. Überlegen Sie sich genau, welches Raster oder welche Hilfslinien für die von Ihnen erstellte Zeichnung am aussagekräftigsten sind, und zeigen Sie dann nur diese an. Ich bevorzuge minimale, helle Gitter auf einem weißen Hintergrund, da Weiß standardmäßig die neutrale Farbe von Papier ist und nahezu alle Vordergrundfarben unterstützt. Ein getönter Hintergrund kann jedoch dazu beitragen, dass die Abbildung als einzelne visuelle Einheit angezeigt wird. Dies kann insbesondere bei Darstellungen mit mehreren kleinen Abbildungen hilfreich sein. Schließlich müssen wir uns überlegen, wie all diese Entscheidungen mit visueller Markenbildung und Identität zusammenhängen: Viele Zeitschriften und Websites möchten einen sofort erkennbaren Stil haben, und ein getönter Hintergrund und eine bestimmte Auswahl des Hintergrundrasters können dazu beitragen, eine eindeutige optische Identität zu schaffen.

KAPITEL 24

Verwenden Sie größere Achsenbeschriftungen

Und wenn Sie nur eine einzige Lektion aus diesem Buch mitnehmen, nehmen Sie diese: Achten Sie auf Ihre Achsenbeschriftungen, Achsenmarkierungen und andere ausgewählte Diagrammanmerkungen. Es ist ziemlich wahrscheinlich, dass sie zu klein sind. Meiner Erfahrung nach haben fast alle Grafikprogramme und Diagrammbibliotheken schlechte Standardeinstellungen. Wenn Sie die Standardwerte verwenden, treffen Sie mit ziemlicher Sicherheit eine schlechte Wahl.

Betrachten Sie zum Beispiel Abbildung 24-1. Ich sehe laufend solche Abbildungen. Die Achsenbeschriftungen, Achsenmarkierungen und Legendenbeschriftungen sind unglaublich klein. Wir können sie kaum sehen und müssen möglicherweise in die Seite hineinzoomen, um die Anmerkungen in der Legende zu lesen.

Abbildung 24-1: Körperfett in Prozent im Verhältnis zur Körpergröße bei professionellen männlichen australischen Athleten (jeder Punkt repräsentiert einen Athleten). Diese Abbildung leidet unter dem allgemeinen Problem, dass die Textelemente viel zu klein und kaum lesbar sind. (Datenquelle: [Telford und Cunningham 1991])

Eine etwas bessere Version dieser Abbildung ist in Abbildung 24-2 dargestellt. Ich denke, die Beschriftungen sind immer noch zu klein, und aus diesem Grund habe ich diese Abbildung als hässlich eingestuft. Wir bewegen uns jedoch in die richtige Richtung. Diese Abbildung kann unter Umständen passabel sein. Meine Hauptkritik ist hier nicht, dass die Label nicht lesbar sind, sondern dass die Abbildung nicht ausgewogen ist: Die Textelemente sind im Vergleich zum Rest der Abbildung zu klein.

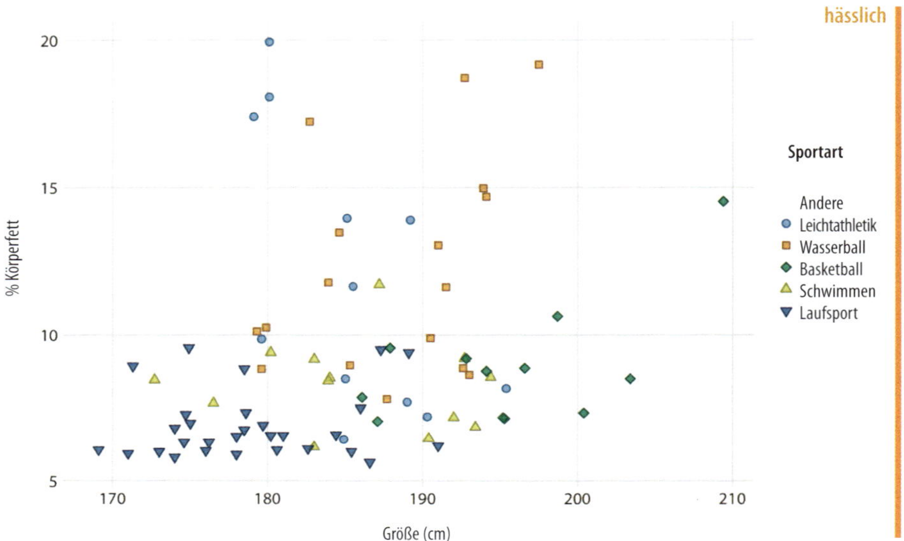

Abbildung 24-2: Körperfett in Prozent im Verhältnis zur Körpergröße bei männlichen Athleten. Diese Abbildung ist eine Verbesserung gegenüber Abbildung 24-1, aber die Textelemente bleiben zu klein und die Abbildung ist nicht harmonisch und ausgeglichen. (Datenquelle: [Telford und Cunningham 1991])

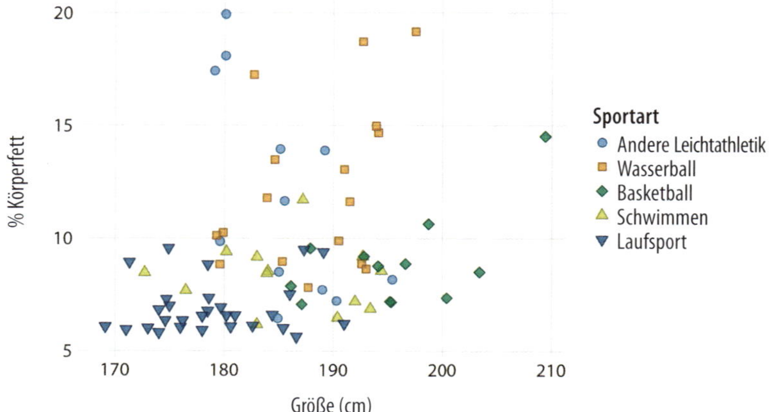

Abbildung 24-3: Körperfett in Prozent im Verhältnis zur Körpergröße bei männlichen Athleten. Alle Abbildungselemente sind angemessen skaliert. (Datenquelle: [Telford und Cunningham 1991])

In Abbildung 24-3 werden die Standardeinstellungen verwendet, die ich in diesem Buch verwendet habe. Ich meine, sie ist gut ausbalanciert: Der Text ist lesbar und passt zur Gesamtgröße der Abbildung.

Es ist wichtig zu wissen, dass wir es auch übertreiben und die Beschriftungen zu groß machen können (Abbildung 24-4). Manchmal benötigen wir große Beschriftungen – z.B. wenn die Abbildung verkleinert werden soll –, aber die verschiedenen Elemente der Abbildung (insbesondere Beschriftungstext und Datensymbole) müssen zusammenpassen. In Abbildung 24-4 sind die zur Visualisierung der Daten verwendeten Punkte im Vergleich zum Text zu klein. Sobald wir dieses Problem behoben haben, wird die Abbildung wieder akzeptabel (Abbildung 24-5)

Man könnte meinen, dass in Abbildung 24-5 alles zu groß wäre. Denken Sie jedoch daran, dass die Abbildung dazu gedacht ist, verkleinert zu werden. Verkleinern Sie die Abbildung so, dass sie nur 5 bis 7 cm (2–3«) breit ist, und sie sieht immer noch gut aus. Tatsächlich ist sie bei dieser Skalierung die einzige Abbildung in diesem Kapitel, die gut aussieht.

Sehen Sie sich immer verkleinerte Versionen Ihrer Abbildungen an, um sicherzugehen, dass die Achsenbeschriftungen eine angemessene Größe haben.

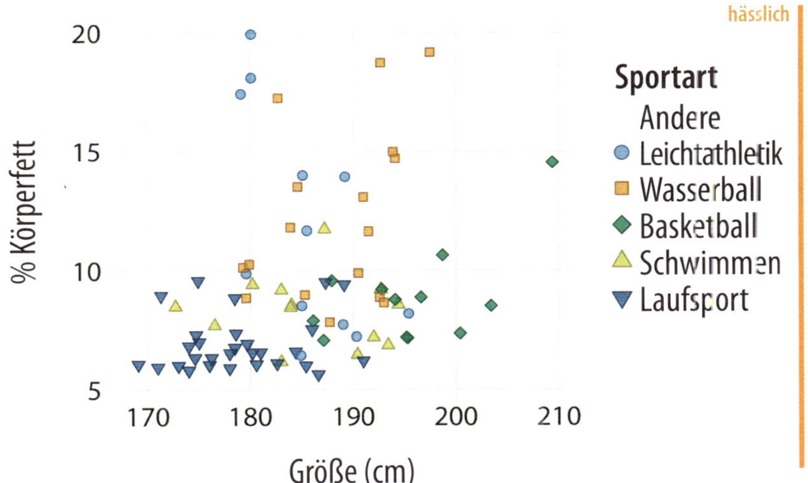

Abbildung 24-4: Körperfett in Prozent im Verhältnis zur Körpergröße bei männlichen Athleten. Die Textelemente sind ziemlich groß. Das kann angemessen sein, wenn die Abbildung in einem sehr kleinen Maßstab reproduziert werden soll. Insgesamt ist die Abbildung jedoch nicht ausgewogen: Die Punkte sind im Verhältnis zu den Textelementen zu klein. (Datenquelle: [Telford und Cunningham 1991])

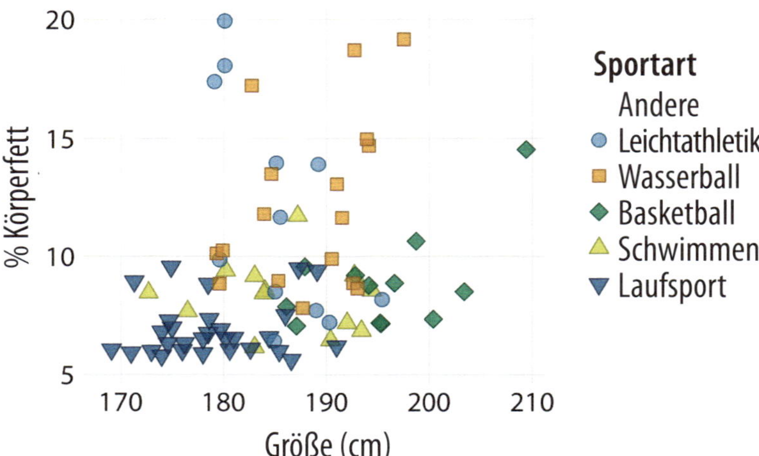

Abbildung 24-5: Körperfett in Prozent im Verhältnis zur Körpergröße bei männlichen Athleten. Alle Abbildungselemente sind so bemessen, dass die Darstellung ausgewogen ist und im kleinen Maßstab reproduziert werden kann. (Datenquelle: [Telford und Cunningham 1991])

Ich denke, es gibt einen einfachen psychologischen Grund, warum wir routinemäßig Abbildungen herstellen, deren Achsenbeschriftungen zu klein sind, und der hat mit großen, hochauflösenden Computermonitoren zu tun: Wir sehen uns routinemäßig eine Vorschau der Abbildungen auf dem Computerbildschirm an und tun dies häufig, während die Abbildung viel Platz auf dem Bildschirm einnimmt. In diesem Anzeigemodus erscheint selbst vergleichsweise kleiner Text perfekt und lesbar, und großer Text kann unangenehm und überladen wirken. Wenn Sie die erste Abbildung aus diesem Kapitel so weit vergrößern, dass sie den gesamten Bildschirm ausfüllt, werden Sie wahrscheinlich denken, dass sie gut aussieht. Die Lösung besteht darin, immer darauf zu achten, dass Sie Ihre Zahlen mit einer realistischen Druckgröße betrachten. Sie können entweder die Ansicht verkleinern, sodass sie auf Ihrem Bildschirm nur 7 bis 13 cm (3–5«) breit ist, oder Sie können etwas vom Schreibtisch zurücktreten und prüfen, ob die Abbildung auch aus größerer Entfernung noch gut aussieht.

KAPITEL 25

Vermeiden Sie Linienzeichnungen

Visualisieren Sie Ihre Daten nach Möglichkeit mit gefüllten, farbigen Formen und nicht mit Linien, die diese Formen umreißen. Massive Formen werden leichter als zusammenhängende Objekte wahrgenommen, verursachen weniger visuelle Artefakte oder optische Täuschungen und vermitteln Mengen und Beträge schneller als Umrisse. Nach meiner Erfahrung sind Visualisierungen anhand von getönten Flächen von Formen klarer und ansprechender als gleichwertige Versionen mit Strichzeichnungen. Daher vermeide ich Strichzeichnungen so weit wie möglich. Ich möchte jedoch betonen, dass diese Empfehlung das Prinzip der proportionalen Farbflächen aus Kapitel 17 nicht ersetzt.

Linienzeichnungen haben eine lange Geschichte auf dem Gebiet der Datenvisualisierung, da wissenschaftliche Darstellungen während des größten Teils des 20. Jahrhunderts von Hand gezeichnet wurden und in Schwarzweiß reproduzierbar sein mussten. Dies schloss die Verwendung von mit Volltonfarben gefüllten Bereichen aus, einschließlich Volltonfüllungen in Graustufen. Stattdessen wurden manchmal gefüllte Bereiche durch Anwenden von Schraffur-, Kreuzschraffur- oder Punktierungsmustern simuliert. Frühe Softwareprogramme zur Visualisierung imitierten die handgezeichneten Simulationen und verwendeten in ähnlicher Weise in großem Umfang Linienzeichnungen, gestrichelte oder gepunktete Linienmuster und Schraffuren. Obwohl moderne Visualisierungstools und moderne Reproduktions- und Veröffentlichungsplattformen keine der früheren Einschränkungen aufweisen, verwenden viele Anwendungen immer noch standardmäßig Konturen und leere Formen anstatt gefüllter Flächen. Um Sie auf dieses Problem aufmerksam zu machen, zeige ich Ihnen hier einige Beispiele für Abbildungen, die sowohl mit Linien als auch mit gefüllten Formen gezeichnet sind.

Die häufigste und gleichzeitig unangemessenste Verwendung von Linienzeichnungen ist in Histogrammen und Balkendiagrammen zu beobachten. Das Problem bei Balken, die als Umrisse gezeichnet wurden, besteht darin, dass nicht sofort ersichtlich ist, welche Seite einer bestimmten Linie sich innerhalb eines Balkens und welche sich außerhalb befindet. Als Konsequenz erhalten wir, insbesondere wenn es Lücken zwischen den Balken gibt, ein verwirrendes visuelles Muster, das von der Hauptbotschaft der Abbildung ablenkt (Abbildung 25-1). Wenn Sie die Balken mit einer hellen Farbe oder, wenn keine Farbwiedergabe möglich ist, mit Grau füllen, vermeiden Sie dieses Problem (Abbildung 25-2).

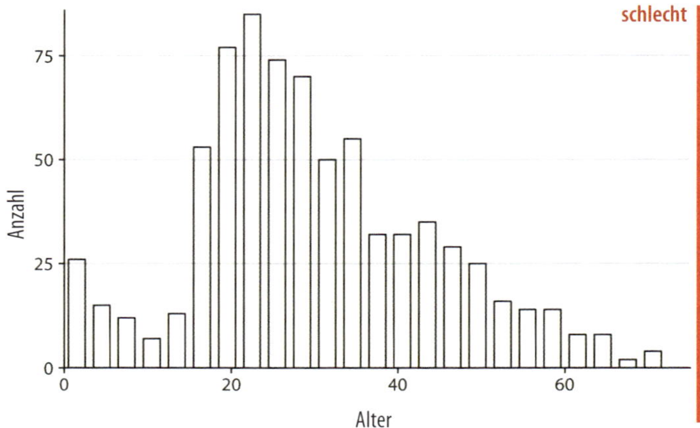

Abbildung 25-1: Histogramm zum Alter der Passagiere auf der Titanic, dargestellt mit leeren Balken. Die leeren Balken erzeugen ein verwirrendes visuelles Muster. In der Mitte des Histogramms ist es schwierig zu erkennen, welche Teile sich innerhalb und welche sich außerhalb der Balken befinden. (Datenquelle: Encyclopedia Titanica)

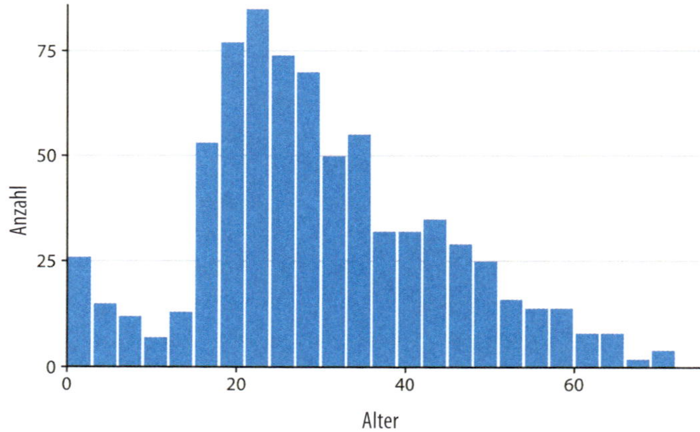

Abbildung 25-2: Histogramm zum Alter der Passagiere auf der Titanic. Dies ist das gleiche Histogramm wie in Abbildung 25-1, jetzt aber mit farbig gefüllten Balken gezeichnet. Die Form der Altersverteilung ist in dieser Variation der Abbildung viel leichter zu erkennen. (Datenquelle: Encyclopedia Titanica)

Als Nächstes werfen wir einen Blick auf ein Dichtediagramm alter Schule. Ich zeige Dichteschätzungen für die Verteilungen von Kelchblattlängen bei drei Arten der Iris-Pflanze (Schwertlilien). Die Verteilungen sind als Linienzeichnung vollständig in Schwarzweiß gezeichnet (Abbildung 25-3). Die Verteilungen werden nur anhand ihrer Umrisse angezeigt. Da die Abbildung schwarzweiß ist, verwende ich verschiedene Linienstile, um sie zu unterscheiden. Diese Abbildung hat zwei Hauptprobleme: Erstens bieten die gestrichelten Linien keine klare Trennung zwischen dem Bereich unter der Kurve und dem Bereich darüber. Obwohl die menschliche Wahrnehmung die einzelnen Linienelemente recht gut zu einer durchgehenden Linie verbindet, sehen die gestrichelten Linien dennoch porös aus und fungieren nicht als starke Grenze für den umschlossenen Bereich. Zweitens ist es schwierig, die unterschiedlichen Dichten aus den sechs verschiedenen Formkonturen zu abzuleiten, da sich die Linien schneiden und die Bereiche, die sie einschließen, nicht farbig gekennzeichnet sind. Dieser Effekt wäre noch stärker ausgefallen, wenn ich für alle drei Verteilungen durchgezogene statt gestrichelte Linien verwendet hätte.

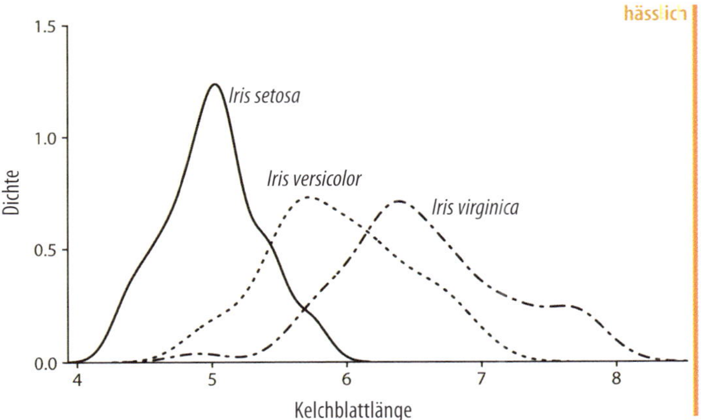

Abbildung 25-3: Dichteschätzungen der Länge der Kelchblätter von drei verschiedenen Arten der Iris-Pflanze. Die für »Iris versicolor« und »Iris virginica« verwendeten Linienstile mit Unterbrechungen beeinträchtigen die Wahrnehmung, dass sich die Bereiche unter den Kurven von den Bereichen über ihnen unterscheiden. (Datenquelle: [Fisher 1936])

Wir können versuchen, das Problem poröser Grenzen zu lösen, indem wir statt gestrichelter Linien farbige Linien verwenden (Abbildung 25.4). Die Dichteflächen in der resultierenden Abbildung sind jedoch visuell noch immer kaum präsent. Insgesamt finde ich die Version mit ausgefüllten farbigen Bereichen (Abbildung 25-5) am übersichtlichsten und intuitivsten. Es ist jedoch wichtig, die ausgefüllten Bereiche teilweise transparent zu machen, damit die vollständige Verteilung für jede Art sichtbar ist.

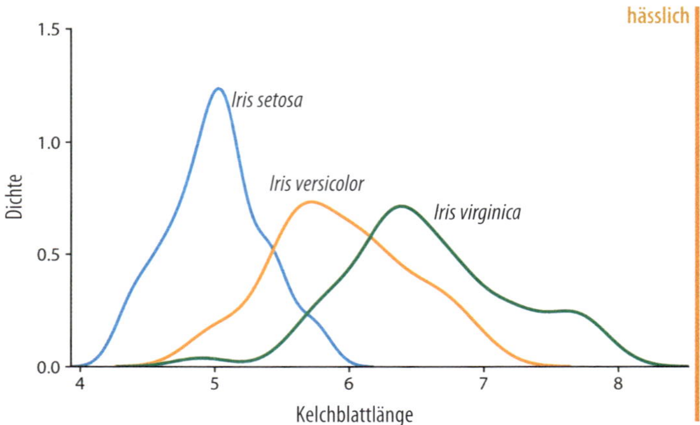

Abbildung 25-4: Dichteschätzungen der Länge der Kelchblätter von drei verschiedenen Arten der Iris-Pflanze. Mit durchgehenden farbigen Linien haben wir das Problem aus Abbildung 25-3 gelöst, dass die Bereiche unter und über den Linien verbunden zu sein scheinen. Die Größe des Bereichs unter jeder Kurve ist uns jedoch noch nicht klar. (Datenquelle: [Fisher 1936])

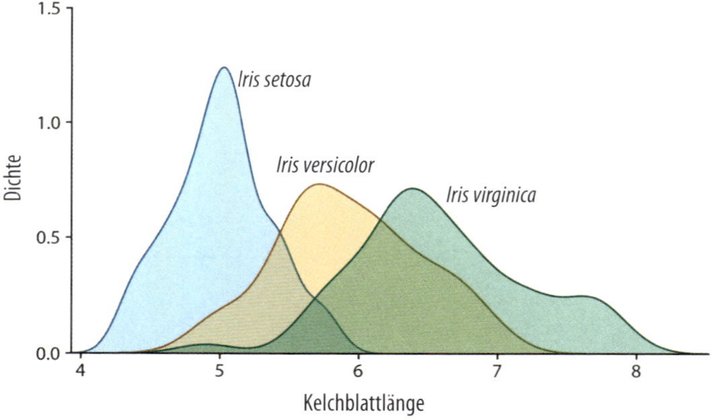

Abbildung 25-5: Dichteschätzungen der Länge der Kelchblätter von drei verschiedenen Arten der Iris-Pflanze, dargestellt als teilweise transparente getönte Flächen. Die farbige Tönung hilft uns, die drei Dichtekurven als drei verschiedene Objekte wahrzunehmen. (Datenquelle: [Fisher 1936])

Linienzeichnungen entstehen auch im Zusammenhang mit Streudiagrammen, wenn verschiedene Punkttypen als offene Kreise, Dreiecke, Kreuze usw. gezeichnet werden. Betrachten Sie als Beispiel Abbildung 25-6. Die Abbildung enthält viel optische Unordnung und die verschiedenen Punkttypen sind nicht stark voneinander getrennt. Das Zeichnen derselben Abbildung mit durchgehend farbigen Formen behebt dieses Problem (Abbildung 25-7).

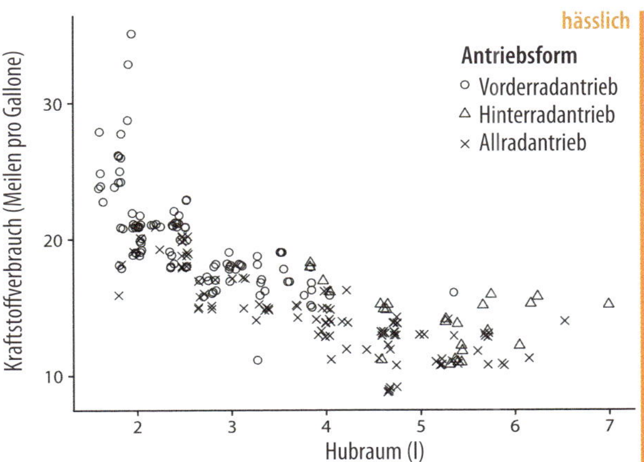

Abbildung 25-6: Kraftstoffverbrauch in der Stadt im Vergleich zum Hubraum bei Fahrzeugen mit Frontantrieb (FWD), Heckantrieb (RWD) und Allradantrieb (4WD). Die verschiedenen Formen der Datenpunkte, bei denen es sich ausschließlich um schwarzweiße Strichsymbole handelt, verursachen eine erhebliche optische Unordnung und erschweren es, die Abbildung zu lesen. (Datenquelle: US Environmental Protection Agency (EPA), https://fueleconomy.gov)

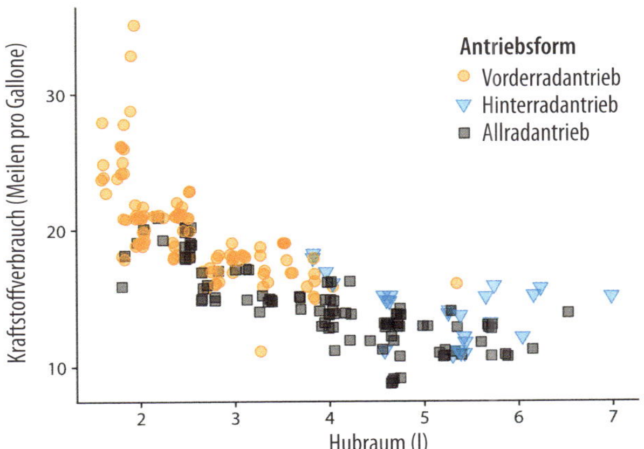

Abbildung 25-7: Kraftstoffverbrauch in der Stadt im Vergleich zum Hubraum. Durch die Verwendung unterschiedlicher Farben und Formen für die verschiedenen Antriebsvarianten trennt diese Abbildung optisch die Antriebsarten und ist bei Bedarf in Graustufen reproduzierbar. (Datenquelle: EPA)

Ich bevorzuge ausgefüllte Datenpunkte gegenüber nicht gefüllten, da die gefüllten Datenpunkte visuell viel präsenter sind. Das Argument, das ich manchmal zugunsten unausgefüllter Datenpunkte höre, lautet, dass sie beim Überzeichnen helfen, da die leeren Bereiche in der Mitte jedes Punktes uns helfen, Datenpunkte zu erkennen, die möglicherweise darunter liegen. Meiner Meinung nach überwiegt dieser Vorteil nicht den Nachteil der zusätzlichen optischen Unordnung offener Punktsymbole. Es gibt andere Ansätze für den Umgang mit überlappenden Elementen. In Kapitel 18 finden Sie einige Vorschläge.

Betrachten wir abschließend Box-Plots (dt. *Kastengrafiken*). Box-Plots werden normalerweise mit leeren Kästen gezeichnet (siehe Abbildung 25-8). Ich bevorzuge jedoch eine leichte Tönung wie in Abbildung 25-9. Die Tönung trennt die Box vom Abbildungshintergrund und hilft insbesondere dann, wenn viele Box-Plots direkt nebeneinander angezeigt werden, wie dies in den Abbildungen 25-8 und 25-9 der Fall ist. In Abbildung 25-8 kann die große Anzahl von Flächen und Linien erneut die Illusion hervorrufen, dass sich Hintergrundbereiche einiger Flächen tatsächlich innerhalb einer anderen Form befinden, wie wir es in Abbildung 25-1 gesehen haben. Dieses Problem ist in Abbildung 25-9 behoben.

Ich habe hin und wieder die Kritik gehört, dass eine Tönung der Box zu viel Fokus auf die mittleren 50% der Daten legt, aber ich stimme diesem Argument nicht zu. Es ist typisch für ein Box-Plot, getönt oder nicht, den mittleren 50% der Daten mehr Gewicht zu geben als dem Rest. Wenn Sie diese Hervorhebung nicht möchten, verwenden Sie kein Box-Plot. Verwenden Sie stattdessen ein Violin-Plot, Jittering oder ein Sina-Diagramm (Kapitel 9).

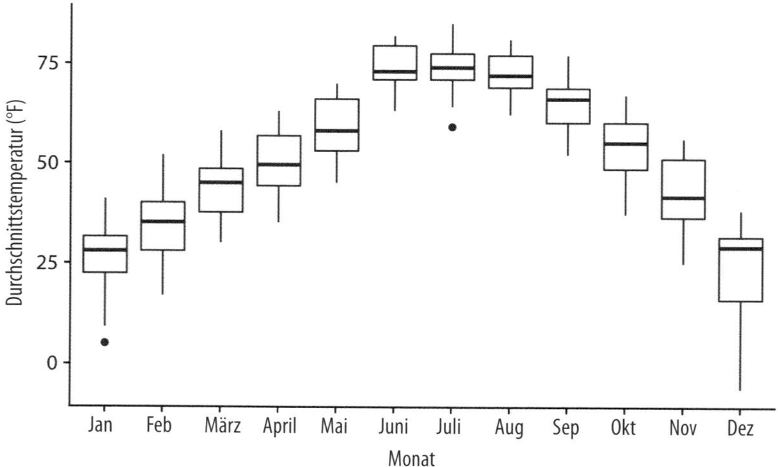

Abbildung 25-8: Verteilung der täglichen Durchschnittstemperaturen in Lincoln, NE, im Jahr 2016. Die Kästchen wurden auf herkömmliche Weise ohne Tönung gezeichnet. (Datenquelle: Weather Underground)

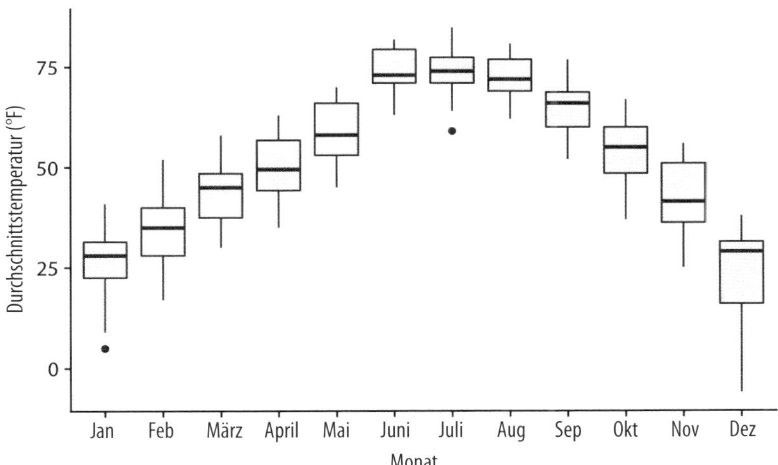

Abbildung 25-9: Verteilung der täglichen Durchschnittstemperaturen in Lincoln, NE, im Jahr 2016. Wenn wir den Kästen eine hellgraue Schattierung geben, heben sie sich besser vom Hintergrund ab. (Datenquelle: Weather Underground)

KAPITEL 26

Vermeiden Sie 3D

3D-Diagramme sind sehr beliebt, insbesondere bei Geschäftspräsentationen, aber auch bei Akademikern. Allerdings werden sie fast immer unangemessen eingesetzt. Es ist selten, dass ich eine 3D-Zeichnung sehe, die nicht durch Umwandlung in eine normale 2D-Abbildung verbessert werden kann. In diesem Kapitel erkläre ich, warum 3D-Diagramme ihre Probleme haben, warum sie im Allgemeinen nicht benötigt werden und unter welchen eingeschränkten Umständen 3D-Diagramme geeignet sein können.

Vermeiden Sie unnötige 3D-Darstellungen

Mit vielen Visualisierungswerkzeugen können Sie Ihre Diagramme aufpeppen, indem Sie die grafischen Elemente der Diagramme in dreidimensionale Objekte umwandeln. Am häufigsten werden Kreisdiagramme in räumlich gedrehte Scheiben, Balkendiagramme in Säulen und Liniendiagramme in Bänder umgewandelt. In keinem dieser Fälle liefert die dritte Dimension tatsächliche Daten. 3D wird einfach verwendet, um die Abbildung zu dekorieren und beeindruckender aussehen zu lassen. Ich betrachte diese Verwendung von 3D als überflüssig. Sie ist eindeutig schlecht und sollte aus dem visuellen Vokabular der Datenwissenschaftler gelöscht werden.

Das Problem mit 3D ist, dass die Projektion von 3D-Objekten in zwei Dimensionen, die zum Drucken oder zur Anzeige auf einem Monitor benötigt wird, die Daten verzerrt. Die menschliche Wahrnehmung versucht, diese Verzerrung zu korrigieren, indem sie die 2D-Projektion eines 3D-Bildes zurück in einen 3D-Raum abbildet. Diese Korrektur kann jedoch immer nur teilweise erfolgen. Nehmen wir als Beispiel ein einfaches Kuchendiagramm (ein 3D Kreisdiagramm) mit zwei Segmenten, von denen eines 25 % und eines 75 % der Daten darstellt. Drehen Sie dieses Kuchendiagramm im Raum (Abbildung 26-1). Wenn wir den Blickwinkel auf das Diagramm ändern, scheint sich auch die Größe jedes Segments zu ändern. Insbesondere die 25 %, die sich vorn in dem Kuchen befinden, nehmen deutlich mehr als 25% der Fläche ein, als wenn wir das Diagramm aus einem flachen Winkel betrachten (Abbildung 26-1a).

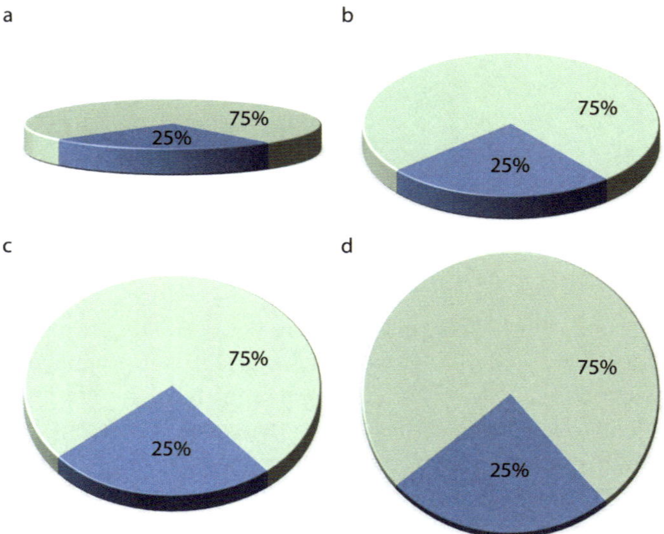

Abbildung 26-1: Das gleiche 3D-Kuchendiagramm aus vier verschiedenen Blickwinkeln. Wenn Sie ein Kreisdiagramm in die dritte Dimension drehen, wirken die vorderen Kreissegmente größer und die hinteren kleiner. In den Teilen (a), (b) und (c) nimmt das blaue Segment, das 25 % entspricht, visuell mehr als 25 % der Fläche ein, die das Diagramm darstellt. Nur Teil (d) ist eine genaue Darstellung der Daten.

Ähnliche Probleme ergeben sich für andere Arten von 3D-Diagrammen. Abbildung 26-2 zeigt die Aufteilung der Passagiere der Titanic nach Klasse und Geschlecht mithilfe von 3D-Balken. Aufgrund der Anordnung der Balken relativ zu den Achsen sehen alle Balken kürzer aus, als sie tatsächlich sind. Beispiel: In der ersten Klasse reisten insgesamt 322 Passagiere. Abbildung 26-2 deutet jedoch auf eine Zahl von weniger als 300 hin. Diese Illusion entsteht, weil sich die Säulen, die die Daten darstellen, in einem Abstand von den beiden »Rückwänden« befinden, auf denen die grauen, horizontalen Linien angezeigt werden. Um diesen Effekt zu sehen, verlängern Sie eine der unteren Kanten einer der Säulen, bis sie auf die unterste graue Linie trifft, die 0 darstellt. Stellen Sie sich dann vor, Sie tun dasselbe an einer der oberen Kanten, und Sie werden sehen, dass alle Säulen höher sind, als sie auf den ersten Blick erscheinen. (Eine vernünftigere 2D-Version dieser Abbildung finden Sie in Abbildung 6-10 in Kapitel 6.)

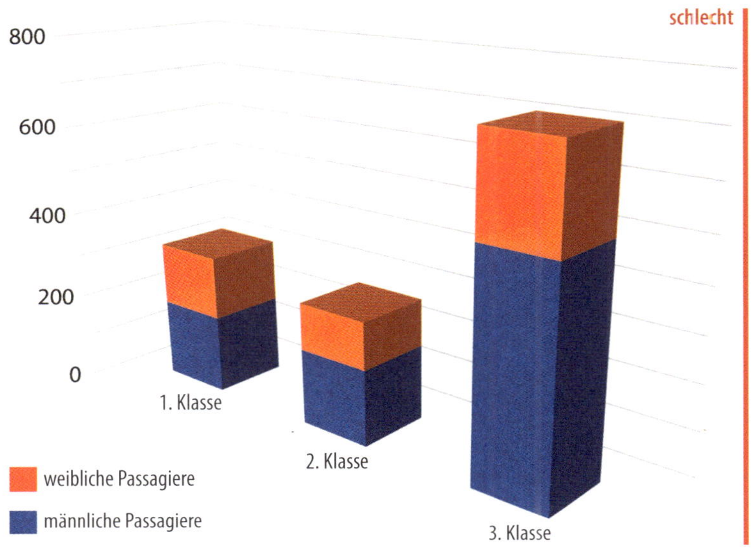

Abbildung 26-2: Anzahl weiblicher und männlicher Passagiere auf der Titanic in der 1., 2. und 3. Klasse, dargestellt als 3D-Säulendiagramm. Die Gesamtzahl der Passagiere in der 1., 2. und 3. Klasse beträgt 322, 279 bzw. 711 (siehe Abbildung 6-10). In diesem Diagramm scheint die Säule der 1. Klasse weniger als 300 Passagiere zu repräsentieren, die Säule der 3. Klasse weniger als 700, und die Säule für die 2. Klasse scheint der Zahl von 210 Passagieren näher zu sein als den tatsächlichen 279 Passagieren. Darüber hinaus dominiert die Säule der 3. Klasse die Abbildung optisch und lässt die Anzahl der Passagiere in der 3. Klasse größer erscheinen, als sie tatsächlich ist.

Vermeiden Sie 3D-Positionsskalen

Während Visualisierungen mit überflüssigem 3D ohne Weiteres als schlecht eingestuft werden können, ist es weniger klar, was man von Visualisierungen mit drei echten Positionsskalen (*x*, *y* und *z*) zur Darstellung von Daten zu halten hat. In diesem Fall dient die Verwendung der dritten Dimension einem tatsächlichen Zweck. Trotzdem sind die resultierenden Abbildungen häufig schwer zu interpretieren und sollten meiner Meinung nach ebenfalls vermieden werden.

Betrachten Sie ein 3D-Streudiagramm der Kraftstoffeffizienz in Abhängigkeit von Hubraum und Leistung für 32 Autos. Wir haben diesen Datensatz bereits in Kapitel 2 gesehen (Abbildung 2-5). Hier zeichnen wir den Hubraum entlang der *x*-Achse, die Leistung entlang der y-Achse und die Kraftstoffeffizienz entlang der z-Achse und stellen jedes Auto mit einem Punkt dar (Abbildung 26-3). Obwohl diese 3D-Visualisierung aus vier verschiedenen Perspektiven gezeigt wird, ist es schwierig, sich vorzustellen, wie genau die Punkte im Raum verteilt sind. Ich finde Teil (d) von Abbildung 26-3 besonders verwirrend. Er scheint fast einen anderen Datensatz zu zeigen, obwohl sich nichts geändert hat, außer dem Blickwinkel auf die Punkte.

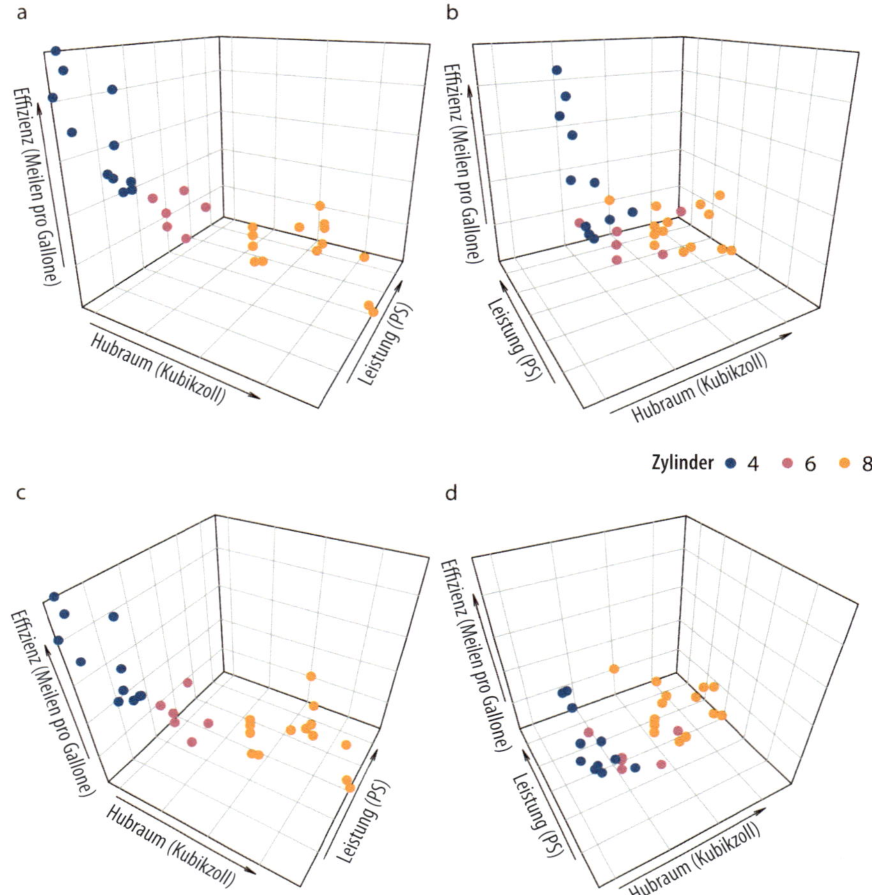

Abbildung 26-3: Kraftstoffeffizienz in Abhängigkeit von Hubraum und Leistung für 32 Autos (Modelle 1973–74). Jeder Punkt repräsentiert ein Auto, und die Punktfarbe repräsentiert die Anzahl der Zylinder des Autos. Die vier Abbildungsteile (a)–(d) zeigen genau dieselben Daten, verwenden jedoch unterschiedliche Perspektiven. (Datenquelle: Motor Trend, 1974)

Das grundlegende Problem bei solchen 3D-Visualisierungen besteht darin, dass zwei separate aufeinanderfolgende Datentransformationen erforderlich sind: Die erste Transformation bildet die Daten aus dem Datenraum in den 3D-Visualisierungsraum ab, wie in den Kapiteln 2 und 3 im Zusammenhang mit Positionsskalen erläutert. Der zweite Teil übersetzt die Daten aus dem 3D-Visualisierungsraum in den 2D-Raum der endgültigen Abbildung. (Diese zweite Transformation findet natürlich nicht für Visualisierungen statt, die in einer echten 3D-Umgebung angezeigt werden, z.B. als physische Skulpturen oder als Objekte aus dem 3D-Drucker. Mein primärer Einwand richtet sich geben die Darstellung von 3D-Visualisierungen auf 2D-Displays.)

Die zweite Transformation ist nicht umkehrbar, weil jeder Punkt auf der 2D-Anzeige einer Linie von Punkten im 3D-Visualisierungsraum entspricht. Daher können wir nicht eindeutig bestimmen, wo im 3D-Raum ein bestimmter Datenpunkt liegt.

Unsere Wahrnehmung versucht dennoch, die 3D-in-2D-Transformation umzukehren. Dieser Prozess ist jedoch unzuverlässig, fehlerbehaftet und stark von geeigneten Hinweisen in der Abbildung abhängig, die ein gewisses Gefühl von Dreidimensionalität vermitteln. Wenn wir diese Hinweise entfernen, wird die Inversion völlig unmöglich. Dies ist in Abbildung 26-4 zu sehen, die mit Abbildung 26-3 identisch ist, außer dass ich alle Tiefenmarkierungen entfernt habe. Das Ergebnis sind vier zufällige Anordnungen von Punkten, die wir überhaupt nicht interpretieren können und die nicht einmal leicht miteinander in Beziehung gesetzt werden können. Können Sie sagen, welche Punkte in Teil (a) welchen Punkten in Teil (b) entsprechen? Ich kann es bestimmt nicht.

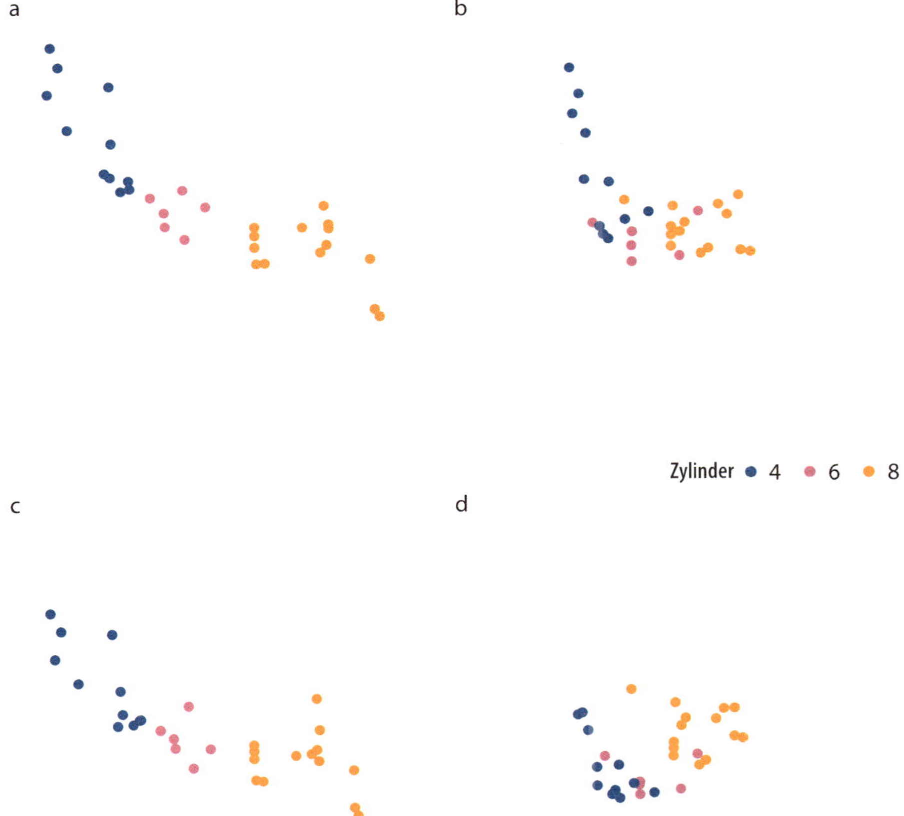

Abbildung 26-4: Kraftstoffeffizienz in Abhängigkeit von Hubraum und Leistung für 32 Autos (Modelle 1973–74). Die vier Felder (a)–(d) entsprechen denselben wie in Abbildung 26-3, aber alle Gitterlinien, die Tiefenmarkierungen enthalten, wurden entfernt. (Datenquelle: Motor Trend, 1974)

Anstatt zwei separate Datentransformationen anzuwenden, von denen eine nicht invertierbar ist, halte ich es im Allgemeinen für besser, nur eine geeignete invertierbare Transformation anzuwenden und die Daten direkt in den 2D-Raum abzubilden. Es ist selten notwendig, eine dritte Dimension als Positionsskala hinzuzufügen, da Variablen auch durch Farbe, Größe oder Form abgebildet werden können. Zum Beispiel habe ich in Kapitel 2 fünf Variablen des Kraftstoffeffizienz-Datensatzes auf einmal aufgezeichnet und dabei nur zwei Positionsskalen verwendet (Abbildung 2-5).

Im Folgenden möchte ich zwei alternative Möglichkeiten zeigen, um genau die in Abbildung 26-3 verwendeten Variablen zu zeichnen. Erstens, wenn wir uns hauptsächlich mit der Kraftstoffeffizienz als Antwortvariable befassen, können wir sie zweimal zeichnen: einmal gegen den Hubraum und einmal gegen die Leistung (Abbildung 26-5). Zweitens können wir, wenn wir uns mehr dafür interessieren, wie Hubraum und Leistung zusammenhängen, und die Kraftstoffeffizienz eine Variable von zweitrangigem Interesse ist, die Leistung gegenüber dem Hubraum darstellen und die Kraftstoffeffizienz auf die Größe der Punkte abbilden (Abbildung 26-6). Beide Abbildungen sind nützlicher und weniger verwirrend als Abbildung 26-3.

Sie fragen sich vielleicht, ob das Problem bei 3D-Streudiagrammen darin besteht, dass die eigentliche Datendarstellung, die Punkte selbst, keine 3D-Informationen übermittelt. Was passiert zum Beispiel, wenn wir stattdessen 3D-Balken verwenden? Abbildung 26-7 zeigt einen typischen Datensatz, den man mit 3D-Balken visualisieren kann.

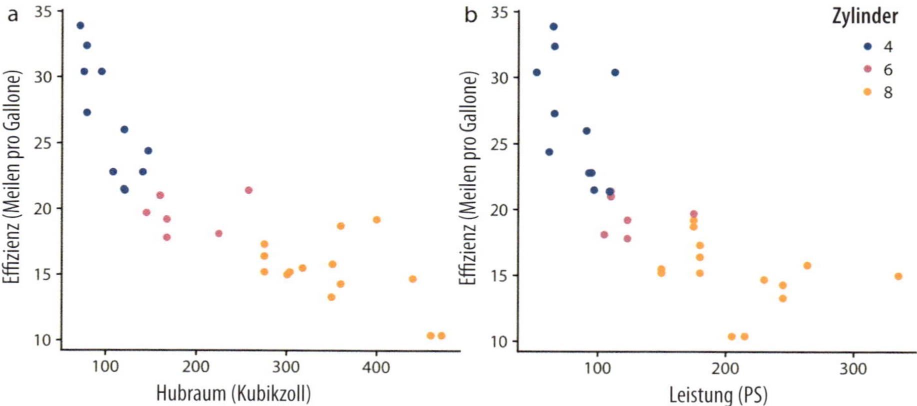

Abbildung 26-5: Kraftstoffeffizienz in Abhängigkeit von (a) Hubraum und (b) Leistung für 32 Autos. (Datenquelle: Motor Trend, 1974)

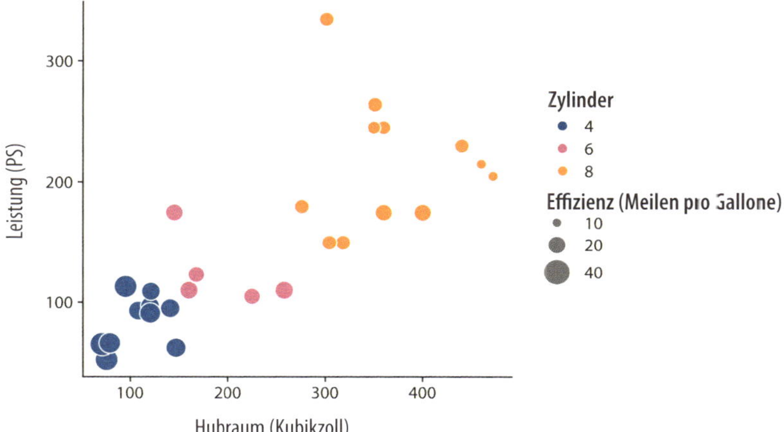

Abbildung 26-6: Leistung in Abhängigkeit von Hubraum für 32 Autos, wobei die Kraftstoffeffizienz durch die Punktgröße dargestellt wird. (Datenquelle: Motor Trend, 1974)

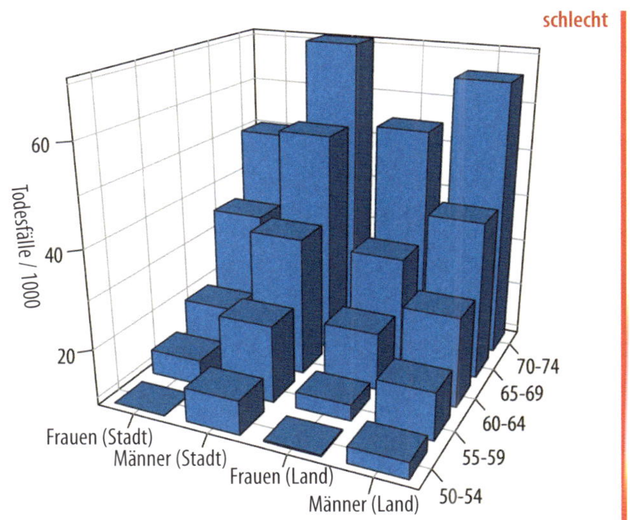

Abbildung 26-7: Sterblichkeitsraten in Virginia im Jahr 1940, dargestellt als 3D-Balkendiagramm. Die Sterblichkeitsraten werden für vier Personengruppen (Frauen und Männer, die in der Stadt bzw. auf dem Land lebten) und fünf Alterskategorien (50–54, 55–59, 60–64, 65–69, 70–74) dargestellt und in Einheiten von Todesfällen pro 1.000 Personen angegeben. Diese Abbildung habe ich als »schlecht« bezeichnet, da aufgrund der 3D-Perspektive die Interpretation der Abbildung schwierig ist. (Datenquelle: [Molyneaux, Gilliam und Florant 1947])

Die Sterblichkeitsraten von 1940 in Virginia sind nach Altersgruppen, Geschlecht und Wohnort gegliedert. Wir können sehen, dass uns die 3D-Balken in der Tat helfen, die Abbildung zu interpretieren. Es ist unwahrscheinlich, dass man einen Balken im Vordergrund mit einem Balken im Hintergrund verwechselt oder umgekehrt. Dennoch bestehen auch hier die im Zusammenhang mit Abbildung 26-2 diskutierten Probleme: Es ist schwierig, genau zu beurteilen, wie hoch die einzelnen Balken sind, und es ist auch schwierig, direkte Vergleiche anzustellen. War beispielsweise die Sterblichkeitsrate städtischer Frauen in der Altersgruppe der 65- bis 69-Jährigen höher oder niedriger als die der städtischen Männer in der Altersgruppe der 60- bis 64-Jährigen?

Im Allgemeinen ist es besser, Small Multiples (Kapitel 21) anstelle von 3D-Visualisierungen zu verwenden. Für den Virginia-Datensatz zur Sterblichkeitsrate sind nur vier Sub-Abbildungen erforderlich, wenn sie als Small Multiples dargestellt werden (Abbildung 26-8). Ich halte diese Abbildung für klar und leicht zu interpretieren. Es ist sofort offensichtlich, dass die Sterblichkeitsraten bei Männern höher waren als bei Frauen und dass bei Männern in den Städten höhere Sterblichkeitsraten als bei Männern auf dem Land zu verzeichnen waren, wohingegen bei Frauen in den Städten und auf dem Land kein solcher Trend erkennbar ist.

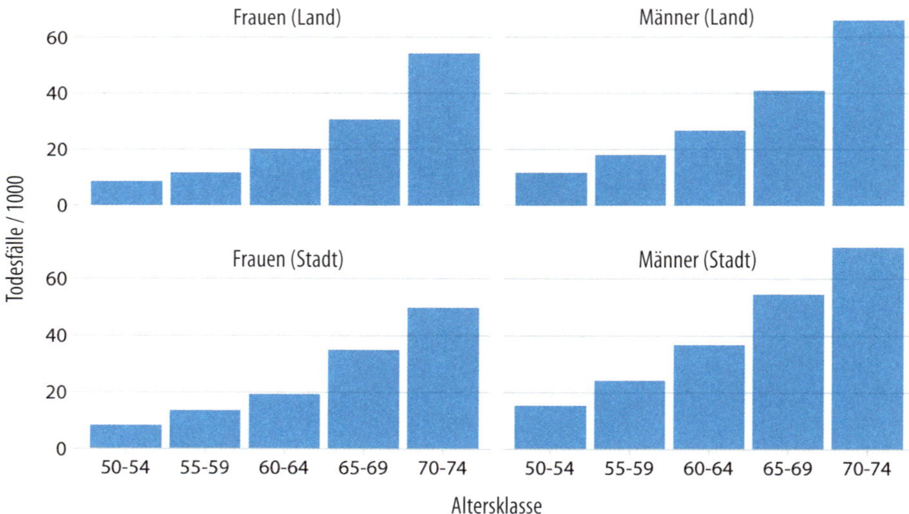

Abbildung 26-8: Sterblichkeitsraten in Virginia im Jahr 1940, dargestellt als Small Multiples. Die Sterblichkeitsraten werden für vier Personengruppen (Frauen und Männer, die in der Stadt bzw. auf dem Land lebten) und fünf Alterskategorien (50–54, 55–59, 60–64, 65–69, 70–74) dargestellt und in Einheiten von Todesfällen pro 1.000 Personen angegeben. (Datenquelle: [Molyneaux, Gilliam und Florant 1947])

Angemessene Verwendung von 3D-Visualisierungen

Manchmal jedoch können Visualisierungen mit 3D-Positionsskalen sinnvoll sein:

Erstens sind die im vorigen Abschnitt beschriebenen Probleme von geringerer Bedeutung, wenn die Visualisierung interaktiv ist und vom Betrachter gedreht werden kann oder wenn sie in einer VR- oder Augmented-Reality-Umgebung angezeigt wird, in der sie aus mehreren Blickwinkeln betrachtet werden kann.

Zweitens kann es für Visualisierungen, die nicht interaktiv sind, hilfreich sein, sie langsam rotierend zu zeigen, sodass der Betrachter erkennen kann, wo im 3D-Raum sich verschiedene Elemente befinden, anstatt die Abbildung als statisches Bild aus einer Perspektive zu betrachten. Das menschliche Gehirn ist sehr gut darin, eine 3D-Szene aus einer Reihe von Bildern zu rekonstruieren, die aus verschiedenen Winkeln aufgenommen wurden, und die langsame Drehung der Grafik liefert genau diese Bilder.

Auch ist es sinnvoll, 3D-Visualisierungen zu verwenden, um tatsächliche 3D-Objekte und/oder darauf abgebildete Daten anzuzeigen. Zum Beispiel ist die Darstellung des topografischen Reliefs einer Gebirgsinsel eine vernünftige Wahl (Abbildung 26-9). In ähnlicher Weise ist es sinnvoll, die evolutionäre Sequenzerhaltung eines Proteins auf seine Struktur abgebildet als 3D-Objekt zu visualisieren (Abbildung 26-10). In beiden Fällen wären diese Visualisierungen jedoch noch einfacher zu interpretieren, wenn sie als rotierende Animationen angezeigt würden. Während dies in herkömmlichen Print-Publikationen nicht möglich ist, ist es bei Abbildungen im Internet oder bei Präsentationen problemlos möglich.

Abbildung 26-9: Relief der Insel Korsika im Mittelmeer. (Datenquelle: Copernicus Land Monitoring Service)

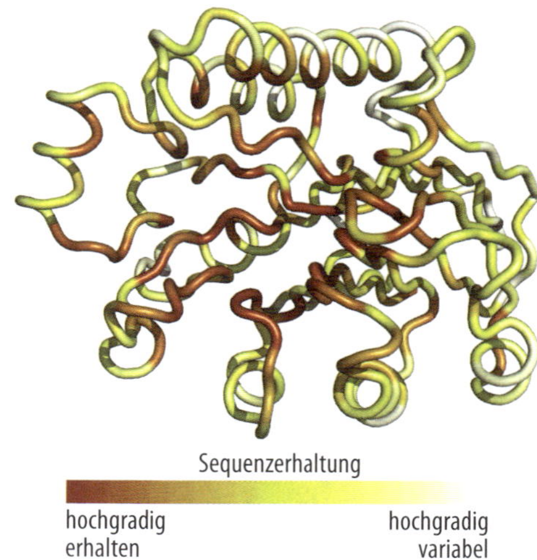

Abbildung 26-10: Muster der evolutionären Variation in einem Protein. Das farbige Röhrchen repräsentiert das Kernstück des Proteins Exonuclease III aus dem Bakterium Escherichia coli. Die Färbung zeigt die evolutionäre Erhaltung der einzelnen Positionen in diesem Protein an, wobei eine dunkle Färbung konservierte Aminosäuren und eine helle Färbung variable Aminosäuren anzeigt. (Datenquelle: [Marcos und Echave 2015])

TEIL III

Verschiedene Themen

KAPITEL 27

Die am häufigsten verwendeten Bilddateiformate verstehen

Jeder, der Abbildungen für die Datenvisualisierung erstellt, muss irgendwann ein paar Dinge darüber wissen, wie Abbildungen auf dem Computer gespeichert werden. Es gibt viele verschiedene Bilddateiformate, und jedes hat seine eigenen Vor- und Nachteile. Die Auswahl des richtigen Dateiformats und des richtigen Workflows kann die Vorbereitung vieler Abbildungen erleichtern.

Ich selbst bevorzuge die Verwendung von PDF für publikationsfähige Dateien in hoher Qualität und generell, wann immer es möglich ist, PNG für Online-Dokumente und andere Szenarien, in denen Bitmapgrafiken erforderlich sind. JPEG ist für mich die letzte Möglichkeit, wenn die PNG-Dateien zu groß sind. In den folgenden Abschnitten erkläre ich die wichtigsten Unterschiede zwischen diesen Dateiformaten und ihre jeweiligen Vor- und Nachteile.

Bitmap- und Vektorgrafiken

Der wichtigste Unterschied zwischen den verschiedenen Grafikformaten besteht darin, ob es sich um Bitmap- oder Vektorgrafiken handelt (Tabelle 27-1). *Bitmapgrafiken* speichern das Bild als Raster einzelner Punkte (Pixel genannt), die jeweils eine bestimmte Farbe haben. Im Gegensatz dazu speichern *Vektorgrafiken* die geometrische Anordnung einzelner grafischer Elemente im Bild. Ein Vektorbild enthält also Informationen wie »Es gibt eine schwarze Linie von der linken oberen Ecke zur rechten unteren Ecke und eine rote Linie von der linken unteren Ecke zur rechten oberen Ecke«, und die Abbildung wird jedes Mal, wenn sie auf dem Bildschirm angezeigt oder gedruckt wird, neu erstellt.

Tabelle 27-1: Häufig verwendete Bilddateiformate

Kurzbezeichnung	Name	Typ	Anwendung
PDF	Portable Document Format	Vektor	Generelle Anwendung
EPS	Encapsulated PostScript	Vektor	Generelle Anwendung, aber veraltet, benutzen Sie besser PDF.

Tabelle 27-1: Häufig verwendete Bilddateiformate (Fortsetzung)

Kurzbezeichnung	Name	Typ	Anwendung
SVG	Scalable Vector Graphics	Vektor	Onlinenutzung
PNG	Portable Network Graphics	Bitmap	Optimiert für Linienzeichnungen
JPEG/JPG	Joint Photographic Experts Group	Bitmap	Optimiert für fotografische Bilder
TIFF	Tagged Image File Format	Bitmap	Druck, genaue Farbwiedergabe
RAW	Raw Image File	Bitmap	Digitale Fotografie, muss nachbearbeitet werden
GIF	Graphics Interchange Format	Bitmap	Veraltet für statische Abbildungen, okay für Animationen

Vektorgrafiken werden auch als »auflösungsunabhängig« bezeichnet, da sie auf eine beliebige Größe vergrößert werden können, ohne dass Details oder Schärfe verloren gehen. Eine Demonstration finden Sie in Abbildung 27-1.

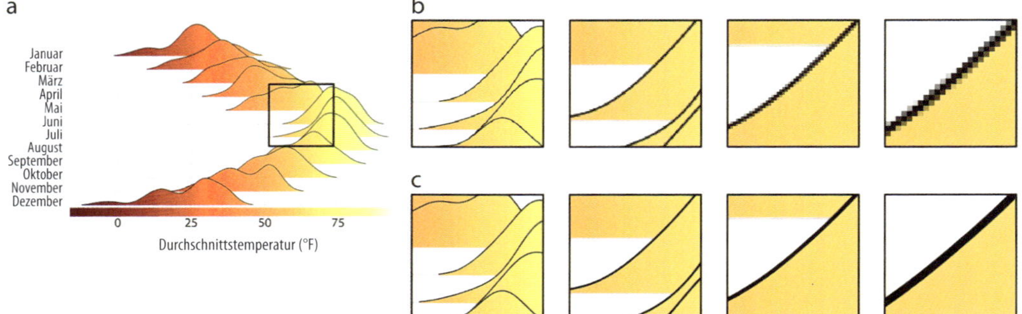

Abbildung 27-1: Illustration des Hauptunterschieds zwischen Vektorgrafiken und Bitmaps. (a) Originalbild: Das schwarze Quadrat zeigt den Bereich an, den wir in den Teilen (b) und (c) vergrößern. (b) Hochsetzen der Vergrößerung des hervorgehobenen Bereichs aus Teil (a), wenn das Bild als Bitmapgrafik gespeichert wurde: Wir sehen, wie das Bild zunehmend pixelig wird, je weiter wir hineinzoomen. (c) Hochsetzen der Vergrößerung einer Vektordarstellung des Bildes: Das Bild behält bei beliebigen Vergrößerungsstufen die perfekte Schärfe bei.

Vektorgrafiken haben zwei Nachteile, die in realen Anwendungen häufig zu Problemen führen können: Da Vektorgrafiken von dem Grafikprogramm, mit dem sie angezeigt werden, laufend neu gezeichnet werden, kann es zu Unterschieden in der Darstellung derselben Grafik in zwei verschiedenen Programmen oder auf zwei verschiedenen Computern kommen. Dieses Problem tritt am häufigsten bei Text auf, z.B. wenn die erforderliche Schriftart nicht verfügbar ist und die Rendering-Software eine andere Schriftart verwendet. Das Ersetzen von Schriftarten ermöglicht es dem Betrachter normalerweise, den Text wie beabsichtigt zu lesen, aber das resultierende Bild sieht selten gut aus. Es gibt Möglichkeiten, diese Probleme zu vermeiden, z.B. das Skizzieren oder Einbetten aller Schriftarten in eine PDF-Datei.

Dafür sind jedoch möglicherweise spezielle Software und/oder spezielle technische Kenntnisse erforderlich. Im Gegensatz dazu sehen Bitmap-Bilder immer gleich aus.

Zweitens können Vektorgrafiken bei sehr großen und/oder komplexen Abbildungen enorme Dateigrößen erreichen und sich nur langsam rendern lassen. Beispielsweise enthält ein Streudiagramm mit Millionen von Datenpunkten die *x*- und *y*-Koordinaten jedes einzelnen Punkts, und jeder Punkt muss beim Rendern des Bildes gezeichnet werden, auch wenn Punkte überlappen und/oder von anderen grafischen Elementen ausgeblendet werden. Infolgedessen kann die Datei viele Megabyte groß sein und es kann einige Zeit dauern, bis die Rendering-Software die Abbildung anzeigt. Als ich in den frühen 2000er-Jahren Postdoc war, habe ich einmal eine PDF-Datei erstellt, die zu der Zeit fast eine Stunde benötigte, um im Acrobat Reader angezeigt zu werden. Obwohl moderne Computer viel schneller sind und Renderzeiten von vielen Minuten heutzutage so gut wie unbekannt sind, kann sogar eine Renderzeit von wenigen Sekunden störend sein, wenn Sie Ihre Abbildung in ein größeres Dokument einbetten möchten und Ihr PDF-Reader jedes Mal streikt, wenn Sie die Seite mit der betreffenden Abbildung anzeigen wollen. Allerdings sind einfache Abbildungen mit nur einer geringen Anzahl von Elementen (z. B. einige Datenpunkte und Text) als Vektorgrafiken oft viel kleiner als Bitmaps, und die Software kann solche Abbildungen sogar schneller als die entsprechenden Bitmap-Bilder rendern.

Verlustfreie und verlustbehaftete Datenkomprimierung von Bitmapgrafiken

Die meisten Bitmap-Formate wenden eine Form der Datenkomprimierung an, um die Dateigröße leichter handhaben zu können. Es gibt zwei grundlegende Arten der Komprimierung: verlustfrei und verlustbehaftet.

Verlustfreie Komprimierung garantiert, dass das komprimierte Bild Pixel für Pixel mit dem Originalbild identisch ist, während verlustbehaftete Komprimierung eine gewisse Bildverschlechterung im Gegenzug für kleinere Dateigrößen akzeptiert.

Um beurteilen zu können, ob für Ihre Daten eine verlustfreie oder verlustbehaftete Komprimierung angebracht ist, hilft es, die Funktionsweise dieser verschiedenen Komprimierungsalgorithmen in ihren Grundzügen zu verstehen. Betrachten wir zunächst die verlustfreie Komprimierung. Stellen Sie sich ein Bild mit einem schwarzen Hintergrund vor, bei dem große Bereiche des Bildes durchgehend schwarz sind und daher viele schwarze Pixel direkt nebeneinander erscheinen. Jedes schwarze Pixel kann durch drei Nullen in einer Reihe, 0 0 0, dargestellt werden, die die Intensität null in den roten, grünen und blauen Farbkanälen des Bildes darstellen. Die schwarzen Hintergrundbereiche im Bild entsprechen Tausenden von Nullen in der Bilddatei. Angenommen, irgendwo im Bild sind 1.000 aufeinanderfolgende schwarze Pixel, was 3.000 Nullen entspricht. Anstatt all diese Nullen zu schreiben, können wir einfach die Gesamtzahl der benötigten Nullen speichern, indem wir beispielsweise 3000 0 schreiben. Auf diese Weise haben wir die exakt gleiche Information mit nur zwei Zahlen übermittelt: mit der Zählung (hier 3000) und dem Wert (hier 0). Im Laufe der Jahre wurden viele clevere Tricks in dieser Richtung entwickelt, und moderne verlustfreie Bildformate (wie PNG) können Bitmap-Daten mit beeindruckender Effizienz speichern. Alle verlustfreien Komprimierungsalgorithmen erzielen jedoch dann die beste Leistung, wenn Bilder große Bereiche mit einheitlichen Farben aufweisen. In Tabelle 27-1 ist daher PNG als das optimale Format für Linienzeichnungen aufgeführt.

In Fotografien liegen selten mehrere Pixel mit identischer Farbe und Helligkeit direkt nebeneinander. Stattdessen weisen sie graduelle Verläufe und andere Muster auf vielen verschiedenen Skalen auf. Daher funktioniert die verlustfreie Komprimierung dieser Bilder häufig nicht sehr gut. Als Alternative wurde die verlustbehaftete Komprimierung entwickelt. Die Grundidee einer verlustbehafteten Komprimierung besteht darin, dass einige Details in einem Bild für das menschliche Auge ohnehin zu subtil sind und verworfen werden können, ohne dass die Bildqualität offensichtlich beeinträchtigt wird. Betrachten Sie beispielsweise einen Farbverlauf von 1.000 Pixeln mit jeweils leicht unterschiedlichen Farbwerten. Die Wahrscheinlichkeit ist groß, dass der Verlauf nahezu gleich aussieht, wenn er mit nur 200 verschiedenen Farben gezeichnet und jeder Gruppe von 5 benachbarten Pixeln die exakt gleiche Farbe zugewiesen wird.

Das am häufigsten verwendete verlustbehaftete Bildformat ist JPEG (Tabelle 27-1), und tatsächlich geben viele Digitalkameras Bilder standardmäßig als JPEG aus. Die JPEG-Komprimierung eignet sich besonders gut für fotografische Bilder, und bei sehr geringer Verschlechterung der Bildqualität kann häufig eine erhebliche Reduzierung der Dateigröße erzielt werden. Die JPEG-Komprimierung schlägt jedoch fehl, wenn Bilder scharfe Kanten enthalten, z.B. Linienzeichnungen oder Text. In diesen Fällen kann die JPEG-Komprimierung zu sehr auffälligen Artefakten führen (Abbildung 27-2).

Auch wenn JPEG-Artefakte so subtil sind, dass sie mit bloßem Auge nicht sofort sichtbar sind, können sie beispielsweise beim Druck zu Problemen führen. Aus diesem Grund ist es ratsam, das JPEG-Format nach Möglichkeit zu vermeiden. Sie sollten es insbesondere bei Bildern vermeiden, die Strichzeichnungen oder Text enthalten, wie dies bei Datenvisualisierungen oder Screenshots der Fall ist. Das geeignete Format für diese Bilder ist PNG oder TIFF. Ich verwende das JPEG-Format ausschließlich für fotografische Bilder. Wenn ein Bild sowohl fotografische Elemente als auch Strichzeichnungen oder Text enthält, sollten Sie weiterhin PNG oder TIFF verwenden. Das Worst-Case-Szenario bei diesen Dateiformaten besteht darin, dass Ihre Bilddateien größer werden, während das Worst-Case-Szenario bei JPEG darin besteht, dass Ihr Endprodukt hässlich aussieht.

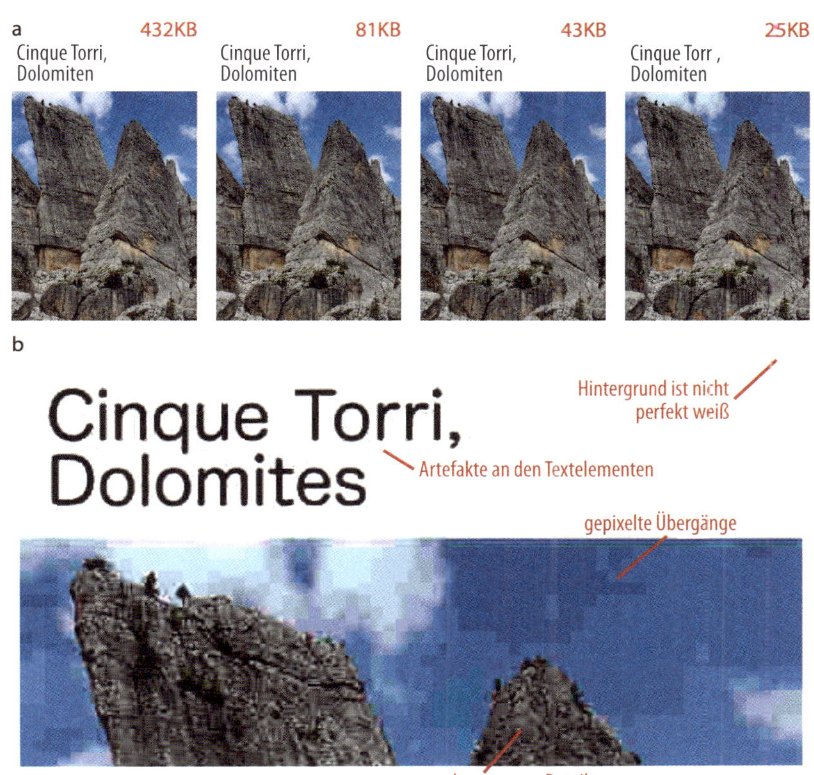

Abbildung 27-2: Illustration von JPEG-Artefakten. (a) Das gleiche Bild wird mehrmals mit zunehmend stärkerer JPEG-Komprimierung reproduziert. Die resultierende Dateigröße wird über jedem Bild in roter Schrift angezeigt. Bei einer Reduzierung der Dateigröße um den Faktor 10 (von 432 KB auf 43 KB im komprimierten Bild) wird die Bildqualität nur geringfügig beeinträchtigt. Eine weitere Reduzierung der Dateigröße um den Faktor 2 auf nur 25 KB führt jedoch zu zahlreichen sichtbaren Artefakten. (b) Wenn Sie in das am stärksten komprimierte Bild zoomen, werden die verschiedenen Komprimierungsartefakte sichtbar. (Bildnachweis: Claus O. Wilke)

Von einem Bildformat in ein anderes konvertieren

Generell ist es möglich, ein beliebiges Bildformat in ein beliebiges anderes Bildformat umzuwandeln. Auf einem Mac können Sie beispielsweise ein Bild mit Vorschau öffnen und dann in eine Reihe von verschiedenen Formaten exportieren. Bei diesem Vorgang können jedoch wichtige Informationen verloren gehen, die dann niemals wiedergewonnen werden können. Zum Beispiel geht nach dem Speichern einer Vektorgrafik in ein Bitmap-Format (z.B. eine PDF-Datei als JPEG) die Auflösungsunabhängigkeit, die ein Schlüsselmerkmal der Vektorgrafik ist, verloren. Umgekehrt verwandelt das Speichern eines JPEG-Bildes in eine PDF-Datei das Bild nicht auf magische Weise in eine Vektorgrafik. Das Bild ist weiterhin ein Bitmap-Bild, das nur in der PDF-Datei gespeichert wird. Ebenso entfernt das Konvertieren einer JPEG-Datei in eine PNG-Datei keine Artefakte, die möglicherweise durch den JPEG-Komprimierungsalgorithmus eingefügt wurden.

Es ist daher eine gute Faustregel, das Originalbild immer in einem Format zu speichern, das maximale Auflösung, Genauigkeit und Flexibilität gewährleistet. Erstellen Sie daher für Datenvisualisierungen Ihre Abbildung entweder als PDF und konvertieren Sie sie bei Bedarf in PNG oder JPEG oder speichern Sie sie als hochauflösende PNGs. Ähnliches gilt für Bilder, die nur als Bitmaps verfügbar sind, wie z.B. digitale Fotos. Speichern Sie diese in einem Format, das keine verlustbehaftete Komprimierung verwendet, oder, wenn dies nicht möglich ist, komprimieren Sie sie so wenig wie möglich. Speichern Sie die Bilder außerdem in einer möglichst hohen Auflösung und verkleinern Sie sie bei Bedarf.

KAPITEL 28
Auswahl der richtigen Visualisierungssoftware

In diesem Buch habe ich bewusst eine wichtige Frage der Datenvisualisierung ausgelassen: Welche Tools sollten wir zur Generierung unserer Abbildungen verwenden? Diese Frage kann zu heftigen Diskussionen führen, da viele Menschen eine starke emotionale Bindung zu den spezifischen Tools haben, mit denen sie vertraut sind. Ich habe oft gesehen, dass sie ihre eigenen bevorzugten Tools energisch verteidigten, anstatt Zeit in das Erlernen eines neuen Ansatzes zu investieren, auch wenn der neue Ansatz objektive Vorteile hat.

Das Festhalten an Tools, die Sie kennen, ist nicht völlig unvernünftig: Das Erlernen eines neuen Tools erfordert Zeit und Mühe, und Sie müssen eine schmerzhafte Übergangsphase durchlaufen, in der es viel schwieriger ist, die Dinge mit dem neuen Werkzeug zu erledigen als mit dem alten. Ob sich diese Zeit lohnt, kann in der Regel erst nachträglich beurteilt werden, nachdem man in das Erlernen des neuen Tools investiert hat. Unabhängig von den Vor- und Nachteilen der verschiedenen Tools und Vorgehensweisen ist das oberste Prinzip, dass Sie ein für Sie geeignetes Tool auswählen müssen. Wenn Sie die Abbildungen, die Sie erstellen möchten, ohne übermäßige Anstrengung erstellen können, dann ist das das Entscheidende.

Die beste Visualisierungssoftware ist die, mit der Sie die Abbildungen erstellen können, die Sie brauchen.

Ich denke jedoch, dass es allgemeine Prinzipien gibt, anhand derer wir die relativen Vorzüge verschiedener Ansätze zur Erstellung von Visualisierungen beurteilen können. Diese Prinzipien unterscheiden grob, wie reproduzierbar die Visualisierungen sind, wie einfach es ist, die Daten schnell zu untersuchen und inwieweit das Erscheinungsbild der Ausgabe optimiert werden kann.

Reproduzierbarkeit und Wiederholbarkeit

Im Kontext wissenschaftlicher Experimente bezeichnen wir Arbeit als *reproduzierbar*, insofern der übergreifende wissenschaftliche Befund der Arbeit unverändert bleibt, wenn eine andere Forschungsgruppe dieselbe Art von Studie durchführt. Wenn beispielsweise eine Forschergruppe feststellt, dass ein neues Schmerzmittel die wahrgenommenen Kopfschmerzen signifikant reduziert, ohne spürbare Nebenwirkungen zu verursachen, und eine andere Gruppe anschließend dasselbe Medikament bei einer anderen Patientengruppe untersucht und dieselben Ergebnisse erzielt, dann ist die Arbeit reproduzierbar. Im Gegensatz dazu ist die Arbeit *wiederholbar*, wenn sehr ähnliche oder identische Messungen von derselben Person erhalten werden können, die das exakt gleiche Messverfahren mit demselben Gerät wiederholt. Wenn ich zum Beispiel meinen Hund wiege und feststelle, dass er 18,6 kg wiegt, und ich ihn dann erneut auf der gleichen Waage wiege und feststelle, dass er 18,6 kg wiegt, ist diese Messung wiederholbar.

Mit geringfügigen Änderungen können wir diese Konzepte auf die Datenvisualisierung anwenden: Eine Visualisierung ist *reproduzierbar*, wenn die gezeichneten Daten verfügbar sind und alle Datentransformationen, die möglicherweise vor dem Zeichnen angewendet wurden, genau spezifiziert sind. Wenn Sie zum Beispiel eine Abbildung erstellen und mir dann die genauen Daten senden, die Sie geplottet haben, dann kann ich eine Abbildung vorbereiten, die im Wesentlichen ähnlich aussieht. Möglicherweise verwenden wir geringfügig unterschiedliche Schriftarten, Farben oder Punktgrößen, um dieselben Daten anzuzeigen, sodass die beiden Abbildungen möglicherweise nicht exakt identisch sind – Ihre und meine Abbildung vermitteln jedoch dieselbe Botschaft und sind daher eine jeweilige Reproduktion der anderen.

Eine Visualisierung ist hingegen *wiederholbar*, wenn es möglich ist, aus den Rohdaten bis auf das letzte Pixel genau dasselbe visuelle Erscheinungsbild wiederherzustellen. Genau genommen erfordert die Wiederholbarkeit, dass diese Elemente, auch wenn die Abbildung zufällige Elemente wie einen Jitter-Anteil (Kapitel 18) enthält, auf wiederholbare Weise angegeben wurden und zu einem späteren Zeitpunkt erneut generiert werden können. Für Zufallsdaten erfordert die Wiederholbarkeit im Allgemeinen, dass wir einen bestimmten Zufallszahlengenerator angeben, für den wir einen Startwert festlegen und aufzeichnen.

In diesem Buch haben Sie viele Beispiele von Abbildungen gesehen, die andere Abbildungen reproduzieren, aber nicht wiederholen. In Kapitel 25 sind beispielsweise mehrere Sätze von Abbildungen aufgeführt, die dieselben Daten zeigen, jedoch etwas anders aussehen. In ähnlicher Weise ist Abbildung 28-1a eine Wiederholung von Abbildung 9-7, bis auf den zufälligen Jitter-Anteil, der auf jeden Datenpunkt angewendet wurde, wohingegen Abbildung 28-1b nur eine Reproduktion dieser

Abbildung ist. Abbildung 28-1b weist einen anderen Jitter-Anteil als Abbildung 9-7 auf und verwendet auch ein ausreichend unterschiedliches visuelles Design, sodass die beiden Abbildungen recht unterschiedlich aussehen, auch wenn sie dieselben Informationen zu den Daten enthalten.

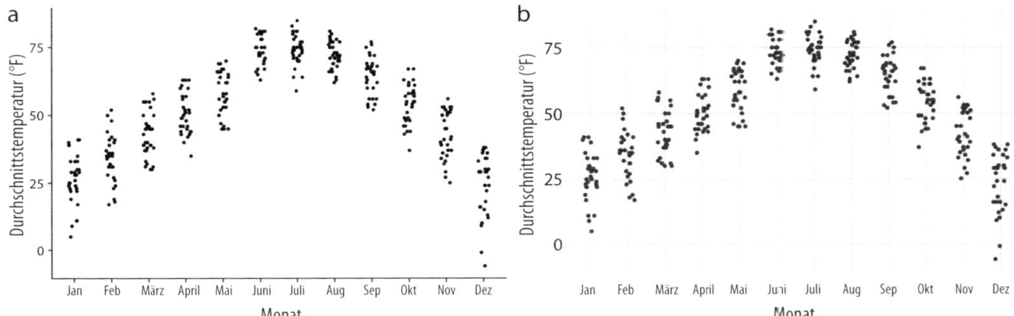

Abbildung 28-1: Wiederholung und Reproduktion einer Abbildung. Teil (a) ist eine Wiederholung von Abbildung 9-7. Die beiden Abbildungen sind bis auf den zufälligen Jitter-Anteil identisch, der auf jeden Punkt angewendet wurde. Im Gegensatz dazu ist Teil (b) eine Reproduktion, aber keine Wiederholung. Insbesondere unterscheidet sich der Jitter-Anteil in Teil (b) vom Jitter-Anteil in Teil (a) oder in Abbildung 9-7. (Datenquelle: Weather Underground)

Sowohl Reproduzierbarkeit als auch Wiederholbarkeit können schwierig zu gewährleisten sein, wenn wir mit interaktiver Visualisierungssoftware arbeiten. Viele interaktive Programme erlauben Ihnen, die Daten zu transformieren oder anderweitig zu manipulieren, behalten dabei jedoch nicht jede einzelne von Ihnen durchgeführte Datentransformation im Auge, sondern nur das Endprodukt. Wenn Sie mit einem solchen Programm eine Abbildung erstellen und jemand Sie auffordert, die Abbildung zu reproduzieren oder eine ähnliche Darstellung mit einem anderen Datensatz zu erstellen, kann dies zu Problemen führen.

Während meiner Zeit als Postdoc und junger Assistenzprofessor verwendete ich ein interaktives Programm für alle meine wissenschaftlichen Visualisierungen, und genau dieses Thema tauchte mehrmals auf. Ich hatte zum Beispiel mehrere Abbildungen für ein wissenschaftliches Manuskript angefertigt. Als ich einige Monate später das Manuskript überarbeiten wollte und eine leicht veränderte Version einer der Abbildungen reproduzieren musste, wurde mir klar, dass ich nicht mehr ganz sicher war, wie ich die ursprüngliche Abbildung überhaupt erstellt hatte. Diese Erfahrung hat mich gelehrt, mich so weit wie möglich von interaktiven Programmen fernzuhalten. Ich erstelle meine Abbildungen jetzt programmgesteuert, indem ich Code (Skripte) schreibe, der die Abbildungen aus den Rohdaten generiert. Programmgesteuert generierte Abbildungen können im Allgemeinen von jedem wiederholt werden, der Zugriff auf die generierenden Skripte, die verwendete Programmiersprache und entsprechende Bibliotheken hat.

Datenexploration versus Datenpräsentation

Es gibt zwei verschiedene Phasen der Datenvisualisierung mit sehr unterschiedlichen Anforderungen: Die erste Phase ist die *Datenexploration* (Datenerkundung). Wenn Sie mit der Arbeit an einem neuen Datensatz beginnen, müssen Sie ihn aus verschiedenen Blickwinkeln betrachten und verschiedene Arten der Visualisierung ausprobieren, um die wichtigsten Funktionen des Datensatzes besser zu verstehen. In dieser Phase sind Schnelligkeit und Effizienz von entscheidender Bedeutung. Sie müssen verschiedene Formen von Darstellungen, verschiedene Datentransformationen und verschiedene Teilmengen der Daten ausprobieren. Je schneller Sie die verschiedenen Arten der Datenansicht durchlaufen können, desto mehr werden Sie erkunden und umso wahrscheinlicher werden Sie ein wichtiges Merkmal in den Daten bemerken, das Sie ansonsten möglicherweise übersehen hätten.

Die zweite Phase ist die *Datenpräsentation*. In diese Phase treten Sie ein, sobald Sie Ihren Datensatz verstanden haben und wissen, welche Aspekte davon Sie Ihrem Publikum zeigen möchten. Das Hauptziel in dieser Phase ist die Erstellung einer hochwertigen, publikationsfertigen Abbildung, die in einem Artikel oder Buch gedruckt, in einer Präsentation enthalten sein oder im Internet veröffentlicht werden kann.

In der Erkundungsphase ist es zweitrangig, ob die Abbildungen, die Sie erstellen, attraktiv aussehen. Es ist in Ordnung, wenn die Achsenbeschriftungen fehlen, die Legende durcheinander ist oder die Symbole zu klein sind, solange Sie die verschiedenen Muster in den Daten auswerten können. Entscheidend ist jedoch, wie einfach Sie die Darstellung der Daten ändern können. Um die Daten wirklich zu untersuchen, sollten Sie in der Lage sein, schnell von einem Streudiagramm zu überlappenden Dichteverteilungsdiagrammen, zu Boxdiagrammen oder zu einer Heatmap zu wechseln. In Kapitel 2 haben Sie gesehen, dass alle Visualisierungen in Abbildungen auf der Übersetzung von Daten in Aesthetics basieren.. Ein gut konzipiertes Tool zur Datenexploration erlaubt Ihnen, auf einfache Weise ästhetische Veränderungen an beliebigen Variablen vorzunehmen und bietet Ihnen eine breite Palette verschiedener Visualisierungsoptionen innerhalb einer zusammenhängenden Umgebung.

Meiner Erfahrung nach sind jedoch viele Visualisierungswerkzeuge (und insbesondere Bibliotheken zur programmgesteuerten Abbildungsgenerierung) nicht auf diese Weise eingerichtet. Stattdessen sind sie nach Diagrammtypen organisiert, wobei für jeden unterschiedlichen Diagrammtyp etwas andere Eingabedaten erforderlich sind und eine eigene, eigenwillige Schnittstelle vorhanden ist. Solche Tools können einer effizienten Datenerkundung im Wege stehen, da es schwierig ist, sich zu erinnern, wie die verschiedenen Diagrammtypen funktionieren. Ich empfehle, sorgfältig zu prüfen, ob Ihre Visualisierungssoftware eine schnelle Datenexploration ermöglicht oder eher stört. Wenn sie Ihnen häufiger im Wege ist, können Sie alternative Visualisierungsoptionen ausprobieren.

Sobald wir festgelegt haben, wie wir unsere Daten genau visualisieren möchten, welche Datentransformationen wir vornehmen möchten und welche Art von Plot verwendet werden soll, möchten wir in der Regel eine qualitativ hochwertige Abbildung für die Veröffentlichung vorbereiten. An diesem Punkt haben wir verschiedene Wege, die wir verfolgen können. Wir könnten die Abbildung mit der gleichen Software-Plattform finalisieren, die wir für die erste Evaluation verwendet haben. Wir könnten zu einer Plattform wechseln, die uns eine genauere Kontrolle über das Endprodukt bietet, auch wenn diese Plattform die Erkundung schwieriger macht. Wir könnten eine Entwurfsabbildung mit einer Visualisierungssoftware erstellen und sie dann manuell mit einem Bildbearbeitungs- oder Illustrationsprogramm nachbearbeiten, z.B. Photoshop oder Illustrator. Wir könnten die gesamte Abbildung von Grund auf neu zeichnen, entweder mit Stift und Papier oder mit einem Illustrationsprogramm.

All diese Optionen sind sinnvoll. Ich möchte jedoch davor warnen, Abbildungen in routinemäßigen Datenanalyse-Pipelines oder für wissenschaftliche Veröffentlichungen manuell aufzupeppen. Manuelle Schritte in der Vorbereitung von Abbildungen machen das Wiederholen oder Reproduzieren einer Abbildung von Natur aus schwierig und zeitaufwendig. Nach meinen Erfahrungen in den Naturwissenschaften erstellen wir eine Abbildung selten nur einmal: Im Verlauf einer Studie können Experimente wiederholt, kann der ursprüngliche Datensatz erweitert oder ein Experiment mit leicht veränderten Bedingungen durchgeführt werden. Ich habe es schon oft erlebt, dass wir am Ende des Veröffentlichungsprozesses, wenn wir glaubten, alles sei erledigt und abgeschlossen, eine kleine Änderung an der Art und Weise unserer Datenanalyse vorgenommen haben und infolgedessen alle Abbildungen neu gezeichnet werden mussten. Und ich habe auch in ähnlichen Situationen erlebt, dass die Entscheidung getroffen wurde, die Analyse nicht zu wiederholen oder die Abbildungen nicht neu zu zeichnen – entweder aufgrund des damit verbundenen Aufwands oder weil diejenigen, die die ursprünglichen Abbildungen erstellt hatten, einfach nicht mehr verfügbar waren. In all diesen Szenarien stört eine unnötig komplizierte und nicht reproduzierbare Datenvisualisierungs-Pipeline die Produktion bestmöglicher Wissenschaft.

Trotzdem habe ich keine grundsätzlichen Bedenken hinsichtlich handgezeichneter oder manuell nachbearbeiteter Abbildungen, um beispielsweise Achsenbeschriftungen zu ändern, Anmerkungen hinzuzufügen oder Farben zu ändern. Diese Ansätze können wunderschöne und einzigartige Abbildungen hervorbringen, die auf keine andere Weise leicht hergestellt werden können. In der Tat beobachte ich seit der zunehmenden Verbreitung ausgefeilter computergenerierter Visualisierungen, dass manuell gezeichnete Abbildungen in gewisser Weise wiederaufleben (ein

Beispiel finden Sie in Abbildung 28-2). Ich denke, dies ist der Fall, weil solche Abbildungen eine einzigartige und personalisierte Sichtweise auf das darstellen, was sonst vielleicht eine eher sterile und routinemäßige Präsentation von Daten wäre.

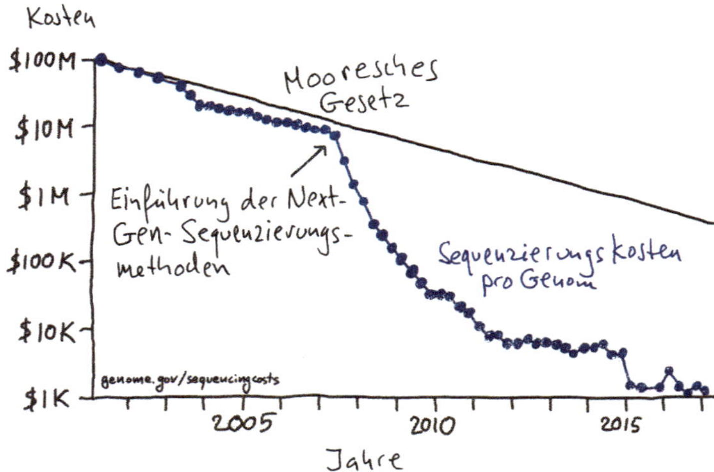

Abbildung 28-2: Nach Einführung der Next-Gen-Sequenzierungsmethoden sind die Sequenzierungskosten pro Genom viel schneller gesunken als nach Moores Gesetz prognostiziert. Diese handgezeichnete Abbildung reproduziert eine weit verbreitete Visualisierung, die von den National Institutes of Health erstellt wurde. (Datenquelle: National Human Genome Research Institute)

Trennung von Inhalt und Design

Eine gute Visualisierungssoftware sollte es Ihnen ermöglichen, getrennt über den Inhalt und das Design Ihrer Abbildung nachzudenken. Mit *Inhalt* meine ich den gezeigten, spezifischen Datensatz, die angewendeten Datentransformationen (falls vorhanden), die spezifischen Zuordnungen von Daten zu Ästhetik, die Maßstäbe, die Achsenbereiche und die Art der Darstellung (Streudiagramm, Liniendiagramm, Balkendiagramm, Boxplot usw.) *Design* hingegen sind Merkmale wie die Vordergrund- und Hintergrundfarben, Schriftartspezifikationen (z.B. Schriftgröße, Form, ...), Symbolformen und -größen, unabhängig davon, ob die Abbildung ein Hintergrundgitter hat oder nicht, und die Platzierung von Legenden, Achsenmarkierungen, Achsentiteln und Diagrammtiteln.

Wenn ich an einer neuen Visualisierung arbeite, bestimme ich normalerweise zuerst den Inhalt, indem ich die im vorherigen Abschnitt beschriebene Vorgehensweise der schnellen Erkundung verwende. Sobald der Inhalt festgelegt ist, kann ich das Design optimieren oder mit größerer Wahrscheinlichkeit ein vordefiniertes

Design anwenden, das mir gefällt und/oder dass der Abbildung ein konsistentes Aussehen im Kontext eines größeren Werkes verleiht.

In der Software, die ich für dieses Buch verwendet habe, ggplot2, wird die Trennung von Inhalt und Design über *Themes* erreicht. Ein Theme gibt das visuelle Erscheinungsbild einer Abbildung an, und es ist einfach, eine vorhandene Abbildung zu übernehmen und verschiedene Themes darauf anzuwenden (Abbildung 28-3). Themes können von Dritten geschrieben und als *R*-Pakete verteilt werden. Durch diesen Mechanismus hat sich rund um ggplot2 ein florierendes Ökosystem von Add-On-Themes entwickelt, das eine Vielzahl verschiedener Stile und Anwendungsszenarien abdeckt. Wenn Sie mit ggplot2 Abbildungen erstellen, finden Sie mit ziemlicher Sicherheit ein vorhandenes Theme, das den Erfordernissen Ihres Designs entspricht.

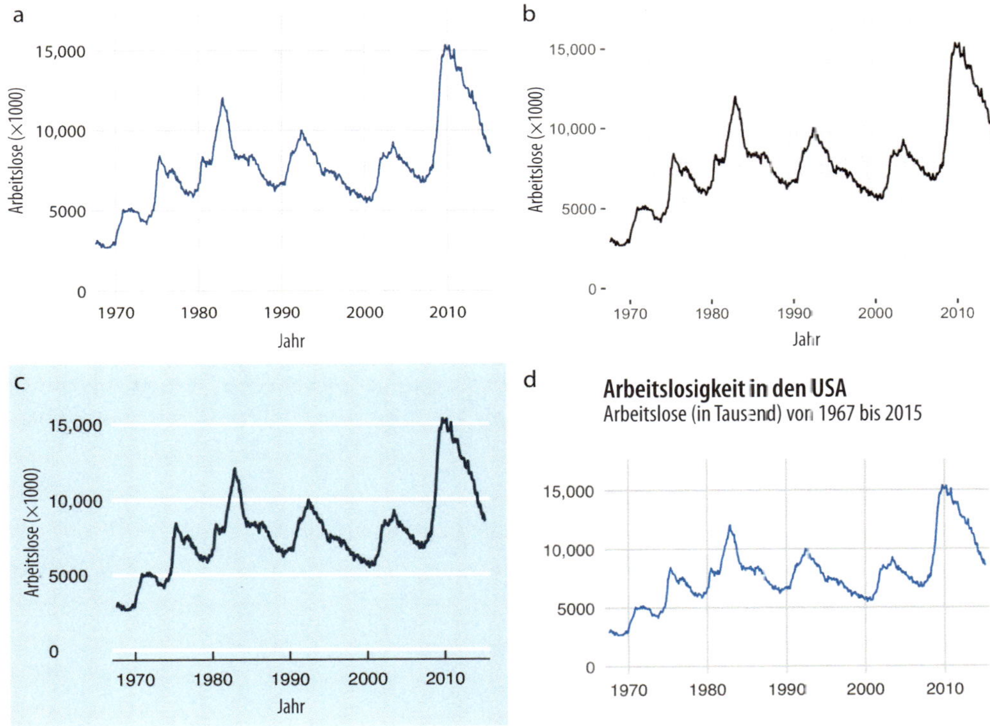

Abbildung 28-3: Anzahl der Arbeitslosen in den USA von 1970 bis 2015. Dieselbe Abbildung wird unter Verwendung von vier verschiedenen ggplot2-Themes angezeigt: (a) das Standardthema für dieses Buch; (b) das Standarddesign von ggplot2, der Software, mit der ich alle Abbildungen in diesem Buch erstellt habe; (c) ein Thema, das die im Economist gezeigten Visualisierungen nachahmt; (d) ein Thema, das Visualisierungen nachahmt, die von FiveThirtyEight gezeigt werden. FiveThirtyEight verzichtet häufig auf Achsenbeschriftungen zugunsten von Plot-Titeln und -Untertiteln, weshalb ich die Abbildung entsprechend angepasst habe. (Datenquelle: US Bureau of Labour Statistics)

Die Trennung von Inhalt und Design ermöglicht es Datenwissenschaftlern und Designern, sich auf das zu konzentrieren, was sie am besten können. Die meisten Datenwissenschaftler sind keine Designer, und daher sollten die Daten ihr Hauptanliegen sein, nicht das Design einer Darstellung. Umgekehrt sind die meisten Designer nicht Data Scientists, und sie sollten – ohne sich über spezifische Daten, geeignete Transformationen usw. Sorgen zu machen – eine einzigartige und ansprechende visuelle Sprache für Abbildungen liefern können.

Dasselbe Prinzip der Trennung von Inhalt und Design wird seit Langem in der Verlagswelt für Bücher, Zeitschriften, Zeitungen und Websites befolgt, wo Autoren Inhalte bereitstellen, Layout und Design jedoch von einer separaten Gruppe von Personen erstellt werden, die sich auf diesen Bereich spezialisiert haben und dafür sorgen, dass die Publikation in einem visuell einheitlichen und ansprechenden Stil erscheint. Dieses Prinzip ist logisch und nützlich, aber in der Welt der Datenvisualisierung noch nicht so verbreitet.

Kurz zusammengefasst: Überlegen Sie bei der Auswahl Ihrer Visualisierungssoftware, wie einfach Sie Abbildungen reproduzieren und mit aktualisierten oder auf andere Weise geänderten Datensätzen wiederholt erstellen können, ob Sie schnell verschiedene Visualisierungen derselben Daten untersuchen und inwieweit Sie das visuelle Design separat vom Erzeugen des Abbildungsinhalts optimieren können. Je nachdem, wie gut und gerne Sie programmieren, kann es hilfreich sein, verschiedene Visualisierungswerkzeuge in den Phasen Datenexploration und Datenpräsentation zu verwenden und den abschließenden Feinschliff entweder interaktiv oder manuell vorzunehmen. Falls Sie Abbildungen interaktiv erstellen müssen – insbesondere bei Software, die nicht alle von Ihnen vorgenommenen Datentransformationen und visuellen Optimierungen nachverfolgt –, überlegen Sie sich, wie Sie die einzelnen Abbildungen gestalten, damit alle Ihre Arbeiten reproduzierbar bleiben.

KAPITEL 29

Eine Geschichte erzählen und Erkenntnisse auf den Punkt bringen

Datenvisualisierung erfolgt in der Regel, um Erkenntnisse zu kommunizieren. Wir haben anhand eines Datensatzes Einblicke und Erkenntnisse gewonnen und wir haben ein potenzielles Publikum, dem wir unsere Einsichten vermitteln wollen. Um unsere Erkenntnisse erfolgreich zu vermitteln, müssen wir dem Publikum eine aussagekräftige und spannende Geschichte präsentieren. Das Bedürfnis nach einer Geschichte mag Wissenschaftlern und Ingenieuren beunruhigend erscheinen, die »eine Geschichte erzählen« vielleicht mit dem Erfinden von Dingen oder der Übertreibung beim Präsentieren von Ergebnissen gleichsetzen. Sie übersehen dabei jedoch die wichtige Rolle, die Geschichten beim Argumentieren und Erinnern spielen. Wir werden aufgeregt, wenn wir eine gute Geschichte hören, und wir langweilen uns, wenn die Geschichte schlecht ist oder wenn es keine Geschichte gibt. Darüber hinaus erzeugt jede Kommunikation in den Köpfen des Publikums eine Geschichte. Wenn wir selbst keine einleuchtende Geschichte liefern, wird unser Publikum eine erfinden. Im besten Fall ist die Geschichte, die es sich zusammenreimt, unserer eigenen Sicht auf das präsentierte Material ähnlich. Es kann jedoch viel schlimmer sein und ist es oft auch: Die Geschichte, die das Publikum für sich erfindet, könnte »das ist langweilig«, »der Autor liegt falsch« oder »der Autor ist inkompetent« lauten.

Ihr Ziel beim Erzählen einer Geschichte sollte es sein, Fakten und logische Argumente zu verwenden, um Ihr Publikum zu interessieren und zu begeistern. Lassen Sie mich eine Geschichte über den theoretischen Physiker Stephen Hawking erzählen. Bei ihm wurde im Alter von 21 Jahren eine Motoneuronerkrankung diagnostiziert – ein Jahr nach seiner Promotion – und die Ärzte schätzten seine Lebenserwartung auf zwei Jahre. Hawking akzeptierte diese Prognose nicht und begann, seine ganze Energie in die Wissenschaft zu stecken. Letztendlich wurde er 76 Jahre alt, wurde einer der einflussreichsten Physiker seiner Zeit und leistete seine ganze wegweisende Arbeit, während er schwerbehindert war. Ich möchte behaupten, dass dies eine überzeugende Geschichte ist. Sie ist auch vollständig faktenbasiert und wahr.

Was ist eine Geschichte?

Bevor wir Strategien diskutieren können, um Visualisierungen in Geschichten umzuwandeln, müssen wir verstehen, was eine Geschichte eigentlich ist. Eine Geschichte besteht aus einer Reihe von Beobachtungen, Fakten oder Ereignissen, die wahr oder erfunden sind und in einer bestimmten Reihenfolge präsentiert werden, sodass sie im Publikum eine emotionale Wirkung entfalten. Die emotionale Reaktion entsteht durch den Aufbau von Spannungen am Anfang der Geschichte, gefolgt von einer Art Auflösung gegen Ende der Geschichte. Wir bezeichnen den Fluss der Spannung hin zur Auflösung als den *Handlungs-* bzw. *Spannungsbogen*, und jede gute Geschichte hat einen klaren, identifizierbaren Bogen.

Erfahrene Autoren wissen, dass es Standardmuster für das Erzählen von Geschichten (*Storytelling*) gibt, die dem menschlichen Denken entsprechen. Zum Beispiel können wir eine Geschichte im Format »Eröffnung – Herausforderung – Aktion – Lösung «erzählen (engl. *»Opening–Challenge–Action–Resolution story format«*) In der Tat ist dies das Format, das ich für die Hawking-Geschichte verwendet habe: Ich eröffnete die Geschichte mit einer Einführung in das Thema, den Physiker Stephen Hawking. Als Nächstes präsentierte ich die Herausforderung, die Diagnose einer Motoneuronerkrankung im Alter von 21 Jahren. Dann folgt die Aktion, sein heftiger Einsatz für die Wissenschaft. Schließlich stelle ich die Lösung seines Problems vor: Hawking führte ein langes und erfolgreiches Leben und wurde einer der einflussreichsten Physiker seiner Zeit.

Andere Formate werden ebenfalls häufig verwendet. Zeitungsartikel folgen häufig dem *Lead-Development-Resolution*-Format oder – noch kürzer – dem Lead-Development-Format, bei dem der Lead, eine kurze Einführung, die wichtigste Information direkt verrät und das nachfolgende Material weitere Details liefert. Wenn wir die Hawking-Geschichte in diesem Format erzählen wollten, könnten wir mit einem Satz beginnen wie »Der einflussreiche Physiker Stephen Hawking, der unser Verständnis von Schwarzen Löchern und Kosmologie revolutionierte, überlebte die Prognose seiner Ärzte um 53 Jahre und leistete seine bahnbrechende Arbeit, während er schwerbehindert war.« Dies ist der *Lead*. Im ausführlichen Bericht (*Development*) könnten wir Hawkings Leben, Krankheit und Hingabe an die Wissenschaft genauer beschreiben.

Ein weiteres Format ist *Action–Background–Development–Climax–Ending*, das die Story etwas schneller entwickelt als das Format *Opening–Challenge–Action–Resolution*, jedoch nicht so schnell wie Lead–Development. In diesem Format könnten wir mit einem Satz beginnen wie: »Der junge Stephen Hawking – konfrontiert mit einer kräftezehrenden Behinderung und der Aussicht auf einen frühen Tod – beschloss, all seine Anstrengungen in seine Wissenschaft zu stecken und sich einen Namen zu machen, solange er dies noch konnte.« Der Zweck dieses Formats ist es, das Publikum zu fesseln und frühzeitig eine emotionale Verbindung herzustellen, aber ohne sofort die endgültige Auflösung zu verraten.

Mein Ziel in diesem Kapitel ist es nicht, diese Standardformen des *Storytellings* näher zu beschreiben. Es gibt ausgezeichnete Quellen, die dieses Thema behandeln. Für Wissenschaftler und Analysten empfehle ich besonders Joshua Schimels Buch *Writing Science* [Schimel 2011]. Stattdessen möchte ich erörtern, wie wir Datenvisualisierungen in den Handlungsbogen integrieren können. Vor allem müssen wir erkennen, dass eine einzelne (statische) Visualisierung selten eine ganze Geschichte erzählt. Eine Visualisierung kann die Eröffnung, die Herausforderung, die Handlung oder die Auflösung veranschaulichen, aber es ist unwahrscheinlich, dass alle diese Teile der Geschichte gleichzeitig vermittelt werden. Um eine vollständige Geschichte zu erzählen, benötigen wir normalerweise mehrere Visualisierungen. Wenn wir beispielsweise eine Präsentation halten, zeigen wir möglicherweise zuerst Hintergrund- oder Motivationsmaterial, dann eine Abbildung, die eine Herausforderung zeigt, und schließlich eine andere Abbildung, die die Lösung liefert. Ebenso können wir in einem Forschungsbericht eine Abfolge von Abbildungen vorstellen, die gemeinsam einen überzeugenden Handlungsbogen erzeugen. Es ist jedoch auch möglich, einen ganzen Handlungsbogen in einer einzigen Abbildung zusammenzufassen. Eine solche Darstellung muss gleichzeitig eine Herausforderung und eine Lösung enthalten und ist vergleichbar mit einem Handlungsbogen, der mit einem Lead beginnt.

Um ein konkretes Beispiel für die Einbindung von Abbildungen in Geschichten zu geben, werde ich nun eine Geschichte anhand von zwei Abbildungen erzählen. Die erste kreiert die Herausforderung und die zweite dient als Lösung. Der Kontext meiner Geschichte ist das Anwachsen von Vorabdrucken in den Biowissenschaften (siehe auch Kapitel 13). Vorabdrucke sind Manuskripte in Entwurfsform, die Wissenschaftler mit ihren Kollegen teilen, bevor eine offizielle Begutachtung und die Veröffentlichung erfolgen. Wissenschaftler haben Manuskriptentwürfe geteilt, seit es wissenschaftliche Manuskripte gibt. Anfang der 1990er-Jahre, mit dem Aufkommen des Internets, erkannten die Physiker jedoch, dass das Speichern und Verteilen von Manuskriptentwürfen in einer zentralen Datenbank wesentlich effizienter ist. Sie erfanden den Preprint-Server, einen Webserver, auf dem Wissenschaftler Manuskriptentwürfe hochladen, herunterladen und suchen können.

Der Preprint-Server, den die Physiker entwickelt haben und heute noch verwenden, heißt *arXiv.org*. Kurz nach seiner Gründung begann arXiv.org, sich in verwandte quantitative Bereiche wie Mathematik, Astronomie, Informatik, Statistik, Quantitative Finanzwissenschaften und Quantitative Biologie zu verzweigen und auch dort beliebt zu werden. Hier interessiere ich mich für die Preprint-Einreichungen im Bereich Quantitative Biologie (q-bio) von arXiv.org. Die Anzahl der Einreichungen pro Monat stieg von 2007 bis Ende 2013 exponentiell an, doch dann hörte das Wachstum plötzlich auf (Abbildung 29-1). Ende 2013 muss etwas geschehen sein, das die Landschaft bei Vorabdrucken für die Quantitative Biologie radikal verändert hat. Was hat diese drastische Änderung des Wachstums der Einreichungen verursacht?

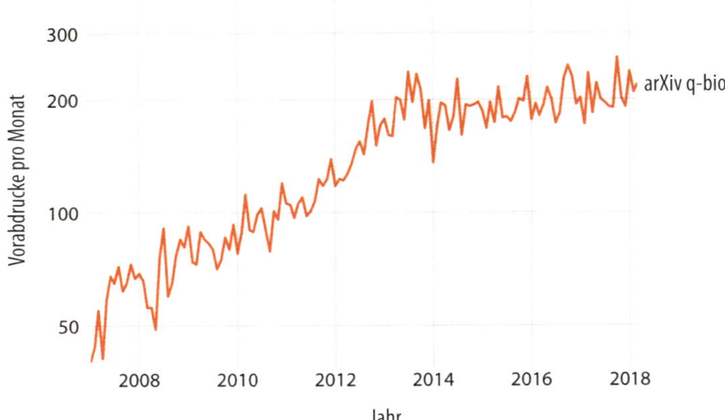

Abbildung 29-1: Zunahme der monatlichen Einreichungen im Bereich »Quantitative Biologie« (q-bio) des Preprint-Servers arXiv.org. Ab 2014 ist eine deutliche Veränderung der Wachstumsrate zu beobachten. Während bis 2014 ein rasches Wachstum zu verzeichnen war, ist ab 2014 kaum mehr Wachstum zu verzeichnen. Beachten Sie, dass die y-Achse logarithmisch ist, sodass ein linearer Anstieg von y einem exponentiellen Wachstum der Einreichungen von Vorabdrucken entspricht. (Datenquelle: Jordan Anaya, http://www.prepubmed.org/)

Ich behaupte, dass Ende 2013 der Zeitpunkt war, zu dem die Vorabdrucke in der Biologie richtig Fahrt aufnahmen und zu dem sich ironischerweise das Wachstum des q-bio-Archivs verlangsamt hat. Im November 2013 wurde der biologiespezifische Preprint-Server *bioRxiv* von *Cold Spring Harbor Laboratory (CSHL) Press* lanciert. *CSHL Press* ist ein Verlag, der unter Biologen hoch angesehen ist. Die Unterstützung von CSHL Press half enorm bei der Akzeptanz von Vorabdrucken im Allgemeinen und von bioRxiv im Besonderen unter Biologen. Dieselben Biologen, die gegenüber arXiv.org ziemlich misstrauisch gewesen wären, fühlten sich mit bioRxiv viel wohler. BioRxiv hat sich infolgedessen bei Biologen schnell durchgesetzt, und zwar in einem Ausmaß, wie es arXiv nie geschafft hatte. In der Tat erfuhr bioRxiv kurz nach seiner Markteinführung ein schnelles und exponentielles Wachstum der monatlichen Einreichungen, und die Verlangsamung der Q-Bio-Einreichungen auf arXiv fällt genau mit dem Beginn dieses exponentiellen Wachstums von BioRxiv zusammen (Abbildung 29-2). Offenbar haben sich viele Quantitative Biologen, die ansonsten möglicherweise einen Vorabdruck bei q-bio hinterlegt hätten, stattdessen für die Hinterlegung bei bioRxiv entschieden.

Dies ist meine Geschichte über Vorabdrucke in der Biologie. Ich habe sie absichtlich mit zwei Abbildungen erzählt, obwohl die erste (Abbildung 29-1) vollständig in der zweiten enthalten ist (Abbildung 29-2). Ich denke, diese Geschichte hat die stärkste Wirkung, wenn sie in zwei Teile geteilt wird, und so würde ich sie auch in einem Vortrag präsentieren. Abbildung 29-2 kann jedoch auch allein verwendet werden, um die gesamte Geschichte zu erzählen, und die Version mit einer einzelnen Abbildung ist möglicherweise besser für ein Medium geeignet, bei dem Sie mit einer kurzen Aufmerksamkeitsspanne Ihres Publikums rechnen müssen, z.B. in sozialen Medien.

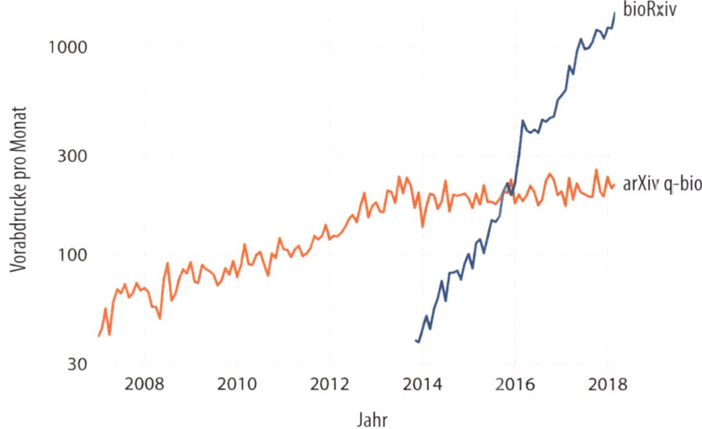

Abbildung 29-2: Die Abflachung bei der Menge der Einreichungen bei q-bio fiel mit der Einführung des bioRxiv-Servers zusammen. Dargestellt ist die Zunahme der monatlichen Einreichungen an den q-bio-Bereich des Allzweck-Preprint-Servers arXiv.org und an den spezifischen Biologie-Preprint-Server bioRxiv. Der bioRxiv-Server ging im November 2013 in Betrieb, und seine Einreichungsrate ist seitdem exponentiell gestiegen. Es ist wahrscheinlich, dass sich viele Wissenschaftler, die ansonsten Vorabdrucke an q-bio gesendet hätten, für bioRxiv entschieden haben. (Datenquelle: Jordan Anaya, http://www.prepubmed.org/)

Erstellen Sie eine Abbildung für die Generäle

Im weiteren Verlauf dieses Kapitels werde ich Strategien für einzelne Abbildungen und für Abbildungsreihen erörtern, die Ihrem Publikum helfen, sich mit Ihrer Geschichte zu identifizieren und während des gesamten Handlungsbogens aufmerksam zu bleiben.

Vor allem müssen Sie Ihren Zuschauern Abbildungen zeigen, die sie tatsächlich verstehen können. Es ist durchaus möglich, alle Empfehlungen, die ich in diesem Buch gegeben habe, zu befolgen und dennoch Abbildungen zu erstellen, die verwirren. In diesem Fall sind Sie möglicherweise zwei häufigen Missverständnissen zum Opfer gefallen:

Missverständnis 1: »Mein Publikum sieht meine Abbildungen und kann sofort auf die Erkenntnisse schließen, auf die ich hinauswill.«

Missverständnis 2: »Mein Publikum verarbeitet komplexe Visualisierungen schnell und versteht die wichtigsten Trends und Beziehungen, die ich ihm zeige.«

Keine dieser Annahmen ist richtig. Wir müssen alles tun, um unseren Lesern zu helfen, die Bedeutung unserer Visualisierungen zu verstehen und die gleichen Muster in den Daten zu sehen, die wir sehen. Dies bedeutet normalerweise, dass weniger mehr ist. Vereinfachen Sie Ihre Abbildungen so weit wie möglich. Entfernen Sie alle Features, die für Ihre Geschichte nur am Rande relevant sind. Nur die wichtigen Punkte sollten übrigbleiben. Ich bezeichne dieses Konzept als »eine Abbildung für die Generäle erstellen«.

Ich leitete mehrere Jahre ein großes Forschungsprojekt, das von der US-Armee finanziert wurde. Wenn wir unsere jährlichen Fortschrittsberichte erstellten, wurde ich von den Managern des Programms angewiesen, nicht so viele Abbildungen einzubauen. Außerdem sollte jede Abbildung, die ich einfügte, sehr deutlich zeigen, wie unser Projekt erfolgreich fortschritt. Ein General, so teilten mir die Programmmanager mit, solle in der Lage sein, sich jede Abbildung anzusehen und sofort zu erkennen, wie wir unsere früheren Fähigkeiten inzwischen verbessert oder übertroffen haben. Als meine Kollegen, die an diesem Projekt beteiligt waren, mir Abbildungen für den jährlichen Fortschrittsbericht schickten, erfüllten viele Abbildungen dieses Kriterium nicht. Die Darstellungen waren in der Regel zu komplex, waren mit verwirrenden Fachausdrücken beschriftet oder lieferten überhaupt keine offensichtliche Erkenntnis: Die meisten Wissenschaftler sind nicht in der Lage, Abbildungen für Generäle zu machen.

Gehen Sie niemals davon aus, dass Ihr Publikum komplexe visuelle Inhalte schnell verarbeiten kann.

Einige könnten diese Geschichte hören und zu dem Schluss kommen, dass Generäle nicht sehr schlau oder nicht sehr an Wissenschaft interessiert sind. Ich denke, das ist genau die falsche Botschaft! Generäle sind einfach sehr beschäftigt. Sie können nicht 30 Minuten damit verbringen, eine kryptische Abbildung zu entschlüsseln. Wenn sie den Wissenschaftlern Steuergelder in Millionenhöhe für die Grundlagenforschung zur Verfügung stellen, können sie als Gegenleistung zumindest eine Handvoll klarer Nachweise dafür erwarten, dass etwas Wertvolles und Interessantes erreicht wurde.

Diese Geschichte sollte auch nicht so verstanden werden, dass dieses Problem nur auf die militärische Finanzierung zutrifft. Die »Generäle« sind eine Metapher für jeden, den Sie mit Ihrer Visualisierung erreichen möchten: einen wissenschaftlichen Prüfer Ihrer Arbeit oder Ihres Vorschlags für die Bezuschussung eines Projekts, einen Zeitungsredakteur oder Ihren Vorgesetzten in der Firma, in der Sie arbeiten. Wenn Sie möchten, dass Ihre Geschichte ankommt, müssen Sie Abbildungen machen, die für Ihre »Generäle« geeignet sind.

Das Erste, was die Erstellung einer Abbildung für die Generäle behindert, ist ironischerweise die Einfachheit, mit der moderne Visualisierungssoftware anspruchsvolle Datenvisualisierungen ermöglicht. Dank der nahezu unbegrenzten Möglichkeiten der Visualisierung wird es verlockend, immer mehr Daten zu speichern. Tatsächlich sehe ich in der Welt der Datenvisualisierung einen Trend, die komplexesten und vielfältigsten Visualisierungen zu ermöglichen.

Diese Visualisierungen mögen sehr beeindruckend aussehen, aber es ist unwahrscheinlich, dass sie eine aussagekräftige Geschichte vermitteln. Betrachten Sie Abbildung 29-3, in der die Verspätungen bei der Ankunft aller Flüge aus dem Raum New York City im Jahr 2013 dargestellt sind. Ich vermute, Sie werden eine Weile brauchen, um diese Abbildung zu verarbeiten.

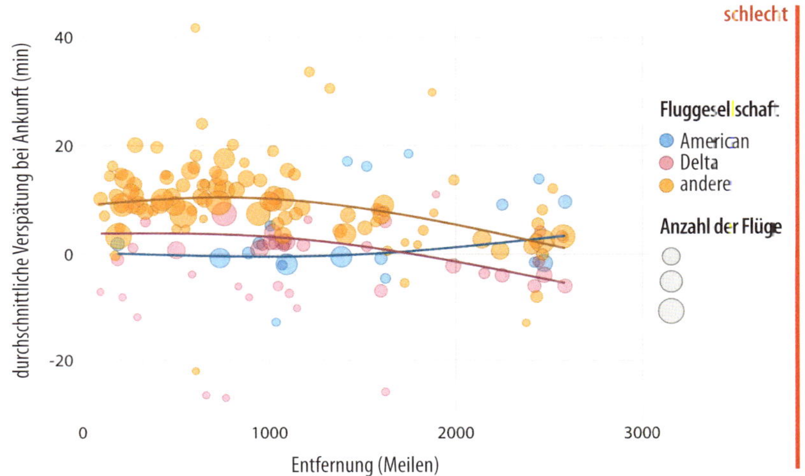

Abbildung 29-3: Durchschnittliche Verspätung im Vergleich zur Entfernung von New York City. Jeder Punkt repräsentiert ein Ziel, und die Größe jedes Punkts repräsentiert die Anzahl der Flüge von einem der drei großen Flughäfen in New York City (Newark, JFK oder LaGuardia) zu diesem Ziel im Jahr 2013. Negative Verspätungen bedeuten, dass der Flug früher ankam. Durchgezogene Linien repräsentieren die Trends des Durchschnitts zwischen Ankunftsverzögerung und Entfernung. »Delta« hat unabhängig von der zurückgelegten Entfernung konstant weniger Verspätungen bei der Ankunft als andere Fluggesellschaften. »American« hat im Durchschnitt die geringsten Verspätungen auf kurzen Strecken, aber die größten Verspätungen auf längeren Strecken. Diese Abbildung wurde als »schlecht« bezeichnet, weil sie zu komplex ist. Die meisten Leser werden sie verwirrend finden und nicht intuitiv erfassen, was die Abbildung zeigen soll. (Datenquelle: US Dept. Of Transportation, Bureau of Transportation Statistics)

Ich denke, das wichtigste Merkmal von Abbildung 29-3 ist, dass American und Delta die kürzesten Ankunftsverzögerungen haben. Diese Einsicht wird in einem einfachen Balkendiagramm viel besser vermittelt (Abbildung 29-4). Daher ist Abbildung 29-4 die Abbildung, die Sie zeigen sollten, wenn Ihre Geschichte »die Verspätungen bei der Ankunft von Fluggesellschaften« ist – auch wenn diese Grafik Ihre Fähigkeiten zur Datenvisualisierung nicht herausfordert.

Und wenn Sie sich dann fragen, ob diese beiden Fluggesellschaften deswegen so selten verspätet sind, weil wenige Flüge aus dem Gebiet von New York City abfliegen, dann können Sie ein zweites Balkendiagramm zeigen, in dem hervorgehoben wird, dass sowohl American als auch Delta zu den größten Fluggesellschaften in dieser Region gehören (Abbildung 29-5). In beiden Balkendiagrammen wird die in

Abbildung 29-3 gezeigte Abstandsvariable verworfen. Das ist in Ordnung. Wir müssen keine Datendimensionen visualisieren, die unsere Geschichte nicht berühren – selbst dann, wenn wir sie haben, und selbst dann, wenn wir eine Abbildung erstellen könnten, die sie zeigt. Einfach und klar ist besser als komplex und verwirrend. Wenn Sie versuchen, zu viele Daten gleichzeitig darzustellen, wird möglicherweise gar keine Aussage möglich.

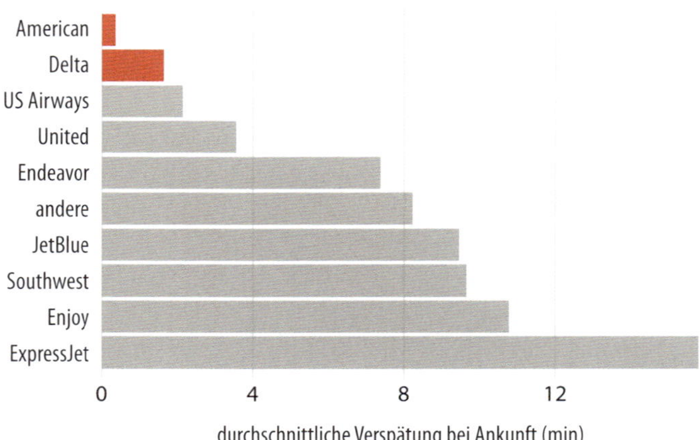

Abbildung 29-4: Durchschnittliche Verspätung bei Flügen aus dem Raum New York City im Jahr 2013, aufgeschlüsselt nach Fluggesellschaft. »American« und »Delta« verzeichnen die niedrigste durchschnittliche Verspätung bei der Ankunft aller Fluggesellschaften, die aus dem Raum New York City fliegen. (Datenquelle: US Dept. Of Transportation, Bureau of Transportation Statistics)

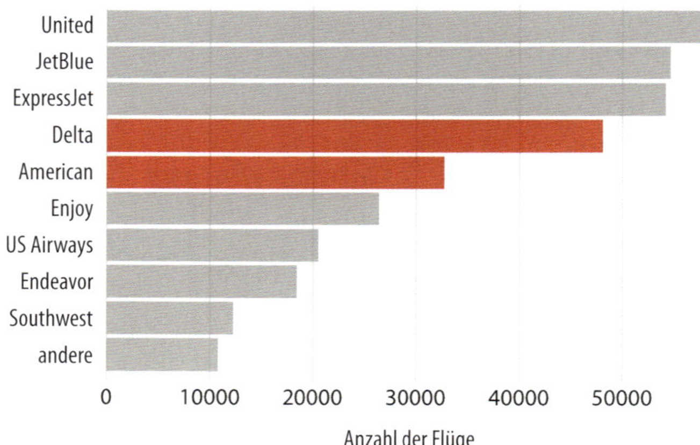

Abbildung 29-5: Anzahl der Flüge aus dem Raum New York City im Jahr 2013, aufgeschlüsselt nach Fluggesellschaft. »Delta« und »American« sind die viert- und fünftgrößten Fluggesellschaften für Flüge aus dem Raum New York City. (Datenquelle: US Dept. Of Transportation, Bureau of Transportation Statistics)

Komplexe Abbildungen aufbauen

Manchmal möchten wir jedoch komplexere Abbildungen anzeigen, die eine große Menge an Informationen gleichzeitig enthalten. In diesen Fällen können wir es unseren Lesern leichter machen, wenn wir ihnen zuerst eine vereinfachte Version der Abbildung zeigen, bevor wir die endgültige Version in ihrer vollen Komplexität zeigen. Den gleichen Ansatz empfehle ich auch dringend für Präsentationen: Springen Sie niemals direkt zu einer hochkomplexen Abbildung. Zeigen Sie zunächst eine leicht verdauliche Teilmenge der Informationen.

Diese Empfehlung ist besonders relevant, wenn es sich bei der endgültigen Abbildung um ein Small-Multiple-Diagramm (Kapitel 21) handelt, die ein Raster von Teildarstellungen mit ähnlicher Struktur zeigt. Das vollständige Raster ist viel einfacher zu verdauen, wenn das Publikum zuerst eine einzelne Sub-Abbildung gesehen hat. Zum Beispiel zeigt Abbildung 29-6 die Gesamtzahl der Abflüge von United Airlines vom Newark Airport (EWR) im Jahr 2013, aufgeschlüsselt nach Wochentagen. Wenn wir diese Abbildung erst einmal gesehen und verdaut haben, ist es viel einfacher, dieselben Informationen für 10 Fluggesellschaften und 3 Flughäfen gleichzeitig zu verarbeiten (Abbildung 29-7).

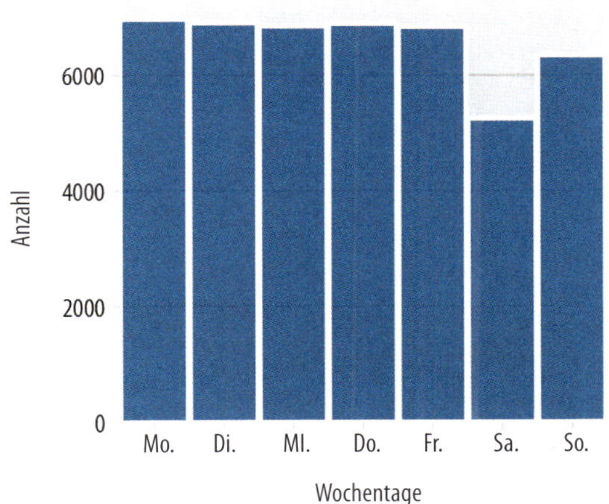

Abbildung 29-6: Abflüge von »United Airlines« vom Flughafen Newark (EWR) im Jahr 2013, aufgeschlüsselt nach Wochentag. Die meisten Wochentage weisen ungefähr die gleiche Anzahl von Abflügen auf, aber es gibt weniger Abflüge an Wochenenden. (Datenquelle: US Dept. Of Transportation, Bureau of Transportation Statistics)

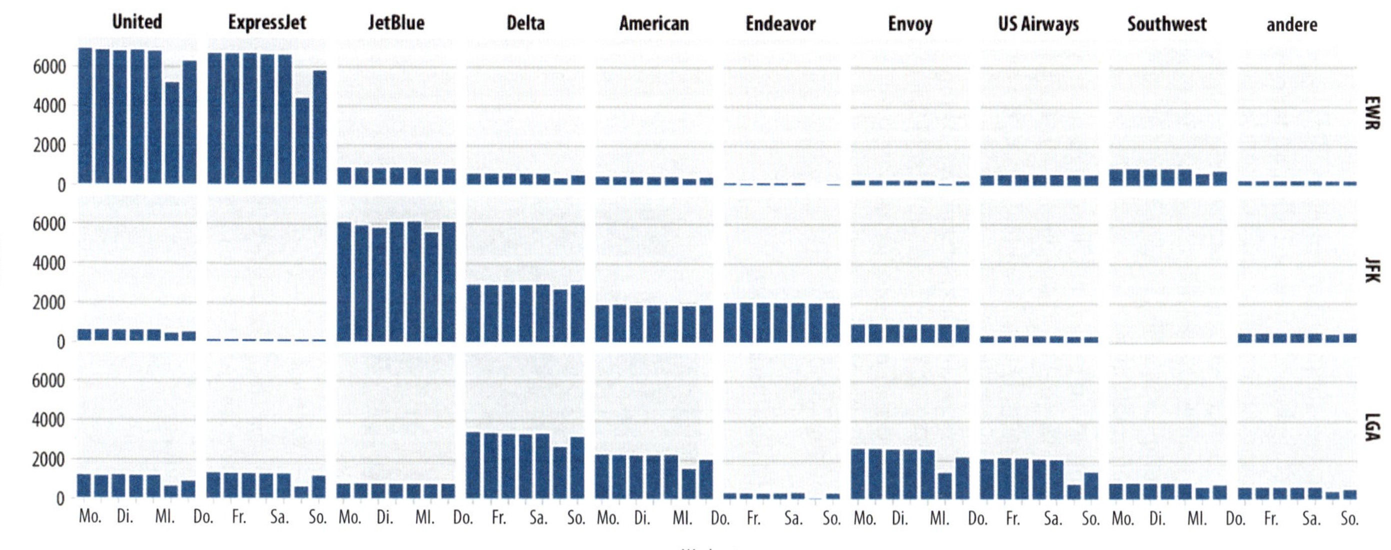

Abbildung 29-7: Abflüge von Flughäfen in der Region New York City im Jahr 2013, aufgeschlüsselt nach Fluggesellschaft, Flughafen und Wochentag. »United Airlines« und »ExpressJet« sorgen für die meisten Abflüge vom Flughafen Newark (EWR) aus. Am Flughafen JFK sorgen »JetBlue«, »Delta«, »American« und »Endeavour« für die meisten Abflüge; und »Delta«, »American«, »Envoy« und »US Airways« führen bei den Abflüge von LaGuardia (LGA) aus. Die meisten Fluggesellschaften, aber nicht alle, bieten am Wochenende weniger Abflüge an als während der Werktage. (Datenquelle: US Dept. Of Transportation, Bureau of Transportation Statistics)

Gestalten Sie Ihre Abbildungen einprägsam

Einfache und klare Abbildungen wie einfache Balkendiagramme haben den Vorteil, dass sie Ablenkungen vermeiden, einfach zu lesen sind und dass Ihr Publikum sich auf die wichtigsten Erkenntnisse konzentrieren kann, die Sie vermitteln möchten. Diese Einfachheit kann jedoch mit einem Nachteil verbunden sein: Die Abbildungen können ziemlich unspezifisch aussehen. Sie haben keine Besonderheiten, die auffallen und sie unvergesslich machen. Wenn ich Ihnen 10 Balkendiagramme kurz hintereinander zeige, fällt es Ihnen schwer, diese auseinander zu halten und sich anschließend an das zu erinnern, was Sie gesehen haben.

Wenn Sie zum Beispiel einen kurzen Blick auf Abbildung 29-8 werfen, werden Sie die visuelle Ähnlichkeit zu Abbildung 29-5 weiter oben in diesem Kapitel bemerken. Die beiden Abbildungen haben jedoch nichts gemeinsam, außer dass es sich um Balkendiagramme handelt. In Abbildung 29-5 ist die Anzahl der Flüge diverser Fluggesellschaften aus dem Raum New York City dargestellt, während in Abbildung 29-8 die beliebtesten Haustiere in US-amerikanischen Haushalten dargestellt sind. Keine der Abbildungen enthält Elemente, die Ihnen helfen, intuitiv zu erkennen, welches Thema die Abbildung behandelt, und daher ist keine der Abbildungen besonders einprägsam.

Untersuchungen zur menschlichen Wahrnehmung zeigen, dass visuell komplexere und einzigartigere Abbildungen einprägsamer sind [Bateman et al. 2010], [Borgo et al. 2012]. Visuelle Einzigartigkeit und Komplexität können jedoch eine Abbildung nicht nur einprägsamer machen, sondern auch die Fähigkeit einer Person beeinträchtigen, sich einen schnellen Überblick über die Informationen zu verschaffen, bzw. die Unterscheidung bei kleinen Unterschieden der Werte erschweren. Im Extremfall könnte eine Abbildung sehr einprägsam, aber äußerst verwirrend sein. Eine solche Abbildung wäre keine gute Datenvisualisierung, auch wenn sie gut als atemberaubendes Kunstwerk funktioniert. Andere Abbildungen wiederum mögen sehr klar, aber leicht zu vergessen und langweilig sein und haben daher möglicherweise nicht die Wirkung, die wir uns erhoffen. Grundsätzlich sollten wir ein Gleichgewicht zwischen den beiden Extremen finden und unsere Abbildungen einprägsam und klar machen. (Das anzusprechende Publikum ist jedoch ebenfalls von Bedeutung. Wenn eine Abbildung für eine technisch-wissenschaftliche Veröffentlichung bestimmt ist, kümmern wir uns im Allgemeinen weniger um die Erinnerbarkeit, als wenn die Abbildung für eine Tageszeitung oder ein Blog bestimmt ist.)

Wir können eine Abbildung einprägsamer machen, indem wir visuelle Elemente hinzufügen, die Merkmale der Daten widerspiegeln, z. B. Zeichnungen oder Piktogramme der Dinge oder Objekte, um die es im Datensatz geht. Ein allgemein angewandter Ansatz besteht darin, die Datenwerte selbst in Form von wiederholten Bildern anzuzeigen, sodass jede Kopie eines Bildes einer definierten Menge der dargestellten Variablen entspricht. Beispielsweise können wir die Balken in Abbildung 29-8 durch wiederholte Darstellung eines Hundes, einer Katze, eines Fisches und eines Vogels ersetzen, die so skaliert sind, dass jedes Tier 5 Millionen Haushalten entspricht (Abbildung 29-9). So funktioniert Abbildung 29-9 visuell immer noch als Balkendiagramm, aber wir haben jetzt eine visuelle Komplexität hinzugefügt, die die Abbildung einprägsamer macht, und wir haben die Daten auch mit Bildern dargestellt, die direkt wiedergeben, was die Daten bedeuten. Nach nur einem kurzen Blick auf die Abbildung können Sie sich vielleicht noch daran erinnern, dass es viel mehr Hunde und Katzen gab als Fische oder Vögel. Wichtig ist, dass wir in solchen Visualisierungen die Bilder verwenden, um die Daten darzustellen, und nicht nur, um die Visualisierung zu schmücken oder die Achsen mit Anmerkungen zu versehen. Psychologische Experimente haben ergeben, dass Ausschmückungen im Diagramm und an den Achsen eher ablenken als hilfreich sind [Haroz, Kosara und Franconeri 2015].

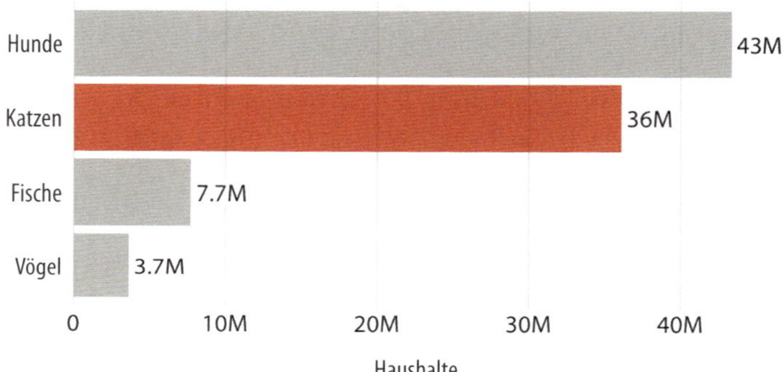

Abbildung 29-8: Anzahl der Haushalte mit einem oder mehreren der beliebtesten Haustiere: Hunde, Katzen, Fische oder Vögel. Dieses Balkendiagramm ist vollkommen klar, aber nicht unbedingt besonders einprägsam. Die Spalte »Katzen« wurde nur markiert, damit dieses Diagramm Abbildung 29-5 ähnelt. (Datenquelle: US Pet Ownership & Demographics Sourcebook 2012, American Veterinary Medical Association)

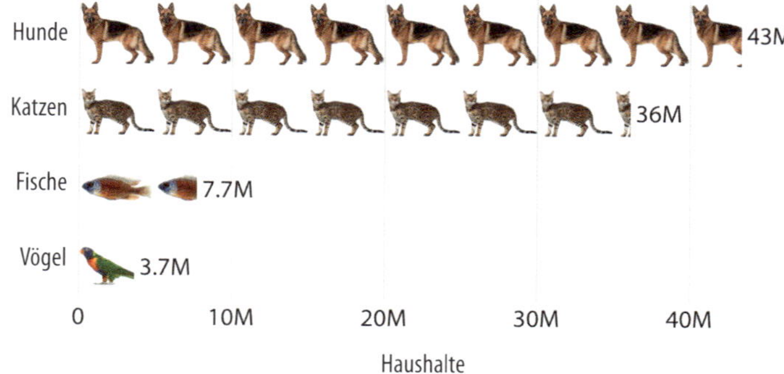

Abbildung 29-9: Anzahl der Haushalte mit einem oder mehreren der beliebtesten Haustiere, dargestellt als Isotyp-Diagramm. Jedes Tier repräsentiert 5 Millionen Haushalte, die diese Art von Haustier haben. (Datenquelle: US Pet Ownership & Demographics Sourcebook 2012, American Veterinary Medical Association)

Visualisierungen wie in Abbildung 29-9 werden häufig als *Isotyp-Diagramme* bezeichnet. Das Wort »Isotyp« wurde als Akronym für *International System Of TYpographic Picture Education* eingeführt und bezieht sich streng genommen auf logoähnliche vereinfachte Piktogramme, die Objekte, Tiere, Pflanzen oder Menschen darstellen [Haroz, Kosara und Franconeri 2015]. Ich halte es jedoch für sinnvoll, den Begriff Isotyp-Diagramm allgemeiner zu verwenden, um ihn auf jede Art von Visualisierung anzuwenden, bei der wiederholte Kopien desselben Bildes verwendet werden, um die Größe eines Werts anzugeben. Immerhin bedeutet das Präfix »iso« auf Deutsch »dasselbe«, und »typ« kann eine bestimmte Art, Klasse oder Gruppe bedeuten.

Seien Sie konsistent, aber wiederholen Sie sich nicht

Bei der Erörterung modularer Abbildungen in Kapitel 21 habe ich erwähnt, dass es wichtig ist, eine einheitliche visuelle Sprache für die verschiedenen Teile einer größeren Abbildung zu verwenden. Das gilt auch über mehrere Abbildungen hinweg. Wenn wir drei Abbildungen machen, die alle Teil einer größeren Geschichte sind, müssen wir diese Abbildungen so entwerfen, dass sie so aussehen, als ob sie zusammengehören. Die Verwendung einer einheitlichen Bildsprache bedeutet jedoch nicht, dass alles genau gleich aussehen sollte. Im Gegenteil, es ist wichtig, dass Abbildungen, die verschiedene Analysen beschreiben, visuell unterschiedlich aussehen, damit Ihr Publikum leicht erkennen kann, wo eine Analyse endet und eine andere beginnt.

Dies lässt sich am besten erreichen, indem unterschiedliche Visualisierungsansätze für verschiedene Teile der übergeordneten Botschaft verwendet werden. Wenn Sie bereits ein Balkendiagramm verwendet haben, verwenden Sie als Nächstes ein Streudiagramm, ein Boxdiagramm oder ein Liniendiagramm. Andernfalls verschwimmen die verschiedenen Analysen in den Köpfen Ihres Publikums, und es fällt Ihrem Publikum schwer, einen Teil der Geschichte von einem anderen zu unterscheiden. Wenn wir zum Beispiel Abbildung 21-8 aus dem Abschnitt »Zusammengesetzte (modulare) Abbildungen« auf Seite 234 neu gestalten, sodass nur Balkendiagramme verwendet werden, ist das Ergebnis weniger deutlich und verwirrender (Abbildung 29-10).

Verwenden Sie bei der Vorbereitung einer Präsentation oder eines Berichts eine andere Art der Visualisierung für jede einzelne Analyse.

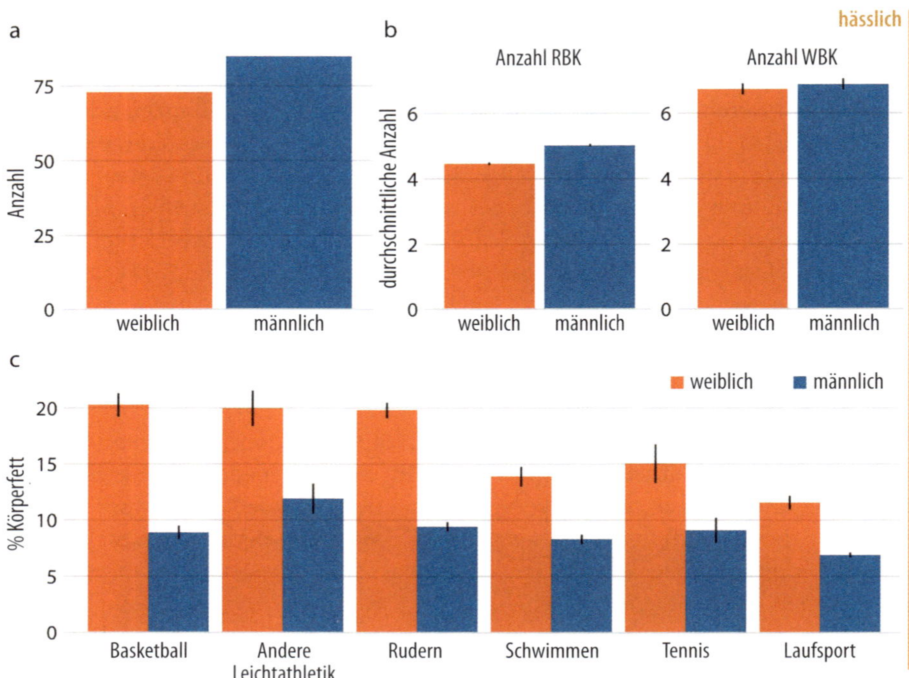

Abbildung 29-10: Physiologie und Körperzusammensetzung von männlichen und weiblichen Athleten. Fehlerbalken geben den Standardfehler des Mittelwerts an. Diese Abbildung ist zu repetitiv: Es werden dieselben Daten wie in Abbildung 21-8 angezeigt und es wird eine einheitliche visuelle Sprache verwendet, aber alle Sub-Abbildungen verwenden dieselbe Art der Visualisierung (Balkendiagramme). Dies erschwert es dem Leser, zu verarbeiten, dass die Teile (a), (b) und (c) völlig unterschiedliche Ergebnisse zeigen. (Datenquelle: [Telford und Cunningham 1991])

Eine Folge von sich wiederholenden Abbildungen ist häufig eine Konsequenz von mehrteiligen Geschichten, bei denen jedes Teil auf der gleichen Art von Rohdaten basiert. In diesen Szenarien kann es verlockend sein, für jeden Teil dieselbe Art der Visualisierung zu verwenden. Insgesamt werden diese Abbildungen die Aufmerksamkeit des Publikums jedoch nicht auf sich ziehen. Sehen wir uns z.B. den Kurs der Facebook-Aktie in zwei Teilen an: (i) Der Kurs der Facebook-Aktie ist von 2012 bis 2017 rapide gestiegen, und (ii) der Kursanstieg hat den der anderen großen Tech-Unternehmen übertroffen. Möglicherweise möchten Sie diese beiden Aussagen mit zwei Abbildungen visualisieren, die den zeitlichen Aktienkurs darstellen (siehe Abbildung 29-11). Abbildung 29-11a erfüllt zwar einen Zweck und sollte beibehalten werden, Abbildung 29-11b wiederholt sich jedoch und überlagert den Hauptpunkt. Die genaue zeitliche Entwicklung der Aktienkurse von Alphabet, Apple oder Microsoft ist uns nicht besonders wichtig; wir möchten nur hervorheben, dass ihre Kurse weniger gewachsen sind als der Aktienkurs von Facebook

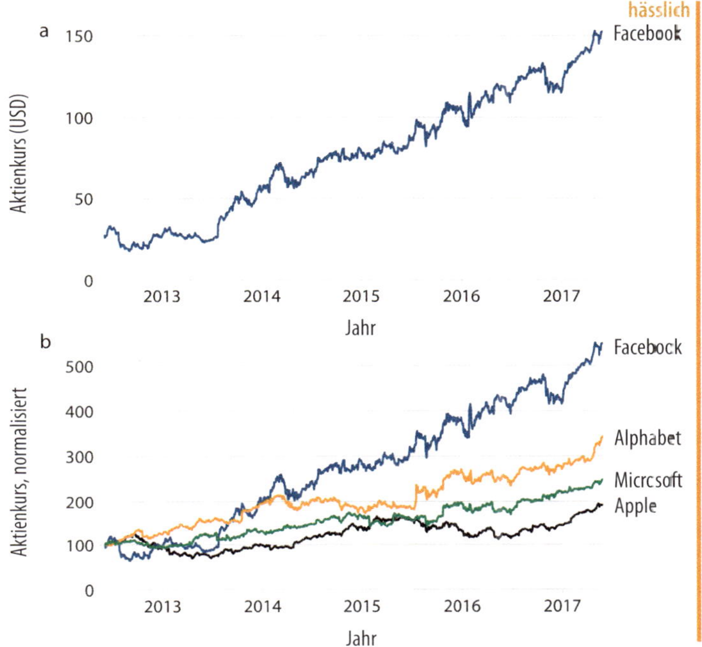

Abbildung 29-11: Wachstum des Facebook-Aktienkurses über einen Zeitraum von fünf Jahren und Vergleich mit anderen Tech-Aktien. (a) Der Aktienkurs von Facebook stieg von rund 25 USD/Aktie Mitte 2012 auf 150 USD/Aktie Mitte 2017. (b) Die Preise anderer großer Technologieunternehmen sind im gleichen Zeitraum nicht vergleichbar gestiegen. Die Preise wurden am 1. Juni 2012 auf 100 indexiert, um einen einfachen Vergleich zu ermöglichen. Diese Abbildung wird als »hässlich« bezeichnet, da die Teile (a) und (b) sich wiederholen. (Datenquelle: Yahoo! Finanzen)

Ich würde empfehlen, Teil (a) unverändert zu lassen, aber Teil (b) durch ein Balkendiagramm mit prozentualer Erhöhung zu ersetzen (Abbildung 29-12). Jetzt haben wir zwei verschiedene Abbildungen, die jeweils eine Erkenntnis darstellen und gut in Kombination funktionieren: Teil (a) ermöglicht es dem Leser, sich mit den zugrunde liegenden Rohdaten vertraut zu machen, und Teil (b) hebt die Stärke des Effekts hervor, während alle tangentialen Informationen entfernt werden.

Abbildung 29-12 verdeutlicht ein Grundprinzip, das ich beachte, wenn ich eine Folge von Abbildungen erstelle, um eine Geschichte zu erzählen: Ich beginne mit einer Abbildung, die den Rohdaten so nahe wie möglich kommt, und in den folgenden Abbildungen zeige ich immer mehr abgeleitete Mengen. Abgeleitete Größen (z.B. prozentuale Zunahmen, Durchschnittswerte, Koeffizienten angepasster Modelle usw.) sind nützlich, um wichtige Trends in großen und komplexen Datensätzen zusammenzufassen. Da sie jedoch abgeleitet sind, sind sie weniger intuitiv; und wenn wir eine abgeleitete Menge anzeigen, bevor wir die Rohdaten gezeigt haben, fällt es unserem Publikum möglicherweise schwer, uns zu folgen. Falls wir andererseits versuchen, alle Trends durch Anzeigen von Rohdaten darzustellen, dann werden wir am Ende auch viele Abbildungen brauchen und/oder uns wiederholen.

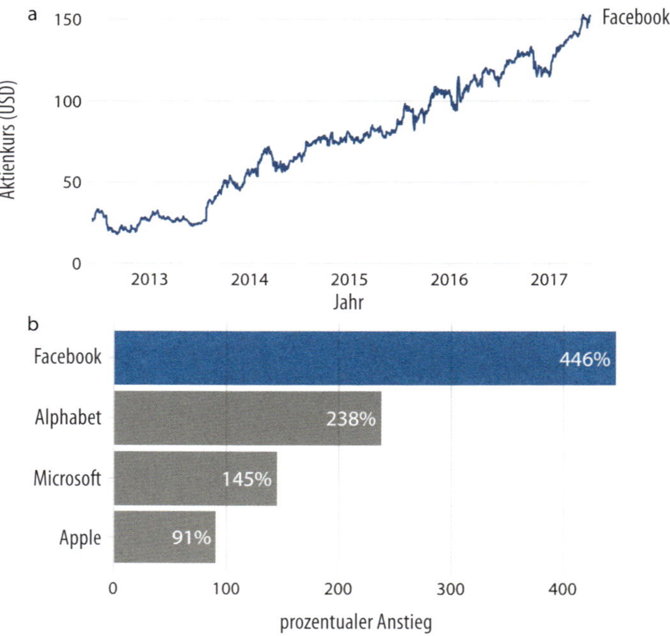

Abbildung 29-12: Wachstum des Facebook-Aktienkurses über einen Zeitraum von fünf Jahren und Vergleich mit anderen Tech-Aktien. (a) Der Aktienkurs von Facebook stieg von rund 25 USD/Aktie Mitte 2012 auf 150 USD/Aktie Mitte 2017, was einem Anstieg von fast 450% entspricht. (b) Die Preise anderer großer Technologieunternehmen sind im gleichen Zeitraum nicht vergleichbar gestiegen. Die Zuwächse reichten von rund 90% bis fast 240%. (Datenquelle: Yahoo! Finanzen)

Mit wie vielen Abbildungen sollten Sie nun Ihre Geschichte erzählen? Die Antwort hängt vom Ort der Veröffentlichung ab. Erstellen Sie für einen kurzen Blog-Post oder Tweet eine Abbildung. Für wissenschaftliche Arbeiten empfehle ich zwischen drei und sechs Abbildungen. Wenn es für eine wissenschaftliche Arbeit mehr als sechs Abbildungen gibt, müssen einige von ihnen möglicherweise in einen Anhang oder einen Abschnitt mit ergänzenden Materialien verschoben werden. Es ist gut, alle von uns gesammelten Bewertungen zu dokumentieren, aber wir dürfen unser Publikum nicht erschöpfen, indem wir eine übermäßige Anzahl von zumeist ähnlich aussehenden Darstellungen präsentieren. In anderen Zusammenhängen kann eine größere Anzahl von Abbildungen angebracht sein. In diesen Kontexten werden wir jedoch in der Regel mehrere Geschichten oder eine übergreifende Geschichte mit Nebenhandlungen erzählen. Wenn ich zum Beispiel gebeten werde, eine einstündige wissenschaftliche Präsentation zu halten, möchte ich normalerweise drei verschiedene Geschichten erzählen. In ähnlicher Weise enthält ein Buch oder eine Abschlussarbeit mehr als eine Geschichte und kann tatsächlich eine Geschichte pro Kapitel oder Abschnitt bieten. In diesen Szenarien sollte jede einzelne Handlung oder Nebenhandlung nicht mehr als drei bis sechs Abbildungen enthalten. In diesem Buch werden Sie feststellen, dass ich diesem Prinzip auf der Ebene der Kapitelabschnitte folge. Jeder Abschnitt ist einigermaßen in sich abgeschlossen und zeigt in der Regel nicht mehr als sechs Abbildungen.

ANHANG A

Kommentierte Bibliografie

Kein einziges Buch kann alles abdecken, was es zu einem Thema zu wissen gibt. Ich ermutige Sie, andere Texte zur Datenvisualisierung zu lesen, um Ihre Kenntnisse zu vertiefen und Ihre technischen Fähigkeiten bei der Erstellung von Abbildungen weiterzuentwickeln. Hier stelle ich eine begrenzte Auswahl an Büchern vor, die ich persönlich interessant, zum Nachdenken anregend oder hilfreich fand. Die im ersten Abschnitt aufgelisteten Bücher sind dem Umfang des vorliegenden Buches am ähnlichsten und bieten möglicherweise ergänzende oder alternative Perspektiven zu den von mir behandelten Themen. Bücher, die in »Programmierbücher« auf Seite 322 aufgeführt sind, befassen sich mit dem wichtigen Thema der Visualisierung mithilfe von Programmieransätzen und verfügbaren Softwarebibliotheken. In den verbleibenden Abschnitten werden andere Bücher aufgeführt, die Ihr Wissen über Datenvisualisierung erweitern und Ihnen die Kommunikation mithilfe von Grafiken und Daten erleichtern.

Nachdenken über Daten und Visualisierung

In den folgenden Büchern werden die Denk- und Entscheidungsprozesse erläutert, die erforderlich sind, um Daten in Visualisierungen umzuwandeln. Sie dienen als Einführungstexte und erörtern, wie man die passende Visualisierung wählt und auf welche Fallstricke man achtgeben muss:

Alberto Cairo. The Truthful Art. *New Riders, 2016*.

Eine hervorragende Einführung in die Datenvisualisierung, insbesondere für Journalisten. Das Buch behandelt viele wichtige Konzepte der Datenvisualisierung, z.B. die Visualisierung von Verteilungen, Trends, Unsicherheiten und Karten. In vielen Kapiteln wird auch eine Einführung in grundlegende statistische Prinzipien gegeben, in denen Konzepte wie Populationen, Stichproben und Konfidenzniveaus erläutert werden.

Stephen Few. Show Me the Numbers. *Analytics Press, 2012*.

Ein Buch über Datenvisualisierung für den Business-Profi. Es ähnelt in Umfang und Zielgruppe der folgenden Referenz, enthält jedoch mehr Material und behandelt viele Themen ausführlicher. Es ist jedoch nicht so gut geschrieben oder so sorgfältig produziert wie das folgende Buch.

Cole Nussbaumer Knaflic. Storytelling with Data. *John Wiley & Sons, 2015.*

Ein gut geschriebenes und sorgfältig erstelltes Buch darüber, wie man Daten in visuelle Darstellungen verwandelt. Die hauptsächliche Zielgruppe des Buches sind Personen, die Geschäftsgrafiken erstellen, und es ist eine hervorragende Referenz für die darin behandelten Themen. Es werden jedoch nicht viele Themen behandelt, die für Wissenschaftler von Bedeutung sind, z.B. die Visualisierung von Verteilungen, Trends oder Unsicherheiten.

Programmierbücher

Bei den folgenden Referenzen handelt es sich um Anleitungen, die Programmieransätze für die Datenvisualisierung vermitteln:

Kieran Healy. Data Visualization: A Practical Introduction. *Princeton University Press 2018.*

Eine Einführung in die Verwendung von ggplot2 zur Datenvisualisierung. Empfohlen als Folgebuch nach Wickham und Grolemunds *R for Data Science* (weiter unten in dieser Liste erwähnt).

Scott Murray. Interactive Datavisualization for the Web: An Introduction to Designing with D3. *2nd ed. O'Reilly Media, 2017.*

Eine Einführung in die Erstellung interaktiver Online-Visualisierungen mit D3 unter Verwendung von HTML, CSS, JavaScript und SVG.

Jake VanderPlas. Python Data Science Handbook: Essential Tools for Working with Data. *O'Reilly Media, 2016.*

Eine Einführung in die Verwendung der Programmiersprache Python für Data Science. Verfügt über umfangreiches Material zur Datenvisualisierung mit Matplotlib und Seaborn von Python.

Hadley Wickham, Garrett Grolemund. R for Data Science. *O'Reilly Media, 2017.*

Eine umfassende Einführung in die Verwendung der Programmiersprache R für Data Science. Enthält mehrere Kapitel zur Verwendung von ggplot2 für die Datenvisualisierung.

Statistikbücher

Einführungsbücher in die Statistik enthalten im Allgemeinen Material zur Datenvisualisierung, das Themen wie Streudiagramme, Histogramme, Boxplots und Liniendiagramme abdeckt. Es gibt viele Veröffentlichungen zu diesem Thema, die aufgelistet werden könnten. Ich erwähne hier nur einige der jüngsten Ergänzungen, die einen Blick wert sind:

David M. Diez, Christopher D. Barr, Mine Çetinkaya-Rundel. OpenIntro Statistics. *3rd ed. OpenIntro, Inc., 2015.*

Ein Open-Source-Lehrbuch zur Einführung in die Statistik. Das gesamte Buch ist frei verfügbar, ebenso wie die LaTeX-Dateien und der R-Code, mit denen das Buch zusammengestellt und die Zahlen erstellt werden.

Susan Holmes, Wolfgang Huber. Modern Statistics for Modern Biology. *Cambridge University Press, 2018.*

Ein Statistikbuch, das die für die moderne Biologie erforderlichen Rechenwerkzeuge hervorhebt. Das gesamte Buch ist frei verfügbar, und der R-Code für alle Beispiele ist angegeben.

Chester Ismay, Albert Y. Kim. Modern Dive – An Introduction to Statistical and Data Sciences via R. *https://moderndive.com.*

Ein Einführungslehrbuch (nur online verfügbar), in dem grundlegende Statistik- und Datenwissenschaften vermittelt werden. Das Buch behandelt sowohl theoretische Konzepte als auch praktische Ansätze unter Verwendung von R.

Ältere Bücher

Die Bücher in diesem Abschnitt sind vor allem aus historischen Gründen von Interesse: Sie waren zum Zeitpunkt ihrer Veröffentlichung prägend, aber ähnliches Material kann jetzt an anderer Stelle oder in einer moderneren Form gefunden werden.

William S. Cleveland. The Elements of Graphing Data. *2nd ed. Hobart Press, 1994.*

Eines der ersten Bücher über Informationsdesign für Statistiker. Das Buch enthält viele Beispiele für Streudiagramme, Liniendiagramme, Histogramme und Boxplots und erörtert sie im Kontext der Datenanalyse und der statistischen Modellierung. Dieses Buch hat auch das Cleveland-Punktdiagramm populär gemacht.

William S. Cleveland. Visualizing Data. *Hobart Press, 1993.*

Begleitbuch zu *The Elements of Graphing Data* desselben Autors. Diese Veröffentlichung ist mathematischer und geht nicht auf die menschliche Wahrnehmung ein.

Edward R. Tufte. Envisioning Information. *Graphics Press, 1990.*

Dieses Buch hat das Konzept der *small multiples* populär gemacht.

Edward R. Tufte. The Visual Display of Quantitative Information. *2nd ed. Graphics Press, 2001.*

Dieses 1983 erstmals veröffentlichte Buch war auf dem Gebiet der Datenvisualisierung sehr prägend. Es wurden Konzepte wie Diagramm-Junk, Daten-Tinten-Verhältnis (Daten-Farbflächen-Verhältnis) und Sparklines eingeführt. Das Buch zeigte auch das erste Steigunsgdiagramm (gab ihm aber keinen Namen). Es enthält jedoch einige Empfehlungen, die sich nicht bewährt haben. Insbesondere wird eine übermäßig minimalistische Abbildungsgestaltung empfohlen.

Bücher zu verwandten Themen

Die folgenden Bücher haben im weiteren Sinne mit den Themen Datenvisualisierung und effektive Kommunikation zu tun:

Joshua Schimel. Writing Science. *Oxford University Press, 2011*.

Joshua Schimel lehrt, wie man auf engagierte Weise über wissenschaftliche und andere technische Themen schreibt, indem man eine Geschichte erzählt. Dies ist zwar nicht in erster Linie ein Buch über Datenvisualisierung, aber ein unverzichtbarer Text für alle, die technische Artikel und/oder Angebote schreiben müssen.

Jonathan Schwabish. Better Präsentations. *Columbia University Press, 2016*.

Eine kurze und informative Anleitung für Präsentationen. Ein Muss für alle, die regelmäßig Folien für Vorträge oder Präsentationen verwenden.

Maureen C. Stone. A Field Guide to Digital Color. *A K Peters, 2003*.

Ein umfassendes Handbuch dazu, wie Farben von Computern erfasst, verarbeitet und reproduziert werden.

Colin Ware. Information Visualization. *3rd ed. Morgan Kaufmann, 2012*.

Ein Buch über Prinzipien der Visualisierung, das sich speziell mit Themen wie der Funktionsweise des menschlichen visuellen Systems und der Wahrnehmung verschiedener grafischer Muster befasst. Das Buch deckt viele verschiedene Visualisierungsszenarien ab, darunter Benutzeroberflächen und virtuelle Welten. Die Visualisierung von Daten in Form von 2D-Abbildungen wird jedoch vergleichsweise knapp behandelt.

ANHANG B
Technische Hinweise

Die amerikanische Vorlage dieser Übersetzung wurde mit den Paketen bookdown, rmarkdown und knitr in R Markdown geschrieben. Alle Abbildungen[1] wurden mit ggplot2 mithilfe mehrerer Zusatzpakete erstellt, einschließlich cowplot, geofacet, ggforce, ggmap, ggrepel, ggridges, hexbin, patchwork, sf, statebins, tidybayes und treemapify. Farbmanipulationen wurden mit den Paketen colorspace und colorblindr durchgeführt. Für viele dieser Pakete ist die aktuelle Entwicklungsversion erforderlich, um alle Teile des Buches zu kompilieren.

Der Quellcode des Buches ist unter *https://github.com/clauswilke/dataviz* verfügbar. Das Buch erfordert auch ein unterstützendes R-Paket, dviz.supp. Dessen Code ist verfügbar unter: *https://github.com/clauswilke/dviz.supp*.

Das US-Original wurde zuletzt in der folgenden Umgebung erstellt:

```
## R version 3.5.0 (2018-04-23)
## Platform: x86_64-apple-darwin15.6.0 (64-bit)
## Running under: macOS Sierra 10.12.6
##
## Matrix products: default
## BLAS: /Library/Frameworks/ ... /libRblas.0.dylib
## LAPACK: /Library/Frameworks/ ... /libRlapack.dylib
##
## locale:
## [1] en_US.UTF-8/en_US.UTF-8/ ... /C/en_US.UTF-8/en_US.UTF-8
##
## attached base packages:
## [1] stats graphics grDevices utils datasets methods base
##
## other attached packages:
##  [1] nycflights13_1.0.0    gapminder_0.3.0    RColorBrewer_1.1-2
##  [4] gganimate_1.0.0.9000  ungeviz_0.1.0      emmeans_1.3.1
##  [7] mgcv_1.8-24           nlme_3.1-137       broom_0.5.1
## [10] tidybayes_1.0.3       maps_3.3.0         statebins_2.0.0
## [13] sf_0.7-1              maptools_0.9-4     sp_1.3-1
## [16] rgeos_0.3-28          ggspatial_1.0.3    geofacet_0.1.9
## [19] plot3D_1.1.1          magick_1.9         hexbin_1.27.2 ##
```

1 Die Abbildungsbeschriftungen wurden für die deutsche Ausgabe manuell ersetzt.

```
## [22] treemapify_2.5.0      gridExtra_2.3       ggmap_2.7.904
## [25] ggthemes_4.0.1        ggridges_0.5.1      ggrepel_0.8.0
## [28] ggforce_0.1.1         patchwork_0.0.1     lubridate_1.7.4
## [31] forcats_0.3.0         stringr_1.3.1       purrr_0.2.5
## [34] readr_1.1.1           tidyr_0.8.2         tibble_1.4.2
## [37] tidyverse_1.2.1       dviz.supp_0.1.0     dplyr_0.8.0.9000
## [40] colorblindr_0.1.0     ggplot2_3.1.0       colorspace_1.4-0
## [43] cowplot_0.9.99
##
## loaded via a namespace (and not attached):
##  [1] rjson_0.2.20          deldir_0.1-15
##  [3] class_7.3-14          rprojroot_1.3-2
##  [5] estimability_1.3      ggstance_0.3.1
##  [7] rstudioapi_0.7        farver_1.0.0.9999
##  [9] ggfittext_0.6.0       svUnit_0.7-12
## [11] mvtnorm_1.0-8         xml2_1.2.0
## [13] knitr_1.20            polyclip_1.9-1
## [15] jsonlite_1.5          png_0.1-7
## [17] compiler_3.5.0        httr_1.3.1
## [19] backports_1.1.2       assertthat_0.2.0
## [21] Matrix_1.2-14         lazyeval_0.2.1
## [23] cli_1.0.1.9000        tweenr_1.0.1
## [25] prettyunits_1.0.2     htmltools_0.3.6
## [27] tools_3.5.0           misc3d_0.8-4
## [29] coda_0.19-2           gtable_0.2.0
## [31] glue_1.3.0            Rcpp_1.0.0
## [33] cellranger_1.1.0      imguR_1.0.3
## [35] xfun_0.3              strapgod_0.0.0.9000
## [37] rvest_0.3.2           MASS_7.3-50
## [39] scales_1.0.0          hms_0.4.2
## [41] yaml_2.2.0            stringi_1.2.4
## [43] e1071_1.7-0           spData_0.2.9.4
## [45] RgoogleMaps_1.4.3     rlang_0.3.0.1
## [47] pkgconfig_2.0.2       bitops_1.0-6
## [49] geogrid_0.1.1         evaluate_0.11
## [51] lattice_0.20-35       tidyselect_0.2.5
## [53] plyr_1.8.4            magrittr_1.5
## [55] bookdown_0.7          R6_2.3.0
## [57] generics_0.0.2        DBI_1.0.0
## [59] pillar_1.3.0          haven_1.1.2
## [61] foreign_0.8-71        withr_2.1.2.9000
## [63] units_0.6-1           modelr_0.1.2
## [65] crayon_1.3.4          arrayhelpers_1.0-20160527
## [67] rmarkdown_1.10        progress_1.2.0.9000
## [69] jpeg_0.1-8            rnaturalearth_0.1.0
## [71] grid_3.5.0            readxl_1.1.0
## [73] digest_0.6.18         classInt_0.2-3
## [75] xtable_1.8-3          munsell_0.5.0
## [77] concaveman_1.0.0
```

ANHANG C

Referenzen

- Bateman, S., R. Mandryk, C. Gutwin, A. Genest, D. McDine, and C. Brooks. 2010. »Useful Junk? The Effects of Visual Embellishment on Comprehension and Memorability of Charts.« *ACM Conference on Human Factors in Computing Systems*, 2573–82. doi:10.1145/1753326.1753716.
- Becker, R. A., W. S. Cleveland, and M.-J. Shyu. 1996. »The Visual Design and Control of Trellis Display.« *Journal of Computational and Graphical Statistics* 5: 123–55.
- Bergstrom, C. T., and J. West. 2016. »The Principle of Proportional Ink.« *http://calling bullshit.org/tools/tools_proportional_ink.html.*
- Borgo, R., A. Abdul-Rahman, F. Mohamed, P. W. Grant, I. Reppa, and L. Floridi. 2012. »An Empirical Study on Using Visual Embellishments in Visualization.« *IEEE Transactions on Visualization and Computer Graphics* 18: 2759–68. doi: 10.1109/ TVCG.2012.197.
- Brewer, Cynthia A. 2017. »ColorBrewer 2.0. Color Advice for Cartography.« *http://www.ColorBrewer.org.*
- Carr, D. B., R. J. Littlefield, W. L. Nicholson, and J. S. Littlefield. 1987. »Scatterplot Matrix Techniques for Large N.« *Journal of the American Statistical Association* 82: 424–36.
- Clauset, A., C. R. Shalizi, and M. E. J. Newman. 2009. »Power-Law Distributions in Empirical Data.« *SIAM Review* 51: 661–703.
- Cleveland, R. B., W. S. Cleveland, J. E. McRae, and I. Terpenning. 1990. »STL: A Seasonal-Trend Decomposition Procedure Based on Loess.« *Journal of Official Statistics* 6: 3–73.
- Cleveland, W. S. 1979. »Robust Locally Weighted Regression and Smoothing Scatterplots.« *Journal of the American Statistical Association* 74: 829–36.
- ———. 1993. *Visualizing Data*. Summit, New Jersey: Hobart Press.

- Dua, D., and E. Karra Taniskidou. 2017. »UCI Machine Learning Repository.« University of California, Irvine, School of Information; Computer Sciences. *https:// archive.ics.uci.edu/ml*
- Fisher, R. A. 1936. »The Use of Multiple Measurements in Taxonomic Problems.« *Annals of Eugenics* 7: 179–188. doi:10.1111/j.1469-1809.1936.tb02137.x.
- Haroz, S., R. Kosara, and S. L. Franconeri. 2015. »ISOTYPE Visualization: Working Memory, Performance, and Engagement with Pictographs.« *ACM Conference on Human Factors in Computing Systems*, 1191–1200. doi:10.1145/2702123.2702275.
- –––. 2016. »The Connected Scatterplot for Presenting Paired Time Series.« *IEEE Transactions on Visualization and Computer Graphics* 22: 2174–86. doi:10.1109/ TVCG.2015.2502587.
- Hullman, J., P. Resnick, and E. Adar. 2015. »Hypothetical Outcome Plots Outperform Error Bars and Violin Plots for Inferences About Reliability of Variable Ordering.« *PLOS ONE* 10: e0142444. doi:10.1371/journal.pone.0142444.
- Kale, A., F. Nguyen, M. Kay, and J. Hullman. 2018. »Hypothetical Outcome Plots Help Untrained Observers Judge Trends in Ambiguous Data.« *IEEE Transactions on Visualization and Computer Graphics* 25: 892–905. doi:10.1109/TVCG.2018.2864909.
- Kay, M., T. Kola, J. Hullman, and S. Munson. 2016. »When (Ish) Is My Bus? User- Centered Visualizations of Uncertainty in Everyday, Mobile Predictive Systems.« CHI Conference on Human Factors in Computing Systems, 5092–5103. doi: 10.1145/2858036.2858558.
- Marcos, M. L., and J. Echave. 2015. »Too Packed to Change: Side-Chain Packing and Site-Specific Substitution Rates in Protein Evolution.« *PeerJ* 3: e911.
- McDonald, Ian. 2017. »DW-NOMINATE Using ggjoy.« *http://rpubs.com/ianrmcdo nald/293304*.
- Molyneaux, L., S. K. Gilliam, and L. C. Florant. 1947. »Differences in Virginia Death Rates by Color, Sex, Age, and Rural or Urban Residence.« *American Sociological Review* 12: 525–35.
- Okabe, M., and K. Ito. 2008. »Color Universal Design (CUD): How to Make Figures and Presentations That Are Friendly to Colorblind People.« *http://jfly.iam.u- tokyo.ac.jp/color/*.
- Paff, M. L., B. R. Jack, B. L. Smith, J. J. Bull, and C. O. Wilke. 2018. »Combinatorial Approaches to Viral Attenuation.« bioRxiv, 29918. doi:10.1101/299180.

- Schimel, J. 2011. *Writing Science: How to Write Papers That Get Cited and Proposals That Get Funded*. Oxford: Oxford University Press.
- Sidiropoulos, N., S. H. Sohi, T. L. Pedersen, B. T. Porse, O. Winther, N. Rapin, and F. O. Bagger. 2018. »SinaPlot: An Enhanced Chart for Simple and Truthful Representation of Single Observations over Multiple Classes.« *Journal of Computational and Graphical Statistics* 27: 673–76. doi:10.1080/10618600.2017.1366914.
- Stone, M., D. Albers Szafir, and V. Setlur. 2014. »An Engineering Model for Color Difference as a Function of Size.« 22nd Color and Imaging Conference, 253–258.
- Telford, R. D., and R. B. Cunningham. 1991. »Sex, Sport, and Body-Size Dependency of Hematology in Highly Trained Athletes.« *Medicine and Science in Sports and Exercise* 23: 788–94.
- *The Economist* online. 2011. »Corrosive Corruption.« *https://www.economist.com/ graphic-detail/2011/12/02/corrosive-corruption*.
- Tufte, E. R. 1990. *Envisioning Information*. Cheshire, Connecticut: Graphics Press.
- ---. 2001. *The Visual Display of Quantitative Information*. 2nd ed. Cheshire, Connecticut: Graphics Press.
- Wehrwein, A. 2017. »It Brings Me ggjoy.« *http://austinwehrwein.com/data- visualization/it-brings-me-ggjoy/*.
- Wickham, H. 2016. *ggplot2: Elegant Graphics for Data Analysis*. 2nd ed. New York: Springer.
- Wikipedia, User:Schutz. 2007. »File:Piecharts.svg.« *https://en.wikipedia.org/wiki/ File:Piecharts.svg*.
- Yates, F. 1935. »Complex Experiments.« *Supplement to the Journal of the Royal Statistical Society* 2: 181–247. doi:10.2307/2983638.

Index

A

B

C

D

E

F

G

H

I

J

K

L

M

N

O

P

Q

R

S

T

U

V

W

X

Z

Über den Autor

Claus O. Wilke ist Professor für *Integrative Biology* an der University of Texas in Austin, USA. Er hat an der Ruhr-Universität Bochum in theoretischer Physik promoviert. Claus ist Autor und Co-Autor von über 170 wissenschaftlichen Publikationen, die sich mit Themen aus den Bereichen Computational Biology, mathematische Modellierung, Bioinformatik, Evolutionsbiologie, Proteinbiochemie, Virologie und Statistik befassen. Er hat außerdem mehrere beliebte R-Pakete zur Datenvisualisierung wie cowplot und ggridges entwickelt und wirkt an der Entwicklung von ggplot2 mit.

Kolophon

Das Tier auf dem Cover von »Datenvisualisierung – Grundlagen & Praxis« ist ein Stanleysittich (*Platycercus icterotis*), eine kleine Papageienart aus Südwest-Australien. Der Name »icterotis« kommt aus dem Griechischen und bedeutet »Gelbohr«, daher wird er auch Gelbwangensittich oder Gelbwangenrosella genannt. Und farbenfroh ist der Stanleysittich in der Tat – der Kopf und die Brust sind leuchtend rot, gelb sind die Wangenfedern, die Rückenfedern schillern grün und schwarz und gehen in blaue Flügelschwingen über. Auch die Schwanzfedern leuchten blaugrün. Die Tiere werden durchschnittlich 26 Zentimeter lang.

Der Stanleysittich lebt in Wäldern, auf landwirtschaftlichen Nutzflächen und in Parks. Normalerweise frisst er Gräser, Samen und Früchte, doch verschmäht er auch Insektenlarven nicht, wenn er während der Brutzeit mehr Proteine braucht. Zur Nahrungssuche begeben sich die Vögel auf den Boden und bilden Gruppen von ca. 20 Tieren. Für die Brut sucht sich das Paar – das lebenslang zusammenbleibt – ein Nest in einer Baumhöhle (bevorzugt in Eukalyptusbäumen). Dort bebrütet es dann zwei bis sieben Eier.

Stanleysittiche werden häufig in Volieren gehalten und können in Gefangenschaft bis zu 15 Jahre alt werden.

Viele der Tiere auf den O'Reilly-Covern sind gefährdet. Jede einzelne Tierart ist wichtig für den Erhalt unserer Erde.

Rezensieren
Sie dieses Buch

Senden
Sie uns Ihre Rezension
unter **www.oreilly.de/rez**

Erhalten
Sie Ihr Wunschbuch aus
unserem Verlagsangebot